H. Gruber, R. Neumann

Erfolg im Mathe-Abi 2006

D1719878

H. Gruber, R. Neumann

Erfolg im Mathe-Abi 2006

Übungsbuch für die optimale Vorbereitung in Analysis, Geometrie und Stochastik mit verständlichen Lösungen

Vorwort

Erfolg von Anfang an

Das vorliegende Übungsbuch ist speziell auf die grundlegenden Anforderungen des Mathematik-Abiturs im Grund- und Leistungskurs abgestimmt. Es umfasst die drei großen Themenbereiche Analysis, Geometrie und Stochastik in einem Buch.

Fast alle Aufgaben lassen sich ohne Taschenrechner lösen und fördern das Grundwissen und die Grundkompetenzen in Mathematik, vom einfachen Rechnen und Formelnanwenden bis zu gedanklichen Zusammenhängen. Die weiterführenden Transferaufgaben sind mit einem wissenschaftlich-technischen Taschenrechner (TR) oder einem grafikfähigen Taschenrechner (GTR) zu bearbeiten und fördern die Vernetzung des Gelernten sowie die Übertragung der Grundlagen auf komplexere, anwendungsbezogene Aufgaben.Das Übungsbuch ist eine Hilfe zum Selbstlernen (learning by doing) und bietet die Möglichkeit, sich intensiv auf die Prüfung vorzubereiten und gezielt Themen zu vertiefen. Hat man Erfolg bei den grundlegenden Aufgaben, machen Mathematik und das Lernen wieder mehr Spaß.

Der blaue Tippteil

Manchmal hat man keine Idee, wie man eine Aufgabe angehen soll bzw. es fehlt der Lösungsansatz. Hier hilft der blaue Tippteil in der Mitte des Buches weiter: Zu jeder Aufgabe gibt es dort Tipps, die helfen, einen Ansatz zu finden, ohne die Lösung vorwegzunehmen.

Wie arbeitet man mit diesem Buch?

Am Anfang jedes Kapitels befindet sich eine kurze Übersicht über die jeweiligen Themen. Die einzelnen Kapitel bauen zwar aufeinander auf, doch ist es nicht zwingend notwendig, das Buch der Reihe nach durchzuarbeiten. Die Aufgaben sind in der Regel in ihrer Schwierigkeit gestaffelt. Von fast jeder Aufgabe gibt es mehrere Variationen zum Vertiefen. In der Mitte des Buches befindet sich der blaue Tippteil mit wertvollen Denk- und Lösungshilfen. Die Lösungen mit ausführlichem Lösungsweg bilden den dritten Teil des Übungsbuchs. Hier findet man die notwendigen Formeln, Rechenverfahren und Denkschritte sowie manchmal alternative Lösungswege.

Allen Schülerinnen und Schülern, die sich auf das Abitur vorbereiten, wünschen wir viel Erfolg.

Helmut Gruber, Robert Neumann

Inhaltsverzeichnis

Analysis

1	Von der Gleichung zur Kurve	9
2	Von der Kurve zur Gleichung	11
3	Differenzieren	16
4	Gleichungslehre	18
5	Aufstellen von Funktionen mit Randbedingungen	21
6	Graphische Differentiation	24
7	Kurvendiskussion und Interpretation von Kurven	29
8	Allgemeines Verständnis von Funktionen	35
9	Integralrechnung	38
10	Extremwertaufgaben / Wachstumsprozesse	40
11	Transferaufgaben Analysis	42

Geometrie

12	Rechnen mit Vektoren	48
13	Geraden	52
14	Ebenen	55
15	Gegenseitige Lage von Geraden und Ebenen	58
16	Gegenseiter Lage zweier Ebenen	60
17	Abstandsberechnungen	61
18	Winkelberechnungen	64
19	Spiegelungen	66
20	Transferaufgaben Geometrie	67

Stochastik

21	Grundlegende Begriffe	69
22	Berechnung von Wahrscheinlichkeiten	71
23	Kombinatorische Zählprobleme	74
24	Wahrscheinlichkeitsverteilung von Zufallsgrößen	79
25	Binomialverteilung	81
26	Hypothesentests	84
27	Transferaufgaben Stochastik	87

Tipps 89

Lösungen 129

Stichwortverzeichnis 276

Analysis

1   Von der Gleichung zur Kurve

Tipps ab Seite 89, Lösungen ab Seite 129

> **Funktionale Betrachtungen**
>
> *Kenntnis grundlegender Funktionstypen*
>
> *Skizze des Schaubilds einer Funktion aus dem Funktionsterm*

Es geht in diesem Kapitel darum, aus einer gegebenen Funktionsgleichung das zugehörige Schaubild zu skizzieren. Dazu ist es nötig, dass Sie die Schaubilder grundlegender Funktionstypen kennen.

Tipp: Skizzieren Sie zuerst das Schaubild der zugehörigen Grundfunktion und anschließend schrittweise eine eventuelle Spiegelung, Streckung/Stauchung sowie die Verschiebungen in x- bzw. y-Richtung.

a) Ganzrationale Funktionen

Skizzieren Sie die Schaubilder folgender Funktionen und bestimmen Sie die Schnittpunkte mit den Koordinatenachsen.

I) $f(x) = \frac{1}{2}x + 1$ II) $f(x) = -\frac{3}{4}x$ III) $f(x) = -x + 1$

IV) $f(x) = (x-1)^2 - 4$ V) $f(x) = -x^2 + 4$ VI) $f(x) = -(x+1)^2 + 1$

VII) $f(x) = (x-1)^3 + 1$ VIII) $f(x) = -(x+1)^3$ IX) $f(x) = 2x^3 - 2$

b) Gebrochenrationale Funktionen

Skizzieren Sie die Schaubilder folgender Funktionen und bestimmen Sie jeweils die Asymptoten.

I) $f(x) = \frac{1}{x+1} + 2$ II) $f(x) = -\frac{1}{x-1}$ III) $f(x) = -\frac{1}{x-1} - 2$

IV) $f(x) = \frac{1}{(x+1)^2} - 1$ V) $f(x) = -\frac{1}{(x+1)^2}$ VI) $f(x) = -\frac{1}{(x-1)^2} + 2$

c) Trigonometrische Funktionen

Skizzieren Sie die Schaubilder folgender Funktionen und geben Sie jeweils die Periode an.

I) $f(x) = 2\sin x$ 　　　　II) $f(x) = \frac{1}{2}\cos x$ 　　　　III) $f(x) = \sin(2x)$

IV) $f(x) = -\sin(2x) + 1$ 　　V) $f(x) = \sin(x+1)$ 　　VI) $f(x) = \frac{1}{2}\sin(2x) + \frac{3}{2}$

d) Exponentialfunktionen

Skizzieren Sie das Schaubild folgender Funktionen und bestimmen Sie jeweils die Asymptote.

I) $f(x) = e^{x-1} + 1$ 　　　II) $f(x) = -e^{x-1} + 1$ 　　　III) $f(x) = e^{-(x-1)} + 2$

IV) $f(x) = -e^{-x+1} + 1$

2 Von der Kurve zur Gleichung

Tipps ab Seite 90, Lösungen ab Seite 136

Funktionale Betrachtungen

Kenntnis wichtiger Funktionstypen. Translation (Verschiebung) horizontal und vertikal

Auffinden des Funktionsterms bei gegebenem Schaubild

In diesem Kapitel geht es darum, dass Sie aus dem Schaubild einen möglichen Funktionsterm bestimmen. Dabei spielt die horizontale und vertikale Translation (Verschiebung) eine große Rolle. D.h. ein Schaubild einer Funktion, die einen relativ einfachen Funktionsterm besitzen kann (wie z.B. $f(x) = x^2$), wird in die eine oder andere Richtung verschoben. Dadurch wird der Funktionsterm komplexer. Bei den gebrochenrationalen Funktionen ist gefragt, dass Sie aus den charakteristischen Punkten der Funktion (Polstellen, Schnittpunkten mit den Achsen, Verhalten für $x \to \pm\infty$) einen Funktionsterm erstellen können.

2.1 Trigonometrische Funktionen

Nachfolgend sind die Schaubilder einiger Funktionen angegeben. Bestimmen Sie einen möglichen Funktionsterm.

a)

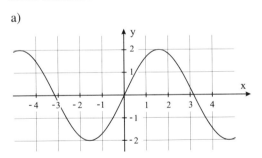

b)

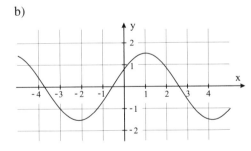

c)   d)

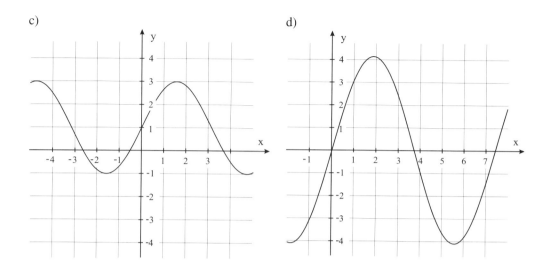

2.2 Ganzrationale Funktionen

Nachfolgend sind die Schaubilder einiger Funktionen angegeben. Bestimmen Sie einen möglichen Funktionsterm.

a)   b)

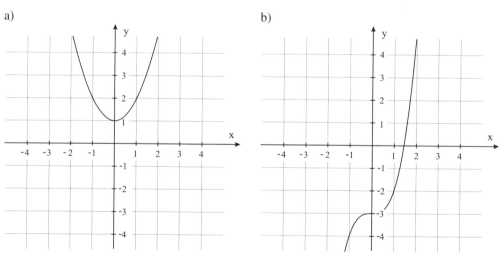

c)

d)

e)

f)

g)

h)

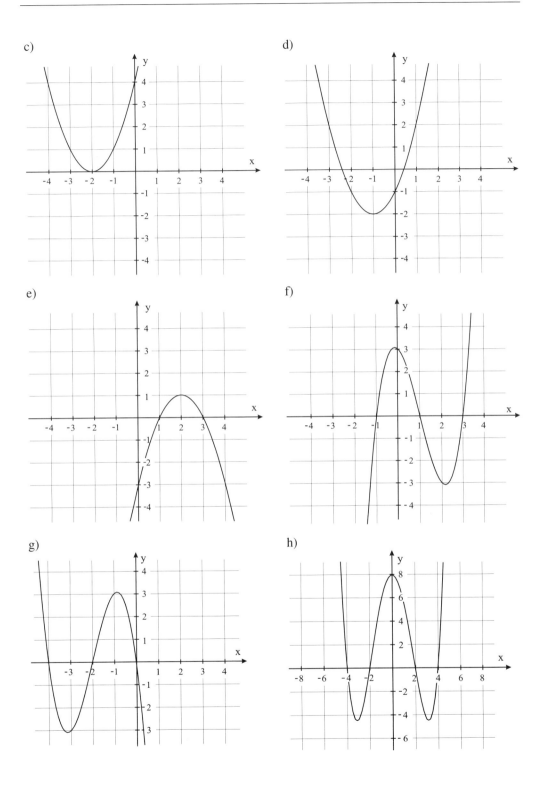

2.3 Gebrochenrationale Funktionen

Nachfolgend sind die Schaubilder einiger Funktionen angegeben. Bestimmen Sie einen möglichen Funktionsterm.

Tipp: Überlegen Sie, ob es sich bei den gegebenen Schaubildern um nach rechts/links oder oben/unten verschobene gebrochenrationale Grundfunktionen handelt. Ansonsten bestimmen Sie die Polstellen (mit bzw. ohne Vorzeichenwechsel), die waagerechte bzw. schiefe Asymptote und die Koordinaten eines gegebenen Punktes des Schaubildes.

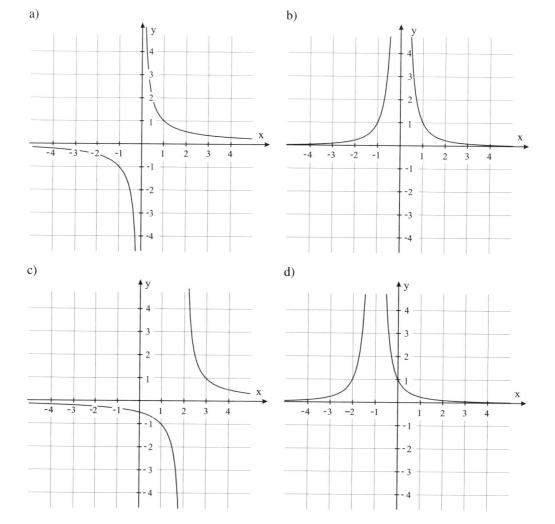

e)

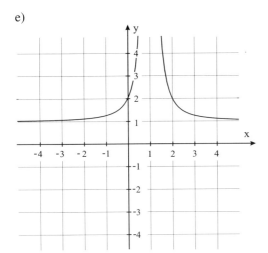

f)

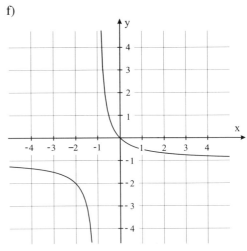

3 Differenzieren

Tipps ab Seite 91, Lösungen ab Seite 141

Algorithmische Grundkenntnisse zur Differentiation/ Integration

U.a. Ableitungen von Funktionen (ganzrationale, gebrochenrationale, e-Funktionen, trigonometrische Funktionen, Produkt-, Quotienten- und Kettenregel)

Verlangt wird, dass Sie alle in der Schule durchgenommenen Ableitungsregeln beherrschen. Dazu gehören insbesondere die Regeln für die oben aufgezählten speziellen Funktionen.

In diesem Kapitel finden Sie daher ein breites Spektrum von Funktionen. Dabei kommen die verschiedenen Funktionen zunächst alleine vor, anschließend werden sie kombiniert.

Tipp: Um die Ableitungsregeln immer «parat» zu haben: Schreiben Sie sich Vokabelkärtchen und lernen Sie diese auswendig; so, wie Sie Vokabeln auswendig lernen würden.

Leiten Sie alle angegebenen Funktionen einmal ab:

3.1 Gebrochenrationale Funktionen

a) $f(x) = \frac{4}{(2x+1)^2}$ b) $f(x) = \frac{x}{(3x+2)^2}$ c) $f(x) = \frac{x^2}{(2x+1)^2}$ d) $f(x) = \frac{ax}{x^2+a}$

e) $f(x) = \frac{3x^2+2x-1}{x^2-1}$ f) $f(x) = \frac{x^3-2x^2+2}{x^2+1}$ g) $f(x) = \frac{2x^4-3x+1}{x^3+x}$ h) $f(x) = \frac{ax^2+2}{x^2+a}$

3.2 e-Funktionen

a) $f(x) = 3x^2 \cdot e^{-4x}$ b) $f(x) = \frac{1}{2}x^3 \cdot e^{2x}$ c) $f(x) = (2x+5)e^{-x}$

d) $f(x) = (x+k)e^{-kx}$ e) $f(x) = (4x+e^{-x})^2$ f) $f(x) = \left(x^2+e^{2x}\right)^2$

g) $f(x) = (e^x+e^{-x})^2$ h) $f(x) = \left(2k+e^{-2x}\right)^2$

3.3 Trigonometrische Funktionen

a) $f(x) = 2x \cdot \cos\left(\frac{1}{2}x^2 + 4\right)$ b) $f(x) = x^2 \cdot \sin(4x + 3)$ c) $f(x) = (x^2 - 4) \cdot \sin\left(\frac{1}{3}x^2 + 2\right)$

d) $f(x) = x^2 \cdot \cos\left(\frac{1}{2}x - 1\right)$ e) $f(x) = (x + \cos x)^2$ f) $f(x) = (\sin x + \cos x)^2$

g) $f(x) = \left(x^2 - \sin x\right)^3$ h) $f(x) = \left(2k + e^{-2x}\right)^2$

3.4 Gebrochene *e*-Funktionen

a) $f(x) = \frac{3}{1+e^x}$ b) $f(x) = \frac{4}{1-e^{-x}}$ c) $f(x) = \frac{x}{2+e^{3x}}$ d) $f(x) = \frac{x^2}{1+e^{-x}}$

e) $f(x) = \frac{e^x}{2-e^{-x}}$ f) $f(x) = \frac{2e^{-x}}{1+e^x}$ g) $f(x) = \frac{e^x+e^{-x}}{1+e^x}$

3.5 *e*-Funktionen und trigonometrische Funktionen

a) $f(x) = \sin(e^x + 1)$ b) $f(x) = \cos(2e^{-x} + 1)$ c) $f(x) = \sin(2e^x + 3)$

d) $f(x) = e^x \cdot \sin x$ e) $f(x) = \frac{1}{2}e^{-x} \cdot \cos(2x)$ f) $f(x) = e^{3x} \cdot \sin(e^{2x})$

4 Gleichungslehre

Tipps ab Seite 92, Lösungen ab Seite 144

Gleichungslehre

U.a. Gleichungen höherer Ordnung (auch gebrochenrationale, mit bekannter Nullstelle, Substitution)

Es wird erwartet, dass Sie verschiedene Arten von Gleichungen lösen können. Dazu zählen vor allem die quadratischen Gleichungen und ihre Abwandlungen wie z.B. Gleichungen, die auf quadratische Gleichungen führen, indem man eine Substitution durchführt. Aber auch Gleichungen 3. Grades sollten Sie lösen können. Dazu ist es wichtig, dass Sie das Verfahren der Polynomdivision beherrschen.

Tipp: Wurzeln wie $\sqrt{12,25}$ oder $\sqrt{6,25}$ lassen sich sehr viel einfacher berechnen, wenn man sie zuerst in einen Bruch umwandelt: $\sqrt{12,25} = \sqrt{\frac{49}{4}} = \frac{7}{2} = 3,5$ bzw. $\sqrt{6,25} = \sqrt{\frac{25}{4}} = \frac{5}{2} = 2,5$.

4.1 Gleichungen höherer Ordnung

Lösen Sie die angegebenen Gleichungen:

a) $x^2 + 3x - 4 = 0$ b) $x^2 + x - 56 = 0$ c) $x^2 + \frac{2}{5}x - \frac{3}{5} = 0$

d) $(2x - 5) \cdot (2x + 5) + 1 = (x - 3)^2 + 2x \cdot (x - 1)$

e) $(x - 2) \cdot (x + 3) - 2(x - 1)^2 = 2 \cdot (2 - x)$

f) $e^{2x} - 6e^x + 5 = 0$ g) $e^{2x} - 8e^{-2x} = 2$ h) $e^x + e^{\frac{1}{2}x} - 2 = 0$

i) $e^x + 1 = 12e^{-x}$ j) $2e^x - 3e^{-x} + 5 = 0$ k) $e^{4x} - 5e^{2x} + 6 = 0$

l) $e^{\frac{2}{3}x} - 7e^{\frac{1}{3}x} + 12 = 0$ m) $e^{\frac{1}{2}x} + 8e^{-\frac{1}{2}x} - 6 = 0$ n) $2x^4 - 3x^3 = 0$

o) $x^4 - 3x^3 + 2x^2 = 0$ p) $x^4 - 4x^2 + 3 = 0$ q) $x^4 - 13x^2 + 36 = 0$

r) $x^3 - 4x = 0$ s) $x^4 - 2x^2 = 0$ t) $x^3 - 5x^2 + 6x = 0$

u) $\frac{2x}{x+2} + \frac{4x}{x-2} = \frac{5x^2+4x+9}{x^2-4}$ v) $\frac{2x}{x-4} + \frac{3x}{x+4} = \frac{4(x^2-x+4)}{x^2-16}$ w) $\frac{3x}{3x-1} - \frac{5x+1}{3x+1} = \frac{2}{9x^2-1}$

x) $\frac{x^2+3x+2}{(3x+1)(x-1)} - \frac{5x}{6x+2} = \frac{3x}{2x-2}$ y) $\frac{x}{2x-3} - \frac{1}{2x} = \frac{3}{4x-6}$

4.2 Lineare Gleichungssysteme

Geben Sie die Lösungsmengen der folgenden linearen Gleichungssysteme an:

Tipp: Prüfen Sie immer zuerst, ob zwei Gleichungen ein Vielfaches voneinander sind. In diesem Fall wird eine der beiden Gleichungen gestrichen. Ein Gleichungssystem mit drei Variablen und zwei Gleichungen besitzt unendlich viele Lösungen (falls kein Widerspruch auftritt). Man setzt zuerst eine Variable fest und rechnet dann die anderen Variablen aus.

a)
$$\begin{aligned}
x_1 + 2x_2 - x_3 &= 8 \\
-x_1 + x_2 + 2x_3 &= 0 \\
-x_1 - 5x_2 - 4x_3 &= -12
\end{aligned}$$

b)
$$\begin{aligned}
x_1 + 2x_2 - 2x_3 &= 7 \\
x_1 - x_2 - 4x_3 &= -9 \\
x_1 + 4x_2 + 3x_3 &= 25
\end{aligned}$$

c)
$$\begin{aligned}
x_1 + x_2 + 7x_3 &= 2 \\
2x_1 - x_2 - 3x_3 &= -5 \\
4x_1 - x_2 + 4x_3 &= -7
\end{aligned}$$

d)
$$\begin{aligned}
x_1 + 2x_2 - x_3 &= 4 \\
-x_1 + 2x_2 - 3x_3 &= 6 \\
2x_1 + 4x_2 - 2x_3 &= 8
\end{aligned}$$

e)
$$\begin{aligned}
x + 2y + z &= 4 \\
-x - 4y + z &= 7 \\
2x + 8y - 2z &= 18
\end{aligned}$$

f)
$$\begin{aligned}
x - y + 2z &= 6 \\
-2x + 2y - 4z &= -12 \\
2x + y + z &= 3
\end{aligned}$$

4.3   Polynomdivision

Tipp: Um eine Polynomdivision durchführen zu können, brauchen Sie zuerst eine Lösung. Diese findet man durch «systematisches Probieren». Setzen Sie einige einfache Zahlen ($\pm 1, \pm 2, \ldots$) in die Gleichung ein und prüfen Sie, ob diese die Gleichung lösen.

Zerlegen Sie die Gleichungen in Linearfaktoren, führen Sie dazu Polynomdivisionen durch und bestimmen Sie die Lösungen der Gleichungen:

a) $x^3 - 2x^2 - 5x + 6 = 0$ b) $x^3 + 3x^2 - 6x - 8 = 0$ c) $x^3 + 0{,}5x^2 - 3{,}5x - 3 = 0$

d) $x^3 - 4{,}5x^2 + 3{,}5x + 3 = 0$ e) $x^4 - x^3 - 13x^2 + x + 12 = 0$

4.4   Trigonometrische Gleichungen

Bestimmen Sie für das angegebene Intervall jeweils die Lösungsmenge:

a) $\sin(3x) = 1$; $x \in [0; 2\pi]$ b) $\sin(4x) = 0$; $x \in [0; \pi]$

c) $\cos(2x) = -1$; $x \in [0; 2\pi]$ d) $\cos(3x) = 0$; $x \in [0; \pi]$

e) $\sin^2 x - \sin x = 0$; $x \in [0; 2\pi]$ f) $\cos^2 x + \cos x = 0$; $x \in [0; 2\pi]$

g) $\sin^2 x + 5\sin x + 4 = 0$; $x \in [-2\pi; 2\pi]$ h) $\cos^2 x + 2\cos x - 3 = 0$; $x \in [0; 2\pi]$

i) $\cos^2 x - 3\sin x - 3 = 0$; $x \in [0; 2\pi]$ j) $\sin^2 x - 6\cos x - 6 = 0$; $x \in [-2\pi; 2\pi]$

k) $\sin^2(2x) + 3\sin(2x) - 4 = 0$; $x \in [0; 2\pi]$ l) $\cos^2(\pi x) + 4\cos(\pi x) + 3 = 0$; $x \in [0; \pi]$

5 Aufstellen von Funktionen mit Randbedingungen

Tipps ab Seite 94, Lösungen ab Seite 152

Funktionale Betrachtungen

U.a. Aufstellen von Funktionsgleichungen mit Randbedingungen

Es gibt vier Gebiete, die sich für das Aufstellen von Funktionen mit Randbedingungen besonders eignen. Das erste ist das Gebiet der ganzrationalen Funktionen, das zweite Gebiet sind die gebrochenrationalen Funktionen, das dritte Gebiet sind die *e*-Funktionen und das vierte Gebiet sind die trigonometrischen Funktionen. Bei allen diesen Aufgaben kommt es darauf an, dass Sie die Parameter bestimmen.

Tipp: Stellen Sie zuerst die allgemeine Funktion und ihre Ableitungen auf. Aus dieser können Sie die Anzahl der benötigten Parameter leicht ablesen. Für jede zu bestimmende Unbekannte brauchen Sie eine «Information», z.B. $f'(3) = 0$. Aus jeder dieser «Informationen» ergibt sich eine Gleichung.

5.1 Ganzrationale Funktionen

a) Eine Parabel geht durch $P_1(0 \mid 4)$, $P_2(1 \mid 0)$ und $P_3(2 \mid 18)$. Bestimmen Sie die Gleichung dieser Parabel.

b) Eine Parabel hat den Hochpunkt $M(1 \mid 3)$ und geht durch $Q(0 \mid 2)$. Bestimmen Sie die Gleichung der Parabel.

c) Eine zur *y*-Achse symmetrische Parabel hat in $P(1 \mid 6)$ die Steigung 2. Bestimmen Sie die Gleichung der Parabel.

d) Eine zur *y*-Achse symmetrische Parabel schneidet die *x*-Achse an der Stelle $x = \sqrt{3}$ und geht durch $T(0 \mid -3)$. Bestimmen Sie die Gleichung der dazugehörigen Funktion.

e) Das Schaubild einer ganzrationalen Funktion 3. Grades hat den Wendepunkt $W(0 \mid 0)$ und den Hochpunkt $H(2 \mid 2)$. Bestimmen Sie die Gleichung der Funktion.

f) Eine Parabel dritten Grades (kubische Parabel) hat im Punkt $P(0 \mid 1)$ die Steigung $m_P = -1$; ihr Wendepunkt ist $W(-1 \mid 4)$. Bestimmen Sie die Gleichung dieser Parabel.

g) Bestimmen Sie a und b so, dass das Schaubild der Funktion f mit $f(x) = ax^4 + bx^2$ den Wendepunkt $W(1 \mid -2,5)$ hat.

5.2 Gebrochenrationale Funktionen

Tipp: Machen Sie sich für die gebrochenrationalen Funktionen unbedingt eine Skizze, anhand derer Sie die Funktionsgleichung stückweise entwickeln können – ein guter Ansatz ist die halbe Lösung!

a) Das Schaubild einer gebrochenrationalen Funktion hat eine Polstelle mit Vorzeichenwechsel (abgekürzt: VZW) bei $x = 1$, die Gerade mit der Gleichung $y = 4$ ist die waagerechte Asymptote und der Punkt $P(2 \mid 6)$ liegt auf der Kurve. Bestimmen Sie eine mögliche Funktionsgleichung.

b) Das Schaubild einer gebrochenrationalen Funktion hat eine Polstelle ohne VZW bei $x = 2$, die Gerade mit der Gleichung $y = x + 1$ ist die schiefe Asymptote und der Punkt $Q(3 \mid 2)$ liegt auf der Kurve. Bestimmen Sie eine mögliche Funktionsgleichung.

c) Das Schaubild einer gebrochenrationalen Funktion besitzt Polstellen mit VZW bei $x_1 = 1$ und $x_2 = -1$, die Gerade mit der Gleichung $y = 2x - 3$ ist die schiefe Asymptote und der Punkt $R(2 \mid 3)$ liegt auf der Kurve. Bestimmen Sie eine mögliche Funktionsgleichung.

d) Das Schaubild einer gebrochenrationalen Funktion hat eine Polstelle mit VZW bei $x_1 = 1$, eine Polstelle ohne VZW bei $x_2 = 2$, die Gerade mit der Gleichung $y = 3x - 2$ ist die schiefe Asymptote und der Punkt $P(0 \mid 1)$ liegt auf der Kurve. Bestimmen Sie eine mögliche Funktionsgleichung.

e) Das Schaubild einer gebrochenrationalen Funktion geht durch $P(0 \mid 4)$, hat einen Pol ohne VZW bei $x = 2$ und die x-Achse als waagerechte Asymptote. Bestimmen Sie eine mögliche Funktionsgleichung.

f) Das Schaubild einer gebrochenrationalen Funktion geht durch $P(2 \mid 4)$, hat einen Pol mit VZW bei $x = -1$ und die Parabel mit der Gleichung $y = x^2 + 1$ ist die Näherungskurve. Bestimmen Sie eine mögliche Funktionsgleichung.

g) Das Schaubild einer gebrochenrationalen Funktion geht durch $Q(0 \mid 2)$, hat als Näherungskurve die kubische Parabel mit der Gleichung $y = x^3 - 2x + 1$ und einen Pol ohne VZW bei $x = -2$. Bestimmen Sie eine mögliche Funktionsgleichung.

5.3   *e*-Funktionen

Die allgemeine *e*-Funktion für natürliches exponentielles Wachstum hat die Gestalt: $f(x) = a \cdot e^{kx}$.

a) Eine *e*-Funktion geht durch die Punkte P$(0 \mid 2)$ und Q$\left(4 \mid 2e^{12}\right)$. Bestimmen Sie *a* und *k*.

b) Eine *e*-Funktion geht durch die Punkte A$(0 \mid 3)$ und B$\left(2 \mid 3e^{8}\right)$. Bestimmen Sie *a* und *k*.

c) Bei einer *e*-Funktion ist $f'(0) = 6$ und $f(0) = 3$. Bestimmen Sie *a* und *k*.

d) Bei einer *e*-Funktion ist $f'(0) = 4$ und $f(0) = 2$. Bestimmen Sie *a* und *k*.

e) Eine *e*-Funktion hat den Anfangswert $f(0) = 5$ und für $x = 0$ die Steigung 10. Bestimmen Sie *a* und *k*.

5.4   Trigonometrische Funktionen

Tipp: Eine verallgemeinerte Sinusfunktion hat die Gleichung:
$$f(x) = a \cdot \sin\left(b \cdot (x - c)\right) + d.$$

a) Das Schaubild der Sinusfunktion *g* mit $g(x) = \sin x$ ist um 3 LE nach oben verschoben und hat die Periode $p = \pi$. Bestimmen Sie die Funktionsgleichung der modifizierten Funktion.

b) Das Schaubild der Sinusfunktion *g* mit $g(x) = \sin x$ ist um den Faktor 2,5 in *y*-Richtung gestreckt, hat die Periode $p = \frac{\pi}{2}$, ist um 3 LE nach rechts und um 1,5 LE nach unten verschoben. Bestimmen Sie die Funktionsgleichung der modifizierten Funktion.

c) Das Schaubild der Sinusfunktion *g* mit $g(x) = \sin x$ ist um 2 LE nach links und um 4 LE nach oben verschoben, um den Faktor 0,8 in *y*-Richtung gestaucht und der Abstand zwischen zwei Hochpunkten beträgt 3π LE. Bestimmen Sie die Funktionsgleichung der modifizierten Funktion.

d) Das Schaubild der Sinusfunktion *g* mit $g(x) = \sin x$ ist um 1 LE nach rechts und um 2 LE nach unten verschoben, um den Faktor 1,7 in *y*-Richtung gestreckt und der Abstand zwischen zwei Wendepunkten beträgt $\frac{\pi}{2}$ LE. Bestimmen Sie die Funktionsgleichung der modifizierten Funktion.

e) Das Schaubild der Sinusfunktion *g* mit $g(x) = \sin x$ ist um den Faktor 2 in *y*-Richtung gestreckt und um 3 LE nach unten verschoben. Wie ist die Periode zu wählen, damit der Punkt P$(1 \mid -1)$ auf der modifizierten Kurve liegt?

6 Graphische Differentiation

Tipps ab Seite 95, Lösungen ab Seite 157

Funktionale Betrachtungen

U.a. graphische Differentiation/Integration

Verständnis von f' bzw. f'' und F

Im Wesentlichen geht es in diesem Kapitel um zwei Dinge: Zum einen wird erwartet, dass Sie das Schaubild der Ableitungsfunktion zeichnen können, ohne dass Sie den Funktionsterm kennen (Das ist weniger schwer, als es scheint!). Zum anderen geht es darum, Aussagen über die Funktion, ihre Ableitungsfunktion bzw. eine Stammfunktion oder die Integralfunktion zu treffen oder zu bewerten.

Da die mögliche Variationsbreite der Funktionen sehr hoch ist, ist dieses Kapitel umfangreich.

6.1 Schaubild der Ableitungsfunktion, Aussagen bewerten

Nachfolgend finden Sie Schaubilder von Funktionen. Skizzieren Sie zu jeder Funktion das Schaubild der Ableitungsfunktion in das Koordinatensystem.

Tipp: Die Ableitung sollte sich nicht nur grob an der Funktion orientieren, sondern den Steigungsverlauf relativ genau wiedergeben. Ermitteln Sie daher die Steigung nicht nur in den wichtigen Punkten durch Anlegen einer Tangente (mit Hilfe z.B. eines Lineals oder eines Stiftes) und «Abzählen» der Steigung (Kästchen zählen).
Dazu sind die Gitternetzlinien sehr hilfreich. Sind sie nicht bei einer Aufgabe vorhanden, zeichnen Sie sich diese unbedingt dazu.

6.1.1 f_1 **bis** f_4

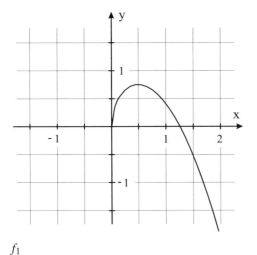

f_1

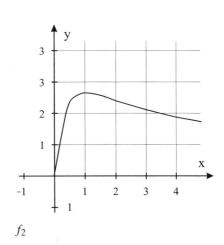

f_2

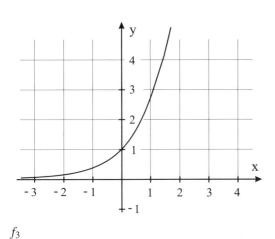

f_3

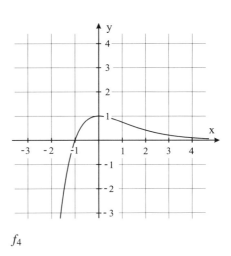

f_4

a) Zeichnen Sie die Schaubilder der ersten Ableitung in das Koordinatensystem.

b) Nebenstehend finden Sie mehrere Aussagen. Streichen Sie die Aussagen aus, die nicht auf die Funktion zutreffen.

f' hat für $x = 1$ ein relatives Maximum	f_1	f_2	f_3	f_4
f' ist für $x > 0$ monoton fallend	f_1	f_2	f_3	f_4
f' ist für $x > 0$ monoton steigend	f_1	f_2	f_3	f_4
f' ist für $x > 1$ negativ	f_1	f_2	f_3	f_4

6.1.2 f_5 **bis** f_8

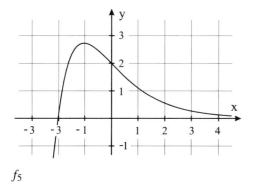

f_5

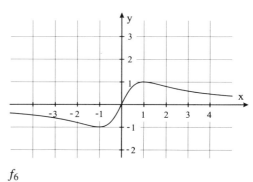

f_6

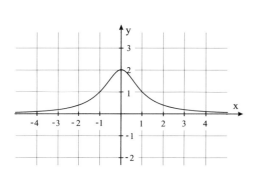

f_7

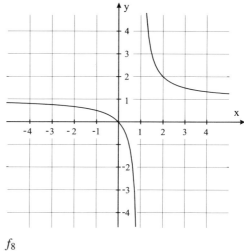

f_8

a) Zeichnen Sie die Schaubilder der ersten Ableitung in das Koordinatensystem.

b) Nebenstehend finden Sie mehrere Aussagen. Streichen Sie die Aussagen aus, die nicht auf die Funktion zutreffen.

$f'(x) < 0$	f_5	f_6	f_7	f_8
$f''(0) = 0$	f_5	f_6	f_7	f_8
$f'(1) = f'(-1)$	f_5	f_6	f_7	f_8

6.2 Aussagen über die Funktion bei gegebener Ableitungsfunktion treffen

Bei den folgenden Aufgaben ist das Schaubild der Ableitungsfunktion f' einer Funktion f gegeben.

Entscheiden Sie, ob die folgenden Aussagen über f richtig, falsch oder unentscheidbar sind. Begründen Sie dabei Ihre Entscheidung.

Aufgabe I

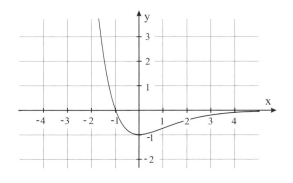

a) Bei $x = 0$ besitzt das Schaubild von f einen Extrempunkt.

b) Bei $x = -1$ besitzt das Schaubild von f eine waagerechte Tangente.

c) Das Schaubild der Funktion f besitzt keine Wendepunkte.

d) $f(x) > 0$ für $x > -1$.

Aufgabe II

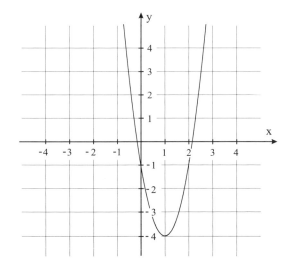

a) An der Stelle $x = 1$ besitzt das Schaubild von f einen Extrempunkt.

b) An der Stelle $x \approx -0,2$ hat das Schaubild von f einen Hochpunkt.

c) Der Grad von f ist mindestens gleich 2.

d) Bei $x \approx 2,4$ besitzt das Schaubild der Funktion f eine Tangente, die parallel zur Geraden $y = 2x$ ist.

Aufgabe III

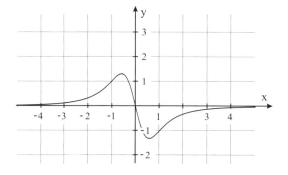

a) Das Schaubild von f ist achsensymmetrisch.

b) Das Schaubild von f schneidet die x-Achse in zwei Punkten.

c) Das Schaubild von f besitzt bei $x = 0$ einen Tiefpunkt.

d) Das Schaubild von f besitzt 2 Extrempunkte.

6.3 Allgemeines Verständnis von Schaubildern

Für alle im Folgenden angeführten Funktionen gilt, dass es sich um stetige und differenzierbare Funktionen handelt.

a) Das Schaubild einer Funktion f hat an der Stelle x_0 einen Extrempunkt. Außerdem gilt $f''(x_0) = 3$. Welche Aussage können Sie über das Schaubild einer dazugehörigen Stammfunktion F im Punkt $P(x_0 \mid ....)$ machen?

b) Was bedeutet es für das Schaubild einer Funktion f, wenn $f(1) = 3$, $f'(1) = -1,5$, $f''(1) = 0$ und $f'''(1) \neq 0$?

c) Was bedeutet es für das Schaubild einer Funktion f, wenn $f(3) = 4$, $f'(3) = 0$ und $f''(3) < 0$?

d) Was bedeutet es für das Schaubild einer Funktion f, wenn $f(2) = 1$, $f'(2) = 0$, $f''(2) = 0$ und $f'''(2) = 4$?

7 Kurvendiskussion und Interpretation von Kurven

Tipps ab Seite 97, Lösungen ab Seite 162

Funktionale Betrachtungen

U.a. Interpretation charakteristischer Eigenschaften einer Funktion anhand ihres Schaubildes

Elemente der Kurvendiskussion

Kenntnis wichtiger Funktionstypen

In diesem Kapitel geht es zuerst darum, aus Kurven, die verschiedene Vorgänge beschreiben, wesentliche Informationen zu gewinnen. Außerdem wird erwartet, dass Sie die wesentlichen Elemente einer vollständigen Funktionsuntersuchung, der «Kurvendiskussion», kennen.

Tipp: Um eine Funktion genauer zu untersuchen, ist es meist hilfreich, alle besonderen Punkte zu betrachten. Dies sind vor allem Punkte oder Bereiche, an denen sich die Steigung des Schaubildes der Funktion stark ändert.

7.1 Interpretation von Schaubildern

Aufgabe I

Die Kurve gibt die Gesamtverkaufszahlen eines neuen Produktes an.

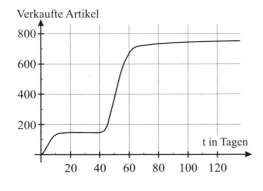

a) Welches sind besondere Punkte im Schaubild?

b) Wieviele Produkte hat die Firma zwischen der 3. und 4. Woche verkauft?

c) Wieviele Artikel hat die Firma in der Zeit vom 40. bis zum 60. Tag durchschnittlich pro Tag verkauft?

d) Wie hoch ist die Verkaufsrate am 50. Tag?

e) Welche Zukunftsprognose bezüglich der Absatzchancen würden Sie aussprechen?

Aufgabe II

Die Abbildung gibt die Besucherzahl einer Ausstellung an.

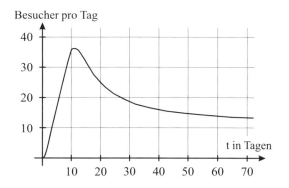

a) Welches sind besondere Punkte im Schaubild?

b) Welche Bedeutung haben diese besonderen Punkte für die Ausstellung?

c) Schildern Sie einen Weg, um herauszufinden, wie viele Besucher die Ausstellung in den ersten 10 Tagen ungefähr besucht haben.

d) Welche tägliche Besucherzahl erwarten Sie nach 80 Tagen?

Aufgabe III

Die untenstehende Grafik gibt die Anzahl der Besuche der Homepage der Firma XY an. Der Internetauftritt wurde begleitet durch zwei Werbeaktionen: Zuerst wurden Flyer eingesetzt, als dies nicht zu dem gewünschten Erfolg führte, wurden für einen gewissen Zeitraum Fernsehspots gesendet.

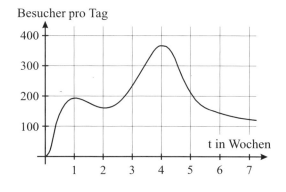

a) In welchen Zeiträumen haben die Werbeaktionen vermutlich stattgefunden?

b) Erläutern Sie anhand des Schaubildes den Begriff der lokalen Extremstelle.

c) Nennen Sie zwei Funktionen, die keine lokalen Extremstellen besitzen.

7.2 Funktionenscharen / Funktionen mit Parameter

Als Funktionenscharen werden Funktionen bezeichnet, die einen Parameter enthalten. Die dazugehörigen Schaubilder nennt man Kurvenscharen.

a) Gegeben ist die Funktion $f_t(x) = \frac{1}{2}x + t$ mit $t \in \mathbb{R}$.

   I) Skizzieren Sie die Schaubilder für einige Werte von t. Beschreiben Sie die Veränderung der Schaubilder bei der Variation von t.

   II) Für welche Werte des Parameters t geht das Schaubild von f_t durch $P_1(2 \mid 3)$ bzw. durch $P_2(1 \mid 2)$?

b) Gegeben ist die Funktion $f_t(x) = tx + 2$ mit $t \in \mathbb{R}$.

   I) Skizzieren Sie die Schaubilder für einige Werte von t. Beschreiben Sie die Veränderung der Schaubilder bei der Variation von t.

   II) Für welche Werte des Parameters t geht das Schaubild von f_t durch $P_1(1 \mid 5)$ bzw. durch $P_2(1 \mid 1,5)$?

c) Gegeben ist die Funktion $f_t(x) = tx - 2t$ mit $t \in \mathbb{R}$.

   I) Skizzieren Sie die Schaubilder für einige Werte von t. Beschreiben Sie die Veränderung der Schaubilder bei der Variation von t.

   II) Für welche Werte des Parameters t geht das Schaubild von f_t durch $P_1(3 \mid 2)$ bzw. durch $P_2(1 \mid \frac{1}{2})$?

d) Gegeben ist die Funktion $f_t(x) = tx^2$ mit $t \in \mathbb{R}$.

   I) Skizzieren Sie die Schaubilder für einige Werte von t. Beschreiben Sie die Veränderung der Schaubilder bei der Variation von t.

   II) Für welche Werte des Parameters t geht das Schaubild von f_t durch $P_1(2 \mid 2)$ bzw. durch $P_2(-1 \mid -2)$?

e) Gegeben sind die Funktionen $f(x) = -x^2 + 2$ und $g_t(x) = tx^2 - 1$; $t \in \mathbb{R}$. Für welchen Wert von t stehen die Schaubilder der beiden Funktionen in ihrem Schnittpunkt senkrecht aufeinander?

f) Gegeben sind die Funktionen $f(x) = 2x^2$ und $g_t(x) = -tx^2 + 4$; $t \in \mathbb{R}$. Für welchen Wert von t stehen die Schaubilder der beiden Funktionen in ihrem Schnittpunkt senkrecht aufeinander?

7.3   Elemente der Kurvendiskussion

a) Zeigen Sie, dass das Schaubild von f mit $f(x) = x^2 \cdot e^x$; $x \in \mathbb{R}$ bei $x = 0$ einen Tiefpunkt besitzt.

b) Schneidet das Schaubild von f die x-Achse in $(x_0 \mid 0)$, wenn folgende Situation vorliegt: $f(x_0) = 0$, $f'(x_0) = 0$, $f''(x_0) < 0$?

c) Eine ganzrationale Funktion $f(x)$; $x \in \mathbb{R}$ hat ein Minimum bei x_0. Welche Aussage können Sie über das Verhalten der Steigung in der Umgebung von x_0 machen? Ist der «nächstfolgende» Extremwert (für wachsende x) ein Minimum oder ein Maximum?

d) Eine Funktion f hat die Nullstelle x_0. Welche Aussage können Sie über das Schaubild einer zugehörigen Stammfunktion F im Punkt $P(x_0 \mid F(x_0))$ machen?

e) Begründen Sie, dass das Schaubild von $f(x) = \frac{1}{x^2} + 3$; $x \in \mathbb{R} \setminus \{0\}$ achsensymmetrisch zur y-Achse ist.

f) Begründen Sie, dass das Schaubild von $f(x) = 3x^5 - 7,2x^3 + x$; $x \in \mathbb{R}$ punktsymmetrisch zum Ursprung ist.

g) Zeigen Sie, dass das Schaubild von $f(x) = 3x^3 + 4$; $x \in \mathbb{R}$ an der Stelle $x = 0$ einen Sattelpunkt besitzt.

h) Begründen Sie, dass das Schaubild von $f(x) = x^2 e^{-x} + 1$; $x \in \mathbb{R}$ die Gerade $y = 1$ als Asymptote für $x \to +\infty$ besitzt.

i) Prüfen Sie, ob das Schaubild von $f(x) = \frac{1}{4}x^4 - x^3 + 4x - 2$; $x \in \mathbb{R}$ an der Stelle $x = 2$ einen Tiefpunkt hat.

j) Zeigen Sie, dass das Schaubild von $f(x) = \frac{x}{x-1}$; $x \in \mathbb{R} \setminus \{1\}$ bei $x = 1$ eine Polstelle hat.

k) Zeigen Sie, dass das Schaubild der Funktion f mit $f(x) = x^2 e^{-x}$ zwei Punkte mit waagerechter Tangente hat. Bestimmen Sie die Gleichung der Geraden durch diese beiden Punkte.

l) Zeigen Sie, dass das Schaubild der Funktion f mit $f(x) = x \cdot e^{-x}$ genau einen Wendepunkt hat.

m) Es ist $g(x)$ die Funktionsgleichung einer ganzrationalen Funktion 2. Grades. Begründen Sie, dass das Schaubild der Funktion f mit $f(x) = g(x) \cdot e^{-x}$ maximal zwei Punkte mit waagerechter Tangente hat.

7.4 Tangenten und Normalen

Tipp: Tangente und Normale stehen senkrecht aufeinander, wenn für die Tangentensteigung m_t und die Normalensteigung m_n gilt: $m_n = -\frac{1}{m_t}$.

a) Bestimmen Sie die Gleichung der Tangente und der Normalen im Punkt $(1 \mid -1)$ an das Schaubild der Funktion f mit $f(x) = x^2 - 4x + 2$.

b) Bestimmen Sie die Gleichung der Tangente und der Normalen im Wendepunkt an das Schaubild der Funktion f mit $f(x) = x^3 + x + 1$.

c) Gegeben ist die Funktion f mit $f(x) = x^2 + 4x - 3$. Gesucht ist:

   I) Die Gleichung der Tangente mit Steigung $m = -2$.

   II) Die Gleichung der Tangente, welche orthogonal ist zur Geraden mit der Gleichung $y = -\frac{1}{3}x + 4$.

   III) Die Gleichung der Tangente, welche parallel ist zur Geraden $y = 4x - \frac{7}{2}$.

d) Gegeben ist die Funktion f mit der Gleichung $f(x) = 2x^2 - 5x + 1$. Gesucht ist:

   I) Die Gleichung der Tangente, welche parallel ist zur Geraden durch $A(0 \mid 3)$ und $B(-4 \mid 7)$.

   II) Die Gleichung der Normalen, welche parallel ist zur Geraden mit der Gleichung $y = -\frac{1}{3}x + 2$.

   III) Die Gleichung der Normalen, welche orthogonal ist zur Geraden mit der Gleichung $y = 7x + 5$.

e) Gegeben ist die Funktion f mit $f(x) = x^2 - 2x + 3$.

   I) Vom Punkt $P(0 \mid -6)$, welcher nicht auf der Kurve liegt, werden Tangenten an das Schaubild von f gelegt. Bestimmen Sie die Koordinaten der Berührpunkte sowie die Tangentengleichungen.

   II) Wie lauten die Koordinaten der Berührpunkte, wenn von $Q(1 \mid -7)$ Tangenten an das Schaubild von f gelegt werden?

7.5 Berührpunkte zweier Kurven

a) Zeigen Sie, dass sich die Schaubilder der Funktion f mit $f(x) = \frac{1}{5}x^3 - 2x^2 + 5x + 3$ und der Funktion g mit $g(x) = -x^2 + 5x + 3$ im Punkt B $(0 \mid 3)$ berühren.

b) Berechnen Sie den Berührpunkt der Schaubilder der Funktion f mit $f(x) = \frac{1}{3}x^3 - 2x^2 + 3x + 4$ und der Funktion g mit $g(x) = -x^2 + 3x + 4$.

c) Zeigen Sie, dass sich die Schaubilder der Funktion f mit $f(x) = x^2 + \frac{1}{2}$ und der Funktion g mit $g(x) = -4x^4 + 4x^3 + \frac{1}{2}$ im Punkt B $\left(\frac{1}{2} \mid \frac{3}{4}\right)$ berühren.

d) Berechnen Sie die Berührpunkte der Schaubilder der Funktion f mit $f(x) = x^2 + 1$ und der Funktion g mit $g(x) = -\frac{1}{4}x^4 + x^3 + 1$.

7.6 Ortskurven

a) Bei einer Kurvenschar haben die Extrempunkte die Koordinaten E $\left(\frac{2}{3}t \mid \frac{2}{9}t^3\right)$. Bestimmen Sie die Gleichung der Ortskurve, auf der alle Extrempunkte liegen.

b) Bei einer Kurvenschar haben die Hochpunkte die Koordinaten H $\left(\frac{2}{3}t \mid \frac{9}{2t}\right)$; $t \neq 0$. Bestimmen Sie die Gleichung der Ortskurve, auf der alle Hochpunkte liegen.

c) Bei einer Kurvenschar haben die Hochpunkte die Koordinaten H $\left(\sqrt{\frac{a}{3}} \mid -\frac{2}{3}a\sqrt{\frac{a}{3}}\right)$; $a \geqslant 0$. Bestimmen Sie die Gleichung der Ortskurve, auf der alle Hochpunkte liegen.

d) Bei einer Kurvenschar haben die Wendepunkte die Koordinaten W $\left(\ln\left(\frac{t}{2}\right) \mid \frac{t^2}{4}\right)$; $t > 0$. Bestimmen Sie die Gleichung der Ortskurve, auf der alle Wendepunkte liegen.

e) Bei einer Kurvenschar haben die Hochpunkte die Koordinaten H $\left(\frac{t}{2} \mid \frac{t^3}{4} - t\right)$. Bestimmen Sie die Gleichung der Ortskurve, auf der alle Hochpunkte liegen.

8 Allgemeines Verständnis von Funktionen

Tipps ab Seite 101, Lösungen ab Seite 173

Funktionale Betrachtungen

U.a. Verständnis der Zusammenhänge

Kenntnis von Begriffen und Definitionen (Definitionsbereich, Stetigkeit, Differenzierbarkeit, Näherungsverfahren)

Bei den folgenden Aufgaben geht es um grundlegende Zusammenhänge. Es wird erwartet, dass Sie die Grundlagen der Differentialrechnung kennen und darlegen können. Fragen wie z.B. nach der mathematischen Definition der Stetigkeit sind in diesem Kontext relativ anspruchsvoll, allerdings sollte man zumindest die anschauliche Definition angeben können.

8.1 Definitionsbereich

Bestimmen Sie für folgende Funktionen den maximalen Definitionsbereich:

Tipp: Der Definitionsbereich gibt an, welche Werte für x eingesetzt werden dürfen.

Gebrochenrationale Funktionen

I) $f(x) = \frac{3x^5 - 2x^3}{x-4}$ II) $f(x) = \frac{3x+5}{x^2-5x+6}$ III) $f(x) = \frac{4x^2+3}{x^2+1}$

8.2 Stetigkeit

a) Geben Sie eine anschauliche Definition der Stetigkeit an. Wie muss sich das Schaubild einer stetigen Funktion zeichnen lassen?

b) Untersuchen Sie die beiden folgenden Funktionen auf Stetigkeit:

I) $f(x) = \begin{cases} \frac{1}{3}x & \text{für } x \leqslant 3 \\ 7-2x & \text{für } x > 3 \end{cases}$ II) $g(x) = \begin{cases} \frac{1}{4}x & \text{für } x \leqslant 1 \\ \frac{1}{4}x+1 & \text{für } x > 1 \end{cases}$

wobei für $f(x)$ und $g(x)$ gilt: $x \in \mathbb{R}$.

8.3   Differenzierbarkeit

a) Geben Sie eine anschauliche Definition der Differenzierbarkeit an. Wie muss das Schaubild einer differenzierbaren Funktion aussehen? Was darf es nicht enthalten?

b) Kann es Funktionen geben, die differenzierbar, aber nicht stetig sind?

c) Lässt sich eine Funktion ableiten, die an einer Stelle einen «Knick» besitzt (Beispiel: die Betragsfunktion $f(x) = |x|$)?

d) Wie oft ist die Funktion $f(x) = x^3$ differenzierbar? Was passiert ab der dritten Ableitung?

e) Gegeben ist die Funktion h mit $h(x) = \begin{cases} x^2 + s \cdot x + t & \text{für } x \leqslant 2 \quad \text{I} \\ \frac{1}{2}x + 1 & \text{sonst} \quad\quad \text{II} \end{cases}$

wobei gilt: $s, t, x \in \mathbb{R}$.

Bestimmen Sie s und t so, dass die Funktion an der Stelle $x = 2$ differenzierbar ist.

f) Gegeben ist die Funktion h mit $h(x) = \begin{cases} -x^2 + s \cdot x + t & \text{für } x \leqslant 3 \quad \text{I} \\ x^2 + 3 & \text{sonst} \quad\quad\quad \text{II} \end{cases}$

wobei gilt: $s, t, x \in \mathbb{R}$.

Bestimmen Sie s und t so, dass die Funktion an der Stelle $x = 3$ differenzierbar ist.

8.4   Allgemeines zur Ableitung, Näherungsverfahren

a) Erläutern Sie den Begriff Ableitung an der Stelle x_0 (eventuell anhand eines Beispiels).

b) Skizzieren Sie kurz, wie das Verfahren der Intervallhalbierung zur numerischen Bestimmung einer Nullstelle funktioniert.

c) Erläutern Sie wesentliche Gesichtspunkte des Newtonschen Näherungsverfahrens und geben Sie Beispiele für die Anwendung an.

d) Leiten Sie die Quotientenregel mit Hilfe von Produkt- und Kettenregel her.

8.5   Verständnis von gebrochenrationalen Funktionen

a) Was ist eine Definitionslücke einer Funktion?

b) Charakterisieren Sie eine Polstelle. Welche unterschiedlichen Arten von Polstellen gibt es?

c) Beschreiben Sie den Unterschied zwischen einer Polstelle und einer Definitionslücke.

d) Was ist eine «hebbare Lücke»?

e) Welche Fälle gibt es bei gebrochenrationalen Funktionen für das Verhalten der y-Werte, wenn x gegen Unendlich geht? Wie kommt es zu einer waagerechten Asymptote $y = 0$? Wie muss die Funktion aussehen, damit die Asymptote $y = 2$ ist? Was muss für eine Situation vorliegen, damit eine schräge Asymptote, z.B. $y = 2x + 1$, entsteht?

9 Integralrechnung

Tipps ab Seite 102, Lösungen ab Seite 178

Algorithmische Grundkenntnisse zur Differentiation / Integration

U.a. Integration / Stammfunktion (lineare Substitution)

Die grundlegenden Integrationsregeln sollten Sie kennen und anwenden können. Dazu zählt auch die lineare Substitution.

Weitere Fragestellungen sind das Berechnen der Fläche zwischen zwei Kurven sowie die Betrachtung von ins Unendliche reichenden Flächen.

9.1 Stammfunktionen

Geben Sie eine Stammfunktion für alle folgenden Funktionen an:

a) $f(x) = 6 - \frac{8}{x^3}$

b) $f(x) = x + \frac{2}{x^2}$

c) $f(x) = 2x - \frac{6}{x^3}$

d) $f(x) = \frac{6-x}{x^3}$

e) $f(x) = 2\left(x^2 - 6e^{3x}\right)$

f) $f(x) = 4\left(x^3 + 4e^{-2x}\right)$

g) $f(x) = \frac{1}{2}\left(2x - 8e^{-\frac{1}{2}x}\right)$

h) $f(x) = a\left(x^2 - 4e^{4x}\right)$

i) $f(x) = \frac{-3}{(4+3x)^2}$

j) $f(x) = \frac{-6}{(1+2x)^2}$

k) $f(x) = \frac{6}{(2+3x)^3}$

l) $f(x) = \frac{-2}{(3-x)^2}$

9.2 Flächeninhalt zwischen zwei Kurven

Berechnen Sie den Flächeninhalt zwischen den zwei Kurven:

a) $f(x) = -x + 2$
$g(x) = x^2$

b) $f(x) = 4 - x^2$
$g(x) = x^2 - 4$

c) $f(x) = x^2 + 1$
$g(x) = x + 1$

d) $f(x) = e^x - \frac{1}{2}x^2$
$g(x) = e^x - x$

Tipp: Machen Sie sich eine Skizze der beiden Schaubilder.

9.3 Ins Unendliche reichende Flächen

a) Berechnen Sie die ins Unendliche reichende Fläche im 1. Quadranten zwischen der Kurve und den beiden Koordinatenachsen:

I) $f(x) = e^{-x}$ II) $f(x) = e^{-3x+1}$ III) $f(x) = 2e^{-4x-2}$

b) Gegeben sei die Funktion f durch $f(x) = e - e^x$ mit $x \in \mathbb{R}$, ihr Schaubild sei K.

I) Das Schaubild schließt mit der x- und der y-Achse eine Fläche ein. Berechnen Sie dessen Inhalt.

II) Bestimmen Sie die waagerechte Asymptote von K.

III) Die y-Achse, die waagerechte Asymptote und K schließen ein ins Unendliche reichendes Flächenstück ein. Berechnen Sie den Inhalt dieses Flächenstücks und prüfen Sie nach, ob dieses Flächenstück so groß ist wie das Flächenstück aus Aufgabe I.

9.4 Allgemeines Verständnis von Integralen

a) Erläutern Sie die Grundidee der Keplerschen Fassregel und geben Sie ein Beispiel für eine Anwendung an.

b) Erläutern Sie die Grundidee zur Berechnung des Volumens eines Rotationskörpers, der entsteht, wenn ein Kurvenstück über dem Intervall $[a; b]$ um die x-Achse rotiert.

9.5 Vermischte Aufgaben

a) Bestimmen Sie zu $f(x) = 8x + 3e^{-x}$ diejenige Stammfunktion, deren Schaubild durch den Punkt $P(0 \mid 5)$ geht.

b) Bestimmen Sie zu $f(x) = \frac{4}{(2x-1)^3}$ diejenige Stammfunktion, deren Schaubild durch den Punkt $Q(1 \mid 3)$ geht.

c) Bestimmen Sie zu $f(t) = t^2 - 2t + 3$ die Integralfunktion $J_1(x) = \int_1^x f(t)\,dt$.

d) Bestimmen Sie zu $f(t) = 2t + 4e^{-\frac{1}{2}t}$ die Integralfunktion $J_2(x) = \int_2^x f(t)\,dt$.

10 Extremwertaufgaben / Wachstumsprozesse

Tipps ab Seite 103, Lösungen ab Seite 182

Anwendungen

U.a. Extremwertaufgaben, Mittelwertbildung, Wachstumsprozesse

---

Zum Kapitel der Anwendungen gehören nicht nur Anwendungsaufgaben im engeren Sinne, sondern auch verschiedene Aufgaben mit konkreten Bezügen, z.B. Aufgaben, die mit Änderungsraten oder Zerfallsprozessen zu tun haben.

Tipp: Für alle Anwendungsaufgaben ist es sehr hilfreich, eine Skizze der Aufgabenstellung anzufertigen.

10.1 Extremwertaufgaben

a) Ein Draht der Länge 20 cm soll eine rechteckige Fläche mit maximalem Flächeninhalt umrahmen. Berechnen Sie die Länge der Rechteckseiten.

b) Ein rechteckiger Spielplatz soll eingezäunt werden. Dafür stehen 40 m Zaun zu Verfügung. Wie lang sind die Seitenlängen des Spielplatzes, wenn dieser möglichst groß sein soll und außerdem noch eine 2 m breite Einfahrt besitzt?

c) Ein Gedenkstein, der die Form eines Rechtecks mit einem aufgesetzten Halbkreis besitzt, soll errichtet werden. Für den Umfang gilt: U = 10 m. Die vordere Fläche soll maximal groß sein. Wie groß sind die Breite und die gesamte Höhe h des Gedenksteins?

d) Ein Sportplatz hat die Form eines Rechtecks mit rechts und links angesetzten Halbkreisen. Der Gesamtumfang beträgt 400 m. Welche Werte haben Breite und Höhe des Rechtecks, wenn

   I) die Fläche des Rechtecks maximal sein soll?

   II) die Fläche des gesamten Sportplatzes maximal sein soll?

e) Gegeben sei eine Funktion f mit $f(x) = 6 - \frac{1}{4}x^2$; $x \in \mathbb{R}$. Zwischen Kurve und x-Achse ist im 1. und 2. Quadranten ein Rechteck einzuschreiben

   I) mit maximalem Umfang

II) mit maximaler Fläche

Berechnen Sie den maximalen Umfang bzw. die maximale Fläche.

f) In einen Halbkreis mit Radius 1 m soll ein Rechteck mit maximalem Flächeninhalt einbeschrieben werden. Wie breit bzw. hoch muss dieses sein? Berechnen Sie die Fläche des Rechtecks.

g) Gegeben ist die Funktion f durch $f(x) = -(x+2)e^{-x}$; $x \in \mathbb{R}$, ihr Schaubild sei K. Bestimmen Sie die Gleichung der Normalen im Punkt W$(0 \mid -2)$. Die Normale schneidet K in einem weiteren Punkt Q. Berechnen Sie dessen Koordinaten. P$(u \mid v)$ mit $-2 < u < 0$ sei ein Punkt auf K. Der Ursprung O und die Punkte P und Q sind die Eckpunkte eines Dreiecks OPQ. Für welchen Wert von u wird die Fläche A(u) maximal?

10.2 Wachstumsprozesse

a) Eine Population besteht heute aus 30000 Individuen. Vor zwei Jahren waren es noch 90000. Man geht davon aus, dass der Bestand exponentiell nach folgendem Gesetz abnimmt:

B$(t) = $ B$_0 \cdot e^{k \cdot t}$; $k \in \mathbb{R}$

B$(t) = $ Bestand der Population, $t = $ Zeit in Jahren.

I) Bestimmen Sie das Zerfallsgesetz.

II) Bestimmen Sie den Zeitpunkt t_E, an dem vom Anfangsbestand nur noch 10 % übrig sind.

b) Eine Materialprobe wird in einem Labor erhitzt. Die Erwärmung wird durch die Funktion T mit T$(t) = 80 - 60e^{-0,1 \cdot t}$ (t in Minuten, T(t) in Grad Celsius) beschrieben.

I) Bestimmen Sie die Gleichung der Asymptote des Schaubilds der Funktion. Welche Bedeutung hat diese Asymptote für das Experiment bzw. die Erwärmung?

II) Zu welcher Zeit ist die Geschwindigkeit, mit der sich die Probe erwärmt, am größten?

III) Berechnen Sie die Durchschnittstemperatur der ersten 10 Minuten. (Schätzen Sie ab, da man ohne Taschenrechner keinen exakten Wert errechnen kann.)

11 Transferaufgaben Analysis

11.1 Ganzrationale Funktion – Swimmingpool (TR)

Tipps ab Seite 105, Lösungen ab Seite 188

Ein quaderförmiger Swimmingpool mit 8 m Länge, 5 m Breite und 3 m Höhe wird mit Wasser gefüllt.

Zu Beginn beträgt die Wasserhöhe 0,1 m.

Der Zu- bzw. Abfluss des Wassers wird modellhaft beschrieben durch die Zulaufratenfunktion f mit

$$f(t) = t^3 - 13t^2 + 40t; \ 0 \leqslant t \leqslant 9$$

($f(t)$ in m^3 pro Stunde, t in Stunden).

Geben Sie die Zeitpunkte an, zu denen Wasser weder zu- noch abläuft, und berechnen Sie die Zeitpunkte maximalen Zu- bzw. Abflusses.

Skizzieren Sie das Schaubild K_f der Zulaufratenfunktion f.

Wie viel Wasser befindet sich nach 3 Stunden im Pool?

Bestimmen Sie die Höhe des Wasserstands am Ende des gesamten Einfüllvorgangs.

Berechnen Sie die maximale Wassermenge im Pool.

Erläutern Sie, weshalb die Definitionsmenge von f beschränkt ist.

11.2 Ganzrationale Funktion – Mountainbike (TR)

Tipps ab Seite 106, Lösungen ab Seite 189

a) In der untenstehenden Skizze ist das Schaubild der Ableitung g' einer Funktion g gegeben. Begründen Sie, dass das Schaubild von g einen Hochpunkt, einen Tiefpunkt und einen Wendepunkt mit negativer Steigung hat.

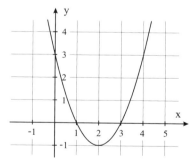

b) Eine kleine Firma stellt Mountainbikes her. Bei einer Monatsproduktion von x Mountainbikes entstehen Fixkosten in Höhe von 5000 Euro und variable Kosten $V(x)$ (in Euro), die durch folgende Tabelle modellhaft gegeben sind:

x	0	2	6	10
$V(x)$	0	306	954	1650

I) Bestimmen Sie die Funktionsgleichung der ganzrationalen Funktion 2. Grades $V(x)$ sowie der monatlichen Herstellungskosten H in Abhängigkeit von x.

Skizzieren Sie das Schaubild von H für $0 \leqslant x \leqslant 200$ in ein geeignetes Koordinatensystem.

Bei welcher Produktionszahl sind die variablen Kosten fünfmal so hoch wie die Fixkosten?

II) Alle monatlich produzierten Mountainbikes werden zu einem Preis von 450 Euro pro Stück an einen Händler verkauft.

Geben Sie den monatlichen Gewinn G in Abhängigkeit von x an und skizzieren Sie das Schaubild der Gewinnfuktion in das vorhandene Koordinatensystem.

Bei welchen Produktionszahlen macht die Firma Gewinn?

Wie hoch ist der maximale Gewinn pro Monat?

III) Durch große Konkurrenz auf dem Markt muss die Firma den Preis pro Mountainbike senken.

Um wie viel Prozent vom ursprünglich erzielten Preis ist dies höchstens möglich, wenn pro Monat 90 Mountainbikes produziert werden und der Gewinn mindestens 2000 Euro betragen soll?

11.3 Gebrochenrationale Funktion – Laptop (GTR)

Tipps ab Seite 106, Lösungen ab Seite 191

Die Herstellungskosten eines Laptops in Abhängigkeit von der produzierten Stückzahl werden durch die Funktion H mit

$$H(x) = \frac{1200x + 45\,000}{2x + 3}; \ x > 0$$

beschrieben (x: Stückzahl, $H(x)$: Herstellungskosten des x-ten Laptops in €).
Ihr Schaubild sei K.

Skizzieren Sie K und zeigen Sie, dass die Herstellungskosten fortwährend sinken.

Wie hoch sind die langfristigen Herstellungskosten?

Berechnen Sie die durchschnittlichen Herstellungskosten eines Laptops bei einer Stückzahl von 1000 bzw. 10 000 Stück.

Ein Discounter, der die Laptops zum Herstellungspreis einkauft, verkauft den Laptop zu einem Preis von 629 €.

Ab welcher Stückzahl liegen die Herstellungskosten erstmals unter dem Verkaufspreis?

Wie hoch ist der zu erwartende Gewinn des Discounters, wenn 20 000 Laptops bei der Herstellerfirma geordert werden und die Verkaufsrate 98 % beträgt?

Wie hoch muss die Verkaufsrate mindestens sein, so dass kein Verlust entsteht?

11.4 Exponentialfunktion – Bakterien (TR)

Tipps ab Seite 106, Lösungen ab Seite 192

a) Gegeben ist die Funktion f durch

$$f(x) = (2x+3) \cdot e^{-x}; \; x \in \mathbb{R}.$$

Ihr Schaubild sei K_f.
Die Funktion g ist gegeben durch $g(x) = e^{-x}; \; x \in \mathbb{R}$.
Ihr Schaubild sei K_g.

Untersuchen Sie K_f auf Schnittpunkte mit den Koordinatenachsen, Hoch-, Tief- und Wendepunkte sowie Asymptoten.
Zeichnen Sie K_f und K_g für $-2 \leqslant x \leqslant 4$ (Längeneinheit = 2 cm).

b) Zeigen Sie, dass $F(x) = -(2x+5) \cdot e^{-x}$ eine Stammfunktion von f ist.
K_f und die x-Achse begrenzen im 1. und 2. Quadranten eine ins Unendliche reichende Fläche.
Berechnen Sie den Flächeninhalt A dieser Fläche.
Zeigen Sie, dass diese Fläche durch die y-Achse nicht halbiert wird.

c) Die Gerade $x = u$ mit $u > -1$ schneidet K_f im Punkt P und K_g im Punkt Q.
Für welchen Wert von u wird die Länge der Strecke PQ maximal?
Berechnen Sie die maximale Länge der Strecke PQ.

d) Eine Bakterienkultur hat zu Beginn der Beobachtung 500 Bakterien. Jede Stunde nimmt die Anzahl der Bakterien um 30 % zu.
Bestimmen Sie das Wachstumsgesetz $B(t)$. (Es ist $B(t)$: Anzahl der Bakterien, t: Zeit in Stunden).
Wie viele Bakterien sind nach 6 Stunden in der Kultur vorhanden?
Nach welcher Zeit hat sich die Anzahl der Bakterien verdreifacht?

Durch die Zugabe eines neu entwickelten Antibiotikums nach 6 Stunden seit Beginn der Beobachtung verringert sich die Anzahl der Bakterien nach folgendem Gesetz:

$$B(t) = 2414 \cdot e^{-0,8755(t-6)}; \; t \geqslant 6$$

Nach wie vielen Stunden seit Beginn der Beobachtung beträgt die Bakterienanzahl weniger als die Anzahl zu Beginn?

11.5   Exponentialfunktion – Sonnenblume (GTR)

Tipps ab Seite 107, Lösungen ab Seite 194

a) Zu jedem $t \in \mathbb{R}$ ist eine Funktion f_t gegeben durch:

$$f_t(x) = (t - x) \cdot e^x; \; x \in \mathbb{R}.$$

Ihr Schaubild sei K_t.

Untersuchen Sie K_t auf Schnittpunkte mit den Koordinatenachsen, Hoch-, Tief- und Wendepunkte sowie Asymptoten.
Skizzieren Sie K_1 und K_2 für $-3 \leqslant x \leqslant 2$ (Längeneinheit = 2 cm).

b) Bestimmen Sie die Gleichung der Ortskurve, auf der die Hochpunkte H_t aller K_t liegen.

Die Wendetangente von K_t schneidet die x-Achse in A_t.
B_t sei der Schnittpunkt von K_t mit der x-Achse.
Zeigen Sie, dass die Länge der Strecke $A_t B_t$ einen von t unabhängigen Wert hat.

c) Die Höhe einer Sonnenblume (in Meter) zur Zeit t (in Wochen seit Beginn der Beobachtung) soll zunächst modellhaft beschrieben werden durch eine Funktion h_1 mit
$h_1(t) = 0{,}08 \cdot e^{k \cdot t}; \; k \in \mathbb{R}$.

Bestimmen Sie die Wachstumskonstante k, wenn die Sonnenblume in den ersten 5 Wochen der Beobachtung 0,52 m gewachsen ist.
Wie hoch müsste demnach die Sonnenblume 8 Wochen nach Beginn der Beobachtung sein?

Die Sonnenblume ist nach 8 Wochen tatsächlich nur 1,20 m hoch. Die Höhe wird deshalb für $t \geqslant 5$ modellhaft beschrieben durch die Funktion h_2 mit
$h_2(t) = a - b \cdot e^{-0{,}5 \cdot t}; \; a, b \in \mathbb{R}$.

Bestimmen Sie a und b aus den beobachteten Höhen nach 5 und 8 Wochen.
Welche Höhe wird langfristig erwartet?
Welchen Nachteil hat Modell h_1 gegenüber Modell h_2?

11.6 Exponentialfunktion – Schimmelpilz (GTR)

Tipps ab Seite 107, Lösungen ab Seite 196

a) Gegeben ist für $t \in \mathbb{R}$, $t > 0$ die Funktion f_t durch

$$f_t(x) = tx \cdot e^{-\frac{1}{t}x} \, ; x \in \mathbb{R}.$$

Ihr Schaubild sei K_t.

Skizzieren Sie zwei verschiedene Schaubilder und bestimmen Sie die gemeinsamen Eigenschaften der Kurven der Schar.

Auf welcher Kurve liegen die Wendepunkte aller Kurven der Schar?

Für welchen Wert von t liegt der Wendepunkt auf der 1. Winkelhalbierenden?

b) Die Wachstumsgeschwindigkeit einer Schimmelpilzkultur, die zu Beginn der Beobachtung eine Fläche von $10 \, cm^2$ bedeckt, wird für $t > 0$ modellhaft beschrieben durch die Funktion f mit

$$f(t) = \frac{60e^{t-3}}{(e^{t-3} + 3)^2}$$

(t in Tagen, $f(t)$ in cm² pro Tag). Ihr Schaubild sei K.

Skizzieren Sie K für $0 \leqslant t \leqslant 8$.

Zeigen Sie, dass die Schimmelpilzkultur immer weiter wächst. Wann wächst sie am schnellsten?

Zu welchen Zeitpunkten seit Beginn der Beobachtung wächst die Pilzkultur $3{,}75 \, cm^2$ pro Tag?

Welche Fläche wird nach 4 Tagen bedeckt, mit welcher Fläche kann langfristig gerechnet werden?

Die Wachstumsgeschwindigkeit der Schimmelpilzkultur soll nun für die ersten drei Tage näherungsweise durch eine lineare Funktion g beschrieben werden.

Bestimmen Sie eine mögliche Funktionsgleichung von g und berechnen Sie die vom Schimmelpilz bedeckte Fläche nach 4 Tagen für dieses Modell.

Erläutern Sie die Vor- und Nachteile der beiden Modelle.

11.7   Exponentialfunktion – Tannensetzling (GTR)

Tipps ab Seite 108, Lösungen ab Seite 198

a) Für $t \in \mathbb{R}$, $t > 0$ ist die Funktion f_t gegeben durch:

$$f_t(x) = 1,5 \cdot e^{-0,005(x-t)^2}; \; x \in \mathbb{R}.$$

Ihr Schaubild sei K_t.

Skizzieren Sie K_1, K_{15} und K_{30} und bestimmen Sie die wichtigsten Eigenschaften der Kurven der Schar.

Zeigen Sie, dass alle Schaubilder achsensymmetrisch sind.

b) Das Längenwachstum eines Tannensetzlings, der zu Beginn 0,3 m hoch ist, wird beschrieben durch die Funktion f mit $f(t) = 1,5 \cdot e^{-0,005(t-25)^2}$ (t in Jahren, $f(t)$ in Meter pro Jahr).

Geben Sie den Zeitpunkt maximalen Längenwachstums an, berechnen Sie das durchschnittliche Längenwachstum pro Jahr in den ersten 30 Jahren sowie die Höhe einer 30-jährigen Tanne.

Nach welcher Zeit ist die Tanne 13 m hoch?

Die Tanne gilt als «ausgewachsen», wenn das jährliche Wachstum weniger als 0,2 m pro Jahr beträgt. Um wie viele Meter ist eine 60-jährige Tanne höher als eine «ausgewachsene»?

Geometrie

Grundkenntnisse zu Vektoren / Geraden / Ebenen

U.a. Gleichungen von Ebenen und Geraden

Skizze des Schaubilds einer Ebene bzw. Geraden im dreidimensionalen Koordinatensystem

Auffinden einer entsprechenden Gleichung für Ebene bzw. Gerade, wenn Skizze gegeben

Lagebeziehungen

Gerade – Gerade, Gerade – Ebene, Ebene – Ebene

Wenn nicht anders angegeben gilt für alle Parameter: $r, s, t, \ldots \in \mathbb{R}$

12   Rechnen mit Vektoren

Tipps ab Seite 109, Lösungen ab Seite 200

In diesem Kapitel geht es darum, dass Sie mit Vektoren sicher rechnen können und grundlegende Begriffe sicher beherrschen. Einige Anwendungsaufgaben runden das Kapitel ab.

Tipp: Schreiben Sie sich die grundlegenden Formeln und Begriffe auf Vokabelkärtchen; manche Dinge muss man auch in der Mathematik einfach auswendig lernen!

12.1   Addition und Subtraktion von Vektoren

Gegeben sind die Vektoren $\vec{a} = \begin{pmatrix} -1 \\ 2 \\ 4 \end{pmatrix}$ und $\vec{b} = \begin{pmatrix} 3 \\ 1 \\ 2 \end{pmatrix}$. Berechnen Sie:

a) $\vec{a} + \vec{b}$ b) $\vec{a} - \vec{b}$ c) $2 \cdot \vec{a}$ d) $-\vec{a}$ e) $2\vec{a} + 3\vec{b}$

f) $\vec{a} \cdot \vec{b}$ g) $|\vec{a}|$ h) $|\vec{b}|$ i) $|\vec{a} + \vec{b}|$

12.2   Orthogonalität von Vektoren

Prüfen Sie, ob folgende Vektoren senkrecht (*orthogonal*) aufeinander stehen.

a) $\vec{a} = \begin{pmatrix} -1 \\ 0 \\ 1 \end{pmatrix}$, $\vec{b} = \begin{pmatrix} 2 \\ 2 \\ 0 \end{pmatrix}$ b) $\vec{r} = \begin{pmatrix} 5 \\ -1 \\ 3 \end{pmatrix}$, $\vec{n} = \begin{pmatrix} 2 \\ 1 \\ -3 \end{pmatrix}$

c) $\vec{z} = \begin{pmatrix} 2 \\ -2 \\ 4 \end{pmatrix}$, $\vec{w} = \begin{pmatrix} 1 \\ 3 \\ 1 \end{pmatrix}$

12.3   Auffinden von orthogonalen Vektoren

Geben Sie drei verschiedene Vektoren an, die zu $\vec{n} = \begin{pmatrix} 1 \\ 2 \\ -3 \end{pmatrix}$ orthogonal sind.

12.4   Orts- und Verbindungsvektoren

Gegeben sind die Punkte A$(2 \mid 3 \mid 2)$, B$(7 \mid 4 \mid 3)$ und C$(1 \mid 5 \mid -2)$.

a) Bestimmen Sie die Ortsvektoren $\vec{a}$, $\vec{b}$, und $\vec{c}$.

b) Bestimmen Sie die Verbindungsvektoren $\overrightarrow{AB}$, $\overrightarrow{AC}$ und $\overrightarrow{BC}$.

c) Ist jeder Verbindungsvektor ein Ortsvektor? Begründen Sie Ihre Antwort.

12.5   Verschiedene Aufgaben

Tipp: Fertigen Sie eine Skizze an und stellen Sie Vektorketten auf.

a) Prüfen Sie, ob das Dreieck ABC gleichschenklig ist:

I) A$(3 \mid 7 \mid 2)$, B$(-1 \mid 5 \mid 1)$, C$(2 \mid 3 \mid 0)$

II) A$(-5 \mid 2 \mid -1)$, B$(0 \mid 5 \mid -3)$, C$(-1 \mid 6 \mid -3)$

b) Prüfen Sie, ob das Dreieck ABC rechtwinklig ist:
A$(5 \mid 1 \mid 0)$, B$(1 \mid 5 \mid 2)$, C$(-1 \mid 1 \mid 6)$

c)   I) Bestimmen Sie den Mittelpunkt M von A$(4 \mid 1 \mid 3)$ und B$(-2 \mid 5 \mid -5)$.

II) Bestimmen Sie die Koordinaten des Punktes P so, dass B$(4 \mid 2 \mid 5)$ der Mittelpunkt von A$(3 \mid -1 \mid -4)$ und P ist.

d) Bestimmen Sie jeweils den Schwerpunkt des Dreiecks:

I) $A(4 \mid 1 \mid 2)$, $B(5 \mid 3 \mid 0)$, $C(0 \mid 2 \mid 1)$

II) $P(-3 \mid 2 \mid 4)$, $Q(5 \mid 1 \mid 2)$, $R(-5 \mid 3 \mid 6)$

e) Gegeben sind die Punkte $A(4 \mid 2 \mid 3)$, $B(1 \mid 8 \mid 5)$ und $C(-2 \mid 1 \mid -3)$.

I) Bestimmen Sie den Punkt D so, dass das Viereck ABCD ein Parallelogramm ist.

II) Bestimmen Sie den Punkt D* so, dass das Viereck ABD*C ein Parallelogramm ist.

III) Bestimmen Sie den Punkt D' so, dass das Viereck AD'BC ein Parallelogramm ist.

f) Von einem Spat (Körper mit jeweils 4 parallelen Kanten) sind die Punkte $A(3 \mid 1 \mid 4)$, $B(-2 \mid 1 \mid -3)$, $C(5 \mid -2 \mid 3)$ und $F(9 \mid 2 \mid 6)$ gegeben.

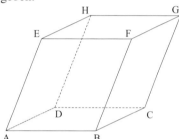

I) Bestimmen Sie die Koordinaten der übrigen Punkte des Spats.

II) Berechnen Sie die Länge der Raumdiagonalen AG.

g) Ein schiefes Dreiecksprisma ist gegeben durch die Punkte $A(4 \mid 1 \mid -3)$, $B(5 \mid -2 \mid -1)$, $C(-1 \mid 3 \mid -2)$ und $D(7 \mid 4 \mid 2)$.
Bestimmen Sie die Koordinaten der Punkte E und F sowie die Länge der Kante EF.

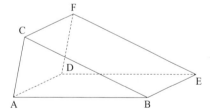

12.6 Lineare Abhängigkeit/ Unabhängigkeit

> **Tipp:** Zwei Vektoren prüft man auf lineare Abhängigkeit, drei Vektoren auf lineare Unabhängigkeit.

a) Prüfen Sie, ob die beiden Vektoren linear abhängig oder unabhängig sind:

I) $\vec{a} = \begin{pmatrix} 2 \\ 1 \\ -3 \end{pmatrix}, \vec{b} = \begin{pmatrix} -4 \\ -2 \\ 6 \end{pmatrix}$ 　　　 II) $\vec{a} = \begin{pmatrix} 2 \\ 0 \\ 3 \end{pmatrix}, \vec{b} = \begin{pmatrix} -2 \\ 1 \\ -3 \end{pmatrix}$

III) $\vec{a} = \begin{pmatrix} 6 \\ 3 \\ -9 \end{pmatrix}, \vec{b} = \begin{pmatrix} 2 \\ 1 \\ -3 \end{pmatrix}$ 　　　 IV) $\vec{a} = \begin{pmatrix} 4 \\ -2 \\ 3 \end{pmatrix}, \vec{b} = \begin{pmatrix} 5 \\ 1 \\ 9 \end{pmatrix}$

b) Prüfen Sie, ob die drei angegebenen Vektoren linear abhängig oder unabhängig sind:

I) $\vec{a} = \begin{pmatrix} 2 \\ 1 \\ -3 \end{pmatrix}, \quad \vec{b} = \begin{pmatrix} 4 \\ -2 \\ 1 \end{pmatrix}, \quad \vec{c} = \begin{pmatrix} 3 \\ 5 \\ 0 \end{pmatrix}$

II) $\vec{a} = \begin{pmatrix} 4 \\ 0 \\ -2 \end{pmatrix}, \quad \vec{b} = \begin{pmatrix} 1 \\ 3 \\ -1 \end{pmatrix}, \quad \vec{c} = \begin{pmatrix} 6 \\ 6 \\ -4 \end{pmatrix}$

III) $\vec{a} = \begin{pmatrix} -1 \\ 3 \\ -2 \end{pmatrix}, \quad \vec{b} = \begin{pmatrix} 5 \\ 2 \\ 1 \end{pmatrix}, \quad \vec{c} = \begin{pmatrix} 3 \\ -4 \\ -3 \end{pmatrix}$

13 Geraden

Tipps ab Seite 110, Lösungen ab Seite 206

13.1 Aufstellen von Geradengleichungen

Stellen Sie die Gleichung der Gerade auf, die durch die beiden Punkte geht:

a) $A(1\,|\,0\,|\,2)$, $B(3\,|\,1\,|\,3)$ b) $C(2\,|\,1\,|\,-4)$, $D(4\,|\,0\,|\,1)$ c) $E(1\,|\,1\,|\,0)$, $F(0\,|\,0\,|\,1)$

13.2 Punktprobe

Liegen die gegebenen Punkte A, B, C auf der Geraden $g: \ \vec{x} = \begin{pmatrix} 1 \\ 3 \\ -2 \end{pmatrix} + r \cdot \begin{pmatrix} 1 \\ 4 \\ 2 \end{pmatrix}$?

a) $A(2\,|\,7\,|\,0)$ b) $B(3\,|\,11\,|\,3)$ c) $C(-2\,|\,-9\,|\,-8)$

13.3 Projektion von Geraden

Projizieren Sie die Gerade g auf die entsprechende Koordinatenebene:

a) $g: \ \vec{x} = \begin{pmatrix} 3 \\ 1 \\ 2 \end{pmatrix} + r \cdot \begin{pmatrix} 4 \\ 6 \\ 2 \end{pmatrix}$, Projektionsebene: x-y-Ebene

b) $h: \ \vec{x} = \begin{pmatrix} 1 \\ 3 \\ 4 \end{pmatrix} + t \cdot \begin{pmatrix} 2 \\ 4 \\ -1 \end{pmatrix}$, Projektionsebene: y-z-Ebene

13.4 Parallele Geraden

Zeigen Sie, dass folgende Geraden jeweils parallel zueinander sind:

$g: \ \vec{x} = \begin{pmatrix} 2 \\ 1 \\ -3 \end{pmatrix} + r \cdot \begin{pmatrix} 2 \\ -1 \\ -3 \end{pmatrix}$ $h: \ \vec{x} = \begin{pmatrix} 4 \\ 0 \\ 7 \end{pmatrix} + s \cdot \begin{pmatrix} 4 \\ -2 \\ -6 \end{pmatrix}$

$i: \ \vec{x} = \begin{pmatrix} 3 \\ -2 \\ 9 \end{pmatrix} + t \cdot \begin{pmatrix} -6 \\ 3 \\ 9 \end{pmatrix}$

13.5 Gegenseitige Lage von Geraden

Bestimmen Sie die gegenseitige Lage der beiden gegebenen Geraden:

a) $g_1: \vec{x} = \begin{pmatrix} 4 \\ 2 \\ 5 \end{pmatrix} + t \cdot \begin{pmatrix} 1 \\ 1 \\ 2 \end{pmatrix}$ $\qquad g_2: \vec{x} = \begin{pmatrix} 0 \\ 0 \\ 0 \end{pmatrix} + r \cdot \begin{pmatrix} 2 \\ 0 \\ 1 \end{pmatrix}$

b) $g_1: \vec{x} = \begin{pmatrix} 2 \\ 0 \\ 0 \end{pmatrix} + r \cdot \begin{pmatrix} 1 \\ 1 \\ 1 \end{pmatrix}$ $\qquad g_2: \vec{x} = \begin{pmatrix} 3 \\ 2 \\ 3 \end{pmatrix} + t \cdot \begin{pmatrix} 3 \\ 4 \\ 5 \end{pmatrix}$

c) $g: \vec{x} = \begin{pmatrix} 1 \\ -3 \\ 5 \end{pmatrix} + s \cdot \begin{pmatrix} 2 \\ 1 \\ -3 \end{pmatrix}$ $\qquad h: \vec{x} = \begin{pmatrix} 5 \\ 1 \\ -3 \end{pmatrix} + t \cdot \begin{pmatrix} 4 \\ -5 \\ -1 \end{pmatrix}$

d) $g: \vec{x} = \begin{pmatrix} 1 \\ 2 \\ 1 \end{pmatrix} + t \cdot \begin{pmatrix} 2 \\ 0 \\ 1 \end{pmatrix}$ $\qquad h: \vec{x} = \begin{pmatrix} 2 \\ 3 \\ 4 \end{pmatrix} + r \cdot \begin{pmatrix} 0 \\ 1 \\ -1 \end{pmatrix}$

e) $g: \vec{x} = \begin{pmatrix} 4 \\ 0 \\ 1 \end{pmatrix} + s \cdot \begin{pmatrix} 2 \\ -1 \\ 3 \end{pmatrix}$ $\qquad h: \vec{x} = \begin{pmatrix} 6 \\ -1 \\ 4 \end{pmatrix} + t \cdot \begin{pmatrix} -2 \\ 1 \\ -3 \end{pmatrix}$

f) $g: \vec{x} = \begin{pmatrix} 1 \\ 2 \\ 3 \end{pmatrix} + r \cdot \begin{pmatrix} 1 \\ -1 \\ 2 \end{pmatrix}$ $\qquad h: \vec{x} = \begin{pmatrix} -1 \\ 4 \\ -1 \end{pmatrix} + s \cdot \begin{pmatrix} -3 \\ 3 \\ -6 \end{pmatrix}$

g) $g: \vec{x} = \begin{pmatrix} 1 \\ 4 \\ -2 \end{pmatrix} + t \cdot \begin{pmatrix} -2 \\ -1 \\ 3 \end{pmatrix}$ $\qquad h: \vec{x} = \begin{pmatrix} -1 \\ 3 \\ -1 \end{pmatrix} + r \cdot \begin{pmatrix} 4 \\ 2 \\ -6 \end{pmatrix}$

h) $g: \vec{x} = \begin{pmatrix} 0 \\ 1 \\ 4 \end{pmatrix} + s \cdot \begin{pmatrix} 4 \\ 6 \\ -8 \end{pmatrix}$ $\qquad h: \vec{x} = \begin{pmatrix} 4 \\ 8 \\ -4 \end{pmatrix} + t \cdot \begin{pmatrix} 2 \\ 3 \\ -4 \end{pmatrix}$

13.6 Parallele Geraden mit Parameter

Für welchen Wert von t sind g_t und h bzw. h_t parallel?

a) $g_t: \vec{x} = \begin{pmatrix} 1 \\ 1 \\ 1 \end{pmatrix} + s \cdot \begin{pmatrix} 0 \\ 2 \\ 2t \end{pmatrix}$
   $\qquad h: \vec{x} = \begin{pmatrix} 4 \\ 1 \\ 7 \end{pmatrix} + r \cdot \begin{pmatrix} 0 \\ 4 \\ 4 \end{pmatrix}$

b) $g_t: \vec{x} = \begin{pmatrix} 2 \\ 1 \\ 3 \end{pmatrix} + s \cdot \begin{pmatrix} 0,5t \\ t \\ 4 \end{pmatrix}$
   $\qquad h: \vec{x} = \begin{pmatrix} 3 \\ 4 \\ 5 \end{pmatrix} + r \cdot \begin{pmatrix} 1 \\ 2 \\ -2 \end{pmatrix}$

c) $g_t: \vec{x} = \begin{pmatrix} 0 \\ 0 \\ 1 \end{pmatrix} + r \cdot \begin{pmatrix} t \\ 2t \\ -3 \end{pmatrix}$
   $\qquad h_t: \vec{x} = \begin{pmatrix} 0 \\ 1 \\ 0 \end{pmatrix} + s \cdot \begin{pmatrix} 3 \\ 6 \\ -t \end{pmatrix}$

13.7 Allgemeines Verständnis von Geraden

Gegeben seien die Geraden g und h durch $g: \vec{x} = \vec{a} + s \cdot \vec{r}$ und $h: \vec{x} = \vec{b} + t \cdot \vec{v}$.

a) Welche Beziehungen müssen zwischen den genannten Vektoren gelten, damit

   I) $g \parallel h$

   II) $g = h$

   III) $g \perp h$

b) Wie bestimmt man den Winkel zwischen g und h, falls sich g und h schneiden?

c) Erläutern Sie eine Strategie, wie man die gegenseitige Lage zweier Geraden überprüfen kann.

14 Ebenen

Tipps ab Seite 111, Lösungen ab Seite 212

14.1 Koordinatengleichung einer Ebene

Bestimmen Sie eine Koordinatengleichung der Ebene E, falls möglich. Es sind entweder drei Punkte, ein Punkt und eine Gerade oder zwei Geraden, die die Ebene aufspannen, gegeben.

> **Tipp:** Wenn man einen Vektor sucht, der senkrecht auf zwei gegebenen Vektoren $\vec{a}$ und $\vec{b}$ steht, geschieht dies einfach und schnell mit dem Kreuzprodukt:
>
> $$\vec{n} = \left(\vec{a} \times \vec{b} \right) = \begin{pmatrix} a_y b_z & - & a_z b_y \\ a_z b_x & - & a_x b_z \\ a_x b_y & - & a_y b_x \end{pmatrix}$$

a) $A(2\,|\,2\,|\,2), B(4\,|\,1\,|\,3), C(8\,|\,4\,|\,5)$ b) $P(1\,|\,3\,|\,5), Q(2\,|\,7\,|\,3), R(5\,|\,1\,|\,3)$

c) $A(4\,|\,1\,|\,2),\; g: \vec{x} = \begin{pmatrix} 3 \\ 5 \\ 7 \end{pmatrix} + t \cdot \begin{pmatrix} 1 \\ 1 \\ 1 \end{pmatrix}$ d) $C(4\,|\,3\,|\,4),\; g: \vec{x} = \begin{pmatrix} 7 \\ 2 \\ 3 \end{pmatrix} + t \cdot \begin{pmatrix} 1 \\ -3 \\ -3 \end{pmatrix}$

e) $g_1: \vec{x} = \begin{pmatrix} 1 \\ 2 \\ 3 \end{pmatrix} + t \cdot \begin{pmatrix} 1 \\ 3 \\ 4 \end{pmatrix}$ $g_2: \vec{x} = \begin{pmatrix} 1 \\ 2 \\ 3 \end{pmatrix} + s \cdot \begin{pmatrix} 2 \\ -1 \\ 3 \end{pmatrix}$

f) $g_1: \vec{x} = \begin{pmatrix} 4 \\ 4 \\ 4 \end{pmatrix} + t \cdot \begin{pmatrix} 2 \\ 3 \\ 3 \end{pmatrix}$ $g_2: \vec{x} = \begin{pmatrix} 4 \\ 4 \\ 4 \end{pmatrix} + s \cdot \begin{pmatrix} 0 \\ 2 \\ 1 \end{pmatrix}$

g) $g_1: \vec{x} = \begin{pmatrix} 1 \\ 2 \\ 4 \end{pmatrix} + s \cdot \begin{pmatrix} 1 \\ 3 \\ 2 \end{pmatrix}$ $g_2: \vec{x} = \begin{pmatrix} 3 \\ 3 \\ 7 \end{pmatrix} + t \cdot \begin{pmatrix} 2 \\ 1 \\ 3 \end{pmatrix}$

h) $g_1: \vec{x} = \begin{pmatrix} 3 \\ 1 \\ 6 \end{pmatrix} + s \cdot \begin{pmatrix} 2 \\ 1 \\ 4 \end{pmatrix}$ $g_2: \vec{x} = \begin{pmatrix} -1 \\ -8 \\ 4 \end{pmatrix} + t \cdot \begin{pmatrix} 1 \\ 4 \\ -1 \end{pmatrix}$

i) $g_1: \vec{x} = \begin{pmatrix} 1 \\ 0 \\ 2 \end{pmatrix} + s \cdot \begin{pmatrix} 3 \\ 1 \\ 2 \end{pmatrix}$ $g_2: \vec{x} = \begin{pmatrix} 4 \\ 1 \\ 1 \end{pmatrix} + t \cdot \begin{pmatrix} 6 \\ 2 \\ 4 \end{pmatrix}$

j) $g: \vec{x} = \begin{pmatrix} 0 \\ 1 \\ 0 \end{pmatrix} + s \cdot \begin{pmatrix} 2 \\ 1 \\ 2 \end{pmatrix}$ $h: \vec{x} = \begin{pmatrix} 2 \\ 0 \\ 2 \end{pmatrix} + t \cdot \begin{pmatrix} -4 \\ -2 \\ -4 \end{pmatrix}$

k) $g: \vec{x} = \begin{pmatrix} 1 \\ 2 \\ 4 \end{pmatrix} + s \cdot \begin{pmatrix} 1 \\ 2 \\ 0 \end{pmatrix}$ $h: \vec{x} = \begin{pmatrix} 2 \\ 1 \\ 3 \end{pmatrix} + t \cdot \begin{pmatrix} 0 \\ 2 \\ 1 \end{pmatrix}$

l) $g: \vec{x} = \begin{pmatrix} 1 \\ 0 \\ 2 \end{pmatrix} + s \cdot \begin{pmatrix} 3 \\ 1 \\ 0 \end{pmatrix}$ $h: \vec{x} = \begin{pmatrix} 2 \\ 1 \\ -1 \end{pmatrix} + t \cdot \begin{pmatrix} 0 \\ 1 \\ 2 \end{pmatrix}$

m)   Die Ebene E ist Spiegelebene zwischen A$(1\,|\,4\,|\,7)$ und A$^*(3\,|\,2\,|\,3)$.

n)   Die Ebene E enthält die Gerade $g: \vec{x} = \begin{pmatrix} 3 \\ 1 \\ 2 \end{pmatrix} + t \cdot \begin{pmatrix} 2 \\ 0 \\ -1 \end{pmatrix}$ und ist orthogonal zur

Ebene F: $-x + y + 2z + 2 = 0$.

o)   Prüfen Sie, ob die vier Punkte A$(2\,|\,1\,|\,2)$, B$(4\,|\,3\,|\,4)$, C$(7\,|\,2\,|\,3)$ und D$(8\,|\,-1\,|\,0)$ in einer Ebene liegen.

14.2   Ebenen im Koordinatensystem

Es sind verschiedene Ebenen angegeben. Zeichnen Sie diese mit Hilfe ihrer Spurgeraden in ein kartesisches Koordinatensystem ein:

Tipp: Bestimmen Sie zuerst die Spurpunkte. Das sind die Punkte, in denen die Ebene die Koordinatenachsen schneidet.

a) E: $3x + 4y + 3z = 12$ b) E: $4x - 8y + 4z = 16$ c) E: $3x - 3y - 3z = 9$

d) E: $2x + 4y = 8$ e) E: $x + 2z = 4$ f) E: $3y + z = 3$

g) E: $y = 3$

14.3   Bestimmen von Geraden und Ebenen in einem Quader

In der Abbildung ist ein Quader dargestellt, M und N seien die Mittelpunkte der beiden Kanten $\overline{BE}$ bzw. $\overline{CF}$.

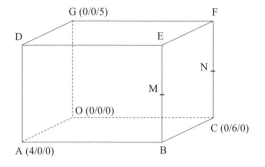

a) Bestimmen Sie die l   ler übrigen Punkte.

b) Geben Sie eine Koor............hung der Ebene durch B, E und F an.

c) Geben Sie eine Geradengleichung der Geraden durch A und N sowie G und M an.

d) Bestimmen Sie die Koordinatengleichung der Ebene durch A, O, E und F.

14.4   Bestimmen von Geraden und Ebenen in einer Pyramide

Gegeben ist die senkrechte Pyramide mit quadratischer Grundfläche wie in der nebenstehenden Abbildung dargestellt. Ihr Mittelpunkt ist $O(0 \mid 0 \mid 0)$.

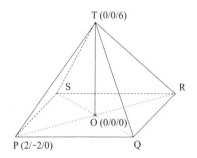

a) Geben Sie die Koordinaten der übrigen Punkte an.

b) Geben Sie eine Gleichung der Geraden durch die Kante PT an.

c) Bestimmen Sie eine Koordinatengleichung der Ebene E, in der die Seitenfläche QRT liegt.

15 Gegenseitige Lage von Geraden und Ebenen

Tipps ab Seite 113, Lösungen ab Seite 220

15.1 Gegenseitige Lage

Bestimmen Sie die gegenseitige Lage der Gerade und der Ebene:

a) $g: \vec{x} = \begin{pmatrix} 4 \\ 6 \\ 2 \end{pmatrix} + t \cdot \begin{pmatrix} 1 \\ 2 \\ 3 \end{pmatrix}$ $\qquad$ E: $2x + 4y + 6z + 12 = 0$

b) $g: \vec{x} = \begin{pmatrix} 3 \\ 2 \\ 2 \end{pmatrix} + s \cdot \begin{pmatrix} 2 \\ 5 \\ 7 \end{pmatrix}$ $\qquad$ E: $2x + y - 3z = 4$

c) $g: \vec{x} = \begin{pmatrix} 4 \\ 1 \\ 3 \end{pmatrix} + t \cdot \begin{pmatrix} 2 \\ -1 \\ 1 \end{pmatrix}$ $\qquad$ E: $x - 3y - 5z - 17 = 0$

d) $g: \vec{x} = \begin{pmatrix} 1 \\ -2 \\ 3 \end{pmatrix} + s \cdot \begin{pmatrix} 2 \\ 1 \\ 2 \end{pmatrix}$ $\qquad$ E: $x - z = 0$

e) $g: \vec{x} = \begin{pmatrix} 3 \\ 5 \\ 7 \end{pmatrix} + s \cdot \begin{pmatrix} 1 \\ 1 \\ 1 \end{pmatrix}$ $\qquad$ E: $x - 6y + 5z = 8$

f) $g: \vec{x} = \begin{pmatrix} 1 \\ 2 \\ 3 \end{pmatrix} + t \cdot \begin{pmatrix} 1 \\ 3 \\ 4 \end{pmatrix}$ $\qquad$ E: $13x + 5y - 7z - 2 = 0$

15.2 Gerade und Ebene parallel

Bestimmen Sie t so, dass $g_t \parallel$ E bzw. $g_t \parallel$ E$_t$ ist:

a) $g_t: \vec{x} = \begin{pmatrix} 1 \\ 4 \\ -2 \end{pmatrix} + s \cdot \begin{pmatrix} 2 \\ 1 \\ t \end{pmatrix}$ $\qquad$ E: $x + 2y + 4z = 2$

b) $g_t: \vec{x} = \begin{pmatrix} 2 \\ 1 \\ 2 \end{pmatrix} + s \cdot \begin{pmatrix} 1 \\ t \\ 2 \end{pmatrix}$ $\qquad$ $E_t: tx + 2y - z = 7$

c) $g_t: \vec{x} = \begin{pmatrix} 1 \\ 0 \\ -1 \end{pmatrix} + s \cdot \begin{pmatrix} 1 \\ t \\ 2 \end{pmatrix}$ $\qquad$ $E_t: 2tx + ty - 1,5z - 8 = 0$

15.3 Allgemeines Verständnis von Geraden und Ebenen

a) Gegeben seien die Gerade g und die Ebene E durch:

$$g: \vec{x} = \vec{a} + t \cdot \vec{r} \quad t \in \mathbb{R} \qquad\qquad E: \left(\vec{x} - \vec{b}\right) \cdot \vec{n} = 0$$

1) Welche geometrische Bedeutung haben die Vektoren $\vec{a}, \vec{b}, \vec{r}, \vec{n}$ und $\left(\vec{x} - \vec{b}\right)$?
2) Welche Beziehung muss zwischen den Vektoren gelten, damit

$\quad$ I) $g \parallel E$ $\qquad$ II) $g \perp E$ $\qquad$ III) $g \subset E$

b) Wie kann man nachweisen, dass eine Gerade in einer Ebene enthalten ist?

15.4 Vermischte Aufgaben

a) Gegeben ist die Ebene E: $2x + y - 2z = 12$. Bestimmen Sie die Gleichung einer Geraden, welche parallel zu E ist und durch den Punkt $P(4 \mid 9 \mid 7)$ verläuft.

b) Die Ebene E hat die Gleichung E: $4x - 3y + 5z = 17$. Bestimmen Sie die Gleichung der Geraden, die orthogonal zu E ist und durch den Punkt $Q(4 \mid -1 \mid 3)$ verläuft.

c) Gegeben ist die Ebene E: $-2x + y + 2z = 10$. Im Abstand von 3 LE verläuft eine Gerade g parallel zur Ebene E. Geben Sie eine mögliche Geradengleichung von g an.

d) Gegeben ist die Gerade $g: \vec{x} = \begin{pmatrix} 2 \\ 1 \\ -3 \end{pmatrix} + t \cdot \begin{pmatrix} 3 \\ 0 \\ 4 \end{pmatrix}$; $t \in \mathbb{R}$. Im Abstand von 5 LE verläuft

eine Ebene E parallel zu g. Bestimmen Sie eine mögliche Koordinatengleichung von E.

16 Gegenseitige Lage zweier Ebenen

Tipps ab Seite 114, Lösungen ab Seite 224

16.1 Schnitt von zwei Ebenen

Bestimmen Sie eine Gleichung der Schnittgerade der beiden Ebenen:

a) $E_1: \ x - y + 2z = 7$
$E_2: \ 6x + y - z + 7 = 0$

b) $E_1: \ x + 5z = 8$
$E_2: \ x + y + z = 1$

c) $E_1: \ 4y = 5$
$E_2: \ 6x + 5z = 0$

16.2 Parallele Ebenen

Zeigen Sie, dass die beiden Ebenen parallel sind, bzw. bestimmen Sie t so, dass die beiden Ebenen parallel sind:

a) $E: \ 4x + 3y - 2z = -7$
$F: \ 8x + 6y - 4z + 15 = 0$

b) $E: \ -x + y + 2z = 0$
$F: \ 2x - 2y - 4z = 5$

c) $E: \ 3x + 6y = 5$
$F: \ -x - 2y = 2$

d) $E_t: \ tx - 2ty - 4z = 6$
$F: \ -2x + 4y - 4z = 7$

e) $E_t: \ 2tx + y + 3z = 8$
$F: \ 8x - 2y - 6z = 7$

16.3 Verschiedene Aufgaben zur Lage zweier Ebenen

a) Zeigen Sie, dass die Ebene $E: \ 4x + y - 2z = -8$ identisch ist mit der Ebene
$F: \ -6x - 1{,}5y + 3z = 12$.

b) Für welchen Wert von d ist $E_d: \ 2x + y - 3z = d$ identisch mit der Ebene
$F: \ -4x - 2y + 6z = 9$?

c) Zeigen Sie, dass die Ebene $E: \ 3x + 4y - 2z = 7$ orthogonal zur Ebene
$F: \ 2x + y + 5z = 9$ ist.

d) Für welchen Wert von t ist $E: \ 2x - y + 3z = 7$ orthogonal zur Ebene
$E_t: \ tx - 2ty - 4z = 6$?

e) Gegeben sind die Ebenen $E: \ ax + by + cz = d$ und $F: \ ex + fy + gz = h$; $a, ..., h \in \mathbb{R}$.
Welche Beziehung muss zwischen den Parametern $a, ..., h$ bestehen, damit

I) $E \parallel F$ II) $E \perp F$ III) $E = F$

17 Abstandsberechnungen

Tipps ab Seite 115, Lösungen ab Seite 227

Abstand

Abstand Punkt – Ebene	*Abstand Gerade – Ebene*
Abstand Punkt – Gerade	*Abstand Ebene – Ebene*
Abstand Gerade – Gerade	

Die verschiedenen Aufgaben der Abstandsberechnungen lassen sich in der Regel immer auf die beiden Situationen des Abstands eines Punktes von einer Ebene oder des Abstands eines Punktes zu einem Punkt zurückführen.

17.1 Abstand Punkt – Ebene

Tipp: Abstandsberechnungen von Punkten zu Ebenen lassen sich mit der Hesseschen Normalenform der Ebenengleichung besonders gut ausführen.

Berechnen Sie den Abstand des Punktes von der Ebene:

a) $P(2\mid 4\mid -1)$, $E: \ 2x - y + 2z = 1$

b) $S(9\mid 4\mid -3)$, $E: \ x + 2y + 2z = -3$

c) $Q(8\mid 1\mid 1)$, $E: \ x - 4y - 4z = 0$

d) $R(6\mid 9\mid 4)$, $E: \ \left(\vec{x} - \begin{pmatrix} 7 \\ 5 \\ 2 \end{pmatrix}\right) \cdot \begin{pmatrix} 2 \\ 2 \\ 1 \end{pmatrix} = 0$

17.2 Abstand Punkt – Gerade

Tipp: Stellen Sie eine Hilfsebene durch den Punkt auf; benutzen Sie dazu den Richtungsvektor der Geraden als Normalenvektor. Machen Sie sich eine Skizze.

Berechnen Sie den Abstand des Punktes von der Geraden:

a) $g: \ \vec{x} = \begin{pmatrix} 4 \\ 5 \\ 6 \end{pmatrix} + t \cdot \begin{pmatrix} -2 \\ 1 \\ 1 \end{pmatrix}$, $T(6\mid -6\mid 9)$

b) $g: \vec{x} = \begin{pmatrix} -2 \\ -4 \\ 2 \end{pmatrix} + t \cdot \begin{pmatrix} 3 \\ 0 \\ -2 \end{pmatrix}$, $P(-1 \mid 2 \mid -3)$

17.3 Abstand paralleler Geraden

Zeigen Sie, dass die beiden Geraden parallel sind, und berechnen Sie den Abstand der beiden Geraden:

a) $g: \vec{x} = \begin{pmatrix} 2 \\ 1 \\ 2 \end{pmatrix} + t \cdot \begin{pmatrix} 1 \\ 0 \\ 1 \end{pmatrix}$ $\qquad$ $h: \vec{x} = \begin{pmatrix} 2 \\ 3 \\ 4 \end{pmatrix} + s \cdot \begin{pmatrix} 3 \\ 0 \\ 3 \end{pmatrix}$

b) $g: \vec{x} = \begin{pmatrix} 5 \\ -1 \\ 3 \end{pmatrix} + t \cdot \begin{pmatrix} 1 \\ 3 \\ 4 \end{pmatrix}$ $\qquad$ $h: \vec{x} = \begin{pmatrix} 7 \\ -7 \\ 7 \end{pmatrix} + s \cdot \begin{pmatrix} -2 \\ -6 \\ -8 \end{pmatrix}$

17.4 Abstand windschiefer Geraden

Berechnen Sie den Abstand der beiden windschiefen Geraden:

a) $g: \vec{x} = \begin{pmatrix} -1 \\ -3 \\ 5 \end{pmatrix} + s \cdot \begin{pmatrix} 4 \\ 1 \\ -1 \end{pmatrix}$ $\qquad$ $h: \vec{x} = \begin{pmatrix} 0 \\ -4 \\ 8 \end{pmatrix} + t \cdot \begin{pmatrix} 2 \\ 0 \\ -1 \end{pmatrix}$

b) $g: \vec{x} = \begin{pmatrix} 6 \\ 1 \\ 3 \end{pmatrix} + t \cdot \begin{pmatrix} 2 \\ 1 \\ -2 \end{pmatrix}$ $\qquad$ $h: \vec{x} = \begin{pmatrix} 4 \\ 5 \\ -3 \end{pmatrix} + s \cdot \begin{pmatrix} 0 \\ 1 \\ 2 \end{pmatrix}$

c) Erläutern Sie die wesentlichen Arbeitsschritte, wie man ohne Formel den Abstand zweier windschiefer Geraden g und h bestimmen kann.

17.5 Verschiedene Aufgaben

a) Bestimmen Sie denjenigen Punkt A auf $g: \vec{x} = \begin{pmatrix} 2 \\ 1 \\ 3 \end{pmatrix} + t \cdot \begin{pmatrix} 2 \\ 1 \\ 2 \end{pmatrix}$,

welcher von $P(5 \mid 1 \mid 0)$ und $Q(6 \mid 3 \mid 7)$ die gleiche Entfernung hat.

b) Bestimmen Sie denjenigen Punkt M auf $g: \vec{x} = \begin{pmatrix} -1 \\ 4 \\ 1 \end{pmatrix} + t \cdot \begin{pmatrix} 2 \\ -2 \\ 1 \end{pmatrix}$,

   der von $A(2 \mid -2 \mid 1)$ und $C(-1 \mid 4 \mid -1)$ gleich weit entfernt ist.

c) Bestimmen Sie diejenigen Punkte auf $g: \vec{x} = \begin{pmatrix} 1 \\ 0 \\ 2 \end{pmatrix} + t \cdot \begin{pmatrix} 2 \\ 1 \\ 2 \end{pmatrix}$,

   welche von $A(3 \mid 1 \mid 4)$ die Entfernung 3 LE haben.

d) Die Punkte $A(1 \mid 1 \mid 1)$, $B(3 \mid 3 \mid 1)$ und $C(0 \mid 4 \mid 5)$ sowie $S(6 \mid -2 \mid 8)$ bilden eine Pyramide mit der Grundfläche ABC. Berechnen Sie die Höhe der Pyramide.

e) Von welcher Ebene $E_b: 2x + y - 2z = b$ hat der Punkt $P(-1 \mid 2 \mid -3)$ den Abstand 2 LE?

f) Welche Punkte der Geraden $g: \vec{x} = \begin{pmatrix} 1 \\ -3 \\ 5 \end{pmatrix} + s \cdot \begin{pmatrix} 2 \\ 1 \\ -3 \end{pmatrix}$ haben von der

   Ebene $E: x - 4y + 8z = 1$ den Abstand 13 LE?

g) Welche Punkte der Geraden $g: \vec{x} = \begin{pmatrix} 2 \\ -5 \\ -3 \end{pmatrix} + t \cdot \begin{pmatrix} 2 \\ 4 \\ 5 \end{pmatrix}$ haben von der

   Ebene $E: 2x + y + 2z - 11 = 0$ den Abstand 3 LE?

h) Berechnen Sie die Koordinaten der Punkte auf $g: \vec{x} = \begin{pmatrix} 0 \\ 4 \\ -2 \end{pmatrix} + t \cdot \begin{pmatrix} 2 \\ 2 \\ 1 \end{pmatrix}$,

   die von der Ebene $E: x + 2y + 2z = 12$ den Abstand 8 LE haben.

i) Zeigen Sie, dass $g: \vec{x} = \begin{pmatrix} 1 \\ 2 \\ 3 \end{pmatrix} + t \cdot \begin{pmatrix} 2 \\ -1 \\ 3 \end{pmatrix}$ parallel zu

   $E: 4x - y - 3z = 19$ ist und berechnen Sie den Abstand von g zu E.

j) Zeigen Sie, dass die Ebene $E_1: 2x - 3y + z = 4$ parallel ist zu
   $E_2: -2x + 3y - z = -7$ und berechnen Sie den Abstand von E_1 zu E_2.

18 Winkelberechnungen

Tipps ab Seite 117, Lösungen ab Seite 233

Winkel

Winkel zwischen Ebenen, Winkel zwischen Geraden, Winkel zwischen Ebene und Gerade

---

Ohne Taschenrechner lässt sich der Winkel in der Regel nur dann bestimmen, wenn es sich um einen rechten Winkel handelt. Bestimmen Sie ansonsten den Ausdruck für den Kosinus bzw. den Sinus des Winkels.

18.1 Winkel zwischen Vektoren und Geraden

Tipp: Machen Sie eine Skizze. Überlegen Sie, welche Vektoren der Geraden den Winkel einschließen.

a) Berechnen Sie die Innenwinkel des Dreiecks ABC: $A(6\,|\,{-1}\,|\,1)$, $B(4\,|\,3\,|\,{-3})$, $C(0\,|\,5\,|\,1)$.

b) Berechnen Sie den Winkel zwischen den beiden Geraden:

$$\text{I)}\quad g:\ \vec{x}=\begin{pmatrix}2\\1\\-1\end{pmatrix}+s\cdot\begin{pmatrix}-1\\3\\5\end{pmatrix}\qquad\qquad h:\ \vec{x}=\begin{pmatrix}2\\1\\-1\end{pmatrix}+t\cdot\begin{pmatrix}7\\-1\\2\end{pmatrix}$$

$$\text{II)}\quad g:\ \vec{x}=\begin{pmatrix}4\\0\\1\end{pmatrix}+s\cdot\begin{pmatrix}2\\-6\\10\end{pmatrix}\qquad\qquad h:\ \vec{x}=\begin{pmatrix}4\\0\\1\end{pmatrix}+t\cdot\begin{pmatrix}2\\3\\5\end{pmatrix}$$

18.2 Winkel zwischen Ebenen

Berechnen Sie den Winkel zwischen den Ebenen:

a) $E_1:\ x-y+2z=7$ b) $E_1:\ 4y=5$
    $E_2:\ 6x+y-z+7=0$ $E_2:\ 6x+5z=0$

18.3 Winkel zwischen Gerade und Ebene

Berechnen Sie den Winkel zwischen der Gerade und der Ebene:

a) $g: \vec{x} = \begin{pmatrix} 3 \\ 7 \\ -4 \end{pmatrix} + t \cdot \begin{pmatrix} 1 \\ 2 \\ -1 \end{pmatrix}$ $\qquad$ E: $3x + 5y - 2z - 7 = 0$

b) $g: y$-Achse $\qquad$ E: $6x + 10y - 4z = 14$

c) $g: \vec{x} = \begin{pmatrix} 4 \\ 6 \\ 2 \end{pmatrix} + t \cdot \begin{pmatrix} 1 \\ 2 \\ 3 \end{pmatrix}$ $\qquad$ E: x-y-Ebene

19 Spiegelungen

Tipps ab Seite 117, Lösungen ab Seite 235

Tipp: Legen Sie eine Skizze an. Oft lässt sich ein neues Problem auf ein schon bekanntes zurückführen, wie die Spiegelung eines Punktes an einer Ebene auf die Spiegelung eines Punktes an einem Punkt.

19.1 Punkt an Punkt

Spiegeln Sie den Punkt $P(3 \mid 4 \mid 5)$ jeweils an den Punkten:

   a) $Q(2 \mid 1 \mid 2)$ b) $R(0 \mid 3 \mid -2)$ c) $S(-3 \mid 1 \mid 4)$

19.2 Punkt an Ebene

Spiegeln Sie den Punkt an der Ebene:

   a) $A(1 \mid 4 \mid 7)$ b) $S(-1 \mid -4 \mid -9)$ c) $P(2 \mid 3 \mid 4)$
      $E: \ x - y - 2z + 11 = 0$ $E: \ 2x - 2y + z = 6$ $E: \ 4x + y - z = 3$

19.3 Punkt an Gerade

Spiegeln Sie den Punkt an der Geraden:

   a) $\quad P(2 \mid 3 \mid 4), \quad g: \vec{x} = \begin{pmatrix} 2 \\ 1 \\ 2 \end{pmatrix} + t \cdot \begin{pmatrix} 1 \\ 0 \\ 1 \end{pmatrix}$

   b) $\quad B(5 \mid -2 \mid 1), \quad g: \vec{x} = \begin{pmatrix} -1 \\ 6 \\ 5 \end{pmatrix} + t \cdot \begin{pmatrix} 4 \\ -1 \\ -1 \end{pmatrix}$

19.4 Allgemeine Spiegelungen

  a) Geben Sie die wesentlichen Arbeitsschritte zur Spiegelung einer Geraden an einer Ebene an, falls gilt:
     I) $g \parallel E$ II) g schneidet E.

  b) Geben Sie die wesentlichen Arbeitsschritte zur Spiegelung einer Ebene an einer Ebene an (mit Fallunterscheidung).

20 Transferaufgaben Geometrie

20.1 Turm (TR)

Tipps ab Seite 118, Lösungen ab Seite 238

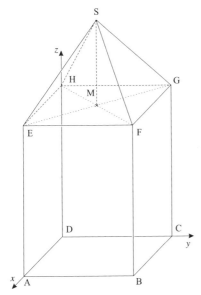

Ein Turm hat die Form einer senkrechten quadratischen Säule, der eine senkrechte Pyramide aufgesetzt ist (siehe Skizze). Die Gesamthöhe des Turms beträgt 24 m, die horizontalen Kanten sind 8 m, die vertikalen Kanten sind 18 m lang. Der Punkt D liegt im Ursprung eines kartesischen Koordinatensystems mit der Längeneinheit 1 m.

a) Geben Sie die Koordinaten aller Punkte an und berechnen Sie den Neigungswinkel des Daches (Winkel zwischen Pyramidengrundfläche und Seitenfläche) sowie die Größe der Dachfläche.

b) Im Punkt $P(18 \mid 4 \mid 0)$ steht ein 8 m hoher Fahnenmast.
Berechnen Sie die Länge des Schattens auf Boden und Turmwand, wenn das einfallende

Sonnenlicht die Richtung $\begin{pmatrix} -10 \\ 1 \\ -2 \end{pmatrix}$ hat.

c) Ein Kind mit Augenhöhe 1 m läuft vom Punkt B aus in Richtung $\overrightarrow{DB}$ vom Turm weg.
In welcher Entfernung von der Turmkante BF kann das Kind die Turmspitze S erstmals sehen?

20.2 Geradenschar (TR)

Tipps ab Seite 118, Lösungen ab Seite 240

a) Die Punkte $O(0 \mid 0 \mid 0)$, $A(8 \mid 0 \mid 0)$, $B(0 \mid 6 \mid 0)$ und $C_t(0 \mid t \mid 4)$ mit $t \in \mathbb{R}$ sind die Eckpunkte der Pyramide $OABC_t$.

Zeichnen Sie ein Schrägbild der Pyramide $OABC_0$.

Bestimmen Sie die Gleichung der Geraden g, auf der alle Punkte C_t liegen, und zeichnen Sie diese ebenfalls ein.

Bestimmen Sie eine Koordinatengleichung der Ebene E durch die Punkte A, B und C_0 und berechnen Sie den Abstand vom Ursprung zur Ebene E.

b) Berechnen Sie das Volumen der Pyramide $OABC_0$.

Erläutern Sie, welches Volumen die Pyramide $OABC_t$ hat.

Für welche Werte von t ist das Dreieck ABC_t rechtwinklig?

Bestimmen Sie den Flächeninhalt des Dreiecks ABC_6.

c) Beschreiben Sie die Lage der Geradenschar h_t durch die Punkte A und C_t und geben Sie eine Gleichung von h_t an.

Welche Schargerade steht senkrecht auf h_{10}?

Geben Sie allgemein den Zusammenhang zwischen zwei Geraden der Schar an, wenn diese senkrecht aufeinander stehen.

20.3 Pyramide (TR)

Tipps ab Seite 119, Lösungen ab Seite 242

Gegeben sind die Punkte $A(-3\,|\,1\,|\,2)$, $B(1\,|\,-3\,|\,4)$, $C(3\,|\,-2\,|\,2)$ und $S(9\,|\,9\,|\,-4)$.
Die Punkte A, B und C liegen in der Ebene E.

a) Bestimmen Sie eine Koordinatengleichung von E.

Zeigen Sie, dass das Dreieck ABC rechtwinklig, aber nicht gleichschenklig ist.

Bestimmen Sie die Koordinaten des Punktes D so, dass das Viereck ABCD ein Rechteck ist.

b) Bestimmen Sie die Koordinaten des Mittelpunkts M des Rechtecks.

Die Gerade g geht durch S und M.

Berechnen Sie den spitzen Winkel zwischen g und E und das Volumen der Pyramide ABCDS.

Die Ebene F enthält den Punkt S und alle Spitzen von Pyramiden, welche dieselbe Grundfläche und das gleiche Volumen wie die Pyramide ABCDS haben.

Bestimmen Sie eine Koordinatengleichung von F.

c) Ein Laserstrahl hat die Richtung $\begin{pmatrix} -6 \\ 6 \\ 8 \end{pmatrix}$ und geht durch die Pyramidenspitze S.

Berechnen Sie die Durchstosspunkte des Laserstrahls durch die Koordinatenebenen.

Die Spitze S wird an der Kante AB der Pyramide gespiegelt.

Berechnen Sie die Koordinaten des Spiegelpunkts S^*.

Stochastik

21 Grundlegende Begriffe

Tipps ab Seite 121, Lösungen ab Seite 245

> *In diesem Kapitel geht es um grundlegende Definitionen und deren einfache Anwendungen. Sie sollten wissen, was man unter Ergebnismenge und Ereignis versteht, wie man absolute und relative Häufigkeiten bestimmen kann. Sie sollten auch den Zusammenhang zwischen relativer Häufigkeit und Wahrscheinlichkeit darstellen können und den Sonderfall der Laplace-Wahrscheinlichkeit sowie die zugehörige Formel kennen.*

21.1 Zufallsexperimente und Ereignisse

a) Geben Sie jeweils eine sinnvolle Ergebnismenge Ω für die folgenden Zufallsexperimente an:

    I) Eine Münze wird dreimal geworfen (benutzen Sie w für Wappen und z für Zahl).

    II) Ein Würfel wird zu Beginn des Mensch-ärgere-dich-nicht-Spiels geworfen. Dabei kommt es nur darauf an, eine Sechs zu würfeln.

    III) Für eine Meinungsumfrage unter Jugendlichen (14 bis 18 Jahre einschließlich) werden in einer Fußgängerzone Passanten zunächst nach ihrem Alter gefragt.

b) Ein Würfel wird einmal geworfen. Geben Sie folgende Ereignisse jeweils als Menge an:
A: Die Augenzahl ist gerade.
B: Die Augenzahl ist kleiner als 3.
C: Die Augenzahl ist eine Primzahl.
D: Die Augenzahl ist eine ganze Zahl. Wie nennt man dieses Ereignis?
E: Die Augenzahl ist durch 7 teilbar. Wie nennt man dieses Ereignis?

c) Eine Münze wird dreimal geworfen.

    I) Beschreiben Sie die folgenden Ereignisse in Worten:
    A = { www; zzz }   B = { www; wwz; wzw; zww }
    C = { zzz; zzw; zwz; zww }

    II) Geben Sie für A, B und C jeweils das Gegenereignis $\overline{A}$, $\overline{B}$ und $\overline{C}$ als Menge und in Worten an.

21.2 Absolute und relative Häufigkeit

Tipp: Zur Berechnung der relativen Häufigkeit teilt man die absolute Häufigkeit durch die Gesamtzahl der durchgeführten Experimente. Das Ergebnis kann als Bruch oder als Dezimalzahl angegeben werden.

a) Bestimmen Sie die absolute und die relative Häufigkeit, mit der jeweils die Ziffern 1, 2 und 3 in der folgenden Zeile vorkommen:

11321 31122 12221 33111

b) Bestimmen Sie die relative Häufigkeit, mit der die Noten 1 bis 6 bei einer Klassenarbeit mit folgendem Notenspiegel aufgetreten sind:

Note	1	2	3	4	5	6
Anzahl	3	5	10	8	3	1

c) Welche Werte kann die relative Häufigkeit eines Ergebnisses bei einem Zufallsexperiment annehmen?

Was ergibt sich, wenn man die relativen Häufigkeiten aller möglichen Ergebnisse addiert?

21.3 Wahrscheinlichkeit bei Laplace-Versuchen

Tipp: Ein Laplace-Versuch ist ein Zufallsversuch mit gleichwahrscheinlichen Ergebnissen.

a) Wie lässt sich die Wahrscheinlichkeit eines Ergebnisses durch eine empirische Untersuchung bestimmen?

b) In einer Urne befinden sich 20 Kugeln mit den Zahlen 1 bis 20. Es wird eine Kugel gezogen. Wie groß ist die Wahrscheinlichkeit der folgenden Ereignisse?
A: Die gezogene Zahl ist durch 4 teilbar.   B: Die gezogene Zahl ist größer als 13.
C: Die gezogene Zahl ist eine Quadratzahl.

c) Ein Würfel wird zweimal geworfen. Wie groß ist die Wahrscheinlichkeit der folgenden Ereignisse?
A: Es wird zweimal eine 6 geworfen.   B: Die Summe der Augenzahlen ist 5.
C: Beide Augenzahlen sind gerade.

d) Anke, Britta, Christine und Doris wollen ein Tennis-Doppel spielen. Die Teams werden ausgelost, indem 4 Zettel mit den jeweiligen Namen gemischt werden und dann nacheinander 2 Zettel gezogen werden; diese beiden bilden ein Team. Wie groß ist die Wahrscheinlichkeit, dass Anke und Britta in einem Team spielen?

22 Berechnung von Wahrscheinlichkeiten

Tipps ab Seite 121, Lösungen ab Seite 247

In diesem Kapitel geht es darum, Wahrscheinlichkeiten, die bereits bekannt sind, so zu kombinieren, dass man die Wahrscheinlichkeiten weiterer Ereignisse daraus bestimmen kann. Dazu dienen u.a. die Vierfeldertafel, der Additionssatz und die Pfadregeln bei Baumdiagrammen.

22.1 Additionssatz, Vierfeldertafel

a) Ergänzen Sie die folgenden Vierfeldertafeln:

I)

	A	$\overline{A}$	
B	0,3		
$\overline{B}$		0,1	
	0,8		

II)

	A	$\overline{A}$	
B			
$\overline{B}$	$\frac{1}{4}$		$\frac{3}{8}$
		$\frac{5}{8}$	

b) In einer Schule begeistern sich 70 % der Schüler für Fußball, 60 % für Schwimmen, 10 % mögen keine der beiden Sportarten.

   I) Stellen Sie eine Vierfeldertafel auf und bestimmen Sie daraus den Anteil der Schüler, die sich für beide Sportarten begeistern.

   II) Prüfen Sie den Additionssatz an diesem Beispiel nach.

22.2 Baumdiagramme und Pfadregeln

a) In einer Urne befinden sich 2 grüne, 3 rote und 5 blaue Kugeln. Es werden nacheinander ohne Zurücklegen zwei Kugeln gezogen.

   I) Stellen sie ein Baumdiagramm auf.

   II) Bestimmen Sie die Wahrscheinlichkeiten der folgenden Ereignisse:
     A: Es werden die beiden grünen Kugeln gezogen.
     B: Es wird zuerst eine rote und dann eine blaue Kugel gezogen.
     C: Es werden eine rote und eine grüne Kugel gezogen.
     D: Es werden zwei gleichfarbige Kugeln gezogen.
     E: Es wird keine blaue Kugel gezogen.

b) Ein ungewöhnlicher Würfel trägt auf einer Seite die Zahl 1, auf vier anderen Seiten die Zahl 2 und auf einer Seite die Zahl 3. Er wird zweimal nacheinander geworfen und das Ergebnis als zweistellige Zahl notiert.

    I) Stellen Sie ein Baumdiagramm auf.

    II) Bestimmen Sie die Wahrscheinlichkeiten der folgenden Ereignisse:

      A: Das Ergebnis ist 12.   D: Die Quersumme des Ergebnisses ist 4.

      B: Das Ergebnis ist eine gerade Zahl.   E: Das Ergebnis ist eine Primzahl.

      C: Das Ergebnis ist kleiner als 20.

c) Ein Fertigungsteil durchläuft mehrmals dieselbe Kontrolle, da mit einer Wahrscheinlichkeit von 20 % ein Fehler übersehen wird.

    I) Bestimmen Sie mit Hilfe eines Baumdiagramms die Wahrscheinlichkeit, dass ein vorhandener Fehler zweimal übersehen und beim 3. Mal erkannt wird.

    II) Wie groß ist die Wahrscheinlichkeit, dass ein vorhandener Fehler spätestens beim 3. Mal erkannt wird?

d) Mit einem Glücksrad, das drei gleich große Sektoren mit den Zahlen 0, 1 und 2 besitzt, und einem Würfel wird folgendermaßen gespielt:

Zunächst wird das Glücksrad gedreht. Anschließend darf so oft gewürfelt werden, wie das Glücksrad anzeigt. Sobald man eine Sechs würfelt, hat man gewonnen.

Wie groß ist die Wahrscheinlichkeit, bei diesem Spiel zu gewinnen?

e) In einer Urne befinden sich zwei rote und zwei weiße Kugeln. Es werden so lange einzelne Kugeln ohne Zurücklegen herausgenommen, bis die beiden weißen Kugeln gezogen sind. Wie groß ist die Wahrscheinlichkeit, dass man dabei alle 4 Kugeln aus der Urne nehmen muss?

f) Berechnen Sie die Gewinnwahrscheinlichkeit bei folgendem Spiel: Ein Würfel wird so oft geworfen, bis die Summe der gewürfelten Augenzahlen 3 oder mehr beträgt.

Man gewinnt, wenn die Summe genau 3 beträgt.

22.3 Unabhängigkeit von zwei Ereignissen

Tipp: Zwei Ereignisse A und B sind genau dann unabhängig, wenn der spezielle Multiplikationssatz gilt:

$$P(A \cap B) = P(A) \cdot P(B)$$

a) Vervollständigen Sie die folgenden Vierfeldertafeln unter der Bedingung, dass A und B unabhängige Ereignisse sind.

I)

	A	$\overline{A}$	
B			0,4
$\overline{B}$			
	0,8		

II)

	A	$\overline{A}$	
B	$\frac{3}{5}$		
$\overline{B}$			
		$\frac{1}{10}$	

III)

	A	$\overline{A}$	
B	$\frac{1}{20}$		
$\overline{B}$			
		$\frac{1}{5}$	

b) Ein Fragebogen enthält die Zeilen

    männlich ☐   weiblich   ☐

    Raucher   ☐   Nichtraucher ☐

Von 200 befragten Personen waren 90 männlich (m), 80 waren Raucher (R). Es gab 36 männliche Raucher. Ist auf Grund der Umfrage zu schließen, dass Geschlecht und Rauchverhalten der befragten Personen unabhängig voneinander sind?

22.4 Bedingte Wahrscheinlichkeit

Tipp: Die bedingte Wahrscheinlichkeit $P_B(A)$ ist die Wahrscheinlichkeit, dass das Ereignis A eintritt, unter der Bedingung, dass B eingetreten ist (bzw. auch eintritt):

$$P_B(A) = \frac{P(A \cap B)}{P(B)}$$

$$P(\overline{A}) = 1 - P(A)$$

a) In einem Stadtteil sind 30 % der Einwohner über 70 Jahre alt, davon sind 40 % Männer. Unter den jüngeren Einwohnern (bis 70 Jahre) beträgt der Anteil der Männer 50 %.

Wieviel Prozent der Männer sind höchstens 70 Jahre alt?

b) Eine Frauenzeitschrift machte eine Umfrage unter 250 Frauen. 65 Frauen waren über 40 Jahre alt. Insgesamt gaben 100 Frauen an, die Zeitschrift zu lesen. Unter den Leserinnen waren 32 Frauen über 40 Jahre alt.

Wie groß war der Anteil der Leserinnen unter den über 40-jährigen?

Wie groß war der Anteil der Leserinnen unter den jüngeren Befragten (bis 40 Jahre)?

Welche Tendenz über das Alter der Leserinnen lässt sich erkennen?

c) In einer Stadt sind 20 % der Bevölkerung an Aids erkrankt. Von einem Aids-Test weiß man, dass er nicht ganz sicher ist. Es können zwei Fehler auftreten:

1. Bei 96 % der Erkrankten fällt der Test positiv aus, beim Rest wird die Krankheit nicht erkannt.

2. Bei 94 % der Gesunden fällt der Test negativ aus, beim Rest wird fälschlicherweise ein Aidsverdacht ausgesprochen.

    I) Wie groß ist die Wahrscheinlichkeit, dass eine Person, bei der der Test positiv ausfällt, wirklich an Aids erkrankt ist?

       Wie groß ist die Wahrscheinlichkeit, dass eine Person, bei der der Test negativ ausfällt, wirklich gesund ist?

    II) Beantworten Sie die Fragen aus Aufgabe I), wenn der Anteil der Aidskranken in der Bevölkerung auf 50 % steigt.

       Beschreiben Sie die Veränderung.

23 Kombinatorische Zählprobleme

Tipps ab Seite 123, Lösungen ab Seite 253

> *Bei mehrstufigen Zufallsversuchen werden die Baumdiagramme häufig sehr umfangreich. Hier haben sich kombinatorische Methoden bewährt (Laplace-Bedingung beachten!).*
>
> *Die Formel für geordnete Stichproben mit und ohne Zurücklegen (man spricht auch von Variationen mit und ohne Wiederholung) und für ungeordnete Stichproben (Kombinationen) sollten Sie auswendig können.*

23.1 Geordnete Stichproben mit Zurücklegen

Tipp: Bei geordneten Stichproben mit Zurücklegen gilt für die Anzahl der möglichen Ausfälle n^k.

a) Ein Kilometerzähler zeigt vier Ziffern an. Wie groß ist die Wahrscheinlichkeit für folgende Ereignisse?

A: Alle Ziffern sind ungerade.

B: Es kommen nur die Ziffern 0 und 1 vor.

C: Die Zahl ist eine «Spiegelzahl», d.h. die erste und die letzte sowie die zweite und die dritte Ziffer sind gleich.

b) Zum Auffädeln einer Kette stehen rote, blaue und grüne Perlen zur Verfügung. Es werden 6 Perlen aufgefädelt.

Wie groß ist die Wahrscheinlichkeit für folgende Ereignisse, wenn die Farben zufällig gewählt werden?

A: Es kommt keine rote Perle vor.

B: Die ersten drei Perlen sind grün.

C: Es kommen immer abwechselnd nur rote und grüne Perlen vor.

c) Aus schwarzen und weißen Mühlesteinen werden Türme gebaut, indem immer 8 Steine übereinander gestapelt werden. Wie groß ist die Wahrscheinlichkeit für folgende Ereignisse, wenn die Farbe jedesmal zufällig gewählt wird?

A: Alle Steine haben dieselbe Farbe.

B: Nur ein Stein ist weiß.

C: Der erste und der letzte Stein haben dieselbe Farbe.

d) In einer Urne sind 5 nummerierte Kugeln (von 1 bis 5). Man zieht 3-mal nacheinander eine Kugel, notiert die Ziffer und legt sie zurück in die Urne. Die Ergebnisse sind dreistellige

Zahlen.

Wie groß ist die Wahrscheinlichkeit folgender Ereignisse?

A: Die Zahl ist durch 5 teilbar.

B: Es kommen nur die Ziffern 1 und 5 vor.

C: Es kommt keine 1 vor.

e) Aus den Buchstaben des Wortes TIGER werden nacheinander mit Zurücklegen 4 Buchstaben gezogen und der Reihe nach notiert.

Wie groß ist die Wahrscheinlichkeit folgender Ereignisse?

A: Man erhält das Wort TEIG.

B: Man erhält das Wort TEER.

C: Man erhält eine Buchstabenkombination, die mit T beginnt.

D: Man erhält eine Buchstabenkombination die mit einem doppelten T endet.

E: T kommt genau 3-mal vor.

F: Ein Buchstabe kommt 3-mal, ein anderer einmal vor.

f) Aus den Buchstaben HANNA werden nacheinander mit Zurücklegen 3 Buchstaben gezogen und notiert.

Wie groß ist die Wahrscheinlichkeit folgender Ereignisse?

A: Es entsteht das Wort NAH.　　　　D: Man zieht 3-mal N.

B: Es entsteht das Wort AHA.　　　　E: Man zieht kein H.

C: Man zieht 3-mal H.

23.2　Geordnete Stichproben ohne Zurücklegen

> **Tipp:** Bei geordneten Stichproben ohne Zurücklegen gilt für die Anzahl der möglichen Ausfälle $\frac{n!}{(n-k)!}$.

a) In einer Urne sind 6 rote und 4 weiße Kugeln. Es werden nacheinander 5 Kugeln ohne Zurücklegen gezogen.

Wie groß ist die Wahrscheinlichkeit der folgenden Ereignisse?

A: Man zieht nur rote Kugeln.

B: Man zieht zuerst alle weißen, dann eine rote Kugel.

C: Die erste Kugel ist weiß.

D: Man zieht abwechselnd weiße und rote Kugeln.

b) Auf einer Geburtstagsfeier werden unter 10 Mädchen ein 1., ein 2. und ein 3. Preis verlost.

Wie groß ist die Wahrscheinlichkeit der folgenden Ereignisse?

A: Anja gewinnt den 1., Inge den 2. und Karin den 3. Preis.

B: Anja, Inge und Karin gewinnen je einen Preis.

C: Anja gewinnt keinen Preis.

D: Keines der drei Mädchen Anja, Inge und Karin gewinnt einen Preis.

c) Für eine Varietee-Veranstaltung stehen 5 Nummern zur Verfügung, darunter eine Jonglier-Nummer. Die Reihenfolge des Programms wird ausgelost.

Wie groß ist die Wahrscheinlichkeit folgender Ereignisse?

A: Die Jongliernummer steht an der 3. Stelle im Programm.

B: Die Jongliernummer steht nicht am Schluss.

d) Bei dem Spiel «Reise nach Jerusalem» scheidet in jeder Runde eine Person aus. Es nehmen 8 Personen teil. Bestimmen Sie die Wahrscheinlichkeit der folgenden Ereignisse:

A: Hans bleibt als letzter übrig.

B: Klaus und Peter bestreiten die letzte Runde.

e) Die Buchstaben des Wortes ANANAS werden geschüttelt und neu angeordnet.

Wie groß ist die Wahrscheinlichkeit der folgenden Ereignisse?

A: Es entsteht wieder das Wort ANANAS.

B: Die Buchstabenkombination beginnt mit AAA.

C: Es entsteht ein Wort mit dreifachem A direkt hintereinander.

23.3 Ungeordnete Stichproben ohne Zurücklegen

Tipp: Bei ungeordneten Stichproben ohne Zurücklegen gilt für die Anzahl der möglichen Ausfälle: $\binom{n}{k} = \frac{n!}{(n-k)!k!}$.

a) Beschreiben Sie, wie das Pascalsche Dreieck aufgebaut ist. Wie findet man $\binom{n}{k}$?

b) In einer Urne befinden sich 25 nummerierte Kugeln (Zahlen 1 bis 25). Es werden gleichzeitig 4 Kugeln aus der Urne gezogen.

Wie groß ist die Wahrscheinlichkeit für folgende Ereignisse?

A: Alle Zahlen sind durch 5 teilbar.

B: Alle Zahlen sind gerade.

C: Die Summe der vier Zahlen ist kleiner als 12.

D: Das Produkt der vier Zahlen ist 12.

c) In einer Urne sind 7 weiße, 5 schwarze und 3 rote Kugeln. Es werden 3 Kugeln gleichzeitig gezogen.

Wie groß ist die Wahrscheinlichkeit der folgenden Ereignisse?

A: Alle Kugeln sind weiß.   D: Es ist keine rote Kugel dabei.

B: Alle Kugeln haben dieselbe Farbe.   E: Von jeder Farbe ist eine Kugel dabei.

C: Eine Kugel ist weiß, zwei sind schwarz.   F: Es ist mindestens eine weiße Kugel dabei.

d) In einer Packung sind 10 Glühbirnen, davon sind zwei defekt.

Wie groß ist die Wahrscheinlichkeit für folgende Ereignisse, wenn drei Glühbirnen «blind» herausgegriffen werden?

A: Alle drei Glühbirnen sind in Ordnung.

B: Genau eine Glühbirne ist defekt.

C: Genau 2 Glühbirnen sind defekt.

e) Wie groß ist die Wahrscheinlichkeit, beim Lotto 6 aus 49 mit einem Tipp genau 4 Richtige zu treffen?

f) Vier Paare wollen einen Ausflug machen. Es steht nur ein Auto mit 4 Plätzen zur Verfügung, die anderen müssen auf den Bus warten. Es wird ausgelost, wer mit dem Auto fahren darf.

   I) Wie groß ist die Wahrscheinlichkeit, dass 2 Frauen und 2 Männer mit dem Auto fahren dürfen?

   II) Wie groß ist die Wahrscheinlichkeit, dass die vier Frauen mit dem Auto fahren?

   III) Beim nächsten Mal haben die 4 Paare zwei Autos mit je 4 Plätzen zur Verfügung. Die Verteilung auf die Wagen wird wieder ausgelost.

      Wie groß ist die Wahrscheinlichkeit, dass die vier Frauen in einem Auto fahren?

23.4 Vermischte Aufgaben

In der Stochastik gibt es für viele Aufgaben mehrere verschiedene Lösungswege. Die folgenden Aufgaben lassen sich u.a. mit Hilfe der in den vorangegangenen Abschnitten geübten Gedankengänge lösen.

a) 4 Freunde gehen ins Kino, sie haben in einer Reihe 4 nummerierte Plätze nebeneinander und verteilen die Karten zufällig.

Wie groß ist die Wahrscheinlichkeit der folgenden Ereignisse?

A: Horst sitzt zwischen zwei Freunden.

B: Horst und Peter sitzen außen.

C: Horst und Peter sitzen nebeneinander.

b) Für eine Prüfung werden 10 mögliche Themen vereinbart, drei davon werden in der Prüfung abgefragt. Ein Prüfling lernt nur 6 der 10 Themen.

Wie groß ist die Wahrscheinlichkeit, dass keines (eines, zwei, alle drei) der Prüfungsthemen von ihm vorbereitet wurden?

c) Bei einem Multiple-Choice-Test gibt es 10 Fragen mit je drei möglichen Antworten, von denen jeweils genau eine richtig ist. Jemand kreuzt nach dem Zufallsprinzip bei jeder Frage eine Antwort an.

A: Alle Antworten sind falsch.

B: Die ersten 5 sind richtig, die letzten 5 sind falsch angekreuzt.

C: Genau die Hälfte der Antworten sind richtig.

D: 4 Antworten sind richtig, 6 sind falsch.

d) In einer Ebene sind 6 Punkte markiert, von denen nie mehr als 2 auf einer Geraden und nie mehr als drei auf einem Kreis liegen.

   I) Wie viele Verbindungsgeraden lassen sich durch die 6 Punkte ziehen?

   II) Wie viele Kreise lassen sich ziehen, die jeweils durch 3 der 6 Punkte gehen?

e) Wie groß ist die Wahrscheinlichkeit, dass unter 8 Personen mindestens 2 Personen im selben Monat Geburtstag haben? Nehmen Sie näherungsweise an, dass alle Monate gleich lang sind.

24 Wahrscheinlichkeitsverteilung von Zufallsgrößen

Tipps ab Seite 125, Lösungen ab Seite 259

In diesem Kapitel geht es um den Erwartungswert von Zufallsgrößen, der häufig für die Gewinnerwartungen von Spielen oder für die Beurteilung, ob ein Spiel fair ist, herangezogen wird. Varianz und Standardabweichung sind Maße für die Streuung einer Zufallsvariablen. Die Schwierigkeit bei Aufgaben zu diesem Thema liegt meist in der Aufstellung der Tabelle für die Wahrscheinlichkeitsverteilung; die Berechnung von $E(X)$, $V(X)$ und $\sigma(X)$ sind dann einfach auszuführen.

24.1 Erwartungswert

a) Aus einer Urne mit 2 weißen und 8 roten Kugeln werden nacheinander ohne Zurücklegen so lange einzelne Kugeln entnommen, bis die erste rote Kugel auftritt.
Wie oft muss man durchschnittlich ziehen?

b) Es wird folgendes Spiel vereinbart: Zwei Würfel werden gleichzeitig geworfen und ihre Augensumme betrachtet. Beträgt sie 2, werden 4 Euro ausgezahlt, beträgt sie 3 oder 4, wird 1 Euro ausgezahlt, in allen anderen Fällen erfolgt keine Auszahlung. Wie viel Geld wird durchschnittlich ausgezahlt?

c) In einer Schachtel sind sechs 50-Cent-Münzen, drei 1-Euro-Münzen und eine 2-Euro-Münze.

    I) Es wird blindlings eine Münze entnommen. Mit wieviel Geld kann man durchschnittlich rechnen?

    II) Es werden blindlings zwei Münzen entnommen. Wieviel Geld erhält man jetzt im Durchschnitt?

d) In einer Urne sind 6 schwarze und 4 weiße Kugeln. Es werden 3 Kugeln auf einmal entnommen. Für jede schwarze Kugel erhält man einen Punkt, für jede weiße zwei Punkte. Wieviele Punkte erhält man durchschnittlich?

24.2 Varianz und Standardabweichung

a)   I) In einer Urne sind 10 Kugeln: 1 weiße, 1 rote und 8 schwarze. Es wird eine Kugel gezogen. Bei «weiß» erhält man 4 Euro, bei «rot» 8 Euro und bei «schwarz» nichts. Bestimmen Sie den Erwartungswert, die Varianz und die Standardabweichung für den Gewinn.

II) In einer anderen Urne sind ebenfalls 10 Kugeln: 4 weiße, 4 rote und 2 schwarze. Es wird eine Kugel gezogen. Diesmal erhält man bei «weiß» 1 Euro, bei «rot» 2 Euro und bei «schwarz» wieder nichts.

Bestimmen Sie ebenfalls den Erwartungswert, die Varianz und die Standardabweichung für den Gewinn.

III) Vergleichen Sie die beiden Spiele in Bezug auf Erwartungswert und Standardabweichung und geben Sie eine anschauliche Erklärung. Welches Spiel würden Sie aus welchen Gründen bevorzugen?

b) In einer Klasse mit 30 Schülern wurden zwei Klassenarbeiten mit folgenden Ergebnissen geschrieben:

I)

Note	1	2	3	4	5	6
Anzahl	3	7	11	6	2	1

II)

Note	1	2	3	4	5	6
Anzahl	5	8	5	8	2	2

Bestimmen Sie jeweils den Notendurchschnitt und die Standardabweichung.

25 Binomialverteilung

Tipps ab Seite 125, Lösungen ab Seite 263

In diesem Kapitel geht es um eine häufig vorkommende Wahrscheinlichkeitsverteilung, die Binomialverteilung, die die Berechnungen wesentlich vereinfacht. Das zugrunde liegende Zufallsexperiment muss eine Bernoullikette sein. Es wird erwartet, dass Sie eine Bernoullikette und ihre wesentlichen Parameter erkennen und darauf die grundlegenden Formeln und Tabellen anwenden können.

Wenn nichts anderes angegeben ist, wird die Trefferwahrscheinlichkeit im Folgenden mit p, die Länge der Bernoullikette mit n bezeichnet. X bezeichnet die Zufallsgröße «Anzahl der Treffer». $P(X = k)$ ist die Wahrscheinlichkeit, dass genau k Treffer eintreten.

25.1 Bernoulliketten

a) Erklären Sie die Begriffe Bernoulli-Experiment, Trefferwahrscheinlichkeit, Bernoullikette und Länge einer Bernoullikette.

b) Bei welchen der folgenden Zufallsexperimente handelt es sich um Bernoulliketten? Geben Sie, wenn möglich, die Trefferwahrscheinlichkeit p und die Länge n der Bernoullikette an.

I) Ein Würfel wird dreimal geworfen und die Anzahl der Sechsen notiert.

II) Ein Würfel wird dreimal geworfen und die Augensumme notiert.

III) Aus einer Urne mit 3 weißen und 7 roten Kugeln wird so lange ohne Zurücklegen eine Kugel gezogen, bis die erste rote Kugel erscheint.

IV) Aus einer Urne mit 3 weißen und 7 roten Kugeln wird 4-mal mit Zurücklegen jeweils eine Kugel gezogen.

V) Bei einem Glücksrad erscheint in 50 % der Fälle eine «1», in jeweils 25 % der Fälle eine «2» bzw. «3». Das Rad wird 4-mal gedreht und die Ziffern als vierstellige Zahl notiert.

VI) Das Glücksrad aus Aufgabe V) wird 8-mal gedreht. Jedes Mal, wenn die «3» erscheint, erhält man 10 Cent.

VII) Das Glücksrad aus Aufgabe V) wird so oft gedreht, bis die «3» erscheint, höchstens jedoch 5-mal.

25.2 Binomialverteilung mit Gebrauch der Formel

Tipp: $\lg(a^n) = n \cdot \lg(a)$
$P(X > k) = 1 - P(X \leqslant k)$

a) Eine Münze wird 5-mal geworfen. Wie groß ist die Wahrscheinlichkeit folgender Ereignisse?

A: Es tritt zweimal Zahl auf.   C: Es tritt höchstens einmal Zahl auf.

B: Es tritt nur Wappen auf.   D: Es tritt mindestens einmal Zahl auf.

b) Ein Glücksrad hat drei gleich große Sektoren mit den Symbolen Kreis, Kreuz und Stern. Es wird 4-mal gedreht. Wie groß ist die Wahrscheinlichkeit folgender Ereignisse?

A: Es tritt dreimal Stern auf.   C: Es tritt höchtens einmal Stern auf.

B: Es tritt mindestens dreimal Stern auf.

c) Von einer großen Ladung Apfelsinen sind 20 % verdorben. Es werden 5 Stück entnommen. Wie groß ist die Wahrscheinlichkeit für folgende Ereignisse?

A: Eine Apfelsine ist verdorben.

B: Alle Apfelsinen sind in Ordnung.

C: Mindestens 2 Apfelsinen sind verdorben.

d) Die Wahrscheinlichkeit für die Geburt eines Mädchens beträgt $0,49$, für die Geburt eines Jungen $0,51$. Wie groß ist die Wahrscheinlichkeit, dass in einer Familie mit 4 Kindern

A: genau zwei Mädchen sind?   B: höchstens drei Mädchen sind?

e) Wie oft muss man eine Münze werfen, um mit einer Wahrscheinlichkeit von 99 % (oder mehr) mindestens einmal «Wappen» zu erhalten?

f) Wie oft muss man würfeln, um mit einer Wahrscheinlichkeit von 90 % (oder mehr) mindestens eine «Sechs» zu bekommen?

25.3 Binomialverteilung mit Gebrauch der Tabelle

Tipp: $P(X < k) = P(X \leqslant k - 1)$
$P(X > k) = 1 - P(X \leqslant k)$
$P(X = k) = P(X \leqslant k) - P(X \leqslant k - 1)$

Für die Aufgaben in diesem Kapitel wird die Tabelle auf Seite 274 benötigt. Sie gibt für verschiedene Werte von n, p und k die Wahrscheinlichkeiten für $P(X \leqslant k)$ an.

a) Bestimmen Sie für $n = 20$ und $p = \frac{1}{3}$ die folgenden Wahrscheinlichkeiten:

$P(X \leqslant 5)$ $P(X < 10)$

$P(X > 6)$ $P(X \geqslant 3)$

$P(4 \leqslant X \leqslant 10)$

b) Bestimmen Sie für n = 100 und p = 0,4 die folgenden Wahrscheinlichkeiten:

$P(X \leqslant 40)$ $P(X > 45)$

$P(X \geqslant 50)$ $P(X < 30)$

$P(X = 40)$ $P(35 \leqslant X \leqslant 45)$

c) Ein Würfel wird 50-mal geworfen. Wie groß ist die Wahrscheinlichkeit für folgende Ereignisse?

A: Man wirft höchstens 10 «Sechsen».

B: Man wirft mindestens 10 «Sechsen».

C: Man wirft genau 10 «Sechsen».

D: Die Anzahl der «Sechsen» liegt zwischen 5 und 11 einschließlich.

E: Man wirft mehr als 3 und weniger als 14 «Sechsen».

F: Die Augenzahl ist in weniger als 20 Fällen gerade.

G: Die Augenzahl ist in mehr als 25 Fällen gerade.

H: Es treten mehr als 20 und weniger als 30 gerade Augenzahlen auf.

d) Bestimmen Sie für n = 50 und p = 0,7 folgende Wahrscheinlichkeiten:

$P(X \leqslant 40)$ $P(X < 30)$

$P(X = 35)$ $P(32 \leqslant X \leqslant 38)$

$P(X > 36)$

e) Jemand kauft 20 Blumenzwiebeln einer Sorte, bei der erfahrungsgemäß 90% der Zwiebeln keimen. Wie groß ist die Wahrscheinlichkeit, dass von den 20 Zwiebeln

A: mindestens 16 keimen?

B: mindestens 18 keimen?

C: alle keimen?

f) Eine Volleyballmannschaft hat in der letzten Saison von 21 Spielen 7 gewonnen. Wie groß ist die Wahrscheinlichkeit, dass sie in der nächsten Saison von 20 Spielen

A: genau 7 gewinnt?

B: mehr als 7 gewinnt?

C: mehr als die Hälfte gewinnt?

26 Hypothesentests

Tipps ab Seite 126, Lösungen ab Seite 266

> Bei den Tests in diesem Kapitel wird geprüft, ob ein Ereignis mit einer vorgegebenen Wahrscheinlichkeit auftritt oder nicht. Es werden nur Tests behandelt, die auf der Binomialverteilung basieren; die Aufgaben sind im Allgemeinen unter Anwendung der Tabelle zu lösen. A bezeichnet im Folgenden den Annahmebereich, $\overline{A}$ den Ablehnungsbereich eines Tests. Die Irrtumswahrscheinlichkeit (auch Signifikanzniveau genannt) wird mit α bezeichnet.

26.1 Grundbegriffe, Fehler 1. und 2. Art

a) Ein Würfel soll getestet werden. Man nimmt an, dass die Wahrscheinlichkeit für eine «Sechs» wie üblich $\frac{1}{6}$ beträgt. Um die Annahme zu testen, wird er 60-mal geworfen. Kommt dabei mindestens 8-mal und höchstens 12-mal eine «Sechs» vor, geht man davon aus, dass der Würfel in Ordnung ist.

Wie lautet bei diesem Test die Nullhypothese?

Schreiben Sie den Annahmebereich A und den Ablehnungsbereich $\overline{A}$ als Menge auf.

Obwohl der Würfel in Ordnung ist (er wurde vorher genau untersucht), fällt bei obigem Test nur 7-mal eine Sechs. Welche Art von Fehler begeht man in diesem Fall?

Erläutern Sie den Begriff Irrtumswahrscheinlichkeit am vorliegenden Test.

b) Ein Händler garantiert, dass höchstens 5 % der gelieferten Äpfel nicht einwandfrei sind. Ein Käufer will die Aussage überprüfen, indem er eine Stichprobe von 50 Äpfeln entnimmt.

Wie lautet die Nullhypothese (Aussage des Händlers) in diesem Fall formal?

Geben Sie einen möglichen Annahme- und Ablehnungsbereich an.

Handelt es sich um einen rechts-, links- oder zweiseitigen Test?

Wie verändert sich die Wahrscheinlichkeit für einen Fehler 1. Art bzw. 2. Art, wenn Sie den Annahmebereich vergrößern?

26.2 Einseitiger Test

Bei einseitigen Tests besteht der Ablehnungsbereich nur aus besonders großen Werten (rechtsseitiger Test) oder besonders kleinen Werten (linksseitiger Test).

a) I) Für H_0: $p \leqslant 0,4$ und $n = 100$ wird $\overline{A} = \{50, ..., 100\}$ festgelegt.

Wie groß ist α?

Wie groß wird α, wenn man zu $\overline{A}$ noch die Zahl 49 hinzunimmt?

II) Für H_0: $p \geqslant 0,8$ und $n = 100$ wird als Annahmebereich $A = \{75, \ldots, 100\}$ gewählt. Bestimmen Sie α.

b)   I) Bestimmen Sie für H_0: $p \leqslant 0,1$ und $n = 100$ den Ablehnungsbereich für $\alpha = 5\,\%$, $\alpha = 2\,\%$ und $\alpha = 1\,\%$.

II) Bestimmen Sie für H_0: $p \geqslant 0,3$ und $n = 50$ den Ablehnungsbereich für $\alpha = 5\,\%$, $\alpha = 2\,\%$ und $\alpha = 1\,\%$.

c) Ein Chiphersteller garantiert, dass der Anteil an Ausschuss höchstens 4 % beträgt. Ein Käufer findet unter 100 Chips 9 defekte Chips. Kann man hieraus mit einer Irrtumswahrscheinlichkeit von 5 % schließen, dass der Anteil an Ausschuss größer als 4 % ist?

d) Eine Partei hat bei der letzten Wahl 30 % der abgegebenen Stimmen erhalten. Um zu überprüfen, ob sie bei der nächsten Wahl mit mindestens 30 % der Stimmen rechnen kann, werden 100 Personen befragt. Es geben nur 25 Personen an, die Partei wählen zu wollen. Kann man mit einer Irrtumswahrscheinlichkeit von 5 % darauf schließen, dass der Stimmenanteil unter 30 % gesunken ist?

e) Ein Großhändler garantiert einem Kunden, dass höchstens 4 % der gelieferten Glühbirnen defekt sind. Der Kunde nimmt eine Stichprobe von 50 Birnen. Er schickt die Lieferung zurück, wenn mehr als 4 Birnen defekt sind.
Wie groß ist die Wahrscheinlichkeit, dass er die Lieferung irrtümlich ablehnt?
Wie muss man den Ablehnungsbereich wählen, wenn die Irrtumswahrscheinlichkeit 2 % betragen soll?

26.3 Zweiseitiger Test

Bei einem zweiseitigen Test besteht der Ablehnungsbereich aus einem oberen und einem unteren Teil. Sie werden so bestimmt, dass die Irrtumswahrscheinlichkeit für jeden einzelnen Teil höchstens $\frac{\alpha}{2}$ beträgt.

a)   I) Für H_0: $p = \frac{1}{2}$ und $n = 20$ wird $A = \{8, \ldots, 12\}$ festgelegt. Wie groß ist α?
II) Für H_0: $p = \frac{1}{6}$ und $n = 50$ wird $A = \{4, \ldots, 13\}$ festgelegt. Wie groß ist α?

b) Bestimmen Sie für H_0: $p = \frac{1}{3}$ und $n = 100$ den Annahme- und Ablehnungsbereich für $\alpha = 5\,\%$, $\alpha = 2\,\%$ und $\alpha = 1\,\%$.

c) Eine Münze wird 50-mal geworfen, dabei tritt 30-mal «Zahl» auf. Kann man mit einer Irrtumswahrscheinlichkeit von 5 % darauf schließen, dass die Münze nicht ideal ist?

d) An einem Glücksspielautomaten gewinnt man angeblich in 20 % der Spiele.
Wie muss man bei einer Überprüfung von 100 Spielen den Annahme- und Ablehnungsbereich wählen, um bei einer Beanstandung eine Irrtumswahrscheinlichkeit von 2 % zu haben?

e) Der Bekanntheitsgrad einer Popgruppe unter Jugendlichen lag bisher bei 60 %. Nun soll durch Befragen von 100 Jugendlichen festgestellt werden, ob er gleich geblieben ist. Man geht davon aus, dass er immer noch 60 % beträgt, wenn mehr als 52 und weniger als 68 die Gruppe kennen.

I) Wie groß ist die Wahrscheinlichkeit, dass man fälschlicherweise von einer Veränderung ausgeht?

II) Wie muss $\overline{A}$ gewählt werden, damit die Irrtumswahrscheinlichkeit 5 % beträgt?

27 Transferaufgaben Stochastik

27.1 Glücksspiel (TR)

Tipps ab Seite 127, Lösungen ab Seite 270

Eine Urne enthalte 6 rote und eine blaue Kugel.

Für ein Glücksspiel wird folgende Regel vereinbart:

Es wird jeweils genau eine Kugel gezogen. Ist die gezogene Kugel blau, so wird sie in die Urne zurückgelegt, ist sie dagegen rot, wird sie beiseite gelegt und in der Urne durch eine blaue ersetzt.

a) Das Glücksspiel wird dreimal durchgeführt und jeweils die Farbe der gezogenen Kugeln festgestellt.

Berechnen Sie die Wahrscheinlichkeit folgender Ereignisse:

A: Nur die zweite Kugel ist rot.

B: Genau eine der gezogenen Kugeln ist blau.

C: Höchstens zwei der gezogenen Kugeln sind rot.

D: Die zweite Kugel ist blau.

E: Mindestens eine der Kugeln ist blau.

b) Auf einem Jahrmarkt wird das Glücksspiel an einem Stand angeboten.

Ein Spieler darf dreimal ziehen. Er erhält

bei drei blauen Kugeln 50 Euro,

bei zwei blauen Kugeln 10 Euro,

bei einer blauen Kugel 2 Euro.

Wie hoch muss der Einsatz des Spielers sein, damit dieses Glücksspiel dem Standbesitzer langfristig pro Spiel einen Gewinn von 0,58 Euro bringt?

c) Ein Glücksspieler behauptet, dass man mindestens zwei Ziehungen durchführen muss, um mit einer Wahrscheinlichkeit von 99 % mindestens eine rote Kugel zu ziehen. Hat er recht? Wie oft müsste man ziehen, wenn in der Urne statt 6 nur 4 rote Kugeln liegen?

27.2 Handys (TR)

Tipps ab Seite 128, Lösungen ab Seite 271

Die Firma Noko stellt Handys in Massenproduktion her.

Jedes Handy ist mit einer Wahrscheinlichkeit von 10 % fehlerhaft.

a) Mit welchem mathematischen Modell lässt sich das Ziehen einer Stichprobe von 100 Handys beschreiben?

Berechnen Sie die Wahrscheinlichkeit für folgende Ereignisse:

A: Weniger als 5 Handys sind fehlerhaft.

B: Genau 3 Handys sind fehlerhaft.

C: Mindestens 90 Handys funktionieren.

b) Bestimmen Sie das kleinstmögliche Intervall mit Mittelpunkt 10, in dem bei insgesamt 100 Handys die Anzahl der fehlerhaften Handys mit einer Wahrscheinlichkeit von mindestens 95 % liegt.

Wie viele Handys müssen der Produktion mindestens entnommen werden, damit mit einer Wahrscheinlichkeit von mehr als 99 % wenigstens ein fehlerhaftes dabei ist.

c) Zur Aussonderung fehlerhafter Handys gibt es eine Qualitätskontrolle, welche folgendes leistet:

Unter allen geprüften Handys beträgt der Anteil der Handys, die einwandfrei sind und dennoch ausgesondert werden, 4 %.

Insgesamt werden 93 % aller Handys nicht ausgesondert.

Bestimmen Sie die Wahrscheinlichkeit dafür, dass ein Handy fehlerhaft ist und ausgesondert wird.

Welcher Anteil der fehlerhaften Handys wird demnach ausgesondert?

d) Die Firma Noko garantiert nun, dass bei einer Lieferung höchstens 4 % der Handys fehlerhaft sind.

Der Großhändler macht eine Stichprobe mit 100 Handys und findet 7 fehlerhafte.

Kann er hieraus mit einer Irrtumswahrscheinlichkeit von 5 % schließen, dass die Firma Noko eine falsche Angabe gemacht hat?

Tipps

1 Von der Gleichung zur Kurve

a) Ganzrationale Funktionen

Den Schnittpunkt mit der y-Achse erhalten Sie durch Einsetzen von $x = 0$ in $f(x)$, die Schnittpunkte mit der x-Achse erhalten Sie durch Lösen der Gleichung $f(x) = 0$.

Zuerst wird gespiegelt und gestreckt, anschließend verschoben (Reihenfolge beachten!).

I) - III)   Die Schaubilder sind Geraden. Hat eine Gerade die Gleichung $y = mx + b$, so ist b der y-Achsenabschnitt und m die Steigung der Geraden.

IV) - IX)   Die Schaubilder sind Variationen der Schaubilder der beiden Grundfunktionen $f(x) = x^2$ (Parabel) oder $g(x) = x^3$ (kubische Parabel).

Ist $f(x) = a(x-b)^2 + c$ bzw. $g(x) = a(x-b)^3 + c$, so gibt es folgende Verwandlungen:

a: Streckfaktor in y-Richtung; $a < 0$: zusätzlich Spiegelung an der x-Achse.

$b > 0$ bzw. $b < 0$: Verschiebung nach rechts bzw. links.

$c > 0$ bzw. $c < 0$: Verschiebung nach oben bzw. unten.

b) **Gebrochenrationale Funktionen**

Die Asymptoten der Funktionen erhalten Sie, indem Sie den Nenner gleich Null setzen und $f(x)$ für $x \to \pm\infty$ betrachten.

Die Schaubilder sind Variationen der Schaubilder der Grundfunktionen $f(x) = \frac{1}{x}$ bzw. $g(x) = \frac{1}{x^2}$.

Falls vor dem Bruch ein Minuszeichen steht, müssen Sie zuerst an der x-Achse spiegeln und anschließend in x- bzw. y-Richtung verschieben.

Ist $f(x) = \frac{a}{x-b} + c$ bzw. $g(x) = \frac{a}{(x-b)^2} + c$, so gibt es folgende Verwandlungen:

a: Streckfaktor in y-Richtung; $a < 0$: zusätzlich Spiegelung an der x-Achse.

$b > 0$ bzw. $b < 0$: Verschiebung nach rechts bzw. links.

$c > 0$ bzw. $c < 0$: Verschiebung nach oben bzw. unten.

Asymptoten: $x = b$ senkrechte Asymptote (Pol) und $y = c$ (waagrechte Asymptote).

c) **Trigonometrische Funktionen**

Die Schaubilder sind Variationen der Schaubilder der Grundfunktionen $f(x) = \sin x$ bzw. $g(x) = \cos x$.

Ist $f(x) = a \cdot \sin(b \cdot (x-c)) + d$ bzw. $g(x) = a \cdot \cos(b \cdot (x-c)) + d$, so gibt es folgende Verwandlungen:

a: Streckfaktor in y-Richtung; $a < 0$: zusätzlich Spiegelung an der x-Achse.

b: Streckfaktor in x-Richtung.

$c > 0$ bzw. $c < 0$: Verschiebung nach rechts bzw. links.

$d > 0$ bzw. $d < 0$: Verschiebung nach oben bzw. unten.

Periode: $p = \frac{2\pi}{b}$.

d) **Exponentialfunktionen**

Zur Bestimmung der Asymptoten betrachten Sie $f(x)$ für $x \to \pm\infty$.

Die Schaubilder sind Variationen der Schaubilder der Grundfunktionen $f(x) = e^x$ bzw. $g(x) = e^{-x}$.

Ist $f(x) = a \cdot e^{x-b} + c$ bzw. $g(x) = a \cdot e^{-(x-b)} + c$, so gibt es folgende Verwandlungen:

a: Streckfaktor in y-Richtung; $a < 0$: zusätzlich Spiegelung an der x-Achse.

$b > 0$ bzw. $b < 0$: Verschiebung nach rechts bzw. links.

$c > 0$ bzw. $c < 0$: Verschiebung nach oben bzw. unten.

2   Von der Kurve zur Gleichung

Allgemeine Tipps: Siehe Kapitel 1

2.1   Trigonometrische Funktionen

Es handelt sich um Sinus- oder Kosinusfunktionen. Überlegen Sie, welche der bei Kapitel 1 aufgezählten Veränderungen des Schaubilds in Frage kommen. Prüfen Sie zuerst, ob das Schaubild nach oben verschoben ist (bestimmen Sie die waagerechte «Mittelachse»). Prüfen Sie dann, ob das Schaubild in y-Richtung gestreckt ist, indem Sie die Differenz zwischen den höchsten und tiefsten Funktionswerten berechnen; ist diese nicht 2 LE, so müssen Sie einen Streckfaktor bestimmen. Prüfen Sie ferner, ob das Schaubild nach links oder rechts verschoben ist (eine unverschobene Sinusfunktion hat einen Wendepunkt bei $x = 0$). Falls das Schaubild noch in x-Richtung gestreckt ist, darf der Abstand zwischen zwei Hochpunkten (oder zwei Tiefpunkten) nicht $2\pi = 6,28$ betragen. Schätzen Sie (falls notwendig) den Streckfaktor ab; dieser ist kleiner als 1, wenn der Abstand zwischen zwei Hochpunkten größer als 2π ist.

2.2   Ganzrationale Funktionen

Allgemeine Tipps für ganzrationale Funktionen:

Es handelt sich bei allen Schaubildern um verschobene Funktionen 2. bis 4. Grades. Es gibt verschiedene Lösungswege:

1. Ansatz als allgemeine Funktion (ähnlich wie das Aufstellen von Funktionen mit Randbedingungen), z.B. $f(x) = ax^2 + bx + c$. Aus der Zeichnung werden drei Punkte bestimmt und drei Gleichungen aufgestellt, die man anschließend nach a, b und c auflöst. Dieser Weg ist etwas langwierig, führt aber immer zum Ziel.

2. Ansatz mit Hilfe der Linearfaktoren. Dieser Ansatz funktioniert nur dann, wenn die Funktion eindeutig ablesbare Nullstellen besitzt (z.B. bei den Aufgaben e), f), g) und h)). Der Hintergrund ist, dass sich eine Polynomfunktion (ein Funktionsterm der Gestalt $f(x) = a_n x^n + a_{n-1} x^{n-1} + ... + a_2 x^2 + a_1 x + a_0$) auch als Produkt von Linearfaktoren schreiben lässt, z.B. $f(x) = x^2 - x - 2 = (x-2) \cdot (x+1)$. Die Nullstellen dieser Funktion sind $x_1 = 2$ und $x_2 = -1$.

   Es muss darauf geachtet werden, ob noch ein zusätzlicher Faktor existiert, der das Schaubild streckt oder staucht.

3. Ansatz als verschobene Normalparabel: Wenn man eine Normalparabel $f(x) = x^2$ nach oben oder unten verschieben will, so addiert man eine Konstante c. Will man sie nach rechts oder links verschieben, so setzt man für eine Verschiebung nach rechts um eine Längeneinheit den Ausdruck $(x-1)$ statt x ein. Bei einer Verschiebung um 2 LE nach links entsprechend $(x+2)$ statt x.

Tipps für die Aufgaben:

a) $f(x) = x^2$, nach oben verschoben   b) $f(x) = x^3$, nach unten verschoben

c) $f(x) = x^2$, nach links verschoben   d) $f(x) = x^2$, nach links und unten verschoben

e) $f(x) = -x^2$, nach rechts und oben verschoben

f) - h) Ansatz mit Hilfe der Nullstellen (Linearfaktorzerlegung)

2.3 Gebrochenrationale Funktionen

Die einfachsten gebrochenrationalen Funktionen sind:

$f(x) = \frac{1}{x}$ (Pol mit VZW) bzw. $f(x) = \frac{1}{x^2}$ (Pol ohne VZW)

a), b)   Grundfunktionen

c), d)   Nach rechts/links verschobene Grundfunktionen

e), f)   Nach rechts/links *und* oben/unten verschobene Grundfunktionen

3 Differenzieren

3.1 Gebrochenrationale Funktionen

a) - h)   Alle Funktionen lassen sich mit der Quotientenregel $\left(\frac{u}{v}\right)' = \frac{u'v - uv'}{v^2}$ und der Kettenregel ableiten.

3.2 *e*-Funktionen

a) - d)   Zuerst die Produktregel anwenden: $(u \cdot v)' = u'v + uv'$, dann die Kettenregel.

e) - h)   Kettenregel anwenden, teilweise mehrfach.

3.3 Trigonometrische Funktionen

a) - d)   Zuerst die Produktregel anwenden, dann die Kettenregel.

e) - h)   Kettenregel anwenden, teilweise mehrfach.

3.4 Gebrochene e-Funktionen

a) - g)   Zum Ableiten der Funktion die Quotientenregel anwenden, für den Zähler bzw. Nenner die Kettenregel.

3.5 e-Funktionen und trigonometrische Funktionen

a) - c)   Anwenden der Kettenregel.

d) - f)   Zuerst die Produktregel anwenden, dann die Kettenregel.

4 Gleichungslehre

4.1 Gleichungen höherer Ordnung

- Klammern Sie x aus, falls möglich.

- Gleichungen 3. Grades lassen sich entweder durch Ausklammern oder Polynomdivision lösen.

- Schwierige Ausdrücke wie $e^{0.5x}$ oder x^4 lassen sich durch eine Substitution $e^{0.5x} = z$ bzw. $x^2 = z$ vereinfachen. Zahl unter der Wurzel als Bruch schreiben und zum Schluss die Rücksubstitution nicht vergessen!

a) - c)   pq- bzw. abc-Formel verwenden. (Zahlen unter der Wurzel als Bruch schreiben.)

d) - e)   Beachten Sie die Binomischen Formeln und Minuszeichen vor Klammern.

f) - g)   Es gilt: $e^{2x} = (e^x)^2$, Substitution $e^x = v$, dabei gilt: $(e^x)^2 = v^2$. Die Lösung der Gleichung bestimmen und durch Rücksubstitution x berechnen. (Zahlen unter der Wurzel als Bruch schreiben.)

h)   Substitution $e^{\frac{1}{2}x} = v$, dann Lösung bestimmen, Rücksubstitution und x berechnen. (Zahlen unter der Wurzel als Bruch schreiben.)

i) - j)   Es gilt: $e^{-x} = (e^x)^{-1}$, Substitution $e^x = v$, dann die Gleichung mit v multiplizieren, die Gleichung mit Hilfe der pq- oder abc-Formel lösen und zurücksubstituieren. (Zahlen unter der Wurzel als Bruch schreiben.)

k)   Substitution $e^{2x} = v$, dann Lösen der quadratischen Gleichung mit der pq- oder abc-Formel, Rücksubstitution und x berechnen. (Zahlen unter der Wurzel als Bruch schreiben.)

l)   Substitution $e^{\frac{1}{3}x} = v$, mit $e^{\frac{2}{3}x} = \left(e^{\frac{1}{3}x}\right)^2 = v^2$, dann Lösen der quadratischen Gleichung mit der pq- oder abc-Formel, Rücksubstitution und x berechnen. (Zahlen unter der Wurzel als Bruch schreiben.)

m)   Substitution $e^{\frac{1}{2}x} = v$, dann Lösen der quadrtischen Gleichung mit der pq- oder abc-Formel, Rücksubstitution und x berechnen. (Zahlen unter der Wurzel als Bruch schreiben.)

n)   Ausklammern von x^3

o)   Ausklammern von x^2, dann die quadratische Gleichung mit der pq- oder abc-Formel lösen.

p) - q)   Biquadratische Gleichungen: Substitution $x^2 = v$, die Gleichung lösen und zurück-substituieren. (Zahlen unter der Wurzel als Bruch schreiben.)

r) - t) x ausklammern und damit die erste Lösung bestimmen, wiederholtes Ausklammern oder Lösen der Gleichung mit der pq- oder abc-Formel.

u) - w)   Hauptnenner bestimmen (3. binomische Formel), linke Seite der Gleichung erweitern, Nenner kürzen und die Gleichung lösen. Achtung: Lösung mit der Definitionsmenge vergleichen!

x) - y)   Hauptnenner bestimmen, Brüche entsprechend erweitern, Gleichung lösen und mit der Definitionsmenge vergleichen.

4.2 Lineare Gleichungssysteme

a) - f)   Anwenden des Gaußschen Eliminierungsverfahrens: Zuerst werden zwei Gleichungen so zusammengezählt, dass eine Unbekannte wegfällt (eventuell muss man dazu vorher eine Gleichung mit einem Faktor wie -1 oder -2 multiplizieren).
Im nächsten Schritt löst man die beiden Gleichungen, die nur noch zwei Unbekannte enthalten, nach einer Unbekannten auf.
Zum Schluss wird schrittweise eingesetzt und die Unbekannten werden bestimmt.

4.3 Polynomdivision

a) - e)   Die erste Lösung muss durch «systematisches Probieren» bestimmt werden. Meist ist dies eine relativ einfache Lösung, z.B. $x_1 = 1$. Anschließend wird die Gleichung durch «x minus bekannte Lösung» geteilt. Die Lösungen der dann vorliegenden quadratischen Gleichung können mit der pq- oder abc-Formel bestimmt werden. Liegt nach der ersten Polynomdivision immer noch eine Gleichung 3. Grades vor, muss eventuell eine erneute Polynomdivision ausgeführt werden.

4.4 Trigonometrische Gleichungen

Skizzieren Sie den Verlauf von $\sin x$ bzw. $\cos x$. Achten Sie auf das Lösungsintervall.

a) - d) Substituieren Sie $2x$, $3x$, $4x = z$, lösen Sie die Gleichung und resubstituieren wieder.

   e) Klammern Sie $\sin x$ aus und lösen Sie die Gleichung mit Fallunterscheidung.

   f) Klammern Sie $\cos x$ aus und lösen Sie die Gleichung mit Fallunterscheidung.

   g) Substituieren Sie $\sin x = z$. Lösen Sie die quadratische Gleichung und resubstituieren wieder.

   h) Substituieren Sie $\cos x = z$. Lösen Sie die quadratische Gleichung und resubstituieren wieder.

i) Verwenden Sie die Beziehung $\sin^2 x + \cos^2 x = 1$, so dass Sie nur noch $\sin^2 x$ und $\sin x$ in der Gleichung haben. Anschließend substituieren Sie $\sin x = z$, lösen die quadratische Gleichung mit der pq- oder abc-Formel und resubstituieren wieder.

j) Verwenden Sie die Beziehung $\sin^2 x + \cos^2 x = 1$, so dass Sie nur noch $\cos^2 x$ und $\cos x$ in der Gleichung haben. Anschließend substituieren Sie $\cos x = z$, lösen die quadratische Gleichung mit der pq- oder abc-Formel und resubstituieren wieder.

k) Substituieren Sie zuerst $2x = u$ und anschließend $\sin u = z$, lösen Sie die quadratische Gleichung mit der pq- oder abc-Formel. Zum Schluss zweimal resubstituieren.

l) Substituieren Sie zuerst $\pi x = u$ und anschließend $\cos u = z$, lösen Sie die quadratische Gleichung mit der pq- oder abc-Formel. Zum Schluss zweimal resubstituieren.

5 Aufstellen von Funktionen mit Randbedingungen

5.1 Ganzrationale Funktionen

Für alle ganzrationalen Funktionen gilt:

- Parabel 2. Grades: $f(x) = ax^2 + bx + c$

- Zur y-Achse symmetrische Parabel 2. Grades: $f(x) = ax^2 + b$

- Parabel 3. Grades: $f(x) = ax^3 + bx^2 + cx + d$

- Zum Ursprung punktsymmetrische Parabel 3. Grades: $f(x) = ax^3 + bx$

Zum Aufstellen der Funktionen:

1. Bilden Sie die 1. und 2. Ableitung des jeweiligen Ansatzes (dies ist nicht nötig, falls es keine Angaben über die Steigung oder über die Extrempunkte gibt).

2. Verwenden Sie die Bedingungen der Kurvendiskussion:

   - Schnittpunkt mit der x-Achse: $f(x) = 0$
   - Schnittpunkt mit der y-Achse: $x = 0$
   - Extrempunkt: $f'(x) = 0$
   - Wendepunkt: $f''(x) = 0$

3. Sie brauchen so viele Gleichungen wie Unbekannte! Stellen Sie die Gleichungen auf und lösen Sie sie nach den Parametern (a, b, c, ...) auf.

5.2   Gebrochenrationale Funktionen

- Stellen Sie möglichst einfache Bruchterme auf.

- Eine gebrochenrationale Funktion, deren Schaubild eine waagerechte/schiefe Asymptote besitzt, hat folgenden Ansatz:
  «$f(x) =$ Asymptotengleichung $+$ Bruchterm»

- Eine gebrochenrationale Funktion, deren Schaubild eine Näherungskurve besitzt, hat folgenden Ansatz:
  «$f(x) =$ Näherungskurvengleichung $+$ Bruchterm»

- Polstelle: Der Nenner des Bruchterms muss gleich Null sein.

- Hat der Bruchterm die Form $\frac{1}{(x-p)^n}$, so gilt:

  n ist ungerade $\Rightarrow$ Pol mit Vorzeichenwechsel
  n ist gerade $\Rightarrow$ Pol ohne Vorzeichenwechsel

5.3   *e*-Funktionen

a) - e)   Stellen Sie zwei Gleichungen mit zwei Unbekannten auf, dazu müssen Sie eventuell noch ableiten.

5.4   Trigonometrische Funktionen

Eine verallgemeinerte Sinusfunktion hat die Gleichung $f(x) = a \cdot \sin(b \cdot (x-c)) + d$.
Die Eigenschaften des Schaubildes und die Koeffizienten a, b, c, d hängen dabei folgendermaßen zusammen:

- Streckfaktor in y-Richtung: a

- Streckfaktor in x-Richtung: b

- Verschiebung nach links bzw. rechts: $c < 0$ bzw. $c > 0$

- Verschiebung nach unten bzw. oben: $d < 0$ bzw. $d > 0$

- Periode: $p = \frac{2\pi}{b}$ bzw. $b = \frac{2\pi}{p}$

6   Graphische Differentiation

6.1   Schaubild der Ableitungsfunktion, Aussagen bewerten

6.1.1 f_1 bis f_4

f_1 Bestimmen Sie die Steigung für einige wichtige Punkte, es bietet sich auf jeden Fall der Extrempunkt an. Überlegen Sie, wie die Steigung nahe des Koordinatenursprungs ist.

f_2 Bestimmen Sie die Steigung für einige wichtige Punkte; es bieten sich der Hoch- und der Wendepunkt an.

f_3 Bestimmen Sie die Steigung für einige Stellen, z.B. für $x = 0$ und für $x = 1$. Überlegen Sie, welche spezielle Kurve einen derartigen Verlauf zeigt.

f_4 Bestimmen Sie die Steigung für einige Stellen, z.B. $x = -1$ und $x = 0$. Bestimmen Sie den Wendepunkt und dessen Steigung.

6.1.2 f_5 **bis** f_8

f_5 Bestimmen Sie die Steigung für den Schnittpunkt mit der x-Achse, den Hochpunkt und den Wendepunkt.

f_6 Bestimmen Sie die Steigungen der Extrempunkte und der Wendepunkte.

f_7 Bestimmen Sie die Steigungen in den beiden Wendepunkten und im Extrempunkt.

f_8 Das Schaubild besitzt keine Extrempunkte. Bestimmen Sie daher die Steigung in einigen geeigneten Punkten, z.B. für $x = -1$ und für $x = 0$ und für $x = 3$. Betrachten Sie die Steigung in der Umgebung von $x = 1$.

6.2   Aussagen über die Funktion bei gegebener Ableitungsfunktion treffen

Allgemeine Tipps:

Es sind Aussagen über eine Stammfunktion f der gezeichneten Kurve von f' zu bewerten. Dabei gilt für alle Stammfunktionen f:

- $f'(x) = 0$ und VZW von $+$ nach $- \Rightarrow$ Das Schaubild von f hat einen Hochpunkt.

- $f'(x) = 0$ und VZW von $-$ nach $+ \Rightarrow$ Das Schaubild von f hat einen Tiefpunkt.

- $f'(x)$ hat einen Extrempunkt $\Rightarrow$ Das Schaubild von f hat einen Wendepunkt.

Aufgabe I

a) Überlegen Sie, was es für die Ableitung einer Funktion bedeutet, wenn das Schaubild der Funktion einen Extrempunkt besitzt.

b) Was bedeutet es für eine Kurve, wenn sie in einem Punkt eine waagerechte Tangente besitzt? Welche Steigung hat die Kurve in einem derartigen Punkt?

c) Was bedeutet es für die Ableitungskurve, wenn das Schaubild der Funktion f einen Wendepunkt besitzt? Finden Sie solche Punkte in der Kurve von f'?

d) Kann man die Aussage treffen, dass alle Funktionswerte für $x > -1$ größer als Null sind? Überlegen Sie, ob es genau eine Funktion gibt.

Aufgabe II

a) Überlegen Sie, was es für die Ableitung einer Funktion bedeutet, wenn das Schaubild der Funktion einen Extrempunkt besitzt.

b) Welchen Wert nimmt die Ableitung einer Funktion an einem Extremwert an? Was muss zusätzlich noch gelten, damit es sich um einen Hochpunkt handelt? (Wie sehen die Vorzeichenwechsel der Steigung aus?)

c) Überlegen Sie, welchen Grad das Polynom der gezeichneten Ableitungskurve besitzt.

d) Überlegen Sie, was man tun muss, um Informationen über die Steigung einer Kurve in einem Punkt zu bekommen. Welche Funktion gibt «Auskunft» über die Steigungswerte der Kurve in jedem Punkt?

Aufgabe III

a) Skizzieren Sie das Schaubild einer Funktion zur gegebenen Ableitungsfunktion; benutzen Sie dazu die Extremwerte und die Nullstelle der angegebenen Ableitungsfunktion. Hat das Schaubild von f bei $x = 0$ einen Hoch- oder Tiefpunkt (Vorzeichenwechsel beachten)?

b) Überlegen Sie, wie genau Sie die Funktion bestimmen können.

c) Prüfen Sie, welche Bedingungen die Kurve der angegebenen Ableitungsfunktion erfüllen muss, damit die Funktion f an der Stelle $x = 0$ einen Tiefpunkt hat. Beachten Sie den Vorzeichenwechsel.

d) Überlegen Sie, was es für das Schaubild der Ableitung bedeutet, wenn eine Kurve einen oder mehrere Extrempunkte besitzt.

6.3 Allgemeines Verständnis von Schaubildern

a) - d)   Überlegen Sie sich, welche Bedingungen der Kurvendiskussion gelten müssen, damit das Schaubild einer Funktion an einer Stelle einen Hochpunkt, einen Tiefpunkt, einen Wendepunkt oder einen Sattelpunkt besitzt.

7 Kurvendiskussion und Interpretation von Kurven

7.1 Interpretation von Schaubildern

Aufgabe I

a) Besondere Punkte im Schaubild sind die Punkte, an denen sich die Steigung stark ändert.

b) Überlegen Sie, ob die y-Werte des Schaubildes die verkauften Artikel *pro Tag* oder *insgesamt* angeben.

c) Lesen Sie die Verkaufszahlen des 40. und des 60. Tages an der Zeichnung ab und berechnen Sie den Durchschnitt.

d) Die Verkaufsrate entspricht der Steigung der Kurve am 50. Tag. Legen Sie eine Gerade durch die Kurve, die die Steigung des 50. Tages besitzt, und bestimmen Sie die Steigung dieser Geraden.

e) Schätzen Sie ab, wie sich die Kurve weiterentwickeln wird. Wie ist die Steigung der Kurve?

Aufgabe II

a) Besondere Punkte im Schaubild sind die Punkte, an denen sich die Steigung stark ändert.

b) Überlegen Sie, welche Aussagen die Kurve trifft. Was bedeutet die unter a) angesprochene Steigungsänderung?

c) Überlegen Sie, was man tun muss, um die Funktionswerte der einzelnen Tage zu addieren. Was kann man tun, wenn man die Funktion nicht genau kennt? Wie könnte eine Näherungsfunktion aussehen?

d) Die Besucherzahlen scheinen sich auf einen gewissen Wert «einzupendeln». Wie groß ist dieser Wert?

Aufgabe III

a) Finden Sie die Stellen, an denen die Besucherzahl der Homepage am größten war.

b) Es gibt lokale und globale Extremstellen. Wo findet sich im Schaubild welche Art der Extremstellen?

c) Überlegen Sie, welche Funktionen Sie kennen, die keinerlei Extremstellen besitzen (mit anderen Worten: Die Funktion wächst immer weiter bzw. fällt immer weiter).

7.2 Funktionenscharen / Funktionen mit Parameter

a) - d)   I) Setzen Sie für t Werte wie ± 1; ± 2 bzw. 0 ein und skizzieren Sie die Kurven.
II) Setzen Sie die entsprechenden Punkte in die Funktionsgleichung ein und stellen Sie nach t um.

e) - f)   Bestimmen Sie zuerst die Schnittstelle x_S. Für die Ableitungen im Schnittpunkt muss gelten: $f'(x_S) \cdot g'(x_S) = -1$. Setzen Sie die Ableitungen ein, setzen Sie dann den Ausdruck für x_S ein und lösen Sie nach t auf.

7.3   Elemente der Kurvendiskussion

a) Die Bedingungen für ein Minimum sind: $f'(x) = 0$ und Vorzeichenwechsel von f' von $-$ nach $+$ bzw. $f''(x) > 0$. Prüfen Sie, ob diese auf den Punkt zutreffen. Benutzen Sie zum Ableiten die Produktregel.

b) Was für ein Punkt ist P$(x_0 \mid 0)$? Machen Sie eine Skizze, um sich die Situation zu veranschaulichen.

c) Überlegen Sie, wie sich die Steigung einer Funktion in der Nähe eines Minimums ändert. Welche Steigungswerte hat die Funktion etwas links bzw. etwas rechts des Minimums? Machen Sie eine Skizze, um sich die Situation zu veranschaulichen.

d) Was bedeutet es für eine Funktion, wenn ihre Ableitung an einer Stelle $x_0 = 0$ ist?

e) Die Bedingung für y-Achsensymmetrie ist $f(-x) = f(x)$.

f) Die Bedingung für Ursprungssymmetrie ist $f(-x) = -f(x)$.

g) Die Bedingung für einen Sattelpunkt ist $f'(x_0) = 0$ und kein Vorzeichenwechsel von f' an der Stelle x_0.

h) Überlegen Sie, welche Terme für $x \to +\infty$ gegen Null gehen und welche übrigbleiben.

i) Die Bedingungen für ein Minimum sind $f'(x) = 0$ und Vorzeichenwechsel von f' von $-$ nach $+$. Prüfen Sie, ob diese auf den Punkt zutreffen.

j) Überlegen Sie, was passiert, wenn in einer gebrochenrationalen Funktion der Zähler bzw. der Nenner gleich Null ist.

k) Punkte mit waagerechter Tangente haben die Steigung Null, also wird die 1. Ableitung Null gesetzt. Für die Gleichung der Geraden durch die beiden Punkte ist zuerst die Steigung zu berechnen: $m = \frac{y_2 - y_1}{x_2 - x_1}$.

l) Wendepunkte bestimmen Sie mit Hilfe von $f''(x)$ und $f'''(x)$.

m) Überlegen Sie, welchen Grad $g'(x) - g(x)$ hat.

7.4   Tangenten und Normalen

Geradengleichungen kann man mit der Punkt-Steigungsform $y - y_1 = m \cdot (x - x_1)$ aufstellen.

a) Bestimmen Sie die Tangentensteigung mit Hilfe der 1. Ableitung. Benutzen Sie dann die Steigung und den Punkt, um die Geradengleichung aufzustellen. Für die Normalensteigung m_n gilt $m_n = -\frac{1}{m_t}$ mit $m_t =$ Steigung der Tangente.

b) Bestimmen Sie zuerst den Wendepunkt und dann die Steigung der Tangente bzw. der Normalen und stellen Sie die Geradengleichungen auf.

c) I) Da die Tangentensteigung schon bekannt ist, muss in dieser Aufgabe der Punkt P bestimmt werden, in dem das Schaubild von f die Steigung $m = -2$ besitzt. Also wird die erste Ableitung gleich -2 gesetzt und x_P bestimmt. Mit den Koordinaten des Punktes und der Steigung wird anschließend die Tangentengleichung aufgestellt.

II) Man verfährt ähnlich wie bei I), nur muss die Steigung der Tangente erst aus der Steigung der angegebenen Geraden ermittelt werden. Für die Steigung zweier aufeinander senkrecht stehender Geraden m_1 und m_2 gilt: $m_2 = -\frac{1}{m_1}$.

III) Man verfährt ähnlich wie bei I), die Steigung paralleler Geraden ist gleich: $m_t = m_g = 4$.

d) I) Die Tangentensteigung wird mit Hilfe der 1. Ableitung bestimmt. Die Geradensteigung von $A(x_1 \mid y_1)$ und $B(x_2 \mid y_2)$ wird mit der Formel $m = \frac{y_2 - y_1}{x_2 - x_1}$ bestimmt. Wegen der Parallelität ist die Tangentensteigung gleich groß wie die Geradensteigung.

II) Wegen der Parallelität ist die Normalensteigung gleich groß wie die Geradensteigung. Da die Normale senkrecht auf der Tangente steht, gilt: $m_n = -\frac{1}{m_t}$.

III) Da die Normale orthogonal ist zur Geraden und auch zur Tangente, ist die Tangentensteigung gleich groß wie die Geradensteigung.

e) Wenn von einem Punkt P, der nicht auf einer Kurve liegt, eine Tangente an eine Kurve gelegt werden soll, kann man folgendermaßen vorgehen:

1. Der Berührpunkt hat die Koordinaten $B(u \mid f(u))$.

2. Mit Hilfe der 1. Ableitung und B bestimmt man die Tangentengleichung in Abhängigkeit von u.

3. Da P auf der Tangente liegt, kann man diesen einsetzen und man erhält eine Gleichung, welche nach u aufgelöst wird.

4. In Punkt B bzw. in die Tangentengleichung wird u eingesetzt.

7.5 Berührpunkte zweier Kurven

Damit sich zwei Schaubilder in einem Punkt $B(x_B \mid y_B)$ berühren, müssen zwei Bedingungen erfüllt sein:

1. B ist ein gemeinsamer Punkt beider Kurven: $f(x_B) = g(x_B)$

2. Im Punkt B haben die Schaubilder eine gemeinsame Tangente, also die gleiche Tangentensteigung $f'(x_B) = g'(x_B)$

7.6 Ortskurven

Die Gleichung der Ortskurve beschreibt den Zusammenhang zwischen dem gegebenen x-Wert und dem gegebenen y-Wert (jeweils in Abhängigkeit eines Parameters), d.h. man sucht die Gleichung, in die man den x-Wert einsetzen kann, um den y-Wert zu erhalten.
Gehen Sie folgendermaßen vor:

1. x-Wert so umformen, dass der Parameter alleine steht, z.B. $x = \frac{4}{t} \Rightarrow t = \frac{4}{x}$.

2. Parameter (in Abhängigkeit von x) in den y-Wert einsetzen, z.B. $y = t^2 = \left(\frac{4}{x}\right)^2$.

3. Durch Ausrechnen erhalten Sie den y-Wert in Abhängigkeit von x, z.B. $y = \frac{16}{x^2}$ und damit die Gleichung der Ortskurve.

8 Allgemeines Verständnis von Funktionen

8.1 Definitionsbereich

Gebrochenrationale Funktionen

Bei gebrochenrationalen Funktionen darf der Nenner nicht Null sein, da man nicht durch Null teilen darf. Man bestimmt also die Nullstellen des Nenners und erhält somit die Werte, die nicht für x eingesetzt werden dürfen.

8.2 Stetigkeit

a) Überlegen Sie, wie man eine «nicht-stetige» Funktion zeichnen würde.

b) Untersuchen Sie die beiden Funktionen in ihrem «kritischen» Punkt.

8.3 Differenzierbarkeit

a) Differenzieren heißt ableiten. Der Wert der Ableitung gibt die Steigung in einem Punkt an. Überlegen Sie, wie das Schaubild einer Funktion aussehen müsste, die in einem Punkt *nicht* differenzierbar ist.

b) Überlegen Sie, welche Eigenschaft die Voraussetzung für die andere ist: Ist Stetigkeit die Voraussetzung für Differenzierbarkeit oder muss eine Funktion differenzierbar sein und ist damit auch stetig?

c) Zeichnen Sie die Betragsfunktion. Überlegen Sie, welche Steigung die Funktion in jedem ihrer Punkte hat. Wie müsste die Tangente im Koordinatenursprung liegen?

d) Bilden Sie die Ableitungen. Gibt es einen Punkt, ab dem es nicht mehr möglich ist, weitere Ableitungen zu bilden?

e) Differenzierbarkeit in Punkt $x = 2$ bedeutet, dass die Funktionswerte bzw. die Werte der Ableitungen in diesem Punkt übereinstimmen müssen.
Bestimmen Sie daher zuerst den Funktionswert und den Wert der 1. Ableitung in diesem Punkt mit Gleichung II. Setzen Sie dann in Gleichung I (bzw. der Ableitung von I) ein und lösen Sie die Gleichungen nach s und t auf.

f) Siehe Aufgabe e)

8.4 Allgemeines zur Ableitung, Näherungsverfahren

a) Die Ableitung einer Funktion lässt sich entweder geometrisch als Steigung oder auch als Änderungsrate interpretieren. Beschreiben Sie diese Sachverhalte.

b) Eine mögliche Anfangssituation könnte so aussehen: Man betrachtet ein Intervall einer Funktion. Für die linke Grenze hat die Funktion einen negativen Funktionswert, für die rechte Grenze einen positiven Funktionswert. Nun sucht man einen x-Wert, für den man als nächstes den Funktionswert bestimmt und dessen Vorzeichen betrachtet. Welcher Wert für x bietet sich an? Führen Sie diese Überlegung fort.

c) Machen Sie eine Skizze einer Funktion mit einer Tangenten im Punkt $(x_0 \mid f(x_0))$ (wobei x_0 keine Nullstelle ist). Wo schneidet die Tangente die x-Achse? Für welchen x-Wert sollte man die nächste Tangente bestimmen?

d) Für die Herleitung der Quotientenregel mit Hilfe der Produktregel gilt Folgendes: $\left(\frac{g}{h}\right)' = \left(g \cdot \frac{1}{h}\right)'$, außerdem: $\frac{1}{h} = h^{-1}$, wobei h^{-1} mit der Kettenregel abgeleitet wird.

8.5 Verständnis von gebrochenrationalen Funktionen

a) Betrachten Sie das Zähler- und das Nennerpolynom der Funktion. Was passiert, wenn der Nenner eine Nullstelle in x_0 besitzt? Was passiert, wenn sowohl der Zähler als auch der Nenner eine Nullstelle in x_0 besitzen?

b) Betrachten Sie das Verhalten der y-Werte in der Umgebung der Polstelle.

c) Überlegen Sie, welcher der beiden Begriffe der übergeordnete Begriff ist.

d) Wie könnte man eine Funktion ergänzen, die an einer Stelle eine Definitionslücke hat?

e) Betrachten Sie den Grad des Zähler- und des Nennerpolynoms. Führen Sie unter Umständen eine Polynomdivision durch, indem Sie den Zähler durch den Nenner teilen. Betrachten Sie dann die Funktion für $x \to \pm\infty$.

9 Integralrechnung

9.1 Stammfunktionen

a) - d) Benutzen Sie die Integrationsregeln für Potenzfunktionen: f besitzt die Form $f(x) = a \cdot x^n$, dann ist $F(x) = a \cdot \frac{1}{n+1}x^{n+1} + c$ eine Stammfunktion.

e) - h) Für e-Funktionen gilt: Ist die Funktion f gegeben mit $f(x) = e^{ax+b}$, so ist $F(x) = \frac{1}{a} \cdot e^{ax+b} + c$ eine Stammfunktion.

i) - l) Lineare Substitution: Hat die Funktion f die Gestalt: $f(x) = (ax+b)^n$, so gilt für die Stammfunktion: $F(x) = \frac{1}{a} \cdot \frac{1}{n+1}(ax+b)^{n+1} + c$.

9.2 Flächeninhalt zwischen zwei Kurven

a) - d)   Bestimmen Sie die Integrationsgrenzen durch Gleichsetzen der Funktionsterme. Prüfen Sie, welche Kurve die obere Kurve ist. Wenden Sie den Hauptsatz der Integralrechnung an: $\int_a^b f(x)dx = F(b) - F(a)$.

9.3 Ins Unendliche reichende Flächen

a) Die Fläche wird anfänglich durch die vertikale Gerade $x = z$ mit $z > 0$ begrenzt. Setzen Sie z als obere Grenze ein und bestimmen Sie $A(z)$. Lassen Sie dann $z \to \infty$ gehen.

b)   I) Bestimmen Sie die Grenzen des Integrals und integrieren Sie die Funktion.

    II) Betrachten Sie das Verhalten der Funktion für $x \to -\infty$. Welcher Term fällt weg?

    III) Die Fläche zwischen zwei Kurven wird berechnet, indem man die Funktionsgleichung der unteren Kurve von der der oberen Kurve abzieht und dann integriert. Für die ins Unendliche reichende Fläche setzt man als untere Grenze z ein und bildet dann den Grenzwert $\lim_{z \to -\infty} A(z)$.

9.4 Allgemeines Verständnis von Integralen

a) Überlegen Sie, welche Näherungskurve man braucht, um ein Integral zu berechnen.

b) Skizzieren Sie ein Kurvenstück im 1. Quadranten und ergänzen Sie dieses spiegelbildlich zur x-Achse. Der entstandene Rotationskörper wird in Teilzylinder zerlegt, deren Volumina aufsummiert werden.

9.5 Vermischte Aufgaben

a) - b)   Bestimmen Sie entsprechend der Aufgaben 9.1 eine Stammfunktion mit absolutem Glied $(+c)$ und berechnen Sie c durch Einsetzen des Punktes in Ihren Ansatz.

c) - d)   Verwenden Sie den Hauptsatz der Differential- und Integralrechnung: $\int_a^b f(x)dx = F(b) - F(a)$, wobei F eine Stammfunktion von f ist.

10 Extremwertaufgaben / Wachstumsprozesse

10.1 Extremwertaufgaben

Allgemein können Sie beim Lösen von Extremwertaufgaben nach folgendem Schema vorgehen:

1. Schreiben Sie die Größe auf, die minimiert oder maximiert werden soll. Das kann z.B. $A = r \cdot h$ für eine Fläche in Abhängigkeit von r und h sein. In diesem Ausdruck dürfen verschiedene Variablen vorkommen.

2. Formulieren Sie die Nebenbedingungen. Im Beispiel von oben könnte dies z.B. $r + h = 100$ sein, wenn in der Aufgabe formuliert ist, dass r und h zusammen 100 ergeben müssen.

3. Lösen Sie nach einer Nebenbedingung auf, z.B. $r = 100 - h$, und setzen Sie diese in den Ausdruck von 1. ein. Dadurch ergibt sich, von welcher Variablen die sogenannte «Zielfunktion» abhängig ist. Löst man die Nebenbedingung nach r auf und setzt sie in die Gleichung unter 1. ein, ergibt sich im Beispiel: $A(h) = (100 - h) \cdot h$.

4. Nun können die Extremstellen der Zielfunktion der Fläche in Abhängigkeit von h durch Ableiten und Nullsetzen der Ableitung untersucht werden. Handelt es sich um ein lokales Minimum, muss man noch die Randwerte überpüfen, d.h. man setzt den kleinst- und größtmöglichen x-Wert in die Zielfunktion ein und vergleicht mit den Werten der Extremstelle.

Zu den Aufgaben:

a) Die gesuchte Größe ist die Fläche. Legen Sie die Nebenbedingung fest (Länge des Drahtes), lösen Sie nach einer Variablen auf und stellen Sie so die Zielfunktion auf. Diese wird nun abgeleitet und zur Extremwertbestimmung gleich Null gesetzt.

b) Die gesuchte Größe ist die Fläche. Die Nebenbediungung ist ähnlich wie in Aufgabe a), nur dass von der Gesamtlänge der 4 Seiten des Spielplatzes noch 2 m abgezogen werden müssen. Anschließend wird die Zielfunktion aufgestellt und das Maximum bestimmt.

c) Die gesuchte Größe ist die Fläche. Für die Seiten des Rechtecks ist es hilfreich, wenn man die senkrechte Seite als y wählt und die waagerechte Seite als $2x$. Dann ist der Radius $r = x$. Die Nebenbedingung ist der festgelegte Umfang (Kreisfläche: $A_K = \pi \cdot r^2$, Kreisumfang: $U_K = 2 \cdot \pi \cdot r$). Lösen Sie die Nebenbedingung nach einer Variablen auf, setzen Sie diese in die Zielfunktion für die Fläche ein und bestimmen Sie das Maximum.

d) Die gesuchte Größe ist die Fläche. Zum Aufstellen der Nebenbedingung hilft die Überlegung, dass die beiden Halbkreise zusammen einen ganzen Kreis ergeben (Kreisfläche: $A_K = \pi \cdot r^2$, Kreisumfang: $U_K = 2 \cdot \pi \cdot r$). Stellen Sie die Zielfunktion für die Fläche auf, setzen die Nebenbedingung ein und bestimmen Sie das Maximum. Bei I) bezieht sich die Zielfunktion nur auf das Rechteck, bei II) auf den gesamten Sportplatz!

e)   I) Die gesuchte Größe ist der Umfang des Rechtecks. Die Grundseite des Rechtecks wird als $2x$ gewählt. Nebenbedingung: Für die Höhe h gilt $h = f(x)$. Stellen Sie die Zielfunktion für den Umfang auf, setzen Sie die Nebenbedingung ein und bestimmen Sie das Maximum.

    II) Die gesuchte Größe ist die Fläche des Rechtecks. Die Grundseite des Rechtecks wird als $2x$ gewählt. Nebenbedingung: Für die Höhe h gilt $h = f(x)$. Stellen Sie die Zielfunktion für die Fläche auf, setzen Sie die Nebenbedingung ein und bestimmen Sie das Maximum.

f) Die gesuchte Größe ist die Fläche des Rechtecks. Die Grundseite des Rechtecks wird als $2x$ gewählt. Nebenbedingung: Zwei Ecken des Rechtecks müssen immer auf dem Kreis liegen. Damit gilt für die Grundseite g und die Höhe h des Rechtecks mit dem Satz des Pythagoras folgende Beziehung: $x^2 + h^2 = 1$. Lösen Sie nach h auf und setzen Sie in die Zielfunktion der Fläche ein. Um das Maximum bestimmen zu können, ist es geschickt, die Zielfunktion zu quadrieren, so lässt sich die Ableitung leichter bilden und gleich Null setzen.

g) Die gesuchte Größe ist der Flächeninhalt des Dreiecks OPQ. Nach dem Ableiten stellt man die Gleichung der Normalen auf. Für die Normalensteigung gilt $m_n = -\frac{1}{m_t}$. Diese wird mit der Kurve K geschnitten, um den Schnittpunkt Q zu bestimmen. Anschließend wird eine Flächenfunktion aufgestellt, wobei die Strecke $\overline{OQ}$ die Grundseite des Dreiecks bildet und $|f(u)|$ die Höhe. Die Flächenfunktion wird abgeleitet und der Extremwert bestimmt.

10.2 Wachstumsprozesse

a) Bestimmen Sie zuerst den Startwert B_0. Anschließend setzt man diesen und den Funktionswert für $t = 2$ in die Funktion ein und bestimmt so k. Für den Zeitpunkt, an dem von der Ausgangspopulation nur noch 10% übrig sind, ist die Populationsgröße $\frac{1}{10} \cdot B_0$. Diesen Wert setzt man in die Funktion ein und löst dann nach t_E auf.

b)   I) Bestimmen Sie die Gleichung der Asymptote, indem Sie das Verhalten der Funktion für $t \to \infty$ betrachten. Welcher Term fällt weg?

  II) Die Kurve gibt die jeweilige Temperatur der Probe an. Wie muss die Steigung der Kurve aussehen, wenn sich die Temperatur schnell ändert?

  III) Durchschnittliche Werte kann man mit Hilfe des Integrals errechnen. Überlegen Sie, wie Sie den Durchschnitt von den 10 Temperaturwerten jeder Minute bilden würden. Anstatt der Summe benutzt man bei Funktionen das Integral.

11 Transferaufgaben Analysis

11.1 Ganzrationale Funktion – Swimmingpool

Wenn Wasser weder zu- noch abläuft, müssen Sie die Zulaufrate Null setzen.

Die Zeitpunkte maximalen Zu- bzw. Abflusses erhalten Sie durch Berechnung der Hoch- bzw. Tiefpunkte des Schaubilds der Zulaufratenfunktion und Betrachtung der Werte am jeweiligen Intervallrand.

Den Wasserstand nach 3 Stunden erhalten Sie, indem Sie eine Funktion $w(t)$ aufstellen, die die Wassermenge zum Zeitpunkt t angibt. Diese erhalten Sie als Stammfunktion von f unter Berücksichtigung der Anfangsbedingung (Wassermenge zu Beginn). Alternativ können Sie auch die Wassermenge, die zu Beginn im Pool ist, bestimmen und die zugeflossene Wassermenge durch Integration berechnen und dazu addieren.

Die Höhe des Wasserstands am Ende des gesamten Vorgangs erhalten Sie, indem Sie die vorhandene Wassermenge durch die Grundfläche des Pools teilen.

Die maximale Wassermenge kann sich jeweils nur am Ende einer Zuflussphase im Pool befinden. Überlegen Sie, wie sich die Wassermenge über das angegebene Zeitintervall hinaus entwickeln würde.

11.2 Ganzrationale Funktion – Mountainbike

a) Überlegen Sie jeweils die notwendige und die hinreichende Bedingung für Hoch-, Tief- und Wendepunkte des Schaubilds einer Funktion g. Was muss bei der 1. Ableitung jeweils gelten?

b)   I) Verwenden Sie für die variablen Kosten V den Ansatz $V(x) = ax^2 + bx + c$, setzen Sie die gegebenen Daten ein und lösen Sie das entstandene Gleichungssystem.
Die Herstellungskosten setzen sich aus den Fixkosten und den variablen Kosten zusammen.
Setzen Sie $V(x) = 5 \cdot 5000$ und lösen Sie die Gleichung.

  II) Berechnen Sie den Verkaufserlös und ermitteln Sie den Gewinn durch Subtraktion der Herstellungskosten vom Erlös.
Bestimmen Sie die Nullstellen der Gewinnfunktion und überlegen Sie, für welche x-Werte die Gewinnfunktion positiv ist.
Den maximalen Gewinn erhalten Sie mit Hilfe der 1. Ableitung der Gewinnfunktion.

  III) Berechnen Sie die Herstellungskosten für 90 Mountainbikes und den Erlös für diese in Abhängigkeit vom neuen Preis p; da der Gewinn mindestens 2000 Euro betragen soll, ist eine Ungleichung aufzustellen und nach p aufzulösen.
Bestimmen Sie die Differenz vom neuen Preis p zum ursprünglichen Preis sowie die prozentuale Abweichung.

11.3 Gebrochenrationale Funktion – Laptop

Erstellen Sie mit dem GTR eine Wertetabelle und skizzieren Sie K.

Mit Hilfe von $H'(x)$ können Sie das fortwährende Sinken nachweisen.

Die langfristigen Kosten ermitteln Sie durch $x \to \infty$.

Die Durchschnittskosten erhalten Sie durch die Berechnung von Integralen (GTR), dabei gilt für den Mittelwert von Integralen $\overline{m} = \frac{1}{b-a} \int_a^b f(x)dx$.

Wenn Sie die Kurve mit einer Geraden schneiden, erhalten Sie die Gleichheit von Herstellungskosten und Verkaufspreis.

Überlegen Sie, wie sich der Gewinn zusammensetzt.

11.4 Exponentialfunktion – Bakterien

a) Den Schnittpunkt mit der y-Achse erhalten Sie durch Einsetzen von $x = 0$ in $f(x)$, mögliche Schnittpunkte mit der x-Achse durch Lösen der Gleichung $f(x) = 0$.
Extrempunkte erhalten Sie mit Hilfe der 1. Ableitung, Wendepunkte mit Hilfe der 2. Ableitung. Die Asymptote erhalten Sie durch $x \to \pm\infty$.

b) Um zu zeigen, dass eine Funktion F eine Stammfunktion ist, müssen Sie diese einmal ableiten und mit f vergleichen.
Die Fläche erhalten Sie durch Integration unter Verwendung der gegebenen Stammfunktion und der rechten Grenze $x = z$. Betrachten Sie anschließend $z \to \infty$.
Auch die Teilfläche berechnen Sie mit Hilfe des Integrals.

c) Bestimmen Sie die Koordinaten von P und Q und stellen Sie eine Funktion für die Länge der Strecke PQ in Abhängigkeit von u auf. Anschließend berechnen Sie das Maximum (Hochpunkt) dieser Funktion.

d) Verwenden Sie den Ansatz $B(t) = a \cdot e^{kt}$ und bestimmen Sie a und k mit Hilfe der gegebenen Daten; berechnen Sie hierzu zuerst die Bakterienanzahl nach einer Stunde.
Die Bakterienanzahl nach 6 Stunden erhalten Sie durch Einsetzen von $t = 6$ in $B(t)$.
Berechnen Sie die dreifache Anzahl wie zu Beginn und setzen Sie diese mit $B(t)$ gleich; lösen Sie die Gleichung nach t auf.
Setzen Sie das neue $B(t)$ mit 500 gleich und lösen Sie die Gleichung nach t auf.

11.5   Exponentialfunktion – Sonnenblume

a) Den Schnittpunkt mit der y-Achse erhalten Sie durch Einsetzen von $x = 0$ in $f_t(x)$, den Schnittpunkt mit der x-Achse durch Lösen der Gleichung $f_t(x) = 0$.
Extrempunkte berechnen Sie mit Hilfe der 1. Ableitung, Wendepunkte mit Hilfe der 2. Ableitung. Die Asymptote erhalten Sie durch $x \to \pm\infty$.

b) Die Gleichung der Ortskurve erhalten Sie durch Auflösen des x-Werts des Hochpunkts nach t und Einsetzen in den y-Wert des Hochpunkts.
Die Gleichung der Wendetangente bestimmen Sie mit Hilfe der Punkt-Steigungs-Form:
$y - y_1 = m \cdot (x - x_1)$. Verwenden Sie als Punkt $(x_1 \mid y_1)$ den Wendepunkt, die Steigung m erhalten Sie durch Einsetzen des x-Werts des Wendepunkts in die 1. Ableitung.
Schneiden Sie die Wendetangente mit der x-Achse ($y = 0$), so ergibt sich A_t.
Überlegen Sie, welche Koordinaten B_t hat (wurden schon berechnet) und wie man die Länge der Strecke $A_t B_t$ berechnen kann.

c) Bestimmen Sie die Höhe zu Beginn der Beobachtung und nach 5 Wochen und stellen Sie mit $h_1(t)$ eine Gleichung auf, um k zu berechnen.
Die Höhe nach 8 Wochen erhalten Sie durch Einsetzen von $t = 8$ in $h_1(t)$.
Stellen Sie aus den gegebenen Daten zwei Gleichungen auf und bestimmen Sie a und b sowie den Grenzwert für $t \to \infty$.
Überlegen Sie, weshalb das eine Modell die Realität besser beschreibt, indem Sie vergleichen, wie die Modelle das Wachstum über einen längeren Zeitraum beschreiben.

11.6   Exponentialfunktion – Schimmelpilz

a) Überlegen Sie, durch welchen Punkt alle Schaubilder verlaufen, ob es Extrem- bzw. Wendepunkte gibt, ob Symmetrie und Asymptoten bzw. Schnittpunkte mit den Achsen vorliegen.
Bestimmen Sie mit $f_t''(x)$ den Wendepunkt W von K_t und daraus die Ortskurve, indem Sie t in Abhängigkeit von x berechnen und in den y-Wert von W einsetzen.
Überlegen Sie, welcher Zusammenhang zwischen dem x-Wert und dem y-Wert eines Punktes auf der 1. Winkelhalbierenden besteht bzw. welche Gleichung die 1. Winkelhalbierende hat.

  b) Überlegen Sie, wann ein Bruch positiv ist.

     Mit Hilfe des GTR berechnen Sie das Maximum.

     Durch Gleichsetzen und Lösen der Gleichung mit dem GTR erhalten Sie die gesuchten Zeitpunkte.

     Mit Hilfe der Integralrechnung erhalten Sie den Gesamtzuwachs, zu dem Sie die zu Beginn bedeckte Fläche hinzu rechnen müssen.

     Setzen Sie für t eine große Zahl ein (Zeichenbereich des GTR gegebenenfalls ändern!), berechnen Sie das Integral und schätzen Sie die langfristig bedeckte Fläche ab.

     Bestimmen Sie für $t = 0$ und $t = 3$ die Funktionswerte und legen Sie eine Gerade durch diese beiden Punkte (mit Hilfe des Ansatzes $g(t) = at + b$ erhalten Sie ein lineares Gleichungssystem).

     Durch Integration erhalten Sie wieder den Zuwachs sowie schließlich die bedeckte Fläche.

     Überlegen Sie, mit welcher Funktion man einfacher rechnen kann und welche Funktion die Realität besser beschreibt.

11.7   Exponentialfunktion – Tannensetzling

  a) Überlegen Sie, wo alle Schaubilder verlaufen, ob es Extrempunkte bzw. Wendepunkte gibt, ob Symmetrie und Asymptoten bzw. Schnittpunkte mit den Achsen vorliegen.

     Für die Achsensymetrie zu $x = a$ ist zu zeigen: $f(a - h) = f(a + h)$

  b) Bestimmen Sie mit dem GTR das Maximum von f.

     Berechnen Sie mit der Formel $\overline{m} = \frac{1}{b-a} \cdot \int_a^b f(t)\,dt$ das durchschnittliche Längenwachstum, da alle Längenzuwächse pro Jahr aufsummiert werden.

     Überlegen Sie, wie sich die Höhe zusammensetzt.

     Durch Ausprobieren mit dem GTR oder Lösen der Integralgleichung mit dem GTR erhalten Sie den Zeitpunkt, in welchem die Höhe 13 m beträgt.

     Schneiden Sie das Schaubild von f mit einer Geraden und berechnen Sie dann entsprechende Tannenhöhen durch Integration.

Geometrie

12 Rechnen mit Vektoren

12.1 Addition und Subtraktion von Vektoren

Für das Rechnen mit Vektoren gelten folgende Gesetze:

Addition: $\begin{pmatrix} a_x \\ a_y \\ a_z \end{pmatrix} + \begin{pmatrix} b_x \\ b_y \\ b_z \end{pmatrix} = \begin{pmatrix} a_x + b_x \\ a_y + b_y \\ a_z + b_z \end{pmatrix}$, Subtraktion: $\begin{pmatrix} a_x \\ a_y \\ a_z \end{pmatrix} - \begin{pmatrix} b_x \\ b_y \\ b_z \end{pmatrix} = \begin{pmatrix} a_x - b_x \\ a_y - b_y \\ a_z - b_z \end{pmatrix}$

Skalare Multiplikation: $s \cdot \begin{pmatrix} a_x \\ a_y \\ a_z \end{pmatrix} = \begin{pmatrix} s \cdot a_x \\ s \cdot a_y \\ s \cdot a_z \end{pmatrix}$ (Zahl · Vektor = Vektor) für $s \in \mathbb{R}$.

Skalarprodukt: $\begin{pmatrix} a_x \\ a_y \\ a_z \end{pmatrix} \cdot \begin{pmatrix} b_x \\ b_y \\ b_z \end{pmatrix} = a_x \cdot b_x + a_y \cdot b_y + a_z \cdot b_z$ (Vektor · Vektor = Zahl),

Betrag bzw. Länge: $\left| \begin{pmatrix} a_x \\ a_y \\ a_z \end{pmatrix} \right| = \sqrt{a_x^2 + a_y^2 + a_z^2}$.

12.2 Orthogonalität von Vektoren

Zwei Vektoren stehen genau dann senkrecht aufeinander, wenn das Skalarprodukt gleich Null ist. Ist das Skalarprodukt ungleich Null, dann sind die beiden Vektoren nicht orthogonal.

12.3 Auffinden von orthogonalen Vektoren

Es sind Vektoren zu suchen, deren Skalarprodukt mit $\vec{n}$ Null ergibt.

12.4 Orts- und Verbindungsvektoren

Ortsvektoren setzen am Ursprung $(0 \mid 0 \mid 0)$ an. Verbindungsvektoren zwischen zwei Punkten erhält man mit Hilfe der Ortsvektoren.

12.5 Verschiedene Aufgaben

a) Stellen Sie drei Verbindungsvektoren zwischen je zwei Punkten auf und berechnen Sie deren Länge.

b) Die Orthogonalität lässt sich mit dem Skalarprodukt überprüfen.

c) Tragen Sie in Ihre Skizze die gegebenen und gesuchten Punkte sowie den Ursprung O ein. Bestimmen Sie mit Hilfe einer Vektorkette den Ortsvektor des gesuchten Punktes. Geben Sie die Koordinaten des gesuchten Punktes an.

d) Den Schwerpunkt S eines Dreiecks ABC erhalten Sie mit der Formel $\vec{s} = \frac{1}{3} \cdot \left(\vec{a} + \vec{b} + \vec{c} \right)$.

e) Tragen Sie in Ihre Skizze die gegebenen und gesuchten Punkte sowie den Ursprung O ein. Achten Sie dabei auf die Reihenfolge der Punkte (*gegen* den Uhrzeigersinn). Bestimmen Sie mit Hilfe einer Vektorkette den Ortsvektor des gesuchten Punktes. Geben Sie die Koordinaten des gesuchten Punktes an.

f) Da je vier Kanten parallel sind, gilt:
$\overrightarrow{BF} = \overrightarrow{CG} = \overrightarrow{DH} = \overrightarrow{AE}$, $\overrightarrow{BC} = \overrightarrow{AD} = \overrightarrow{FG} = \overrightarrow{EH}$ und $\overrightarrow{AB} = \overrightarrow{EF} = \overrightarrow{DC} = \overrightarrow{HG}$.
Bestimmen Sie mit Hilfe einer Vektorkette den Ortsvektor des gesuchten Punktes. Geben Sie die Koordinaten des gesuchten Punktes an.

g) Tragen Sie in ihre Skizze die gegebenen und gesuchten Punkte sowie den Ursprung O ein. Bestimmen Sie mit Hilfe einer Vektorkette den Ortsvektor des gesuchten Punktes. Geben Sie die Koordinaten des gesuchten Punktes an. Die Länge einer Kante ist die Länge des Verbindungsvektors der beiden Eckpunkte.

12.6   Lineare Abhängigkeit / Unabhängigkeit

a) Wenn zwei Vektoren linear abhängig sind, dann ist der eine Vektor ein Vielfaches des anderen, d.h. sie müssen eine Zahl k finden, so dass gilt: $k \cdot \vec{a} = \vec{b}$; $k \in \mathbb{R}$.

b) Wenn drei Vektoren linear unabhängig sind, so hat der Nullvektor $\vec{0}$ eine eindeutige Darstellung als Linearkombination der drei Vektoren: Wählen Sie als Ansatz $r \cdot \vec{a} + s \cdot \vec{b} + t \cdot \vec{c} = \vec{0}$ und berechnen Sie r, s und t aus dem entstandenen Gleichungssystem. Ist die einzige Lösung $r = s = t = 0$, so sind $\vec{a}$, $\vec{b}$ und $\vec{c}$ linear unabhängig.

13   Geraden

13.1   Aufstellen von Geradengleichungen

Verwenden Sie den Ortsvektor des einen Punktes als Stützvektor. Bilden Sie den Richtungsvektor, indem Sie den Verbindungsvektor zwischen den beiden Punkten aufstellen.

13.2   Punktprobe

Setzen Sie den Ortsvektor des Punktes in die Geradengleichung ein und prüfen Sie, ob sich für alle drei Komponenten der gleiche Parameter ergibt.

13.3   Projektion von Geraden

Die Projektionsgerade muss in der jeweiligen Ebene liegen. Also muss die Komponente der Geraden, die nicht in dieser Ebene liegt, gleich Null sein. Überlegen Sie dazu, welche Gleichung die jeweilige Koordinatenebene hat.

13.4 Parallele Geraden

Überlegen Sie, wie die Richtungsvektoren der drei Geraden zueinander liegen müssen, damit die Geraden parallel sind. Die Geraden sollen echt parallel sein und nicht identisch. Wie kann man dies mit Hilfe der Eigenschaften der Stützvektoren ausschließen?

13.5 Gegenseitige Lage von Geraden

Für die gegenseitige Lage von zwei Geraden gibt es vier Möglichkeiten: Die Geraden können sich schneiden, parallel, identisch oder windschief sein.

Zur Bestimmung der gegenseitigen Lage prüft man zuerst die Richtungsvektoren auf lineare Abhängigkeit bzw. Unabhängigkeit:

1. Sind die Richtungsvektoren ein Vielfaches voneinander (linear abhängig), können die Geraden parallel oder identisch sein.
   Sie sind identisch, wenn ein Punkt der einen Geraden auf der anderen Geraden liegt (positive Punktprobe), sonst sind sie parallel (negative Punktprobe).

2. Sind die Richtungsvektoren kein Vielfaches voneinander (linear unabhängig), können die Geraden sich schneiden oder windschief sein.
   Durch Gleichsetzen erhält man den Schnittpunkt oder einen Widerspruch, welcher angibt, dass die Geraden windschief sind.

13.6 Parallele Geraden mit Parameter

Damit die Geraden parallel sind, müssen die Richtungsvektoren $\vec{r}$ und $\vec{v}$ linear abhängig sein. Der Parameter t muss also so bestimmt werden, dass $\vec{r}_t = s \cdot \vec{v}$ mit s, $t \in \mathbb{R}$ gilt. Dazu prüft man, ob der eine Vektor ein Vielfaches des anderen ist.

13.7 Allgemeines Verständnis von Geraden

Legen Sie eine Skizze an, um zu veranschaulichen, welche Beziehung für die Stütz- und Richtungsvektoren gelten muss. Überlegen Sie, welche Beziehung die Richtungsvektoren haben.

14 Ebenen

14.1 Koordinatengleichung einer Ebene

Um eine Ebenengleichung aufzustellen, braucht man in der Regel entweder einen Punkt, der in der Ebene liegt, und zwei Spannvektoren oder einen Punkt A, der in der Ebene liegt, und einen Normalenvektor $\vec{n}$, welche man dann in die Punkt-Normalenform $(\vec{x} - \vec{a}) \cdot \vec{n} = 0$ einsetzt.

Ein Normalenvektor $\vec{n}$ errechnet sich mit Hilfe des Kreuzprodukts aus den beiden Spannvektoren:

$$\vec{n} = \left(\vec{a} \times \vec{b} \right) = \begin{pmatrix} a_y b_z & - & a_z b_y \\ a_z b_x & - & a_x b_z \\ a_x b_y & - & a_y b_x \end{pmatrix}$$

Zur Koordinatengleichung kommt man durch Ausmultiplizieren der Punkt-Normalenform.

a) - b)   Wählen Sie einen der 3 Punkte als «Stützpunkt» und bestimmen Sie die Spannvektoren als Verbindungsvektoren zwischen dem ersten Punkt und den beiden anderen Punkten. Anschließend bestimmt man einen Normalenvektor wie oben beschrieben und rechnet über die Punkt-Normalenform die Koordinatenform aus.

c) - d)   Als Stützvektor bietet sich der Stützvektor der Geraden an. Als 1. Spannvektor benutzt man den Richtungsvektor der Geraden, als 2. Spannvektor nimmt man den Verbindungsvektor zwischen dem Punkt außerhalb der Geraden und dem «Stützpunkt» der Geraden.

e) - f)   Bestimmen Sie zuerst den Stützvektor der Ebene. Bestimmen Sie dazu den Schnittpunkt der beiden Geraden. Der Ortsvektor des Schnittpunktes dient als Stützvektor, die beiden Richtungsvektoren der Geraden werden als Spannvektoren der Ebene genommen.
Untersuchen Sie die beiden Geradengleichungen, um zu prüfen, ob man den Schnittpunkt direkt ablesen kann.

g) - h)   Wie e) - f), der Schnittpunkt wird durch Gleichsetzen der beiden Geradengleichungen ermittelt (wichtig: Wenn man s und t mit Hilfe von zwei Gleichungen bestimmt hat, muss man s und t in der 3. Gleichung überprüfen).

i) - j)   Wenn das Gleichungssystem zu einem Widerspruch wie z.B. $3 = 0$ führt, besitzt es keine Lösung. Die Geraden schneiden sich dann nicht. Untersuchen Sie die beiden Richtungsvektoren. Sind diese linear abhängig, dann sind die Geraden parallel.

k) - l)   Wenn das Gleichungssystem zu einem Widerspruch wie z.B. $3 = 0$ führt, besitzt es keine Lösung. Die Geraden schneiden sich dann nicht. Untersuchen Sie die beiden Richtungsvektoren. Sind diese *nicht* linear abhängig, dann sind die Geraden windschief.

m)   Um die Ebenengleichung aufzustellen, brauchen Sie einen Punkt der Ebene und einen Normalenvektor. Die Spiegelebene befindet sich genau in der Mitte zwischen A und A*. Anhand einer Skizze kann man sich gut klarmachen, wie der Normalenvektor aussehen muss.

n)   Wenn die Ebene E die Gerade g enthält, dann sind der Normalenvektor von E und der Richtungsvektor von g orthogonal. Damit ist das Skalarprodukt dieser beiden gleich Null. Gleiches gilt für den Normalenvektor von E und den Normalenvektor der bekannten Ebene F. Wenn man die beiden Skalarprodukte ausrechnet, erhält man zwei Gleichungen mit den 3 Unbekannten n_x, n_y und n_z. Eine Unbekannte wird gesetzt, die anderen ausgerechnet. Auf diese Weise erhält man $\vec{n}$. Zum Schluss setzt man noch $\vec{n}$ und den «Stützpunkt» der Geraden in die Punkt-Normalenform ein und rechnet diese aus.

o)   Drei der gegebenen Punkte benutzt man, um eine Ebene aufzustellen. Mit dem letzten macht man eine Punktprobe.

14.2 Ebenen im Koordinatensystem

Zuerst bestimmt man die Spurpunkte, dies sind die Schnittpunkte der Ebene mit den Koordinatenachsen. Überlegen Sie, welchen Wert die y- und die z-Koordinate für einen Schnittpunkt der Ebene mit der x-Achse besitzen. Man setzt ein und formt nach x um. Ebenso verfährt man für die anderen Spurpunkte.

14.3 Bestimmen von Geraden und Ebenen in einem Quader

a) Der Punkt O des Quaders liegt im Ursprung des Koordinatensystems. Bestimmen Sie die übrigen Punkte, indem Sie die Ortsvektoren addieren.

b) Die Gleichung kann wie im vorherigen Kapitel rechnerisch bestimmt werden, oder durch Überlegung und Ablesen an der Zeichnung.

c) Um eine Geradengleichung aufzustellen, braucht man einen Stützvektor und einen Richtungsvektor.

d) Wählen Sie drei der angegebenen Punkte und stellen Sie die Ebenengleichung wie im vorangegangenen Kapitel auf.

14.4 Bestimmen von Geraden und Ebenen in einer Pyramide

a) Der Punkt P ist bekannt. Bestimmen Sie die Koordinaten der restlichen Punkte durch Symmetrieüberlegungen: Für den Punkt Q sind die x- und die z-Koordinate die gleichen wie für P, doch ist die y-Koordinate anders. Aus der Lage des Grundflächenmittelpunktes im Koordinatenursprung ergibt sich die y-Koordinate von Q.

b) Um eine Geradengleichung aufzustellen, braucht man einen Stützvektor und einen Richtungsvektor.

c) Benutzen Sie die drei angegebenen Punkte und stellen Sie die Ebenengleichung wie im vorangegangenen Kapitel auf.

15 Gegenseitige Lage von Geraden und Ebenen

15.1 Gegenseitige Lage

Eine Gerade und eine Ebene können auf drei verschiedene Arten zueinander liegen: g schneidet E, g ist parallel zu E oder g liegt in E.

Liegt die Ebene in Koordinatenform vor, wird die Gerade als «allgemeiner Punkt» geschrieben und in die Ebenengleichung eingesetzt. Anschließend wird der Parameter der Geraden bestimmt und gegebenenfalls in die Geradengleichung eingesetzt, um den Schnittpunkt zu bestimmen.

Beim Lösen des Gleichungssystems bzw. der Gleichung können drei Fälle auftreten:

1. Es gibt eine eindeutige Lösung: Die Gerade schneidet die Ebene.

2. Es tritt ein Widerspruch auf (wie z.B. $3 = 0$): Die Gerade ist parallel zur Ebene.

3. Das Gleichungssystem bzw. die Gleichung hat unendlich viele Lösungen (beim Lösen ergibt sich z.B. $3 = 3$ oder $0 = 0$): Die Gerade liegt in der Ebene.

15.2 Gerade und Ebene parallel

Überlegen Sie, wie der Richtungsvektor der Geraden und der Normalenvektor der Ebene zueinander stehen müssen, damit die Gerade parallel zur Ebene liegt. Nehmen Sie das Skalarprodukt zu Hilfe. Wie kann man anschließend prüfen, ob die Gerade und die Ebene echt parallel sind oder ob g in E liegt?

15.3 Allgemeines Verständnis von Geraden und Ebenen

Veranschaulichen Sie sich die Beziehungen am besten mit Hilfe einer Skizze.

15.4 Vermischte Aufgaben

a) Wenn $g \parallel$ E so gilt: $\vec{r_g} \cdot \vec{n} = 0$. Für den Richtungsvektor $\vec{r_g}$ der Geraden gibt es unendlich viele Möglichkeiten.

b) Da $g \perp$ E, so gilt: $\vec{r_g} = k \cdot \vec{n}$; $k \in \mathbb{R}$, d.h. der Richtungsvektor $\vec{r_g}$ ist linear abhängig zum Normalenvektor zu wählen.

c) Bestimmen Sie einen Punkt und einen Normalenvektor der Ebene mit Länge 1 LE. Mit diesen legen Sie einen weiteren Punkt außerhalb der Ebene mit Abstand 3 LE fest. Der Richtungsvektor $\vec{r_g}$ der Geraden muss so gewählt werden, dass $\vec{r_g} \cdot \vec{n} = 0$. Hierfür gibt es unendlich viele Möglichkeiten.

d) Bestimmen Sie einen Punkt der Geraden und einen zum Richtungsvektor $\vec{r_g}$ orthogonalen Vektor $\vec{n_0}$ mit Länge 1 LE. Mit diesen legen Sie einen Punkt außerhalb der Geraden mit Abstand 5 LE fest. Die gesuchte Ebene geht durch den Punkt außerhalb der Geraden und hat den Normalenvektor $\vec{n_0}$ bzw. $\vec{n}$.

16 Gegenseitige Lage zweier Ebenen

Zwei Ebenen können auf drei verschiedene Arten zueinander liegen: Die beiden Ebenen schneiden sich, sie liegen parallel zueinander oder sie sind identisch.

Auch hier gibt es verschiedene Lösungswege, abhängig davon, welche Art von Ebenengleichung vorliegt. Da der Weg über die Koordinatengleichung gut nachvollziehbar ist, werden die Aufgaben auf diese Weise gelöst.

Die beiden Ebenengleichungen bilden ein lineares Gleichungssystem mit zwei Gleichungen und drei Variablen.

Beim Lösen des Gleichungssystems bzw. der Gleichung können drei Fälle auftreten:

1. Es gibt eine Lösung, wenn man eine Variable als t einsetzt und nach den anderen Variablen auflöst: Die Ebenen schneiden sich in einer Schnittgerade.

2. Es tritt ein Widerspruch auf (wie z.B. $3 = 0$): Die beiden Ebenen sind parallel.

3. Die eine Gleichung ist ein Vielfaches der anderen Gleichung: Die beiden Ebenen sind identisch.

16.1 Schnitt von zwei Ebenen

Bestimmen Sie die Schnittgerade. Bei Aufgabe c) lässt sich y direkt ablesen.

16.2 Parallele Ebenen

Beim Bestimmen von t muss man überlegen, wie die beiden Normalenvektoren zueinander stehen müssen, damit die Ebenen parallel sind.

16.3 Verschiedene Aufgaben zur Lage zweier Ebenen

Überlegen Sie anhand einer Skizze, wie die beiden Normalenvektoren zueinander stehen müssen, wenn die Ebenen senkrecht aufeinander stehen. Nehmen Sie das Skalarprodukt zu Hilfe.

17 Abstandsberechnungen

17.1 Abstand Punkt – Ebene

Bei einer Abstandsberechnung rechnet man immer die Länge eines Lots von einem Punkt auf die Ebene aus. Man benutzt in der Regel die Hessesche Normalenform der Ebenengleichung (HNF), in die der Punkt eingesetzt wird. Für den Punkt $P(p_x \mid p_y \mid p_z)$ und die Ebene
$E: n_x x + n_y y + n_z z = b$ mit dem Normalenvektor $\vec{n}$ gilt:

$$d = \frac{\left| n_x p_x + n_y p_y + n_z p_z - b \right|}{\sqrt{n_x^2 + n_y^2 + n_z^2}},$$

wobei d der Abstand des Punktes zur Ebene ist.

17.2 Abstand Punkt - Gerade

Den Abstand eines Punktes P von einer Geraden g bestimmt man in drei Schritten:

1. Zuerst stellt man eine Hilfsebene E_H auf. Diese Hilfsebene enthält den Punkt P und ist orthogonal zu g, d.h. der Richtungsvektor von g dient als Normalenvektor der Ebene.

2. Die Hilfsebene wird mit g geschnitten, dies ergibt den Schnittpunkt L.

3. Der Verbindungsvektor $\overrightarrow{LP}$ wird aufgestellt, sein Betrag (= seine Länge) ist der gesuchte Abstand.

17.3 Abstand paralleler Geraden

Zuerst muss bewiesen werden, dass die beiden Geraden echt parallel sind. Dies geschieht mit Hilfe der Richtungsvektoren und einer Punktprobe. Anschließend berechnet man den Abstand eines Punktes der Geraden h zur Geraden g wie in den vorangehenden Aufgaben.

17.4 Abstand windschiefer Geraden

a) - b) Um den Abstand von zwei windschiefen Geraden $g : \vec{x} = \vec{a} + s \cdot \vec{r}$ und $h : \vec{x} = \vec{b} + t \cdot \vec{v}$ zu berechnen, benötigt man einen Vektor $\vec{n}$, der auf den beiden Richtungsvektoren senkrecht steht. Für den Abstand d gilt dann:

$$d\,(g;h) = \frac{\left| \left(\vec{a} - \vec{b} \right) \cdot \vec{n} \right|}{|\vec{n}|}.$$

Den Vektor $\vec{n}$ bestimmt man mit Hilfe des Kreuzproduktes: $\vec{n} = \vec{r} \times \vec{v}$.

c) Der Verbindungsvektor der beiden Punkte G bzw. H auf g bzw. h, welche den kleinsten Abstand voneinander haben, steht jeweils senkrecht auf den Richtungsvektoren $\vec{r_g}$ bzw. $\vec{r_h}$ der Geraden. Benutzen Sie das Skalarprodukt.

17.5 Verschiedene Aufgaben

a) Schreiben Sie die Gerade als «allgemeinen Punkt» A. Wenn dieser von P und Q gleich weit entfernt sein soll, muss gelten: $\left| \overrightarrow{PA} \right| = \left| \overrightarrow{QA} \right|$. Man setzt ein, löst nach t auf und setzt in die Geradengleichung ein.

b) Siehe a)

c) Auch bei dieser Aufgabe wird die Gerade als «allgemeiner Punkt» geschrieben. Es gilt: $\left| \overrightarrow{AP} \right| = 3$. Setzen Sie ein und lösen Sie nach t auf.

d) Stellen Sie zuerst die Gleichung der Ebene durch ABC auf und berechnen Sie den Abstand des Punktes S mit Hilfe der Abstandsformel.

e) Setzen Sie in die Abstandsformel den Punkt, die Ebene und den Abstand ein. Anschließend wird nach b aufgelöst. Dabei muss eine Fallunterscheidung gemacht werden, wenn man die Betragsgleichung lösen will. Es ergeben sich zwei Werte für b.

f) Schreiben Sie die Gerade als «allgemeinen Punkt». Anschließend wird dieser, der Abstand und die Ebene in die Abstandsformel eingesetzt und nach dem Parameter s der Geraden aufgelöst. Dabei muss eine Fallunterscheidung gemacht werden. Die Lösungen s_1 und s_2 werden zum Schluss in die Geradengleichung eingesetzt.

g) Siehe Aufgabe f)

h) Siehe Aufgabe f)

i) Zuerst ist zu zeigen, dass die Gerade parallel zur Ebene ist. Dazu benötigt man das Skalarprodukt. Anschließend setzt man einen Punkt der Geraden und die Ebene in die Abstandsformel ein und berechnet den Abstand.

j) Zuerst ist zu zeigen, dass die beiden Ebenen parallel sind. Anschließend bestimmt man einen Punkt in einer der Ebenen und setzt diesen und die andere Ebene in die Abstandsformel ein und berechnet den Abstand.

18 Winkelberechnungen

18.1 Winkel zwischen Vektoren und Geraden

a) Überlegen Sie, zwischen welchen Vektoren man den Winkel berechnet (Orts- oder Verbindungsvektoren). Wenn zwei Kosinuswerte gleich sind, was gilt dann für die entsprechenden Winkel? Machen Sie sich eine Skizze.

b) Auf welche Vektoren kommt es bei der Winkelberechnung zwischen zwei Geraden an?

18.2 Winkel zwischen Ebenen

Überlegen Sie, mit Hilfe welcher Vektoren man den Winkel zwischen den beiden Ebenen bestimmen könnte.

18.3 Winkel zwischen Gerade und Ebene

Welche Vektoren der Geraden und der Ebene kommen für die Winkelbestimmung in Betracht? Machen Sie eine Skizze. Wird in diesem Fall der Kosinus oder der Sinus des Winkels berechnet?

19 Spiegelungen

19.1 Punkt an Punkt

Machen Sie eine Skizze. Überlegen Sie, welche Vektoren man aneinanderhängen muss, um von P zum Spiegelpunkt P* zu gelangen, wenn Q in der Mitte liegen soll.

19.2 Punkt an Ebene

Machen Sie eine Skizze. Der Punkt A wird an dem Punkt der Ebene, der A am nächsten ist, gespiegelt. Um diesen Punkt zu bestimmen, braucht man eine Hilfsgerade durch A, die senkrecht auf der Ebene steht.

19.3 Punkt an Gerade

Machen Sie auch hier eine Skizze. Der Punkt P wird an dem Punkt der Gerade gespiegelt, der den kleinsten Abstand zu P besitzt. Um diesen zu bestimmen, braucht man eine Hilfsebene. Diese geht durch P und steht senkrecht zur Geraden.

19.4 Allgemeine Spiegelungen

a) Machen Sie eine Skizze. Um die neue Gerade aufzustellen, braucht man einen Stützvektor und einen Richtungsvektor. Überlegen Sie, wie der Richtungsvektor im Fall I) aussieht, wenn die neue Gerade parallel zur alten Geraden sein soll. Wie erhält man den neuen «Stützpunkt»? Im Fall II) schneidet die Gerade die Ebene E. Den Schnittpunkt von g mit E haben Gerade und Spiegelgerade gemeinsam. Nun braucht man noch einen zweiten Punkt, um den Richtungsvektor aufzustellen. Dazu muss man einen Punkt der Geraden an der Ebene spiegeln. Welcher Punkt bietet sich dazu an?

b) Machen Sie eine Skizze. Es gibt zwei verschiedene Fälle: Entweder beide Ebenen sind parallel, dann muss man nur einen Punkt von E_1 an E_2 spiegeln. Sind die Ebenen nicht parallel, so wird zuerst die Schnittgerade bestimmt. Überlegen Sie, wann die Normalenvektoren die gleichen bleiben und wann nicht.

20 Transferaufgaben Geometrie

20.1 Turm

a) Aus der Skizze können Sie sehen, dass die horizontalen Kanten AB, DC, EF und HG parallel zur x-Achse und die horizontalen Kanten DA, CB, HE und GF parallel zur x-Achse liegen.
Als vertikale Kanten bleiben AE, BF, CG und DH übrig.
Die Spitze S liegt 6 m über dem Mittelpunkt des Quadrates EFGH.
Für die Berechnungen des Neigungswinkels können Sie entweder den Winkel zwischen zwei Ebenen berechnen oder einfacher die Pyramide in der Spitze parallel zur yz-Ebene durchschneiden und mit einer geeigneten Skizze den Winkel trigonometrisch berechnen.
Für die Berechnung der Dachfläche sind die Dreiecksflächen zu berechnen, die Dreieckshöhe ist aber nicht die Pyramidenhöhe, sondern ergibt sich mit Hilfe des Satzes des Pythagoras.

b) Bestimmen Sie zuerst die Koordinaten der Spitze des Mastes und überlegen Sie, wo der Schatten der Spitze auf der Wand liegt. Um die Schattenlänge zu erhalten, müssen Sie noch überlegen, in welchem Punkt der Schatten vom Boden auf die Wand übergeht.

c) Überlegen Sie, wie man den Standort des Kindes erhalten könnte: Entweder Sie schneiden eine Gerade mit einer Ebene oder Sie schneiden zwei Geraden miteinander. Zum Schluss die Entfernung zur Kante nicht vergessen!

20.2 Geradenschar

a) C_0 bedeutet, dass $t = 0$ in C_t eingesetzt wird.
Um die Gleichung der Geraden zu erhalten, setzen Sie zwei verschiedene Zahlen für t in C_t ein und stellen mit diesen beiden Punkten die Geradengleichung auf.
Überlegen Sie anhand des Richtungsvektors, wie diese verläuft.

Die Koordinatengleichung erhalten Sie durch Einsetzen der drei gegebenen Punkte in die allgemeine Koordinatengleichung einer Ebene (E : $ax + by + cz - d = 0$) und Lösen des Gleichungssystems.

Alternativ können Sie mit Hilfe der drei Punkte die Koordinatengleichung durch Bestimmung des Normalenvektors und der Normalenform aufstellen.

Den Abstand von O zu E erhalten Sie mit Hilfe der Hesseschen Normalenform.

b) Überlegen Sie, wie Sie die Grundfläche und die Höhe der Pyramide möglichst einfach erhalten.

Ändert sich die Höhe der Pyramide, wenn sich C_t auf der Geraden g bewegt?

Um zu ermitteln, für welche t das Dreieck ABC_t rechtwinklig ist, betrachten Sie die Skalarprodukte von je zwei Verbindungsvektoren.

Überlegen Sie, welcher Art das Dreieck ABC_6 ist.

c) Überlegen Sie, wie die einzelnen Geraden der Geradenschar verlaufen und was sie in ihrer Gesamtheit bilden.

Für zwei senkrecht stehende Geraden benötigen Sie das Skalarprodukt der beiden Richtungsvektoren.

Für den allgemeinen Zusammenhang verwenden Sie h_{t_1} und h_{t_2}.

20.3 Pyramide

a) Die Koordinatengleichung von E erhalten Sie durch Bestimmen der Spannvektoren (Verbindungsvektoren), des Normalenvektors mit Hilfe des Kreuzproduktes sowie durch Aufstellen und Ausrechnen der Normalenform.

Zur Prüfung der Rechtwinkligkeit berechnen Sie das Skalarprodukt von je zwei Verbindungsvektoren, zur Prüfung der Gleichschenkligkeit die Länge der Verbindungsvektoren.

Punkt D erhalten Sie durch Aufstellen einer Vektorkette.

b) Den Mittelpunkt des Rechtecks erhalten Sie als Mittelpunkt der Strecke AC oder BD.

Für den Winkel ε zwischen der Geraden g mit Richtungsvektor $\vec{r_g}$ und der Ebene E mit Normalenvektor $\vec{n}$ verwenden Sie die Formel:

$$\sin \varepsilon = \frac{\left| \vec{r_g} \cdot \vec{n} \right|}{\left| \vec{r_g} \right| \cdot \left| \vec{n} \right|}.$$

Zur Bestimmung des Volumens der Pyramide verwenden Sie die Formel $V = \frac{1}{3} \cdot G \cdot h$.

G ist die Grundfläche (Rechtecksfläche), h ist der Abstand von S zu E (mit Hilfe der Hesseschen Normalenform berechnen).

Überlegen Sie, wie die Ebene F bezüglich der Ebene E liegt.

c) Stellen Sie eine Gerade auf und schneiden Sie diese mit den Koordinatenebenen.

Zur Spiegelung von S an AB machen Sie zuerst eine Skizze.

Anschließend stellen Sie eine Hilfsebene senkrecht zur Geraden AB durch S auf und schneiden diese mit der Geraden AB. Mit dem Punkt S und dem erhaltenen Schnittpunkt stellen Sie eine geeignete Vektorkette auf.

Stochastik

21 Grundlegende Begriffe

21.1 Zufallsexperimente und Ereignisse

a) Um eine möglichst einfache Ergebnismenge zu erhalten, können verschiedene mögliche Ausfälle des Experiments zu einem Ergebnis zusammengefasst werden.

b) Beachten Sie, dass es auch ein unmögliches und ein sicheres Ereignis gibt.

c) Prüfen Sie, ob z.B. die Anzahl oder die Reihenfolge der vorkommenden «w» und «z» eine Rolle spielen.
Das Gegenereignis eines Ereignisses A besteht aus allen möglichen Ausfällen, die nicht in A vorkommen.

21.2 Absolute und relative Häufigkeit

Überlegen Sie zunächst, wie oft das «Experiment» durchgeführt wurde; anschließend lesen Sie die absoluten Häufigkeiten ab und bestimmen die relativen Häufigkeiten als Bruch.

21.3 Wahrscheinlichkeit bei Laplace-Versuchen

a) Überlegen Sie, wie sich die relative Häufigkeit eines Ergebnisses verändert, wenn man ein Experiment immer öfter wiederholt.

b) und c) Zur Berechnung einer Laplace-Wahrscheinlichkeit wird die Anzahl der für ein Ereignis günstigen Ausfälle duch die Anzahl aller möglichen Ergebnisse des Zufallsversuchs geteilt.

d) Es gibt mehrere Lösungswege. Eine Möglichkeit besteht darin, alle möglichen Ziehungen zu notieren und zu schauen, welche dazu führen, dass Anke und Britta ein Team bilden.

22 Berechnung von Wahrscheinlichkeiten

22.1 Addidtionssatz, Vierfeldertafel

a) Ergänzen Sie zunächst die Zeile oder Spalte, in der schon zwei Zahlen stehen. Beachten Sie, dass sich «rechts unten» 1 ergeben muss.

b) Überlegen Sie, welche der angegebenen Zahlen bei der Vierfeldertafel innen und welche außen stehen.

22.2 Baumdiagramme und Pfadregeln

a) Beachten Sie beim Baumdiagramm, wieviele Kugeln nach dem ersten Ziehen noch in der Urne sind. Benutzen Sie für II) die Pfadregeln; überlegen Sie zuerst, welche Pfade zu dem jeweiligen Ereignis gehören.

b) Nach der Erstellung des Baumdiagrammes schreiben Sie die Ereignisse zunächst als Mengen auf und benutzen Sie dann die Pfadregeln.

c)   I) Die Pfade in diesem Baumdiagramm sind unterschiedlich lang, da die Kontrolle abgebrochen wird, wenn ein Fehler erkannt ist.

  II) Sie können die Wahrscheinlichkeit aller möglichen Pfade addieren oder mit dem Gegenereignis arbeiten.

d) Auch dieses Baumdiagramm hat unterschiedlich lange Pfade. Sie können es außerdem wesentlich vereinfachen, wenn Sie beim Würfel nur zwischen 6 und $\overline{6}$ («nicht 6») unterscheiden; beachten Sie dabei die verschiedenen Wahrscheinlichkeiten.

e) Auch dieser Baum hat unterschiedlich lange Pfade. Wie groß ist die Wahrscheinlichkeit für «weiß», wenn keine roten Kugeln mehr in der Urne sind? Markieren Sie alle «Gewinnpfade» im Baumdiagramm.

f) Fassen Sie auf jeder Stufe die Augenzahlen, die zu einer Summer größer als 3 führen, zusammen, um den Baum nicht zu kompliziert zu gestalten.

22.3 Unabhängigkeit von zwei Ereignissen

a) Wenn A und B unabhängig sind, so sind auch A und $\overline{B}$, $\overline{A}$ und B bzw. $\overline{A}$ und $\overline{B}$ voneinander unabhängig und es gilt jeweils der spezielle Multiplikationssatz.

b) P(R), P(m) und P(m∩R) entsprechen den jeweiligen relativen Häufigkeiten. Prüfen Sie nach, ob dafür der spezielle Multiplikationssatz gilt.

22.4 Bedingte Wahrscheinlichkeit

Bei Fragen nach der bedingten Wahrscheinlichkeit sind Vierfeldertafeln und Baumdiagramme hilfreich, wenn Sie folgendes beachten:

	A	$\overline{A}$	
B	$P(A\cap B)$	$P(\overline{A}\cap B)$	$P(B)$
$\overline{B}$	$P(A\cap\overline{B})$	$P(\overline{A}\cap\overline{B})$	$P(\overline{B})$
	$P(A)$	$P(\overline{A})$	1

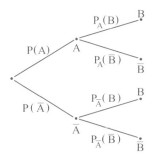

$P(A \cap B) = P(A) \cdot P_A(B) = P(B) \cdot P_B(A)$.

Damit kann man auch bei anspruchsvollen Aufgabenstellungen die Orientierung behalten.

a) Notieren Sie zunächst formal, welche Wahrscheinlichkeiten den verschiedenen %-Angaben entsprechen.

Stellen Sie eine Vierfeldertafel auf (a: über 70 Jahre, j: bis 70 Jahre, m: männlich, w: weiblich).

Bedenken Sie dabei: $P(a \cap m) = P(a) \cdot P_a(m)$ und $P(j \cap m) = P(j) \cdot P_j(m)$.

Mit Hilfe der Vierfeldertafel und der Formel lässt sich dann $P_m(j)$, der Anteil der jüngeren unter den Männern, berechnen.

b) Erstellen Sie eine Vierfeldertafel und verwenden Sie: a: über 40 Jahre, j: bis 40 Jahre, L: Leserin.

Schreiben Sie zunächst alle Wahrscheinlichkeiten, die sich aus den Angaben errechnen lassen, als relative Häufigkeiten formal auf. Bestimmen Sie mit Hilfe der Vierfeldertafel $P_a(L)$ und $P_j(L)$.

c) Verwenden Sie: k: krank, g $(= \overline{k})$: gesund, «+»: positiv getestet, «−»: negativ getestet.

Aus der Aufgabenstellung lassen sich $P(k)$, $P_k(+)$ und $P_g(-)$ ablesen.

Bestimmen Sie $P(g)$, $P(k \cap +)$, $P(g \cap -)$ und benutzen Sie eine Vierfeldertafel, um $P_k(+)$ und $P_g(-)$ zu bestimmen.

23 Kombinatorische Zählprobleme

23.1 Geordnete Stichproben mit Zurücklegen

a) - e)   Bestimmen Sie zuerst mit Hilfe der Formel die Anzahl aller möglichen Ausfälle, dann für jedes einzelne Ereignis die Anzahl der günstigen Ausfälle und berechnen Sie die entsprechende Laplace-Wahrscheinlichkeit.

f) Es sind 5 Buchstaben, aus denen gezogen wird, von denen je zwei doppelt vorkommen, was zu verschiedenen Wahrscheinlichkeiten z.B. für H und A führt.

23.2 Geordnete Stichproben ohne Zurücklegen

Benutzen Sie wieder die Formel für Laplace-Wahrscheinlichkeiten. Zur Berechnung der Anzahl der günstigen Möglichkeiten gehen Sie Schritt für Schritt die einzelnen Stufen durch und multiplizieren Sie die gefundenen Anzahlen.

a) zu D: Beachten Sie die Fälle «zuerst rot» und «zuerst weiß» getrennt.

b) zu B: Beachten Sie die verschiedenen Reihenfolgen.

c) zu B: Benutzen Sie das Gegenereignis.

d) zu B: Betrachten Sie nur die ersten 6 Runden.

e) zu C: Überlegen Sie, wo die drei «A» stehen können und verwenden Sie die Wahrscheinlichkeit von Ereignis B.

23.3 Ungeordnete Stichproben ohne Zurücklegen

a) Schreiben Sie die ersten fünf Zeilen des Pascalschen Dreiecks auf.

Für b) - f) gilt: Bestimmen Sie zuerst die Anzahl aller möglichen Ausfälle und anschließend für das jeweilige Ereignis die Anzahl der günstigen Ausfälle.

b) zu A: Bestimmen Sie die durch 5 teilbaren Zahlen und die Anzahl der Möglichkeiten, davon 4 auszuwählen.
zu B: Bestimmen Sie die geraden Zahlen und die Anzahl der Möglichkeiten, davon 4 auszuwählen.
zu C und D: Probieren Sie einfach aus, welche Ergebnisse günstig sind.

c) zu A: Bestimmen Sie die Anzahl der Möglichkeiten, von 7 weißen Kugeln 3 auszuwählen.
zu B: Teilen Sie das Ereignis für die verschiedenen Farben auf und addieren Sie die Wahrscheinlichkeiten.
zu C: Man kann sich die Urne aufgeteilt denken in 3 Teile mit jeweils nur weißen, schwarzen und roten Kugeln, aus denen die entsprechende Anzahl von Kugeln genommen wird. Die Anzahl der günstigen Möglichkeiten erhält man dann als Produkt.
zu D: Fassen Sie schwarze und weiße Kugeln zusammen.
zu E: siehe Ereignis C.
zu F: Benutzen Sie das Gegenereignis.

d) Sie können die Glühbirnen wie Kugeln in einer Urne behandeln. Siehe auch c) zu C.

e) Teilen Sie die 49 Kugeln in die 6 gezogenen und die 43 nicht gezogenen auf.

f) zu I und II siehe Aufgabe c) zu C.
zu III: Sie können die Besetzung des ersten Autos auslosen, die übrigen fahren mit dem anderen Auto. Welche Ergebnisse sind bezüglich der Fragestellung günstig?

23.4 Vermischte Aufgaben

a) Man kann die Verteilung der 4 Freunde auf die 4 Plätze als geordnete Stichprobe ohne Wiederholung auffassen.

b) Es handelt sich um eine ungeordnete Stichprobe ohne Zurücklegen.

c) Zu A und B: Es handelt sich um eine geordnete Stichprobe mit Zurücklegen.
Zu C und D: Überlegen Sie, auf wie viele Arten Sie die 5 bzw. die 4 richtigen Antworten auf die 10 Fragen verteilen können.

d) Zu I: Durch zwei beliebige Punkte lässt sich immer eine Verbindungsgerade ziehen.
   Zu II: Jedes Dreieck hat einen Umkreis.

e) Rechnen Sie mit dem Gegenereignis.

24 Wahrscheinlichkeitsverteilung von Zufallsgrößen

24.1 Erwartungswert

a) - c)   Bestimmen Sie zunächst z.B. mit Hilfe eines Baumdiagrammes die Wahrscheinlich-
          keiten für die möglichen Ergebnisse. Legen Sie eine Tabelle für die Anzahl der Züge
          und ihre jeweilige Wahrscheinlichkeit an und bestimmen Sie dann den Erwartungs-
          wert.

d) Berechnen Sie die Wahrscheinlichkeiten der einzelnen Ergebnisse als ungeordnete Stichprobe und stellen Sie dann eine Tabelle für die Punktzahlen und ihre Wahrscheinlichkeiten
   auf.

24.2 Varianz und Standardabweichung

a) Legen Sie eine Tabelle wie in 23.1 für E(X) an und ergänzen Sie diese durch die Spal-
   ten $(x_i - E(X))^2$ und $(x_i - E(X))^2 \cdot P(x_i)$, um die Berechnung der Varianz übersichtlich zu
   gestalten.

b) Zur Berechnung von E(X) (Durchschnitt) und V(X) können Sie in der Tabelle (siehe Aufgabe a)) statt der Wahrscheinlichkeiten $P(x_i)$ die angegebenen absoluten Häufigkeiten $H(x_i)$
   verwenden und erst am Schluss durch die Gesamtzahl der Schüler teilen.

25 Binomialverteilung

25.1 Bernoulliketten

a) Bei einem Bernoulli-Experiment gibt es nur 2 Möglichkeiten, vergleichbar mit Shakespea-
   res «Sein oder nicht Sein».

b) Prüfen Sie nach, ob auf jeder Stufe nur 2 Ausfälle von Bedeutung sind, legen sie gegebenenfalls einen Ausfall als «Treffer» fest und prüfen Sie, ob die Trefferwahrscheinlichkeit
   auf allen Stufen dieselbe ist.

25.2 Binomialverteilung mit Gebrauch der Formel

a) - d)   Notieren Sie zunächst, welcher Ausfall des Bernoulli-Experiments als Treffer gelten
          soll und bestimmen Sie die Trefferwahrscheinlichkeit p sowie die Kettenlänge n.
          Überlegen Sie, welche Trefferanzahlen zum fraglichen Ereignis gehören und berech-
          nen Sie deren Wahrscheinlichkeiten mit der Formel $P(X = k) = \binom{n}{k} \cdot p^k \cdot (1 - p)^{n-k}$.
          Prüfen sie, ob gegebenenfalls die Wahrscheinlichkeit des Gegenereignisses einfacher
          zu berechnen ist.

e)-f)   Für das Gegenereignis lässt sich eine Formel angeben. Damit lässt sich die Kettenlänge n durch Probieren (mit dem Taschenrechner) oder durch das Auflösen der zugehörigen Exponentialgleichung bzw. Exponentialungleichung bestimmen.

25.3   Binomialverteilung mit Gebrauch der Tabelle

a)-b)   Überlegen Sie, wie Sie $P(X \geqslant k)$ und $P(k_1 \leqslant X \leqslant k_2)$ mit Hilfe von Ausdrücken der
Form $P(X \leqslant k)$ berechnen können, die Sie dann aus der Tabelle ablesen.

c) Legen Sie fest, was als «Treffer» zählt und bestimmen Sie zuerst jeweils n und p. Schreiben
Sie dann die Wahrscheinlichkeit für das jeweilige Ereignis so auf, dass Sie es mit Hilfe der
Tabelle bestimmen können (vgl. Aufgabe a) und b)).

d) Beachten Sie, dass bei $p > 0,5$ in der Tabelle «von unten» abgelesen und die Differenz zu
1 gebildet werden muss, um $P(X \leqslant k)$ zu erhalten.
Beispiel: Bei $n = 100$ und $p = 0,8$ ist $P(X \leqslant 80) = 1 - 0,4602 = 0,5398$.

e) Das Ablesen in der Tabelle fällt leichter, wenn man «Treffer» so wählt, dass p nicht größer
als 0,5 ist.

f) Überlegen Sie, was Sie sinnvoll als Trefferwahrscheinlichkeit einsetzen können und gehen
Sie vor wie bei Aufgabe c).

26   Hypothesentests

26.1   Grundbegriffe, Fehler 1. und 2. Art

a)-b)   Die Nullhypothese hat stets die Form $H_0\colon p = \ldots$ oder $H_0\colon p \leqslant \ldots$ oder $H_0\colon p \geqslant \ldots$.
Ein Fehler 1. Art bedeutet: Eine Hypothese wird (fälschlicherweise) abgelehnt, ob-
wohl sie zutrifft.
Ein Fehler 2. Art bedeutet: Eine Hypothese wird (fälschlicherweise) angenommen,
obwohl sie nicht zutrifft.

26.2   Einseitiger Test

a) Bei einseitigen Tests geht man bei der Benutzung der Tabelle vom «schlimmsten» Fall aus,
benutzt also den größten bzw. kleinsten Wert für p, der noch der Hypothese entspricht.
Die Irrtumswahrscheinlichkeit α entspricht der Wahrscheinlichkeit $P(\overline{A})$ für diesen Wert p.
Sie kann mit Hilfe der Tabelle bestimmt werden.

b) Prüfen Sie zuerst, ob ein links- oder rechtsseitiger Test vorliegt.
Aus der Tabelle können Sie k ablesen, so dass α den entsprechenden Wert oder einen leicht
darunter liegenden Wert annimmt.

c) Stellen Sie zunächst die Nullhypothese auf und bestimmen sie dann A und $\overline{A}$ für die vorgegebene Irrtumswahrscheinlichkeit. Zum Schluss prüfen Sie, in welchen Bereich die konkret
durchgeführte Stichprobe fällt.

d) Siehe Aufgabe c).

e) Notieren Sie zuerst formal alles, was im Text vorgegeben ist und gehen Sie dann wie bei Aufgabe a) und b) vor.

26.3   Zweiseitiger Test

a) Notieren Sie $\overline{A}$ als Menge und ermitteln Sie zunächst die Irrtumswahrscheinlichkeit für jeden der beiden Teile mit Hilfe der Tabelle.

b) Gehen Sie für jeden der beiden Teile von $\overline{A}$ so vor wie bei Aufgabe 25.2 b). Beachten Sie dabei, dass die Wahrscheinlichkeit für jeden Teil $\frac{\alpha}{2}$ nicht überschreiten darf.

c) Bestimmen Sie zunächst $\overline{A}$ für $\alpha = 5\%$ und prüfen Sie dann, ob die aufgetretene Anzahl in $\overline{A}$ liegt.

d) Notieren Sie H_0, n und α und gehen Sie dann wie bei Aufgabe b) vor.

e) Notieren Sie formal die Aussagen des Testes und gehen Sie dann wie bei Aufgabe a) und b) vor. Beachten Sie beim Ablesen, dass $p > 0,5$ ist.

27   Transferaufgaben Stochastik

27.1   Glücksspiel

a) Zeichnen Sie ein Baumdiagramm für die einzelnen Ziehungen. Beachten Sie dabei, dass sich die Wahrscheinlichkeiten ändern, wenn eine rote Kugel gezogen wurde.
Ermitteln Sie mit Hilfe der Pfadregeln (Produkt- und Summenregel) die jeweiligen Wahrscheinlichkeiten. Manchmal rechnet es sich leichter mit dem Gegenereignis.

b) Ermitteln Sie mit Hilfe des Baumdiagramms und der Pfadregeln die Wahrscheinlichkeiten für die einzelnen Ereignisse.
Legen Sie den Einsatz des Spielers mit x Euro fest und überlegen Sie sich den Reingewinn des Standbesitzers bei den jeweiligen Ereignissen.
Bestimmen Sie den Erwartungswert in Abhängigkeit von x und setzen Sie diesen mit 0,58 gleich.

c) Berechnen Sie die Wahrscheinlichkeit bei zwei Ziehungen mit Hilfe des Baumdiagrammes und der Pfadregeln unter Berücksichtigung des Gegenereignisses.
Wenn in der Urne nur noch 4 rote Kugeln sind, müssen Sie beachten, dass sich auch die Wahrscheinlichkeit für die Ziehung einer blauen Kugel ändert.
Bestimmen Sie eine Formel für die Wahrscheinlichkeit des Ereignisses bei n Ziehungen, stellen Sie eine Gleichung auf und lösen Sie diese mit Hilfe des Logarithmus.

27.2   Handys

a) Überlegen Sie, wie viele Ausfälle es bei der Ziehung eines Handys gibt, wie oft dasselbe Experiment gemacht wird und welche Wahrscheinlichkeiten auftreten.
   Legen Sie X für die Anzahl der fehlerhaften Handys fest. Mit Hilfe einer Tabelle oder des GTR können Sie die Wahrscheinlichkeiten $P(X \leqslant k)$ für $n = 100$ und $p = 0,1$ bestimmen.

b) Bestimmen Sie verschiedene Intervalle mit Mittelpunkt 10 und berechnen Sie die entsprechenden Wahrscheinlichkeiten. Sobald 0,95 erreicht ist, haben Sie das kleinstmögliche Intervall.
   Anschließend nehmen Sie an, dass n Handys entnommen werden. Rechnen Sie mit dem Gegenereignis.

c) Verwenden Sie F für "fehlerhaft" und A für "ausgesondert". Beachten Sie, dass es sich um unabhängige Ereignisse handelt. Bestimmen Sie aus den gegebenen Daten die entsprechenden Wahrscheinlichkeiten, auch für die Schnittmengen.
   Anschließend tragen Sie diese in eine Vierfeldertafel ein und lesen hieraus die gesuchte Wahrscheinlichkeit ab.

d) Stellen Sie zunächst die Nullhypothese auf und bestimmen Sie dann den Annahmebereich A^* und den Ablehnungsbereich $\overline{A^*}$ für die vorgegebene Irrtumswahrscheinlichkeit. Zum Schluss prüfen Sie, in welchen Bereich die konkret durchgeführte Stichprobe fällt.

Lösungen

1 Von der Gleichung zur Kurve

a) Ganzrationale Funktionen

I) $f(x) = \frac{1}{2}x + 1$

Schnittpunkt mit der y-Achse: $f(0) = \frac{1}{2} \cdot 0 + 1 = 1 \ \Rightarrow S(0 \,|\, 1)$.

Schnittpunkt mit der x-Achse: $f(x) = 0$ bzw. $\frac{1}{2}x + 1 = 0$ führt zu $x = -2 \ \Rightarrow N(-2 \,|\, 0)$.

Es handelt sich um eine Gerade mit y-Achsenabschnitt $b = 1$ und Steigung $m = \frac{1}{2}$.

II) $f(x) = -\frac{3}{4}x$

Schnittpunkt mit der y-Achse: $f(0) = -\frac{3}{4} \cdot 0 = 0 \ \Rightarrow S(0 \,|\, 0)$.

Schnittpunkt mit der x-Achse: $f(x) = 0$ bzw. $-\frac{3}{4}x = 0$ führt zu $x = 0 \ \Rightarrow N(0 \,|\, 0)$.

Es handelt sich um eine Ursprungsgerade mit y-Achsenabschnitt $b = 0$ und Steigung $m = -\frac{3}{4}$.

III) $f(x) = -x + 1$

Schnittpunkt mit der y-Achse: $f(0) = -1 \cdot 0 + 1 = 1 \ \Rightarrow S(0 \,|\, 1)$.

Schnittpunkt mit der x-Achse: $f(x) = 0$ bzw. $-x + 1 = 0$ führt zu $x = 1 \ \Rightarrow N(1 \,|\, 0)$.

Es handelt sich um eine Gerade mit y-Achsenabschnitt $b = 1$ und Steigung $m = -1$.

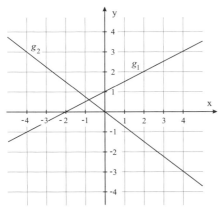 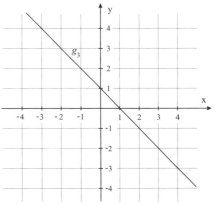

I) g_1: $f(x) = \frac{1}{2}x + 1$, II) g_2: $f(x) = -\frac{3}{4}x$ III) g_3: $f(x) = -x + 1$

IV) $f(x) = (x-1)^2 - 4$

Schnittpunkt mit der y-Achse: $f(0) = (0-1)^2 - 4 = -3 \ \Rightarrow S(0 \,|\, -3)$.

Schnittpunkt mit der x-Achse: $f(x) = 0$ bzw. $(x-1)^2 - 4 = 0$ führt zu $x_1 = 2$, $x_2 = -2 \ \Rightarrow N_1(2 \,|\, 0), N_2(-2 \,|\, 0)$.

Es handelt sich um eine Normalparabel, die um 1 LE nach rechts und 4 LE nach unten verschoben wurde, d.h. eine nach oben geöffnete Normalparabel mit Scheitel bei $(1 \mid -4)$.

V) $f(x) = -x^2 + 4$

Schnittpunkt mit der y-Achse: $f(0) = -0^2 + 4 = 4 \Rightarrow S(0 \mid 4)$.

Schnittpunkt mit der x-Achse: $f(x) = 0$ bzw. $-x^2 + 4 = 0$ führt zu $x_1 = 2$, $x_2 = -2$ $\Rightarrow N_1(2 \mid 0)$, $N_2(-2 \mid 0)$.

Es handelt sich um eine Normalparabel, die an der x-Achse gespiegelt und anschließend um 4 LE nach oben verschoben wurde, d.h. eine nach unten geöffnete Normalparabel mit Scheitel $(0 \mid 4)$.

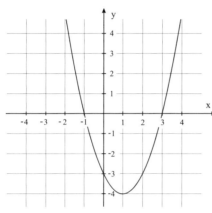
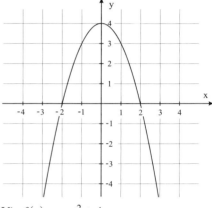

IV) $f(x) = (x-1)^2 - 4$ ⠀⠀⠀⠀⠀ V) $f(x) = -x^2 + 4$

VI) $f(x) = -(x+1)^2 + 1$

Schnittpunkt mit der y-Achse: $f(0) = -(0+1)^2 + 1 = 0 \Rightarrow S(0 \mid 0)$.

Schnittpunkt mit der x-Achse: $f(x) = 0$ bzw. $f(x) = -(x+1)^2 + 1 = 0$ führt zu $x_1 = 0$, $x_2 = -2 \Rightarrow N_1(0 \mid 0)$, $N_2(-2 \mid 0)$.

Es handelt sich um eine Normalparabel, die an der x-Achse gespiegelt und anschließend um 1 LE nach links und 1 LE nach oben verschoben wurde, d.h. eine nach unten geöffnete Normalparabel mit Scheitel $(-1 \mid 1)$.

VII) $f(x) = (x-1)^3 + 1$

Schnittpunkt mit der y-Achse: $f(0) = (0-1)^3 + 1 = 0 \Rightarrow S(0 \mid 0)$.

Schnittpunkt mit der x-Achse: $f(x) = 0$ bzw. $f(x) = (x-1)^3 + 1 = 0$ führt zu $x = 0 \Rightarrow N(0 \mid 0)$.

Es handelt sich um eine kubische Parabel, die um 1 LE nach rechts und 1 LE nach oben verschoben wurde.

VIII) $f(x) = -(x+1)^3$

Schnittpunkt mit der y-Achse: $f(0) = -(0+1)^3 = -1 \Rightarrow S(0 \mid -1)$.

Schnittpunkt mit der x-Achse: $f(x) = 0$ bzw. $f(x) = -(x+1)^3 = 0$ führt zu $x = -1$ $\Rightarrow N(-1 \mid 0)$. Es handelt sich um eine kubische Parabel, die an der x-Achse gespiegelt und anschließend um 1 LE nach links verschoben wurde.

IX) $f(x) = 2x^3 - 2$

Schnittpunkt mit der y-Achse: $f(0) = 2 \cdot 0^3 - 2 = -2 \Rightarrow S(0 \mid -2)$.

Schnittpunkt mit der x-Achse: $f(x) = 0$ bzw. $f(x) = 2x^3 - 2 = 0$ führt zu $x = 1$ $\Rightarrow N(1 \mid 0)$.

Es handelt sich um eine kubische Parabel, die mit Faktor 2 in y-Richtung gestreckt und um 2 LE nach unten verschoben wurde.

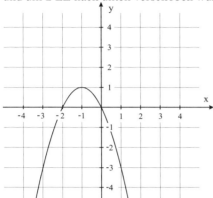 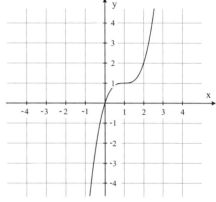

VI) $f(x) = -(x+1)^2 + 1$ VII) $f(x) = (x-1)^3 + 1$

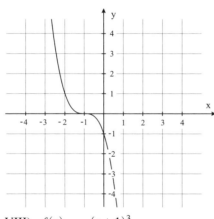 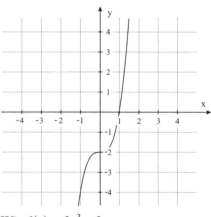

VIII) $f(x) = -(x+1)^3$ IX) $f(x) = 2x^3 - 2$

b) **Gebrochenrationale Funktionen**

I) $f(x) = \frac{1}{x+1} + 2$

Asymptoten: $x + 1 = 0$ führt zu $x = -1$, senkrechte Asymptote (Pol); $x \to \pm\infty$ führt zu $y = 2$ (waagrechte Asymptote), da der Bruchterm gegen Null geht.

Das Schaubild der Funktion $g(x) = \frac{1}{x}$ wurde um 1 LE nach links und 2 LE nach oben verschoben.

II) $f(x) = -\frac{1}{x-1}$

Asymptoten: $x - 1 = 0$ führt zu $x = 1$, senkrechte Asymptote (Pol); $x \to \pm\infty$ führt zu

$y = 0$ (waagrechte Asymptote), da der Bruchterm gegen Null geht.

Das Schaubild der Funktion $g(x) = \frac{1}{x}$ wurde an der x-Achse gespiegelt und anschließend um 1 LE nach rechts verschoben.

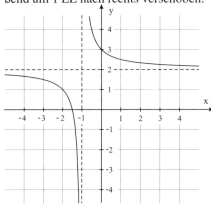
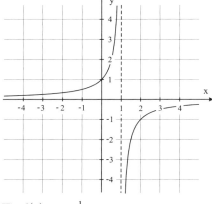

I) $f(x) = \frac{1}{x+1} + 2$ II) $f(x) = -\frac{1}{x-1}$

III) $f(x) = -\frac{1}{x-1} - 2$

Asymptoten: $x - 1 = 0$ führt zu $x = 1$, senkrechte Asymptote (Pol); $x \to \pm\infty$ führt zu $y = -2$ (waagrechte Asymptote), da der Bruchterm gegen Null geht.

Das Schaubild der Funktion $g(x) = \frac{1}{x}$ wurde an der x-Achse gespiegelt und anschließend um 1 LE nach rechts und 2 LE nach unten verschoben.

IV) $f(x) = \frac{1}{(x+1)^2} - 1$

Asymptoten: $x + 1 = 0$ führt zu $x = -1$, senkrechte Asymptote (Pol); $x \to \pm\infty$ führt zu $y = -1$ (waagrechte Asymptote), da der Bruchterm gegen Null geht.

Das Schaubild der Funktion $g(x) = \frac{1}{x^2}$ wurde um 1 LE nach links und 1 LE nach unten verschoben.

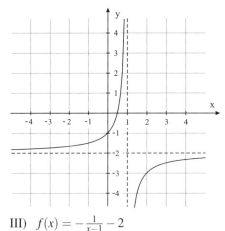
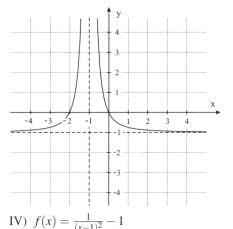

III) $f(x) = -\frac{1}{x-1} - 2$ IV) $f(x) = \frac{1}{(x-1)^2} - 1$

V) $f(x) = -\frac{1}{(x+1)^2}$

Asymptoten: $x + 1 = 0$ führt zu $x = -1$, senkrechte Asymptote (Pol); $x \to \pm\infty$ führt zu $y = 0$ (waagrechte Asymptote), da der Bruchterm gegen Null geht.

Das Schaubild der Funktion $g(x) = \frac{1}{x^2}$ wurde an der x-Achse gespiegelt und anschließend um 1 LE nach links verschoben.

VI) $f(x) = -\frac{1}{(x-1)^2} + 2$

Asymptoten: $x - 1 = 0$ führt zu $x = 1$, senkrechte Asymptote (Pol); $x \to \pm\infty$ führt zu $y = 2$ (waagrechte Asymptote), da der Bruchterm gegen Null geht.

Das Schaubild der Funktion $g(x) = \frac{1}{x^2}$ wurde an der x-Achse gespiegelt und anschließend um 1 LE nach rechts und 2 LE nach oben verschoben.

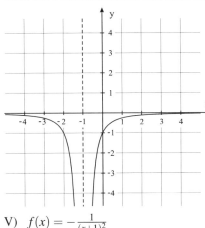

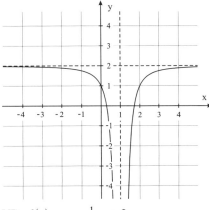

V) $f(x) = -\frac{1}{(x+1)^2}$

VI) $f(x) = -\frac{1}{(x-1)^2} + 2$

c) **Trigonometrische Funktionen**

I) $f(x) = 2\sin x$

Periode: $p = \frac{2\pi}{1} = 2\pi$.

Das Schaubild der Funktion $g(x) = \sin x$ wurde mit Faktor 2 in y-Richtung gestreckt.

II) $f(x) = \frac{1}{2}\cos x$

Periode: $p = \frac{2\pi}{1} = 2\pi$.

Das Schaubild der Funktion $g(x) = \cos x$ wurde mit Faktor $\frac{1}{2}$ in y-Richtung gestreckt (gestaucht).

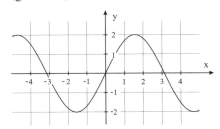

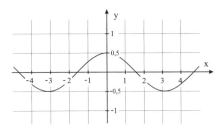

I) $f(x) = 2\sin x$

II) $f(x) = \frac{1}{2}\cos x$

III) $f(x) = \sin(2x)$

Periode: $p = \frac{2\pi}{2} = \pi$.

Das Schaubild der Funktion $g(x) = \sin x$ wurde mit Faktor 2 in x-Richtung gestaucht.

IV) $f(x) = -\sin(2x) + 1$

Periode: $p = \frac{2\pi}{2} = \pi$.

Das Schaubild der Funktion $g(x) = \sin x$ wurde an der x-Achse gespiegelt, mit Faktor 2 in x-Richtung gestaucht und um 1 LE nach oben verschoben.

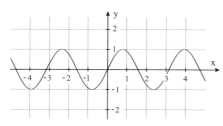

III) $f(x) = \sin(2x)$

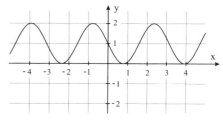

IV) $f(x) = -\sin(2x) + 1$

V) $f(x) = \sin(x + 1)$

Periode: $p = \frac{2\pi}{1} = 2\pi$.

Das Schaubild der Funktion $g(x) = \sin x$ wurde um 1 LE nach links verschoben.

VI) $f(x) = \frac{1}{2}\sin(2x) + \frac{3}{2}$

Periode: $p = \frac{2\pi}{2} = \pi$.

Das Schaubild der Funktion $g(x) = \sin x$ wurde in x-Richtung mit Faktor 2 und in y-Richtung mit Faktor $\frac{1}{2}$ gestaucht, anschließend wurde es um $\frac{3}{2}$ LE nach oben verschoben.

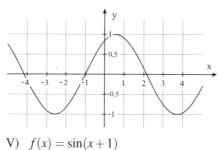

V) $f(x) = \sin(x + 1)$

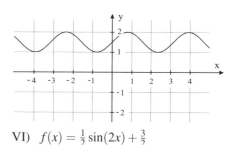

VI) $f(x) = \frac{1}{2}\sin(2x) + \frac{3}{2}$

d) Exponentialfunktionen

I) $f(x) = e^{x-1} + 1$

Asymptote: $x \to -\infty$ führt zu $y = 1$ (waagerechte Asymptote).

Das Schaubild der Funktion $g(x) = e^x$ wurde um 1 LE nach rechts und 1 LE nach oben verschoben.

II) $f(x) = -e^{x-1} + 1$

Asymptote: $x \to -\infty$ führt zu $y = 1$ (waagerechte Asymptote).

Das Schaubild der Funktion $g(x) = e^x$ wurde an der x-Achse gespiegelt und anschließend um 1 LE nach rechts und 1 LE nach oben verschoben.

III) $f(x) = e^{-(x-1)} + 2$

Asymptote: $x \to \infty$ führt zu $y = 2$ (waagerechte Asymptote).

Das Schaubild der Funktion $g(x) = e^{-x}$ wurde um 1 LE nach rechts und 2 LE nach oben verschoben.

IV) $f(x) = -e^{-x+1} + 1 = -e^{-(x-1)} + 1$

Asymptote: $x \to \infty$ führt zu $y = 1$ (waagerechte Asymptote).

Das Schaubild der Funktion $g(x) = e^{-x}$ wurde an der x-Achse gespiegelt und anschließend um 1 LE nach rechts und 1 LE nach oben verschoben.

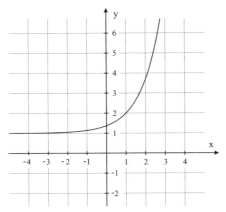

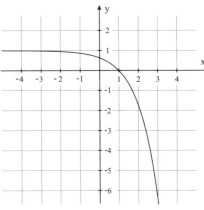

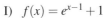 I) $f(x) = e^{x-1} + 1$  II) $f(x) = -e^{x-1} + 1$

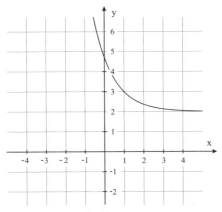

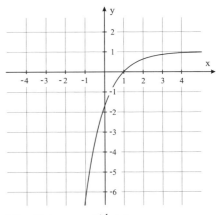

III) $f(x) = e^{-(x-1)} + 2$ IV) $f(x) = -e^{-x+1} + 1$

2 Von der Kurve zur Gleichung

2.1 Trigonometrische Funktionen

a) Für $x = 0$ besitzt das Schaubild der Funktion einen Wendepunkt. Daher ist der Ansatz als Sinusfunktion am einfachsten. Die «Mittelachse» der Funktion liegt genau auf der x-Achse, es gibt also kein absolutes Glied. Die einfachste Sinusfunktion $f(x) = \sin x$ besitzt als höchsten Funktionswert $f(\frac{\pi}{2}) = 1$. Da bei der vorliegenden Funktion $f(\frac{\pi}{2}) = 2$ ist, muss ein Faktor 2 vorangestellt werden. Eine mögliche Funktion ist damit: $f(x) = 2 \cdot \sin x$. Für die trigonometrischen Funktionen gilt: $\sin x = \cos\left(x - \frac{\pi}{2}\right)$. Daher könnte man auch eine Kosinusfunktion finden, die ein entsprechendes Schaubild besitzt.

b) An der Stelle $x = 0$ besitzt das Schaubild der Funktion weder Maximum noch Wendepunkt. Daher kann man die Funktion sowohl als Sinus- als auch als Kosinusfunktion ansetzen. Die «Mittelachse» des Schaubildes liegt genau auf der x-Achse, es gibt also kein absolutes Glied. Das Maximum liegt im Punkt H$(1 \mid 1,5)$, daher liegt es nahe, die Funktion als verschobene Kosinusfunktion anzusetzen: $f(x) = \cos(x - 1)$. Da das Maximum den Wert $f(1) = 1,5$ besitzt, muss der Funktion noch ein Faktor 1,5 vorangestellt werden. Ein möglicher Funktionsterm ist damit: $f(x) = 1,5 \cdot \cos(x - 1)$.

c) Das Schaubild besitzt für $x = 0$ einen Wendepunkt, daher ist es am einfachsten, eine Sinusfunktion zu wählen. Die «Mittelachse» des Schaubilds liegt auf der Geraden $y = 1$, das absolute Glied ist also $= 1$. Da die Auslenkung des Schaubilds der Funktion 4 LE beträgt, besitzt die Funktion einen Faktor 2. Eine mögliche Funktion ist also: $f(x) = 2 \cdot \sin x + 1$.

d) Die Funktion besitzt für $x = 0$ einen Wendepunkt, daher handelt es sich vermutlich um eine Sinusfunktion. Die «Mittelachse» des Schaubilds liegt genau auf der x-Achse, es gibt also kein absolutes Glied. Das Maximum der Funktion besitzt den Funktionswert $f(1,8) \approx 4,1$, also muss der Funktion ein Faktor 4,1 vorangestellt werden. Der Abstand zwischen den beiden Wendepunkten beträgt ca. 3,8 LE, bzw. zwischen zwei Tiefpunkten 7,6 LE, daher ist das Schaubild in x-Richtung gestreckt. Der Faktor ist $\frac{6,28}{7,6} \approx 0,8$. Eine mögliche Funktion ist damit die Funktion $f(x) = 4,1 \cdot \sin(0,8 \cdot x)$.

Bemerkung: Diese Aussagen sind über diese Funktion nur möglich, weil vorher bekannt war, dass es sich um eine trigonometrische Funktion handelt. Wäre dies nicht bekannt, hätte es sich auch um eine Funktion der Gestalt $f(x) = ax^4 - bx^2$ handeln können.

2.2 Ganzrationale Funktionen

Zu jeder Aufgabe gibt es verschiedene Lösungswege, diese sind bei den Tipps zu dieser Aufgabe ausführlich beschrieben.

a) 1. Ansatz als allgemeine symmetrische Parabel 2. Grades: $f(x) = ax^2 + b$. Aus der Zeichnung liest man ab: $f(0) = 1$ und $f(1) = 2$. Einsetzen in die allgemeine Funktion ergibt folgende Gleichungen:

$$
\begin{aligned}
b &= 1 \\
a + b &= 2
\end{aligned}
$$

Auflösen der beiden Gleichungen führt zu $a = 1$ und $b = 1 \Rightarrow f(x) = x^2 + 1$.

2. Linearfaktoransatz ist nicht möglich, da keine Nullstellen existieren.

3. Ansatz als verschobene Normalparabel: Es handelt sich um eine Normalparabel, die um 1 LE nach oben verschoben wurde. Daher wird $f(x) = x^2$ zu $f(x) = x^2 + 1$.

b) 1. Ansatz als symmetrische Parabel 3. Grades $f(x) = ax^3 + b$. Aus der Zeichnung liest man ab: $f(0) = -3$, $f(1) = -2$. Einsetzen in die allgemeine Funktion ergibt folgende Gleichungen:

$$
\begin{aligned}
b &= -3 \\
a + b &= -2
\end{aligned}
$$

Auflösen der beiden Gleichungen führt auf $b = -3$ und $a = 1 \Rightarrow f(x) = x^3 - 3$.

2. Ansatz mit Linearfaktoren lässt sich nicht durchführen, da die Nullstelle nicht genau ablesbar ist.

3. Ansatz als verschobene Parabel 3. Grades: Es handelt sich um eine Parabel, die um 3 LE nach unten verschoben wurde. Daher wird $f(x) = x^3$ zu $f(x) = x^3 - 3$.

c) 1. Ansatz als allgemeine Parabel 2. Grades $f(x) = ax^2 + bx + c$. Aus der Zeichnung liest man ab: $f(-2) = 0$, $f(-1) = 1$, $f(0) = 4$. Einsetzen in die allgemeine Funktion ergibt folgende Gleichungen:

$$
\begin{aligned}
4a - 2b + c &= 0 \\
a - b + c &= 1 \\
c &= 4
\end{aligned}
$$

Einsetzen von c und Auflösen der beiden oberen Gleichungen führt auf $a = 1$ und $b = 4$, damit ist $f(x) = x^2 + 4x + 4$.

2. Ansatz mit Linearfaktoren: Das Schaubild hat nur eine Nullstelle für $x = -2 \Rightarrow (x + 2) \cdot (x + 2) = 0 \Rightarrow x^2 + 4x + 4 = 0$. Die Funktion könnte aber noch einen Faktor besitzen, der sie in y-Richtung stauchen oder strecken würde. Daher setzt man zur Kontrolle noch einen Wert (nicht die Nullstelle!) ein und liest an der Zeichnung ab, ob die Werte stimmen. Es bieten sich an: $x = -1$ oder $x = 0$. Vergleich mit der Zeichnung ergibt eine Übereinstimmung, damit ist $f(x) = x^2 + 4x + 4$.

3. Ansatz als verschobene Normalparabel: Es handelt sich um eine um 2 LE nach links verschobene Normalparabel, daher wird $f(x) = x^2$ zu $f(x) = (x + 2)^2$. Auch hier zur Kontrolle einsetzen: $f(0) = 4$, es herrscht Übereinstimmung; Ausmultiplizieren führt zu $f(x) = x^2 + 4x + 4$.

d) 1. Ansatz als allgemeine Funktion 2. Grades $f(x) = ax^2 + bx + c$. Aus der Zeichnung liest man ab: $f(-1) = -2$, $f(0) = -1$, $f(1) = 2$. Einsetzen in die allgemeine Funktion ergibt folgende Gleichungen:

$$\begin{array}{rcrcrcr} a & - & b & + & c & = & -2 \\ & & & & c & = & -1 \\ a & + & b & + & c & = & 2 \end{array}$$

Einsetzen von c und Auflösen der oberen und unteren Gleichung führt zu $a = 1$ und $b = 2$, damit ist $f(x) = x^2 + 2x - 1$.

2. Ansatz mit Linearfaktoren ist nicht möglich, da sich die Nullstellen nicht genau bestimmen lassen.

3. Ansatz als verschobene Normalparabel: Es handelt sich um eine Normalparabel, die um 1 LE nach links und um 2 LE nach unten verschoben ist:
$f(x) = x^2$ wird zu $f(x) = (x+1)^2 - 2$. Kontrolle für $x = 0$: $f(0) = -1$, d.h. Übereinstimmung. Ausmultiplizieren führt zu $f(x) = x^2 + 2x - 1$.

e) 1. Ansatz als allgemeine Funktion 2. Grades $f(x) = ax^2 + bx + c$. Aus der Zeichnung liest man ab: $f(0) = -3$, $f(1) = 0$, $f(2) = 1$. Einsetzen in die allgemeine Funktion ergibt folgende Gleichungen:

$$\begin{array}{rcrcrcr} a & + & b & + & c & = & 0 \\ 4a & + & 2b & + & c & = & 1 \\ & & & & c & = & -3 \end{array}$$

Einsetzen von c und Auflösen der beiden oberen Gleichungen führt zu $a = -1$ und $b = 4$, damit ist $f(x) = -x^2 + 4x - 3$.

2. Ansatz mit Linearfaktoren: Das Schaubild hat Nullstellen für $x = 1$ und $x = 3$, außerdem ist es eine nach unten geöffnete Parabel, daher muss ein Faktor -1 vor die Gleichung gesetzt werden $\Rightarrow -1 \cdot (x-1) \cdot (x-3) = 0 \Rightarrow -x^2 + 4x - 3 = 0$. Kontrolle für $x = 2$: $f(2) = 1$, damit ist $f(x) = -x^2 + 4x - 3$.

3. Ansatz als verschobene Normalparabel: Es handelt sich um eine nach unten geöffnete Normalparabel, die um 2 LE nach rechts und um 1 LE nach oben verschoben ist:
$f(x) = -x^2$ wird zu $f(x) = -(x-2)^2 + 1$. Auch hier Kontrolle für $x = 2$: $f(2) = 1$, es herrscht Übereinstimmung. Ausmultiplizieren führt zu $f(x) = -x^2 + 4x - 3$.

f) 1. Der Ansatz als allgemeine Funktion 3. Grades $f(x) = ax^3 + bx^2 + cx + d$ ist zwar möglich, aber etwas langwierig: Aus der Zeichnung liest man ab: $f(-1) = 0$, $f(0) = 3$, $f(1) = 0$ und $f(3) = 0$. Einsetzen in die allgemeine Funktion ergibt folgende Gleichungen:

$$\begin{array}{rcrcrcrcr} -a & + & b & - & c & + & d & = & 0 \\ & & & & & & d & = & 3 \\ a & + & b & + & c & + & d & = & 0 \\ 27a & + & 9b & + & 3c & + & d & = & 0 \end{array}$$

Einsetzen von d und Auflösen der oberen Gleichungen führt zu $a = 1$, $b = -3$ und $c = -1$, damit ist $f(x) = x^3 - 3x^2 - x + 3$.

2. Ansatz mit Linearfaktoren: Das Schaubild hat Nullstellen für $x = -1$, $x = 1$ und $x = 3$ $\Rightarrow (x+1) \cdot (x-1) \cdot (x-3) = 0 \Rightarrow x^3 - 3x^2 - x + 3 = 0$. Kontrolle für $x = 2$ ergibt, dass kein zusätzlicher Faktor in der Gleichung vorliegt. Damit ist die Lösung: $f(x) = x^3 - 3x^2 - x + 3$.

g) 1. Der Ansatz als allgemeine Funktion 3. Grades $f(x) = ax^3 + bx^2 + cx + d$ ist möglich, aber etwas langwierig: Aus der Zeichnung liest man ab: $f(-4) = 0$, $f(-2) = 0$, $f(-1) = 3$ und $f(0) = 0$. Einsetzen in die allgemeine Funktion ergibt folgende Gleichungen:

$$\begin{array}{rcrcrcrcr} -64a & + & 16b & - & 4c & + & d & = & 0 \\ -8a & + & 4b & - & 2c & + & d & = & 0 \\ -a & + & b & - & c & + & d & = & 3 \\ & & & & & & d & = & 0 \end{array}$$

Einsetzen von d und Auflösen der oberen Gleichungen führt zu $a = -1$, $b = -6$ und $c = -8$, damit ist $f(x) = -x^3 - 6x^2 - 8x$.

2. Ansatz mit Linearfaktoren: Das Schaubild besitzt Nullstellen für $x = -4$, $x = -2$ und $x = 0$, sowie einen Faktor (-1), da es sich um eine an der x-Achse gespiegelte Funktion 3. Grades handelt: $(-1) \cdot (x+4) \cdot (x+2) \cdot x = 0 \Rightarrow -x^3 - 6x^2 - 8x = 0$. Kontrolle für $x = -1$ ergibt, dass kein zusätzlicher Faktor in der Gleichung vorliegt. Damit ist die Lösung: $f(x) = -x^3 - 6x^2 - 8x$.

h) 1. Der Ansatz als allgemeine Funktion 4. Grades $f(x) = ax^4 + bx^3 + cx^2 + dx + e$ ist möglich, aber langwierig: Aus der Zeichnung liest man ab: $f(-4) = 0$, $f(-2) = 0$, $f(0) = 8$, $f(2) = 0$ und $f(4) = 0$. Einsetzen in die allg. Funktion und schrittweises Auflösen mit dem Gauß-Verfahren führt zu: $a = \frac{1}{8}$, $b = 0$, $c = -2,5$, $d = 0$ und $e = 8$, damit ist $f(x) = \frac{1}{8}x^4 - 2,5x^2 + 8$.

2. Ansatz mit Linearfaktoren: Das Schaubild hat Nullstellen für $x = -4$, $x = -2$, $x = 2$ und $x = 4$. $\Rightarrow (x+4) \cdot (x-4) \cdot (x+2) \cdot (x-2) = 0 \Rightarrow (x^2 - 16) \cdot (x^2 - 4) = 0 \Rightarrow x^4 - 20x^2 + 64 = 0$. Kontrolle an der Zeichnung für $x = 0$ ergibt, dass der Faktor $\frac{1}{8}$ in der Gleichung vorliegt. Damit ist die Lösung: $f(x) = \frac{1}{8}x^4 - 2,5x^2 + 8$.

2.3 Gebrochenrationale Funktionen

Allgemein gilt, dass man beim Überprüfen von Funktionstermen mindestens zwei Werte einsetzen sollte.

a) Grundfunktion $f(x) = \frac{1}{x}$ mit Polstelle $x = 0$ mit VZW und waagerechter Asymptote $y = 0$.

b) Grundfunktion $f(x) = \frac{1}{x^2}$ mit Polstelle $x = 0$ ohne VZW und waagerechter Asymptote $y = 0$.

c) Das Schaubild der Grundfunktion $y = \frac{1}{x}$ ist um 2 LE nach rechts verschoben, also steht im Nenner $x - 2$. Die Punktprobe mit P$(3 \mid 1)$ bestätigt die Funktionsgleichung $f(x) = \frac{1}{x-2}$.

d) Das Schaubild der Grundfunktion $y = \frac{1}{x^2}$ ist um 1 LE nach links verschoben, also steht im Nenner $(x + 1)^2$. Die Punktprobe mit P$(-2 \mid 1)$ bestätigt die Funktionsgleichung
$f(x) = \frac{1}{(x+1)^2}$.

e) Das Schaubild der Grundfunktion $y = \frac{1}{x^2}$ ist um 1 LE nach rechts und um 1 LE nach oben verschoben. Die Punktprobe mit P$(2 \mid 2)$ bestätigt die Funktionsgleichung
$f(x) = \frac{1}{(x-1)^2} + 1$.

f) Das Schaubild der Grundfunktion $y = \frac{1}{x}$ ist um 1 LE nach links und um 1 LE nach unten verschoben. Die Punktprobe mit P$(0 \mid 0)$ bestätigt die Funktionsgleichung $f(x) = \frac{1}{x+1} - 1$.

3   Differenzieren

Bemerkung: Klammern und das Multiplikationszeichen werden bei den Lösungen dazu verwendet, die Ausdrücke übersichtlich zu machen (z.B. um bei der Quotientenregel zu zeigen, wo sich u' und v befinden).

3.1   Gebrochenrationale Funktionen

a) $f'(x) = \dfrac{0 - 4 \cdot 2 \cdot (2x+1) \cdot 2}{(2x+1)^4} = \dfrac{-16}{(2x+1)^3}$

b) $f'(x) = \dfrac{1 \cdot (3x+2)^2 - x \cdot 2 \cdot (3x+2) \cdot 3}{(3x+2)^4} = \dfrac{(3x+2) \cdot (3x+2-6x)}{(3x+2)^4} = \dfrac{-3x+2}{(3x+2)^3}$

c) $f'(x) = \dfrac{2x \cdot (2x+1)^2 - x^2 \cdot 2 \cdot (2x+1) \cdot 2}{(2x+1)^4} = \dfrac{(2x+1) \cdot \left(2x \cdot (2x+1) - 4x^2\right)}{(2x+1)^4} = \dfrac{2x}{(2x+1)^3}$

d) $f'(x) = \dfrac{a \cdot \left(x^2+a\right) - ax \cdot 2x}{\left(x^2+a\right)^2} = \dfrac{-ax^2+a^2}{\left(x^2+a\right)^2}$

e) $f'(x) = \dfrac{(6x+2) \cdot \left(x^2-1\right) - \left(3x^2+2x-1\right) \cdot 2x}{\left(x^2-1\right)^2} = \dfrac{-2x^2-4x-2}{\left(x^2-1\right)^2} = \dfrac{-2 \cdot \left(x^2+2x+1\right)}{\left(x^2-1\right)^2}$

$\qquad = \dfrac{-2 \cdot (x+1)^2}{((x+1) \cdot (x-1))^2} = \dfrac{-2 \cdot (x+1)^2}{(x+1)^2 \cdot (x-1)^2} = \dfrac{-2}{(x-1)^2}$

f) $f'(x) = \dfrac{\left(3x^2-4x\right) \cdot \left(x^2+1\right) - \left(x^3-2x^2+2\right) \cdot 2x}{\left(x^2+1\right)^2} = \dfrac{x^4+3x^2-8x}{\left(x^2+1\right)^2}$

g) $f'(x) = \dfrac{(8x^3-3) \cdot \left(x^3+x\right) - \left(2x^4-3x+1\right) \cdot \left(3x^2+1\right)}{\left(x^3+x\right)^2}$

$\qquad = \dfrac{8x^6+8x^4-3x^3-3x-6x^6-2x^4+9x^3+3x-3x^2-1}{\left(x^3+x\right)^2} = \dfrac{2x^6+6x^4+6x^3-3x^2-1}{\left(x^3+x\right)^2}$

h) $f'(x) = \dfrac{2ax \cdot \left(x^2+a\right) - \left(ax^2+2\right) \cdot 2x}{\left(x^2+a\right)^2} = \dfrac{2a^2x-4x}{\left(x^2+a\right)^2}$

3.2   e-Funktionen

a) $f'(x) = 6x \cdot e^{-4x} + 3x^2 \cdot e^{-4x} \cdot (-4) = e^{-4x}\left(6x-12x^2\right) = 6xe^{-4x}(1-2x)$

b) $f'(x) = \frac{3}{2}x^2 \cdot e^{2x} + \frac{1}{2}x^3 \cdot e^{2x} \cdot 2 = e^{2x}\left(\frac{3}{2}x^2+x^3\right)$

c) $f'(x) = 2e^{-x} + (2x+5) \cdot e^{-x} \cdot (-1) = e^{-x}(-2x-3)$

d) $f'(x) = 1 \cdot e^{-kx} + (x+k) \cdot e^{-kx} \cdot (-k) = e^{-kx}\left(1-kx-k^2\right)$

e) $f'(x) = 2 \cdot (4x+e^{-x}) \cdot (4+e^{-x} \cdot (-1)) = 2 \cdot (4x+e^{-x}) \cdot (4-e^{-x})$

f) $f'(x) = 2 \cdot \left(x^2 + e^{2x}\right) \cdot \left(2x + e^{2x} \cdot 2\right) = 2 \cdot \left(x^2 + e^{2x}\right) \cdot \left(2x + 2e^{2x}\right)$
   $= 4x^3 + \left(4x^2 + 4x\right)e^{2x} + 4e^{4x}$

g) $f'(x) = 2 \cdot \left(e^x + e^{-x}\right) \cdot \left(e^x - e^{-x}\right) = 2 \cdot \left(e^{2x} - e^{-2x}\right)$

h) $f'(x) = 2 \cdot \left(2k + e^{-2x}\right) \cdot e^{-2x} \cdot (-2) = -4e^{-2x} \cdot \left(2k + e^{-2x}\right)$

3.3   Trigonometrische Funktionen

a) $f'(x) = 2 \cdot \cos\left(\frac{1}{2}x^2 + 4\right) + 2x \cdot \left(-\sin\left(\frac{1}{2}x^2 + 4\right)\right) \cdot x = 2 \cdot \cos\left(\frac{1}{2}x^2 + 4\right) - 2x \cdot \sin\left(\frac{1}{2}x^2 + 4\right)$

b) $f'(x) = 2x \cdot \sin(4x+3) + x^2 \cdot \cos(4x+3) \cdot 4 = 2x \cdot \sin(4x+3) + 4x^2 \cdot \cos(4x+3)$

c) $f'(x) = 2x \cdot \sin\left(\frac{1}{3}x^2 + 2\right) + \left(x^2 - 4\right) \cdot \cos\left(\frac{1}{3}x^2 + 2\right) \cdot \frac{2}{3}x$
   $= 2x \cdot \sin\left(\frac{1}{3}x^2 + 2\right) + \left(\frac{2}{3}x^3 - \frac{8}{3}x\right) \cdot \cos\left(\frac{1}{3}x^2 + 2\right)$

d) $f'(x) = 2x \cdot \cos\left(\frac{1}{2}x - 1\right) + x^2 \cdot \left(-\sin\left(\frac{1}{2}x - 1\right) \cdot \frac{1}{2}\right) = 2x \cdot \cos\left(\frac{1}{2}x - 1\right) - \frac{1}{2}x^2 \cdot \sin\left(\frac{1}{2}x - 1\right)$

e) $f'(x) = 2 \cdot (x + \cos x) \cdot (1 - \sin x)$

f) $f'(x) = 2 \cdot (\sin x + \cos x) \cdot (\cos x - \sin x) = 2 \cdot \left(\cos^2 x - \sin^2 x\right)$

g) $f'(x) = 3 \cdot \left(x^2 - \sin x\right)^2 \cdot (2x - \cos x)$

h) $f'(x) = 2 \cdot (ax - \sin(ax)) \cdot (a - a \cdot \cos(ax))$

3.4   Gebrochene e-Funktionen

a) $f'(x) = \dfrac{0 - 3 \cdot e^x}{(1 + e^x)^2} = \dfrac{-3e^x}{(1 + e^x)^2}$

b) $f'(x) = \dfrac{0 - 4\left(-e^{-x}\right) \cdot (-1)}{(1 - e^{-x})^2} = \dfrac{-4e^{-x}}{(1 - e^{-x})^2}$

c) $f'(x) = \dfrac{1 \cdot \left(2 + e^{3x}\right) - x \cdot e^{3x} \cdot 3}{\left(2 + e^{3x}\right)^2} = \dfrac{e^{3x} \cdot (1 - 3x) + 2}{\left(2 + e^{3x}\right)^2}$

d) $f'(x) = \dfrac{2x \cdot \left(1 + e^{-x}\right) - x^2 \cdot e^{-x} \cdot (-1)}{(1 + e^{-x})^2} = \dfrac{e^{-x} \cdot \left(2x + x^2\right) + 2x}{(1 + e^{-x})^2}$

e) $f'(x) = \dfrac{e^x \cdot \left(2 - e^{-x}\right) - e^x \cdot \left(-e^{-x} \cdot (-1)\right)}{(2 - e^{-x})^2} = \dfrac{2e^x - 1 - 1}{(2 - e^{-x})^2} = \dfrac{2e^x - 2}{(2 - e^{-x})^2}$

f) $f'(x) = \dfrac{2e^{-x} \cdot (-1) \cdot (1 + e^x) - 2e^{-x} \cdot e^x}{(1 + e^x)^2} = \dfrac{-2e^{-x} - 2 - 2}{(1 + e^x)^2} = \dfrac{-2e^{-x} - 4}{(1 + e^x)^2}$

g) $f'(x) = \dfrac{\left(e^x - e^{-x}\right) \cdot (1 + e^x) - \left(e^x + e^{-x}\right) \cdot e^x}{(1 + e^x)^2} = \dfrac{e^x + e^{2x} - e^{-x} - 1 - e^{2x} - 1}{(1 + e^x)^2} = \dfrac{e^x - e^{-x} - 2}{(1 + e^x)^2}$

3.5 *e*-Funktionen und trigonometrische Funktionen

a) $f'(x) = \cos(e^x + 1) \cdot e^x$

b) $f'(x) = -\sin(2e^{-x} + 1) \cdot 2e^{-x} \cdot (-1) = 2e^{-x}\sin(2e^{-x} + 1)$

c) $f'(x) = 2e^x \cdot \cos(2e^x + 3)$

d) $f'(x) = e^x \cdot \sin x + e^x \cos x = e^x(\sin x + \cos x)$

e) $f'(x) = \frac{1}{2}e^{-x} \cdot (-1) \cdot \cos(2x) + \frac{1}{2}e^{-x} \cdot (-\sin(2x)) \cdot 2 = e^{-x} \cdot \left(-\frac{1}{2}\cos(2x) - \sin(2x)\right)$

f) $f'(x) = e^{3x} \cdot 3\sin(e^{2x}) + e^{3x} \cdot \cos(e^{2x}) \cdot e^{2x} \cdot 2 = e^{3x} \cdot \left(3\sin(e^{2x}) + 2e^{2x}\cos(e^{2x})\right)$

4 Gleichungslehre

4.1 Gleichungen höherer Ordnung

Die quadratische Gleichung $x^2 + px + q = 0$ lässt sich mit der pq-Formel $x_{1,2} = -\frac{p}{2} \pm \sqrt{\frac{p^2}{4} - q}$, die quadratische Gleichung $ax^2 + bx + c = 0$ lässt sich mit der abc-Formel $x_{1,2} = \frac{-b \pm \sqrt{b^2 - 4ac}}{2a}$ lösen.

a) Die Gleichung lässt sich mit der pq- bzw. der abc-Formel lösen: $x_1 = 1$, $x_2 = -4$.
Die Gleichung hat damit die Lösungsmenge $L = \{1; -4\}$.

b) Die Gleichung lässt sich mit der pq- bzw. der abc-Formel lösen: $x_1 = 7$, $x_2 = -8$.
Die Gleichung hat damit die Lösungsmenge $L = \{7; -8\}$.

c) Die Gleichung lässt sich mit der pq- bzw. der abc-Formel lösen: $x_1 = \frac{3}{5}$, $x_2 = -1$.
Die Gleichung hat damit die Lösungsmenge $L = \{\frac{3}{5}; -1\}$.

d) $(2x-5) \cdot (2x+5) + 1 = (x-3)^2 + 2x \cdot (x-1)$ führt zu $4x^2 - 25 + 1 = x^2 - 6x + 9 + 2x^2 - 2x$
bzw. $x^2 + 8x - 33 = 0$. Diese Gleichung lässt sich mit der pq- bzw. der abc-Formel lösen:
$x_{1,2} = -4 \pm \sqrt{16 + 33}$ $\Rightarrow$ Lösungen: $x_1 = 3$, $x_2 = -11$. $L = \{-11; 3\}$.

e) $(x-2) \cdot (x+3) - 2 \cdot (x-1)^2 = 2 \cdot (2-x)$ führt zu $x^2 + 3x - 2x - 6 - 2 \cdot (x^2 - 2x + 1) = 4 - 2x$
bzw. $x^2 - 7x + 12 = 0$. Diese Gleichung lässt sich mit der pq- bzw. der abc-Formel lösen:
$x_{1,2} = \frac{7}{2} \pm \sqrt{\frac{49}{4} - 12}$ $\Rightarrow$ Lösungen: $x_1 = 3$, $x_2 = 4$. $L = \{3; 4\}$.

f) Substitution $e^x = v$: wegen $e^{2x} = (e^x)^2$ gilt $e^{2x} = v^2$, also wird die Gleichung zu:
$v^2 - 6v + 5 = 0$. Lösen mit pq- oder abc-Formel ergibt $v_1 = 5$ und $v_2 = 1$. Rücksubstitution:
$e^{x_1} = 1$ und $e^{x_2} = 5$. Die Lösungen sind damit: $x_1 = \ln 1 = 0$ und $x_2 = \ln 5$. Die Gleichung
hat damit die Lösungsmenge $L = \{0; \ln 5\}$.

g) Substitution $e^{2x} = v$: Die Gleichung wird zu $v - 8v^{-1} - 2 = 0$ $/ \cdot v$ $\Rightarrow$ $v^2 - 2v - 8 = 0$.
Lösen mit Hilfe der pq- oder abc-Formel ergibt $v_1 = -2$ und $v_2 = 4$. Rücksubstitution:
$e^{2x_1} = -2$ und $e^{2x_2} = 4$. Für x_1 gibt es keine Lösung, die Lösung ist also nur $2x = \ln 4$ $\Rightarrow$
$x = \frac{\ln 4}{2}$. Die Gleichung hat damit die Lösungsmenge $L = \{\frac{\ln 4}{2}\}$.

h) Substitution $e^{\frac{1}{2}x} = v$: außerdem ist: $e^x = \left(e^{\frac{1}{2}x}\right)^2$. Die Gleichung wird so zu $v^2 + v - 2 = 0$.
Lösen mit der pq- oder abc-Formel ergibt $v_1 = 1$ und $v_2 = -2$. Rücksubstitution: $e^{\frac{1}{2}x_1} = 1$
und $e^{\frac{1}{2}x_2} = -2$. Für x_2 gibt es keine Lösung, die Lösung ist also nur $\frac{1}{2}x = \ln 1 \Rightarrow x = 0$. Die
Gleichung hat damit die Lösungsmenge $L = \{0\}$.

i) Substitution $e^x = v$: Die Gleichung wird zu $v + 1 = 12v^{-1}$ $/ \cdot v$ $\Rightarrow$ $v^2 + v - 12 = 0$. Lösen
mit Hilfe der pq- oder abc-Formel ergibt $v_1 = 3$ und $v_2 = -4$. Rücksubstitution: $e^{x_1} = 3$
und $e^{x_2} = -4$. Für x_2 gibt es keine Lösung, die Lösung ist also nur $x = \ln 3$. Die Gleichung
hat damit die Lösungsmenge $L = \{\ln 3\}$.

j) Substitution $e^x = v$: Die Gleichung wird zu $2v - 3v^{-1} + 5 = 0 / \cdot v \Rightarrow 2v^2 - 3 + 5v = 0$. Lösen mit Hilfe der pq- oder abc-Formel ergibt $v_1 = \frac{1}{2}$ und $v_2 = -3$. Rücksubstitution: $e^{x_1} = \frac{1}{2}$ und $e^{x_2} = -3$. Für x_2 gibt es keine Lösung, die Lösung ist daher nur $x = \ln\left(\frac{1}{2}\right)$. Die Gleichung hat damit die Lösungsmenge $L = \left\{ \ln\left(\frac{1}{2}\right) \right\}$.

k) Substitution: $e^{2x} = v$ führt auf $v^2 - 5v + 6 = 0$. Lösen mit Hilfe der pq- oder abc-Formel ergibt $v_1 = 2$ und $v_2 = 3$. Rücksubstitution: $e^{2x_1} = 2$ und $e^{2x_2} = 3$. Die Lösungen sind damit $x_1 = \frac{1}{2}\ln 2$ und $x_2 = \frac{1}{2}\ln 3$. $L = \left\{ \frac{1}{2}\ln 2; \frac{1}{2}\ln 3 \right\}$.

l) Substitution: $e^{\frac{1}{3}x} = v$ führt auf $v^2 - 7v + 12 = 0$. Lösen mit Hilfe der pq- oder abc-Formel ergibt $v_1 = 3$ und $v_2 = 4$. Rücksubstitution: $e^{\frac{1}{3}x_1} = 3$ und $e^{\frac{1}{3}x_2} = 4$. Die Lösungen sind damit $x_1 = 3\ln 3$ und $x_2 = 3\ln 4$. $L = \{ 3\ln 3; 3\ln 4 \}$.

m) Substitution: $e^{\frac{1}{2}x} = v$. Die Gleichung wird zu $v + 8v^{-1} - 6 = 0 / \cdot v \Rightarrow v^2 + 8 - 6v = 0$. Lösen mit Hilfe der pq- oder abc-Formel ergibt $v_1 = 2$ und $v_2 = 4$. Rücksubstitution: $e^{\frac{1}{2}x_1} = 2$ und $e^{\frac{1}{2}x_2} = 4$. Die Lösungen sind damit $x_1 = 2\ln 2$ und $x_2 = 2\ln 4$. $L = \{ 2\ln 2; 2\ln 4 \}$.

n) Ausklammern von x^3 führt zu $x^3 \cdot (2x - 3) = 0$. Die erste Lösung ist $x_1 = 0$. Klammer gleich Null setzen führt zu $x_2 = \frac{3}{2}$. $L = \left\{ 0; \frac{3}{2} \right\}$.

o) Ausklammern von x^2 führt zu $x^2 \cdot (x^2 - 3x + 2) = 0$. Die erste Lösung ist $x_1 = 0$, Klammer gleich Null setzen und Lösen mit Hilfe der pq- oder abc-Formel führt zu $x_2 = 1$ und $x_3 = 2$. $L = \{ 0; 1; 2 \}$.

p) Substitution $x^2 = v$: Die Gleichung wird zu $v^2 - 4v + 3 = 0$. Lösen mit Hilfe der pq- oder abc-Formel ergibt $v_1 = 1$ und $v_2 = 3$. Rücksubstitution: $x^2 = 1$ und $x^2 = 3$. Die Lösungen sind damit $x_{1,2} = \pm 1$ und $x_{3,4} = \pm\sqrt{3}$. Die Gleichung hat damit die Lösungsmenge $L = \left\{ 1; -1; \sqrt{3}; -\sqrt{3} \right\}$.

q) Substitution $x^2 = v$: Die Gleichung wird zu $v^2 - 13v + 36 = 0$. Lösen mit Hilfe der pq- oder abc-Formel ergibt $v_1 = 9$ und $v_2 = 4$. Rücksubstitution: $x^2 = 9$ und $x^2 = 4$. Für die Lösungen ergibt sich damit: $x_{1,2} = \pm 3$ und $x_{3,4} = \pm 2$. Die Gleichung hat damit die Lösungsmenge $L = \{ 2; -2; 3; -3 \}$.

r) x ausklammern führt zu $x(x^2 - 4) = 0$. Die erste Lösung ist $x_1 = 0$. Klammer gleich Null setzen führt zu $x_2 = 2$ und $x_3 = -2$. Die Gleichung hat damit die Lösungsmenge $L = \{ 0; 2; -2 \}$.

s) x^2 ausklammern führt zu $x^2(x^2 - 2) = 0 \Rightarrow x_1 = 0$. Klammer gleich Null setzen führt zu $x_2 = \sqrt{2}$ und $x_3 = -\sqrt{2}$. Die Gleichung hat damit die Lösungsmenge $L = \left\{ 0; \sqrt{2}; -\sqrt{2} \right\}$.

t) x ausklammern führt zu $x\left(x^2 - 5x + 6\right) = 0 \Rightarrow x_1 = 0$. Lösen des Terms in der Klammer mit der pq- bzw. abc-Formel führt zu $x_2 = 2$ und $x_3 = 3$. Die Gleichung hat damit die Lösungsmenge $L = \{ 0; 2; 3 \}$.

u) Hauptnenner bestimmen: $x^2 - 4$, linke Seite entsprechend erweitern (3. binomische Formel), mit dem Nenner multiplizieren: Es bleibt $2x(x-2) + 4x(x+2) = 5x^2 + 4x + 9$. Ausmultiplizieren und Ordnen der Gleichung führt zu $x^2 = 9$, damit ist $x_{1,2} = \pm 3$. Überprüfen der Definitionsmenge der Ausgangsgleichung: $D = \mathbb{R} \setminus \{\pm 2\}$. Damit sind die Lösungen $x_1 = 3$, $x_2 = -3$. Die Gleichung hat damit die Lösungsmenge $L = \{\, 3; -3 \,\}$.

v) Hauptnenner bestimmen: $x^2 - 16$, linke Seite erweitern (3. binomische Formel), mit dem Nenner multiplizieren: Es bleibt $2x(x+4) + 3x(x-4) = 4\left(x^2 - x + 4\right)$. Ausmultiplizieren und Ordnen der Gleichung führt zu $x^2 = 16$, damit ist $x_{1,2} = \pm 4$. Überprüfen der Definitionsmenge der Ausgangsgleichung $D = \mathbb{R} \setminus \{\pm 4\}$. Die Lösung ist nicht in D enthalten (da man sonst durch 0 teilen würde). Also gibt es keine Lösung für die ursprüngliche Gleichung. Die Lösungsmenge der Gleichung ist damit leer: $L = \{\,\}$.

w) Hauptnenner bestimmen: $(3x - 1) \cdot (3x + 1)$, Brüche entsprechend erweitern und die Gleichung mit dem Hauptnenner multiplizieren führt zu $-6x^2 + 5x - 1 = 0$ mit den Lösungen $x_1 = \frac{1}{2}$ und $x_2 = \frac{1}{3}$. Überprüfen der Definitionsmenge $D = \mathbb{R} \setminus \left\{ \frac{1}{3}; -\frac{1}{3} \right\}$ führt zur Lösungsmenge $L = \left\{ \frac{1}{2} \right\}$.

x) Hauptnenner durch Ausklammern bestimmen: $(3x + 1) \cdot (x - 1) \cdot 2$, Brüche entsprechend erweitern und mit dem Hauptnenner multiplizieren führt zu $3x^2 - 2x - 1 = 0$ mit den Lösungen $x_1 = -\frac{1}{3}$ und $x_2 = 1$. Vergleich mit der Definitionsmenge $D = \mathbb{R} \setminus \left\{ -\frac{1}{3}; 1 \right\}$ führt zur Lösungsmenge $L = \{\,\}$.

y) Hauptnenner durch Ausklammern bestimmen: $2 \cdot x \cdot (2x - 3)$, Brüche entsprechend erweitern und die Gleichung mit dem Hauptnenner multiplizieren führt zu $2x^2 - 5x + 3 = 0$ mit den Lösungen $x_1 = 1$ und $x_2 = \frac{3}{2}$. Vergleich mit der Definitionsmenge $D = \mathbb{R} \setminus \left\{ 0; \frac{3}{2} \right\}$ führt zur Lösungsmenge $L = \{\, 1 \,\}$.

4.2   Lineare Gleichungssysteme

a) Gegeben ist das Gleichungssystem:

$$
\begin{array}{rrrrrrr}
\text{I} & x_1 & + & 2x_2 & - & x_3 & = & 8 \\
\text{II} & -x_1 & + & x_2 & + & 2x_3 & = & 0 \\
\text{III} & -x_1 & - & 5x_2 & - & 4x_3 & = & -12
\end{array}
$$

Addieren von I zu II und I zu III führt zu:

$$
\begin{array}{rrrrrrr}
\text{I} & x_1 & + & 2x_2 & - & x_3 & = & 8 \\
\text{IIa} & & & 3x_2 & + & x_3 & = & 8 \\
\text{IIIa} & & - & 3x_2 & - & 5x_3 & = & -4
\end{array}
$$

Addieren von IIa und IIIa führt zu:

$$
\begin{array}{rrrrrrr}
\text{I} & x_1 & + & 2x_2 & - & x_3 & = & 8 \\
\text{IIa} & & & 3x_2 & + & x_3 & = & 8 \\
\text{IIIb} & & & & - & 4x_3 & = & 4
\end{array}
$$

Aus IIIb folgt: $x_3 = -1$. Einsetzen in IIa ergibt: $3x_2 + (-1) = 8 \Rightarrow x_2 = 3$. Einsetzen in I ergibt: $x_1 + 2 \cdot 3 - (-1) = 8 \Rightarrow x_1 = 1$.
Die Lösungsmenge ist damit: $L = \{(1; 3; -1)\}$.

b) Gegeben ist das Gleichungssystem:

$$
\begin{array}{rrrrrrr}
\text{I} & x_1 & + & 2x_2 & - & 2x_3 & = & 7 \\
\text{II} & x_1 & - & x_2 & - & 4x_3 & = & -9 \\
\text{III} & x_1 & + & 4x_2 & + & 3x_3 & = & 25
\end{array}
$$

Multiplikation von I mit (-1) und Addieren zu II und III führt zu:

$$
\begin{array}{rrrrrrr}
\text{I} & x_1 & + & 2x_2 & - & 2x_3 & = & 7 \\
\text{IIa} & & - & 3x_2 & - & 2x_3 & = & -16 \\
\text{IIIa} & & & 2x_2 & + & 5x_3 & = & 18
\end{array}
$$

Multiplikation von IIa mit 2 und IIIa mit 3 und Addieren führt zu:

$$
\begin{array}{rrrrrrr}
\text{I} & x_1 & + & 2x_2 & - & 2x_3 & = & 7 \\
\text{IIb} & & - & 6x_2 & - & 4x_3 & = & -32 \\
\text{IIIb} & & & & & 11x_3 & = & 22
\end{array}
$$

Aus IIIb folgt: $x_3 = 2$. Einsetzen in IIb ergibt: $-6x_2 - 4 \cdot 2 = -32 \Rightarrow x_2 = 4$. Einsetzen in I ergibt: $x_1 + 2 \cdot 4 - 2 \cdot 2 = 7 \Rightarrow x_1 = 3$.
Die Lösungsmenge ist damit: $L = \{(3; 4; 2)\}$.

c) Gegeben ist das Gleichungssystem:

$$
\begin{array}{rrrrrrr}
\text{I} & x_1 & + & x_2 & + & 7x_3 & = & 2 \\
\text{II} & 2x_1 & - & x_2 & - & 3x_3 & = & -5 \\
\text{III} & 4x_1 & - & x_2 & + & 4x_3 & = & -7
\end{array}
$$

Multiplikation von I mit (-2) und Addieren zu II, sowie Multiplikation von I mit (-4) und Addieren zu III führt zu:

$$
\begin{array}{rrrrrrr}
\text{I} & x_1 & + & x_2 & + & 7x_3 & = & 2 \\
\text{IIa} & & - & 3x_2 & - & 17x_3 & = & -9 \\
\text{IIIa} & & - & 5x_2 & - & 24x_3 & = & -15
\end{array}
$$

Multiplikation von IIa mit (-5) und IIIa mit 3 und Addieren führt zu:

$$
\begin{array}{rrrrrrr}
\text{I} & x_1 & + & x_2 & + & 7x_3 & = & 2 \\
\text{IIb} & & & 15x_2 & + & 85x_3 & = & 45 \\
\text{IIIb} & & & & & 13x_3 & = & 0
\end{array}
$$

Aus IIIb folgt: $x_3 = 0$. Einsetzen in IIb ergibt: $15x_2 - 0 = 45 \Rightarrow x_2 = 3$. Einsetzen in I ergibt: $x_1 + 3 + 7 \cdot 0 = 2 \Rightarrow x_1 = -1$.
Die Lösungsmenge ist damit: $L = \{(-1; 3; 0)\}$.

d) Der Vergleich der verschiedenen Gleichungen ergibt, dass die erste und die dritte Gleichung linear abhängig sind, da die dritte Gleichung das Doppelte der ersten Gleichung ist. Es bleiben daher folgende Gleichungen übrig:

$$
\begin{array}{rrrrrrr}
\text{I} & x_1 & + & 2x_2 & - & x_3 & = & 4 \\
\text{II} & -x_1 & + & 2x_2 & - & 3x_3 & = & 6
\end{array}
$$

Addieren von I zu II führt zu:

$$
\begin{array}{rrrrrrr}
\text{I} & x_1 & + & 2x_2 & - & x_3 & = & 4 \\
\text{IIa} & & & 4x_2 & - & 4x_3 & = & 10
\end{array}
$$

Man wählt nun $x_3 = t$ und setzt in die Gleichung IIa ein:

$$
\begin{array}{rrrrrrr}
\text{I} & x_1 & + & 2x_2 & - & x_3 & = & 4 \\
\text{IIa} & & & 4x_2 & - & 4t & = & 10
\end{array}
$$

Auflösen von IIa nach x_2 führt zu: $x_2 = t + 2,5$.
Nun wird in I eingesetzt und nach x_1 aufgelöst: $x_1 + 2\,(t + 2,5) - t = 4 \Rightarrow x_1 = -t - 1$.
Damit ist die Lösungsmenge: $L = \{(-t - 1; t + 2,5; t) \mid t \in \mathbb{R}\}$.

e) Gegeben ist das Gleichungssystem:

$$
\begin{array}{rrrrrrr}
\text{I} & x & + & 2y & + & z & = & 4 \\
\text{II} & -x & - & 4y & + & z & = & 7 \\
\text{III} & 2x & + & 8y & - & 2z & = & 18
\end{array}
$$

Addieren von I zu II, sowie Multiplikation von I mit (-2) und Addieren zu III führt zu:

$$
\begin{array}{rrrrrrr}
\text{I} & x & + & 2y & + & z & = & 4 \\
\text{IIa} & & - & 2y & + & 2z & = & 11 \\
\text{IIIa} & & & 4y & - & 4z & = & 10
\end{array}
$$

Multiplikation von IIa mit 2 und Addieren zu IIIa führt zu:

$$
\begin{array}{rrrrrrr}
\text{I} & x & + & 2y & + & z & = & 4 \\
\text{IIb} & & & 4y & - & 4z & = & 22 \\
\text{IIIb} & & & & & 0 & = & 32
\end{array}
$$

Dies ist ein Widerspruch. Damit ist das Gleichungssystem nicht lösbar und die Lösungsmenge ist leer: $L = \{\}$.

f) Der Vergleich der verschiedenen Gleichungen ergibt, dass die erste und die zweite Gleichung ein Vielfaches voneinander sind, da die zweite Gleichung das negative Doppelte der ersten Gleichung ist. Die zweite Gleichung kann daher gestrichen werden. Es bleiben folgende Gleichungen:

$$
\begin{array}{rrrrrrr}
\text{I} & x & - & y & + & 2z & = & 6 \\
\text{III} & 2x & + & y & + & z & = & 3
\end{array}
$$

Addieren von I zu III führt auf:

$$
\begin{array}{rrrrrrr}
\text{I} & x & - & y & + & 2z & = & 6 \\
\text{IIIa} & 3x & & & + & 3z & = & 9
\end{array}
$$

Man wählt nun $z = t$ und setzt in die Gleichung IIIa ein:

$$
\begin{array}{rrrrrrr}
\text{I} & x & - & y & + & 2z & = & 6 \\
\text{IIIa} & 3x & & & + & 3t & = & 9
\end{array}
$$

Auflösen von IIIa nach x führt zu: $x = 3 - t$.
Nun wird in I eingesetzt und nach y aufgelöst: $(3 - t) - y + 2t = 6 \Rightarrow y = t - 3$. Damit ist die Lösungsmenge: $L = \{(3 - t; t - 3; t) \mid t \in \mathbb{R}\}$.

4.3 Polynomdivision

a) Die erste Nullstelle wird durch Ausprobieren bestimmt: $x_1 = 1$. Daher wird die Gleichung durch $(x - 1)$ geteilt: $(x^3 - 2x^2 - 5x + 6) : (x - 1) = x^2 - x - 6$. Lösen der quadratischen Gleichung $x^2 - x - 6 = 0$ mit Hilfe der pq- oder abc-Formel ergibt: $x_2 = 3$ und $x_3 = -2$. Die Linearfaktorzerlegung der Ausgangsgleichung ist damit: $(x - 1) \cdot (x - 3) \cdot (x + 2) = 0$.

b) Die erste Nullstelle wird durch Ausprobieren bestimmt: $x_1 = -1$. Daher wird die Gleichung durch $(x - (-1))$, also $(x + 1)$ geteilt: $(x^3 + 3x^2 - 6x - 8) : (x + 1) = x^2 + 2x - 8$. Lösen der quadratischen Gleichung $x^2 + 2x - 8 = 0$ mit Hilfe der pq- oder abc-Formel ergibt: $x_2 = 2$ und $x_3 = -4$. Die Linearfaktorzerlegung der Ausgangsgleichung ist damit: $(x + 1) \cdot (x - 2) \cdot (x + 4) = 0$.

c) Die erste Nullstelle wird durch Ausprobieren bestimmt: $x_1 = -1$. Die Gleichung wird daher durch $(x + 1)$ geteilt: $(x^3 + 0,5x^2 - 3,5x - 3) : (x + 1) = x^2 - 0,5x - 3$. Lösen der Gleichung $x^2 - 0,5x - 3 = 0$ mit Hilfe der pq- oder abc-Formel ergibt: $x_2 = -1,5$ und $x_3 = 2$. Die Linearfaktorzerlegung der Ausgangsgleichung ist damit: $(x + 1) \cdot (x + 1,5) \cdot (x - 2) = 0$.

d) Die erste Nullstelle wird durch Ausprobieren bestimmt: $x_1 = 2$. Die Gleichung wird daher durch $(x - 2)$ geteilt: $(x^3 - 4,5x^2 + 3,5x + 3) : (x - 2) = x^2 - 2,5x - 1,5$. Lösen der Gleichung $x^2 - 2,5x - 1,5 = 0$ mit Hilfe der pq- oder abc-Formel ergibt: $x_2 = 3$ und $x_3 = -0,5$. Die Linearfaktorzerlegung der Ausgangsgleichung ist damit: $(x - 2) \cdot (x - 3) \cdot (x + 0,5) = 0$.

e) Die erste Nullstelle wird durch Ausprobieren bestimmt: $x_1 = 1$. Daher wird die Gleichung durch $(x-1)$ geteilt: $(x^4 - x^3 - 13x^2 + x + 12) : (x-1) = x^3 - 13x - 12$.

Da nun eine Gleichung 3. Ordnung vorliegt, wird eine weitere Polynomdivision durchgeführt: Ausprobieren führt zu $x_2 = -1$. Daher wird die Gleichung durch $(x+1)$ geteilt: $(x^3 - 13x - 12) : (x+1) = x^2 - x - 12$. Lösen der quadratischen Gleichung $x^2 - x - 12 = 0$ mit Hilfe der pq- oder abc-Formel ergibt: $x_3 = 4$ und $x_4 = -3$. Die Linearfaktorzerlegung der Ausgangsgleichung ist damit: $(x-1) \cdot (x+1) \cdot (x-4) \cdot (x+3) = 0$.

4.4 Trigonometrische Gleichungen

a) Die Substitution $3x = z$ führt zu $\sin z = 1$ mit den Lösungen $z = \frac{\pi}{2} + k \cdot 2\pi$; $k \in \mathbb{Z}$, also $z_1 = \frac{\pi}{2}, z_2 = \frac{5}{2}\pi, z_3 = \frac{9}{2}\pi, \ldots$

Die Resubstitution $z_1 = \frac{\pi}{2} = 3x$ ergibt $x_1 = \frac{\pi}{6}$, $z_2 = \frac{5}{2}\pi = 3x$ ergibt $x_2 = \frac{5}{6}\pi$, $z_3 = \frac{9}{2}\pi = 3x$ ergibt $x_3 = \frac{3}{2}\pi$, $z_4 = \frac{13}{2}\pi$ ergibt keine weitere Lösung.

Als Lösungsmenge erhält man L $= \left\{ \frac{\pi}{6}, \frac{5}{6}\pi, \frac{3}{2}\pi \right\}$.

b) Die Substitution $4x = z$ führt zu $\sin z = 0$ mit den Lösungen $z = k \cdot \pi$; $k \in \mathbb{Z}$, also sind $z_1 = 0, z_2 = \pi, z_3 = 2\pi, \ldots$

Die Resubstitution $z_1 = 0 = 4x$ ergibt $x_1 = 0$, $z_2 = \pi = 4x$ ergibt $x_2 = \frac{\pi}{4}$, $z_3 = 2\pi = 4x$ ergibt $x_3 = \frac{\pi}{2}$, $z_4 = 3\pi = 4x$ ergibt $x_4 = \frac{3}{4}\pi$, $z_5 = 4\pi = 4x$ ergibt $x_5 = \pi$, $z_6 = 5\pi$ ergibt keine weitere Lösung.

Als Lösungsmenge erhält man L $= \left\{ 0, \frac{\pi}{4}, \frac{\pi}{2}, \frac{3}{4}\pi, \pi \right\}$.

c) Die Substitution $2x = z$ führt zu $\cos z = -1$ mit den Lösungen $z = \pi + k \cdot 2\pi$; $k \in \mathbb{Z}$, also $z_1 = \pi, z_2 = 3\pi, z_3 = 5\pi, \ldots$

Die Resubstitution $z_1 = \pi = 2x$ ergibt $x_1 = \frac{\pi}{2}$, $z_2 = 3\pi = 2x$ ergibt $x_2 = \frac{3}{2}\pi$, $z_3 = 5\pi$ ergibt keine weitere Lösung.

Als Lösungsmenge erhält man L $= \left\{ \frac{\pi}{2}, \frac{3}{2}\pi \right\}$.

d) Die Substitution $3x = z$ führt zu $\cos z = 0$ mit den Lösungen $z = \frac{\pi}{2} + k \cdot \pi$; $k \in \mathbb{Z}$, also $z_1 = \frac{\pi}{2}, z_2 = \frac{3}{2}\pi, z_3 = \frac{5}{2}\pi, \ldots$

Die Resubstitution $z_1 = \frac{\pi}{2} = 3x$ ergibt $x_1 = \frac{\pi}{6}$, $z_2 = \frac{3}{2}\pi = 3x$ ergibt $x_2 = \frac{\pi}{2}$, $z_3 = \frac{5}{2}\pi = 3x$ ergibt $x_3 = \frac{5}{6}\pi$, $z_4 = \frac{7}{2}\pi$ ergibt keine weitere Lösung.

Als Lösungsmenge erhält man L $= \left\{ \frac{\pi}{6}, \frac{\pi}{2}, \frac{5}{6}\pi \right\}$.

e) Ausklammern von $\sin x$ führt zu $\sin x \cdot (\sin x - 1) = 0$, d.h. entweder ist $\sin x = 0$ mit den Lösungen $x_1 = 0, x_2 = \pi, x_3 = 2\pi$ oder es ist $\sin x - 1 = 0$ bzw. $\sin x = 1$ mit der Lösung $x_4 = \frac{\pi}{2}$.

Als Lösungsmenge erhält man L $= \left\{ 0; \frac{\pi}{2}, \pi, 2\pi \right\}$.

f) Ausklammern von $\cos x$ führt zu $\cos x \cdot (\cos x + 1) = 0$, d.h. entweder ist $\cos x = 0$ mit den Lösungen $x_1 = \frac{\pi}{2}$ und $x_2 = \frac{3}{2}\pi$ oder es ist $\cos x + 1 = 0$ bzw. $\cos x = -1$ mit der Lösung $x_3 = \pi$.

Als Lösungsmenge erhält man L $= \left\{ \frac{\pi}{2}, \pi, \frac{3}{2}\pi \right\}$.

g) Die Substitution $\sin x = z$ führt zu $z^2 + 5z + 4 = 0$ mit den Lösungen $z_1 = -1$ und $z_2 = -4$. Die Resubstitution $z_1 = -1 = \sin x$ ergibt $x_1 = -\frac{\pi}{2}$ und $x_2 = \frac{3}{2}\pi$, $z_2 = \sin x = -4$ ergibt keine weitere Lösung.
Als Lösungsmenge erhält man $L = \left\{ -\frac{\pi}{2}, \frac{3}{2}\pi \right\}$.

h) Die Substitution $\cos x = z$ führt zu $z^2 + 2z - 3 = 0$ mit den Lösungen $z_1 = 1$ und $z_2 = -3$. Die Resubstitution $z_1 = 1 = \cos x$ ergibt $x_1 = 0$ und $x_2 = 2\pi$, $z_2 = -3 = \cos x$ ergibt keine weitere Lösung.
Als Lösungsmenge erhält man $L = \left\{ 0, 2\pi \right\}$.

i) Mit Hilfe der Beziehung $\sin^2 x + \cos^2 x = 1$ kann man $\cos^2 x$ ersetzen durch $\left(1 - \sin^2 x \right)$ und man erhält $\left(1 - \sin^2 x \right) - 3\sin x - 3 = 0$ bzw. $\sin^2 x + 3\sin x + 2 = 0$.
Die Substitution $\sin x = z$ führt zu $z^2 + 3z + 2 = 0$ mit den Lösungen $z_1 = -1$ und $z_2 = -2$. Die Resubstitution $z_1 = -1 = \sin x$ ergibt $x_1 = \frac{3}{2}\pi$, $z_2 = -2 = \sin x$ ergibt keine weitere Lösung.
Als Lösungsmenge erhält man $L = \left\{ \frac{3}{2}\pi \right\}$.

j) Mit Hilfe der Beziehung $\sin^2 x + \cos^2 x = 1$ kann man $\sin^2 x$ ersetzen durch $\left(1 - \cos^2 x \right)$ und man erhält $\left(1 - \cos^2 x \right) - 6\cos x - 6 = 0$ bzw. $\cos^2 x + 6\cos x + 5 = 0$.
Die Substitution $\cos x = z$ führt zu $z^2 + 6z + 5 = 0$ mit den Lösungen $z_1 = -1$ und $z_2 = -5$. Die Resubstitution $z_1 = \cos x = -1$ ergibt $x_1 = -\pi$ und $x_2 = \pi$, $z_2 = \cos x = -5$ ergibt keine weitere Lösung.
Als Lösungsmenge erhält man $L = \left\{ -\pi, \pi \right\}$.

k) Die erste Substitution $2x = u$ führt zu $\sin^2 u + 3\sin u - 4 = 0$, die zweite Substitution $\sin u = z$ führt zu $z^2 + 3z - 4 = 0$ mit den Lösungen $z_1 = 1$ und $z_2 = -4$.
Die Resubstitution $z_1 = \sin u = 1$ ergibt $u_1 = \frac{\pi}{2}$, $u_2 = \frac{5}{2}\pi, \dots$ Die zweite Resubstitution $u_1 = \frac{\pi}{2} = 2x$ ergibt $x_1 = \frac{\pi}{4}$, $u_2 = \frac{5}{2}\pi = 2x$ ergibt $x_2 = \frac{5}{4}\pi$.
Die Resubstitution $z_2 = \sin u = -4$ ergibt keine weitere Lösung.
Als Lösungsmenge erhält man $L = \left\{ \frac{\pi}{4}, \frac{5}{4}\pi \right\}$.

l) Die erste Substitution $\pi \cdot x = u$ führt zu $\cos^2 u + 4\cos u + 3 = 0$, die zweite Substitution $\cos u = z$ führt zu $z^2 + 4z + 3 = 0$ mit den Lösungen $z_1 = -1$ und $z_2 = -3$.
Die Resubstitution $z_1 = \cos u = -1$ ergibt $u_1 = \pi$, $u_2 = 3\pi, \dots$ Die zweite Resubstitution $u_1 = \pi = \pi \cdot x$ ergibt $x_1 = 1$, $u_2 = 3\pi = \pi \cdot x$ ergibt $x_2 = 3$.
Die Resubstitution $z_2 = \cos u = -3$ ergibt keine weitere Lösung.
Als Lösungsmenge erhält man $L = \left\{ 1, 3 \right\}$.

5 Aufstellen von Funktionen mit Randbedingungen

5.1 Ganzrationale Funktionen

a) Ansatz: $f(x) = ax^2 + bx + c$. Die drei Bedingungen ergeben:

$$
\begin{array}{lllllllll}
f(0) = 4 & \Rightarrow & a \cdot 0^2 & + & b \cdot 0 & + & c & = & 4 \\
f(1) = 0 & \Rightarrow & a \cdot 1^2 & + & b \cdot 1 & + & c & = & 0 \\
f(2) = 18 & \Rightarrow & a \cdot 2^2 & + & b \cdot 2 & + & c & = & 18
\end{array}
$$

Daraus ergibt sich das folgende Gleichungssystem:

$$
\begin{array}{llllllll}
\text{I} & & & & & c & = & 4 \\
\text{II} & & a & + & b & + & c & = & 0 \\
\text{III} & & 4a & + & 2b & + & c & = & 18
\end{array}
$$

Einsetzen von c und Auflösen von II und III führt auf $a = 11$ und $b = -15$. Damit ergibt sich für die Funktionsgleichung: $f(x) = 11x^2 - 15x + 4$.

b) Ansatz: $f(x) = ax^2 + bx + c$ und $f'(x) = 2ax + b$. Die drei Bedingungen ergeben:

$$
\begin{array}{lllllllll}
f(0) = 2 & \Rightarrow & a \cdot 0^2 & + & b \cdot 0 & + & c & = & 2 \\
f(1) = 3 & \Rightarrow & a \cdot 1^2 & + & b \cdot 1 & + & c & = & 3 \\
f'(1) = 0 & \Rightarrow & 2a \cdot 1 & + & b & & & = & 0
\end{array}
$$

Daraus ergibt sich das folgende Gleichungssystem:

$$
\begin{array}{llllllll}
\text{I} & & & & & c & = & 2 \\
\text{II} & & a & + & b & + & c & = & 3 \\
\text{III} & & 2a & + & b & & & = & 0
\end{array}
$$

Einsetzen von c und Auflösen von II und III führt auf $a = -1$ und $b = 2$. Damit ergibt sich für die Funktionsgleichung: $f(x) = -x^2 + 2x + 2$. Da es sich um eine nach unten geöffnete Parabel handelt, muss M$(1 \mid 3)$ ein Hochpunkt sein.

c) Ansatz: $f(x) = ax^2 + b$ und $f'(x) = 2ax$. Die zwei Bedingungen ergeben:

$$
\begin{array}{llllllll}
f(1) = 6 & \Rightarrow & a \cdot 1^2 & + & b & = & 6 \\
f'(1) = 2 & \Rightarrow & 2a \cdot 1 & & & = & 2
\end{array}
$$

Daraus ergibt sich das folgende Gleichungssystem:

$$
\begin{array}{lllll}
a & + & b & = & 6 \\
2a & & & = & 2
\end{array}
$$

Auflösen führt auf $a = 1$ und $b = 5$. Damit ergibt sich für die Funktionsgleichung: $f(x) = x^2 + 5$.

d) Ansatz: $f(x) = ax^2 + b$. Die zwei Bedingungen ergeben:

$$
\begin{array}{rcccccc}
f(\sqrt{3}) = 0 & \Rightarrow & a \cdot \left(\sqrt{3}\right)^2 & + & b & = & 0 \\
f(0) = -3 & \Rightarrow & a \cdot 0 & + & b & = & -3
\end{array}
$$

Daraus ergibt sich das folgende Gleichungssystem:

$$
\begin{array}{rcrcr}
3a & + & b & = & 0 \\
 & & b & = & -3
\end{array}
$$

Auflösen führt auf $b = -3$ und $a = 1$. Damit ergibt sich für die Funktionsgleichung: $f(x) = x^2 - 3$.

e) Ansatz: $f(x) = ax^3 + bx^2 + cx + d$, $f'(x) = 3ax^2 + 2bx + c$, $f''(x) = 6ax + 2b$. Die vier Bedingungen ergeben:

$$
\begin{array}{rcccccccccc}
f(0) = 0 & \Rightarrow & a \cdot 0^3 & + & b \cdot 0^2 & + & c \cdot 0 & + & d & = & 0 \\
f''(0) = 0 & \Rightarrow & 6a \cdot 0 & + & 2b & & & & & = & 0 \\
f(2) = 2 & \Rightarrow & a \cdot 2^3 & + & b \cdot 2^2 & + & c \cdot 2 & + & d & = & 2 \\
f'(2) = 0 & \Rightarrow & 3a \cdot 2^2 & + & 2b \cdot 2 & + & c & & & = & 0
\end{array}
$$

Daraus ergibt sich das folgende Gleichungssystem:

$$
\begin{array}{rcrcrcrcr}
 & & & & & & d & = & 0 \\
 & & & & 2b & & & = & 0 \\
8a & + & 4b & + & 2c & + & d & = & 2 \\
12a & + & 4b & + & c & & & = & 0
\end{array}
$$

Es ergeben sich $d = 0$, $b = 0$. Einsetzen in die beiden unteren Gleichungen und Auflösen nach a und c ergibt: $a = -\frac{1}{8}$ und $c = \frac{3}{2} = 1,5$. Damit ergibt sich für die Funktionsgleichung: $f(x) = -\frac{1}{8}x^3 + 1,5x$.

f) Ansatz: $f(x) = ax^3 + bx^2 + cx + d$, $f'(x) = 3ax^2 + 2bx + c$, $f''(x) = 6ax + 2b$. Die vier Bedingungen ergeben:

$$
\begin{array}{rcccccccccc}
f(0) = 1 & \Rightarrow & a \cdot 0^3 & + & b \cdot 0^2 & + & c \cdot 0 & + & d & = & 1 \\
f'(0) = -1 & \Rightarrow & 3a \cdot 0^2 & + & 2b \cdot 0 & + & c & & & = & -1 \\
f(-1) = 4 & \Rightarrow & a \cdot (-1)^3 & + & b \cdot (-1)^2 & + & c \cdot (-1) & + & d & = & 4 \\
f''(-1) = 0 & \Rightarrow & 6a \cdot (-1) & + & 2b & + & & & & = & 0
\end{array}
$$

Daraus ergibt sich das folgende Gleichungssystem:

$$
\begin{array}{rcrcrcrcr}
 & & & & & & d & = & 1 \\
 & & & & c & & & = & -1 \\
-a & + & b & - & c & + & d & = & 4 \\
-6a & + & 2b & & & & & = & 0
\end{array}
$$

Es ergeben sich $a = 1$, $b = 3$, $c = -1$, $d = 1$. Damit ergibt sich für die Funktionsgleichung:
$f(x) = x^3 + 3x^2 - x + 1$.

g) Ansatz: $f(x) = ax^4 + bx^2$, $f'(x) = 4ax^3 + 2bx$, $f''(x) = 12ax^2 + 2b$. Die zwei Bedingungen ergeben:

$$
\begin{aligned}
f(1) &= -2,5 &\Rightarrow&& a \cdot 1^4 &+& b \cdot 1^2 &=& -2,5 \\
f''(1) &= 0 &\Rightarrow&& 12a \cdot 1^2 &+& 2b &=& 0
\end{aligned}
$$

Daraus ergibt sich das folgende Gleichungssystem:

$$
\begin{aligned}
a &+& b &=& -2,5 \\
12a &+& 2b &=& 0
\end{aligned}
$$

Auflösen führt auf $a = \frac{1}{2}$ und $b = -3$. Damit ergibt sich für die Funktionsgleichung:
$f(x) = \frac{1}{2}x^4 - 3x^2$.

5.2 Gebrochenrationale Funktionen

Die Funktionsgleichung einer gebrochenrationalen Funktion mit waagerechter/schiefer Asymptote oder Näherungskurve hat folgende mögliche Form:

$f(x) = g(x) + \frac{h(x)}{(x-p_1)^m \cdot (x-p_2)^n}$, wobei der Grad von h kleiner als $m + n$ sein muss. Bei einfachen Funktionen ist $h(x) = c$.

$g(x)$: Gleichung der waagerechten/schiefen Asymptote oder Näherungskurve.

p_1, p_2: Polstellen

m, n: gerade Zahlen bei Pol ohne VZW; ungerade Zahlen bei Pol mit VZW.

c: wird mit Hilfe eines gegebenen Punktes bestimmt, indem man diesen in den Ansatz einsetzt.

a) Ansatz: $f(x) = 4 + \frac{c}{(x-1)^1}$. Mit $f(2) = 6$ ergibt sich $4 + \frac{c}{(2-1)^1} = 6 \Rightarrow c = 2$,
mögliche Lösung: $f(x) = 4 + \frac{2}{(x-1)}$.

b) Ansatz: $f(x) = x + 1 + \frac{c}{(x-2)^2}$. Mit $f(3) = 2$ ergibt sich $3 + 1 + \frac{c}{(3-2)^2} = 2 \Rightarrow c = -2$,
mögliche Lösung: $f(x) = x + 1 - \frac{2}{(x-2)^2}$.

c) Ansatz: $f(x) = 2x - 3 + \frac{c}{(x-1)^1 \cdot (x+1)^1}$. Mit $f(2) = 3$ ergibt sich
$2 \cdot 2 - 3 + \frac{c}{(2-1)^1 \cdot (2+1)^1} = 3 \Rightarrow c = 6$, mögliche Lösung: $f(x) = 2x - 3 + \frac{6}{(x+1)(x-1)}$.

d) Ansatz: $f(x) = 3x - 2 + \frac{c}{(x-1)^1 \cdot (x-2)^2}$. Mit $f(0) = 1$ ergibt sich
$3 \cdot 0 - 2 + \frac{c}{(0-1)^1 \cdot (0-2)^2} = 1 \Rightarrow c = -12$, mögliche Lösung: $f(x) = 3x - 2 - \frac{12}{(x-1)(x-2)^2}$.

e) Ansatz: $f(x) = 0 + \frac{c}{(x-2)^2}$. Mit $f(0) = 4$ ergibt sich $0 + \frac{c}{(0-2)^2} = 4 \Rightarrow c = 16$,
mögliche Lösung: $f(x) = \frac{16}{(x-2)^2}$.

f) Ansatz: $f(x) = x^2 + 1 + \frac{c}{(x+1)^1}$. Mit $f(2) = 4$ ergibt sich $2^2 + 1 + \frac{c}{(2+1)^1} = 4 \Rightarrow c = -3$,

    mögliche Lösung: $f(x) = x^2 + 1 - \frac{3}{(x+1)}$.

g) Ansatz: $f(x) = x^3 - 2x + 1 + \frac{c}{(x+2)^2}$. Mit $f(0) = 2$ ergibt sich $0^3 - 2 \cdot 0 + 1 + \frac{c}{(0+2)^2} = 2$

    $\Rightarrow c = 4$, mögliche Lösung: $f(x) = x^3 - 2x + 1 + \frac{4}{(x+2)^2}$.

5.3   *e*-Funktionen

Der allgemeine Ansatz der *e*-Funktionen ist $f(x) = a \cdot e^{kx}$. Ihre Ableitung ist $f'(x) = k \cdot a \cdot e^{kx}$.

a) Zuerst wird a bestimmt: $f(0) = 2 \Rightarrow a \cdot e^{k \cdot 0} = 2 \Rightarrow a = 2$. Anschließend setzt man dies in die zweite Gleichung ein und bestimmt k: $f(4) = 2e^{12} \Rightarrow 2 \cdot e^{k \cdot 4} = 2 \cdot e^{12}$. Teilen durch 2 ergibt: $e^{k \cdot 4} = e^{12}$. Logarithmieren mit ln führt zu $k \cdot 4 = 12 \Rightarrow k = 3$.

b) Zuerst wird a bestimmt: $f(0) = 3 \Rightarrow a \cdot e^{k \cdot 0} = 3 \Rightarrow a = 3$. Anschließend setzt man dies in die zweite Gleichung ein und bestimmt k: $f(2) = 3e^8 \Rightarrow 3 \cdot e^{k \cdot 2} = 3 \cdot e^8$. Teilen durch 3 ergibt $e^{k \cdot 2} = e^8$. Logarithmieren mit ln führt zu $k \cdot 2 = 8 \Rightarrow k = 4$.

c) Zuerst wird wie in den vorangegangenen Aufgaben a bestimmt: $f(0) = 3 \Rightarrow a \cdot e^{k \cdot 0} = 3$ $\Rightarrow a = 3$. Dies setzt man in die zweite Aussage der Ableitung ein, um k zu bestimmen: $f'(0) = 6 \Rightarrow k \cdot 3 \cdot e^{k \cdot 0} = 6 \Rightarrow k \cdot 3 = 6 \Rightarrow k = 2$.

d) Zuerst wird wie in den vorangegangenen Aufgaben a bestimmt: $f(0) = 2 \Rightarrow a \cdot e^{k \cdot 0} = 2$ $\Rightarrow a = 2$. Dies setzt man in die zweite Aussage über die Ableitung ein, um k zu bestimmen: $f'(0) = 4 \Rightarrow k \cdot 2 \cdot e^{k \cdot 0} = 4 \Rightarrow k \cdot 2 = 4 \Rightarrow k = 2$.

e) Zuerst wird wie in den vorangegangenen Aufgaben a bestimmt: $f(0) = 5 \Rightarrow a \cdot e^{k \cdot 0} = 5$ $\Rightarrow a = 5$. Dies setzt man in die zweite Aussage ein, um k zu bestimmen: $f'(0) = 10$ $\Rightarrow k \cdot 5 \cdot e^{k \cdot 0} = 10 \Rightarrow k \cdot 5 = 10 \Rightarrow k = 2$.

5.4   **Trigonometrische Funktionen**

Eine grundlegende Sinusfunktion hat die Gleichung $f(x) = a \cdot \sin(b \cdot (x - c)) + d$.

a) Verschiebung um 3 LE nach oben: $d = +3$
Periode $p = \pi \Rightarrow b = \frac{2\pi}{p} = \frac{2\pi}{\pi} = 2$
Keine Verschiebung nach links / rechts: $c = 0$
Keine Streckung in y-Richtung: $a = 1$
Setzt man die Koeffizienten ein, erhält man als Lösung $f(x) = \sin(2x) + 3$.

b) Streckfaktor 2,5 in y-Richtung: $a = 2,5$
Periode $p = \frac{\pi}{2} \Rightarrow b = \frac{2\pi}{p} = \frac{2\pi}{\frac{\pi}{2}} = 4$
Verschiebung um 3 LE nach rechts: $c = +3$
Verschiebung um 1,5 LE nach unten: $d = -1,5$
Setzt man die Koeffizienten ein, erhält man als Lösung $f(x) = 2,5 \cdot \sin(4(x - 3)) - 1,5$.

c) Verschiebung um 2 LE nach links: $c = -2$

Verschiebung um 4 LE nach oben: $d = +4$

Streckfaktor 0,8 in y-Richtung: $a = 0,8$

Abstand zwischen zwei Hochpunkten = Periodenlänge $\Rightarrow p = 3\pi \Rightarrow b = \frac{2\pi}{p} = \frac{2\pi}{3\pi} = \frac{2}{3}$

Setzt man die Koeffizienten ein, erhält man als Lösung $f(x) = 0,8\sin\left(\frac{2}{3} \cdot (x+2)\right) + 4$.

d) Verschiebung um 1 LE nach rechts: $c = +1$

Verschiebung um 2 LE nach unten: $d = -2$

Streckfaktor 1,7 in y-Richtung: $a = 1,7$

Abstand zwischen zwei Wendepunkten = halbe Periodenlänge $= \frac{\pi}{2} \Rightarrow p = 2 \cdot \frac{\pi}{2} = \pi$

$\Rightarrow b = \frac{2\pi}{p} = \frac{2\pi}{\pi} = 2$

Setzt man die Koeffizienten ein, erhält man als Lösung $f(x) = 1,7\sin(2 \cdot (x-1)) - 2$.

e) Streckfaktor 2 in y-Richtung: $a = 2$

Verschiebung um 3 LE nach unten: $d = -3$

Keine Verschiebung links/ rechts: $c = 0$

Ansatz: $f(x) = 2 \cdot \sin(b \cdot x) - 3$

Da $P(1 \mid -1)$ auf der Kurve liegt, gilt: $f(x) = -1$ also $2 \cdot \sin(b \cdot 1) - 3 = -1 \Rightarrow \sin b = 1$.

Mögliche Lösung: $b = \frac{\pi}{2} \Rightarrow p = \frac{2\pi}{b} = \frac{2\pi}{\frac{\pi}{2}} = 4$.

Die gesuchte Periode ist $p = 4$.

6   Graphische Differentiation

6.1   Schaubild der Ableitungsfunktion, Aussagen bewerten

6.1.1 f_1 bis f_4

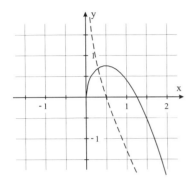

f_1

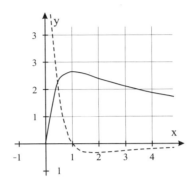

f_2

Extremwert:	$x = 0,5$	$\Rightarrow f'(0,5) \approx 0$
Punkt 1:	$x = 0,75$	$\Rightarrow f'(0,75) \approx -\frac{1}{2}$
Punkt 2:	$x = 1,5$	$\Rightarrow f'(1,5) \approx -2$

Punkt 1:	$x = 0,5$	$\Rightarrow f'(0,5) \approx 2$
Extremwert:	$x \approx 1$	$\Rightarrow f'(1) = 0$
Wendepunkt:	$x \approx 2,2$	$\Rightarrow f'(2,2) \approx -\frac{1}{3}$

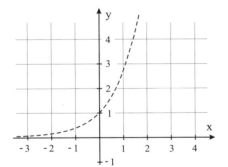

f_3

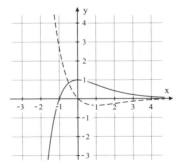

f_4

Punkt 1:	$x = -1$	$\Rightarrow f'(-1) \approx \frac{1}{3}$
Punkt 2:	$x = 0$	$\Rightarrow f'(0) \approx 1$
Punkt 3:	$x = 1$	$\Rightarrow f'(1) \approx 3$

Punkt 1:	$x = -1$	$\Rightarrow f'(-1) \approx 2$
Extremwert:	$x = 0$	$\Rightarrow f'(0) = 0$
Wendepunkt:	$x \approx 1$	$\Rightarrow f'(1) \approx -\frac{1}{3}$

Bewertung der Aussagen: f' hat bei x = 1 ein relatives Maximum $\cancel{f}_1$ $\cancel{f}_2$ $\cancel{f}_3$ $\cancel{f}_4$

f' ist für $x > 0$ monoton fallend f_1 $\cancel{f}_2$ $\cancel{f}_3$ $\cancel{f}_4$

f' ist für $x > 0$ monoton steigend $\cancel{f}_1$ $\cancel{f}_2$ f_3 $\cancel{f}_4$

f' ist für $x > 1$ negativ f_1 f_2 $\cancel{f}_3$ f_4

6.1.2 f_5 bis f_8

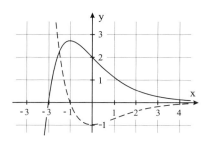

f_5

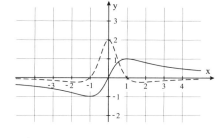

f_6

Punkt 1:	$x = -2$	$\Rightarrow f'(-2) \approx 4{,}5$
Extremwert:	$x = -1$	$\Rightarrow f'(-1) = 0$
Wendepunkt:	$x = 0$	$\Rightarrow f'(0) \approx -1$
Punkt 3:	$x = 2$	$\Rightarrow f'(2) \approx -\frac{1}{3}$

Wendepunkte:	$x = \pm 2$	$\Rightarrow f'(\pm 2) \approx -\frac{1}{3}$
Extremwert:	$x = -1$	$\Rightarrow f'(-1) = 0$
Wendepunkt:	$x = 0$	$\Rightarrow f'(0) \approx 2$
Extremwert:	$x = 1$	$\Rightarrow f'(1) = 0$

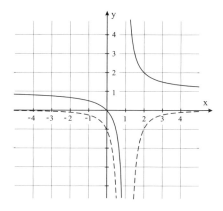

f_7 f_8

Wendepunkt:	$x = -1$	$\Rightarrow f'(-1) \approx 1$	Punkt 1:	$x = -1$	$\Rightarrow f'(-1) \approx -\frac{1}{4}$
Extrempunkt:	$x = 0$	$\Rightarrow f'(0) = 0$	Punkt 2:	$x = 0$	$\Rightarrow f'(0) = -1$
Wendepunkt:	$x = 1$	$\Rightarrow f'(1) \approx -1$	Punkt 3:	$x = 1,5$	$\Rightarrow f'(1,5) \approx -4$
Punkt 1:	$x = 2$	$\Rightarrow f'(2) \approx -\frac{1}{3}$	Punkt 4:	$x = 3$	$\Rightarrow f'(3) \approx -\frac{1}{3}$

Bewertung der Aussagen:

$f'(x) < 0$ $\cancel{f_5}$ $\cancel{f_6}$ $\cancel{f_7}$ f_8

$f''(0) = 0$ f_5 f_6 $\cancel{f_7}$ $\cancel{f_8}$

$f'(1) = f'(-1)$ $\cancel{f_5}$ f_6 $\cancel{f_7}$ $\cancel{f_8}$

6.2 Aussagen über die Funktion bei gegebener Ableitungsfunktion treffen

Aufgabe I

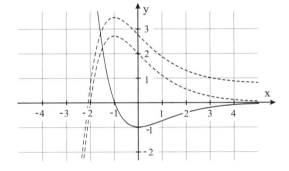

- Ableitung $f'(x)$: ———

- Mögliche Funktionen $f(x)$: - - -

- Die Funktion ist in Bezug auf Verschiebungen in y-Richtung nicht festgelegt.

a) Antwort: nein, die Ableitungskurve hat an dieser Stelle einen Extrempunkt, daher hat das Schaubild der Funktion für $x = 0$ einen Wendepunkt.

b) Antwort: ja, die Ableitungskurve hat an dieser Stelle eine Nullstelle und einen Vorzeichenwechsel. Dies bedeutet, dass das Schaubild der Funktion einen Extrempunkt für $x = -1$ besitzt. Da die Tangenten in Extrempunkten immer waagerecht sind (Steigung $= 0$), ist die Aussage richtig.

c) Antwort: nein, die Kurve der Ableitung hat an der Stelle $x = 0$ einen Tiefpunkt. Das bedeutet, dass das Schaubild der Funktion f an dieser Stelle einen Wendepunkt besitzt.

d) Antwort: unentscheidbar, die Stammfunktion ist in Bezug auf eine Verschiebung in y-Richtung unbestimmt, da das absolute Glied nicht gegeben ist.

Aufgabe II

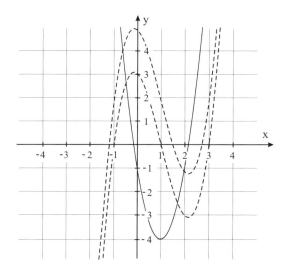

- Ableitung $f'(x)$: ——

- Mögliche Funktionen $f(x)$: - - -

- Die Funktion ist in Bezug auf Verschiebungen in y-Richtung nicht festgelegt.

a) Antwort: nein, das Schaubild der angegebenen Ableitungsfunktion f' hat an dieser Stelle einen Tiefpunkt. Das bedeutet, dass das Schaubild der Funktion f für $x = 1$ einen Wendepunkt besitzt.

b) Antwort: ja, das Schaubild der Ableitungsfunktion hat für $x \approx -0{,}2$ eine Nullstelle. Zusätzlich wechselt das Vorzeichen von f' von $+$ nach $-$ (die Steigung war erst positiv und ist nun negativ): Es liegt ein Hochpunkt vor.

c) Antwort: ja, da es sich bei der Ableitungsfunktion um eine Parabel handelt, muss die Funktion f eine ganzrationale Funktion genau 3. Grades sein.

d) Antwort: ja, die Gerade $y = 2x$ hat die Steigung 2. Die Funktionswerte der angegebenen Ableitungsfunktion f' geben in jedem Punkt die Steigung der Funktion f an. Die Ableitungsfunktion hat für $x \approx 2{,}4$ den Wert $f'(2{,}4) = 2$. Daher ist die Tangente parallel zur Geraden $y = 2x$.

Aufgabe III

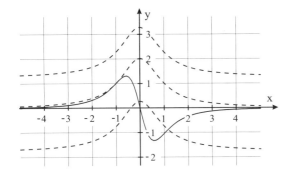

- Ableitung $f'(x)$: ———

- Mögliche Funktionen $f(x)$: - - -

- Die Funktion ist in Bezug auf Verschiebungen in y-Richtung nicht festgelegt.

a) Antwort: ja, bei $x = 0$ wechselt f' das Vorzeichen von $+$ nach $-$ $\Rightarrow$ Das Schaubild von f hat bei $x = 0$ einen Hochpunkt. Das gezeichnete Schaubild der Ableitungsfunktion ist ursprungssymmetrisch, damit unterscheiden sich die Steigungswerte rechts und links der y-Achse nur durch ihr Vorzeichen und das Schaubild von f ist y-achsensymmetrisch.

b) Antwort: unentscheidbar, die Funktion lässt sich nur bis auf eine Konstante genau bestimmen, daher kann das Schaubild nach oben oder unten verschoben sein.

c) Antwort: nein, die angegebene Ableitungsfunktion f' hat für $x = 0$ zwar eine Nullstelle, es handelt sich aber um einen Hochpunkt des Schaubilds von f, da an der Nullstelle ein Vorzeichenwechsel von $+$ nach $-$ stattfindet.

d) Antwort: nein, die gezeichnete Ableitungsfunktion f' hat nur eine Nullstelle mit Vorzeichenwechsel. Daher besitzt das Schaubild von f genau einen Extrempunkt.

6.3   Allgemeines Verständnis von Schaubildern

a) Das Schaubild der Stammfunktion hat im Punkt $P(x_0 \mid F(x_0))$ einen Wendepunkt. Begründung: Die erste Ableitung von $F(x)$ hat für $x = x_0$ eine Extremstelle und die dritte Ableitung von F (zweite Ableitung von f) ist ungleich Null.

b) Das Schaubild der Funktion hat in $W(1 \mid 3)$ einen Wendepunkt, da die 2. Ableitung im fraglichen Punkt gleich Null und die 3. Ableitung ungleich Null ist.

c) Das Schaubild hat im Punkt $(3 \mid 4)$ einen Hochpunkt, da die 1. Ableitung $= 0$ und die 2. Ableitung im entsprechenden Punkt kleiner als Null ist.

d) Das Schaubild hat im Punkt $(2 \mid 1)$ einen Sattelpunkt, da dort sowohl die 1. als auch die 2. Ableitung gleich Null und die 3. Ableitung von f ungleich Null sind.

7 Kurvendiskussion und Interpretation von Kurven

7.1 Interpretation von Schaubildern

Aufgabe I

a) Besondere Punkte im Schaubild sind alle Punkte, an denen sich die Steigung der Kurve stark ändert. Dies ist zuerst am Anfang ($t = 0$), dann nach ca. 10 Tagen der Fall, wenn die Kurve waagerecht wird. Der nächste besondere Punkt ist nach ca. 40 Tagen: die Kurve steigt wieder an. Der letzte wichtige Punkt kommt bei ca. 60 Tagen: Die Anzahl der verkauften Artikel steigt fast nicht mehr an.

b) Keine! Die y-Achse gibt die Absolutanzahl der verkauften Artikel an (und nicht die verkauften Artikel pro Tag). Da die Kurve in der Zeit zwischen der 3. und 4. Woche waagerecht verläuft, sind keine Artikel verkauft worden.

c) Nach 40 Tagen hat die Firma ca. 150 Artikel verkauft, nach 60 Tagen ca. 680. Um die durchschnittliche Verkaufszahl zu ermitteln, berechnet man den Durchschnitt: $\frac{680-150}{60-40} = \frac{530}{20} = 26{,}5$. Soweit sich die Zahlen an der Kurve genau ablesen lassen, hat die Firma in der Zeit vom 40. bis zum 60. Tag durchschnittlich 27 Artikel pro Tag verkauft.

d) Man legt eine Hilfsgerade durch die Kurve, die der Steigung des 50. Tages entspricht. Die Steigung dieser Gerade ermittelt man durch «Abzählen»: $m \approx \frac{780}{20} = 39$. Also ist die Verkaufsrate am 50. Tag ca. 39 Artikel pro Tag.

e) Die Zukunftsprognose ist eher schlecht, da die Kurve sich der 800-Artikel-Marke nur sehr langsam annähert. In der Zeit zwischen dem 65. und dem 130. Tag wurden fast keine Artikel mehr verkauft.

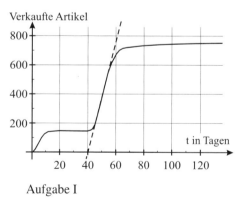

Aufgabe I

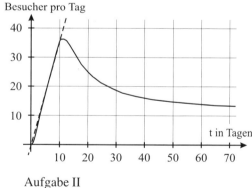

Aufgabe II

Aufgabe II

a) Besondere Punkte im Schaubild der Funktion sind die Punkte, an denen sich die Steigung der Kurve stark ändert. In dieser Aufgabe betrifft dies vor allem den Bereich zwischen 10

und 12 Tagen, da hier die Anzahl der Besucher pro Tag nicht mehr zunimmt, sondern kurz
stagniert, um dann abzunehmen.

Auch die Punkte zwischen 12 und 60 Tagen könnten als «besondere» Punkte bezeichnet
werden: Die Steigung verändert sich auch hier, die Abnahme der Besucherzahlen ist nicht
mehr so stark wie am Anfang, sondern langsamer.

b) Der Bereich um $t = 11$ sind die Tage, an denen die Ausstellung am besten besucht war.

c) Um genau herauszufinden, wie viele Besucher die Ausstellung in den ersten 10 Tagen besucht haben, müsste man die Kurve integrieren. Ohne eine Kenntnis des Funktionsterms ist
   dies aber nicht ohne weiteres möglich. Da die Kurve am Anfang aber fast gerade verläuft,
   kann man sie durch eine Gerade mit der Steigung $m = \frac{35}{10} \approx 3,5$ annähern. Die Gesamt-
   besucherzahl entspricht der Fläche unter dieser Geraden. Diese Fläche kann man mit der
   Dreiecksflächenformel ausrechnen: $A = \frac{1}{2} \cdot 10 \cdot 35 = 175$ FE. Das bedeutet, dass in den ersten 10 Tagen ca. 175 Besucher die Ausstellung gesehen haben (alternativ könnte man auch
   die Gleichung der Gerade aufstellen: $y = 3,5x$ und diese in den Grenzen $t = 0$ und $t = 10$
   integrieren).

d) Nach 80 Tagen kann man ca. 12 Besucher pro Tag erwarten. Die tägliche Besucherzahl
   nähert sich dem Wert 10 asymptotisch an.

Aufgabe III

a) Die Werbeaktion mit den Flyern wurde wahrscheinlich in der ersten Woche durchgeführt,
   die Fernsehspots ab Mitte der 2. Woche gesendet (diese Werte müssen Schätzungen bleiben,
   da nicht bekannt ist, wie lange die Werbeaktionen durchgeführt wurden).

b) Das Schaubild der Funktion besitzt für $t = 1$ eine lokale Extremstelle (ein lokales Maximum). Ein lokales Maximum ist nur auf eine Umgebung um t bezogen ein Maximum. Das
   Maximum für $t = 4$ hingegen ist ein globales Maximum. An der Stelle $t = 2$ besitzt die
   Funktion ein lokales Mimimum. Auch dieses Minimum ist nur in Bezug auf die Umge-
   bung von t ein Minimum. Der Punkt P(0 | 0) ist ein Randminimum, da er am Rand des in
   der Zeichnung angegebenen Intervalls liegt.

c) Funktionen, die keine lokalen Extremstellen besitzen, sind Geraden wie $f(x) = x$ oder
   $f(x) = 2x + 1$. Auch die e-Funktion $f(x) = e^x$ oder einige gebrochenrationale Funktionen
   wie $f(x) = \frac{1}{x}$ besitzen keine lokalen Extremstellen.

7.2 Funktionenscharen / Funktionen mit Parameter

a)   I) Es handelt sich bei den Schaubildern von f_t um parallele Geraden mit der Steigung $m = \frac{1}{2}$, die je nach Wert von t entlang der y-Achse verschoben werden (siehe Zeichnung).

   II) Der Punkt $P_1(2 \mid 3)$ wird in die Gleichung eingesetzt und liefert $3 = \frac{1}{2} \cdot 2 + t$. Umstellen nach t ergibt $t = 2$. Die gesuchte Funktion ist damit $f_2(x) = \frac{1}{2}x + 2$.
   Der Punkt $P_2(1 \mid 2)$ wird in die Gleichung eingesetzt und liefert $2 = \frac{1}{2} \cdot 1 + t$. Umstellen nach t ergibt $t = \frac{3}{2}$. Die gesuchte Funktion ist damit $f_{\frac{3}{2}}(x) = \frac{1}{2}x + \frac{3}{2}$.

b)   I) Es handelt sich bei den Schaubildern von f_t um Geraden, die alle durch den Punkt $(0 \mid 2)$ gehen (siehe Zeichnung).

   II) Der Punkt $P_1(1 \mid 5)$ wird in die Gleichung eingesetzt und liefert $5 = t \cdot 1 + 2$. Umstellen nach t ergibt $t = 3$. Die gesuchte Funktion ist damit $f_3(x) = 3x + 2$.
   Der Punkt $P_2(1 \mid 1,5)$ wird in die Gleichung eingesetzt und liefert $1,5 = t \cdot 1 + 2$. Umstellen nach t ergibt $t = -\frac{1}{2}$. Die gesuchte Funktion ist damit $f_{-\frac{1}{2}}(x) = -\frac{1}{2}x + 2$.

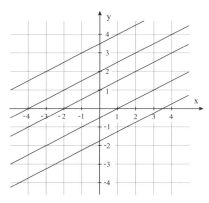   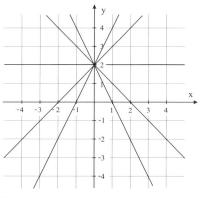

Kurvenschar a)   Kurvenschar b)

c)   I) Es handelt sich bei den Schaubildern von f_t um Geraden, die alle durch den Punkt $(2 \mid 0)$ gehen. Man kann dies an der Funktion sehen, wenn man t ausklammert: $f_t(x) = tx - 2t = t(x - 2)$. Es handelt sich um eine gegenüber der Geraden $y = t \cdot x$ um 2 LE nach rechts verschobene Gerade (siehe Zeichnung).

   II) Der Punkt $P_1(3 \mid 2)$ wird in die Gleichung eingesetzt und liefert $2 = t \cdot 3 - 2 \cdot t$. Umstellen nach t ergibt $t = 2$. Die gesuchte Funktion ist damit $f_2(x) = 2x - 4$.
   Der Punkt $P_2(1 \mid \frac{1}{2})$ wird in die Gleichung eingesetzt und liefert $\frac{1}{2} = t \cdot 1 - 2 \cdot t$. Umstellen nach t ergibt $t = -\frac{1}{2}$. Die gesuchte Funktion ist damit $f_{-\frac{1}{2}}(x) = -\frac{1}{2}x + 1$.

d)   I) Es handelt sich bei den Schaubildern von f_t um Parabeln, die symmetrisch zur y-Achse sind. Je nach Wert von t sind die Parabeln «gestreckt» oder «gestaucht». Für positive Werte von t sind die Parabeln nach oben geöffnet, für negative Werte sind sie nach unten geöffnet (siehe Zeichnung).

II) Der Punkt $P_1(2 \mid 2)$ wird in die Gleichung eingesetzt und liefert $2 = t \cdot 2^2$. Umstellen nach t ergibt $t = \frac{1}{2}$. Die gesuchte Funktion damit $f_{\frac{1}{2}}(x) = \frac{1}{2}x^2$.

Der Punkt $P_2(-1 \mid -2)$ wird in die Gleichung eingesetzt und liefert $-2 = t \cdot (-1)^2$. Umstellen nach t ergibt $t = -2$. Die gesuchte Funktion ist damit $f_{-2}(x) = -2x^2$.

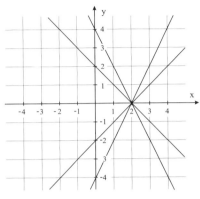

Kurvenschar c)

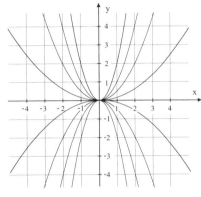

Kurvenschar d)

e) Die Ableitungen der Funktionen sind:

$f(x) = -x^2 + 2 \Rightarrow f'(x) = -2x$

$g_t(x) = tx^2 - 1 \Rightarrow g_t'(x) = 2tx$

Damit die Schaubilder der Funktionen im Schnittpunkt aufeinander senkrecht stehen, müssen folgende Gleichungen gelten:

$$\begin{array}{rcl}
\text{I} \qquad f(x) & = & g_t(x) \\
\text{II} \qquad f'(x) \cdot g_t'(x) & = & -1
\end{array}$$

Dabei ist Gleichung I die Gleichung für den Schnittpunkt und Gleichung II die Orthogonalitätsbedingung. Setzt man die Funktionen bzw. die Ableitungen ein, führt dies zu:

$$\begin{array}{rclcrcl}
\text{Ia} \quad -x^2 + 2 & = & tx^2 - 1 & \Rightarrow & x^2 & = & \frac{3}{t+1} \\
\text{IIa} \quad -2x \cdot 2tx & = & -1 & \Rightarrow & -4tx^2 & = & -1
\end{array}$$

Nun setzt man Gleichung Ia in Gleichung IIa ein: $-4t \cdot \frac{3}{t+1} = -1$. Auflösen nach t ergibt $t = \frac{1}{11}$. Die beiden Kurven stehen also für $t = \frac{1}{11}$ im Schnittpunkt senkrecht aufeinander.

f) Die Ableitungen sind:

$f(x) = 2x^2 \Rightarrow f'(x) = 4x$

$g_t(x) = -tx^2 + 4 \Rightarrow g_t'(x) = -2tx$

Damit die Schaubilder der Funktionen im Schnittpunkt aufeinander senkrecht stehen, müssen folgende Gleichungen gelten:

$$\begin{aligned} \text{I} \qquad f(x) &= g_t(x) \\ \text{II} \qquad f'(x) \cdot g_t{'}(x) &= -1 \end{aligned}$$

Dabei ist Gleichung I die Gleichung für den Schnittpunkt und Gleichung II die Orthogonalitätsbedingung. Setzt man die Funktionen bzw. die Ableitungen ein, führt dies zu:

$$\begin{aligned} \text{Ia} \qquad 2x^2 &= -tx^2 + 4 &\Rightarrow \qquad x^2 &= \tfrac{4}{t+2} \\ \text{IIa} \qquad 4x \cdot (-2)tx &= -1 &\Rightarrow \qquad -8tx^2 &= -1 \end{aligned}$$

Nun setzt man Gleichung Ia in Gleichung IIa ein: $-8t \cdot \frac{4}{t+2} = -1$. Auflösen nach t ergibt $t = \frac{2}{31}$. Die beiden Kurven stehen also für $t = \frac{2}{31}$ im Schnittpunkt senkrecht aufeinander.

7.3 Elemente der Kurvendiskussion

a) $f(x) = x^2 \cdot e^x$, Ableiten (Produktregel) und Ausklammern ergibt: $f'(x) = (x^2 + 2x) \cdot e^x$. Erneutes Ableiten (Produktregel) und Ausklammern ergibt: $f''(x) = (x^2 + 4x + 2) \cdot e^x$. Einsetzen von $x = 0$: $f'(0) = (0^2 + 2 \cdot 0)e^0 = 0 \Rightarrow$ die Funktion hat einen Extremwert für $x = 0$. Überprüfen in $f''(x)$: $f''(0) = (0^2 + 4 \cdot 0 + 2)e^0 = 2$, es ist $2 > 0 \Rightarrow$ Es handelt sich um ein Minimum.

b) Nein, die Kurve berührt die x-Achse nur, da es sich bei dem Punkt $P(x_0 \mid 0)$ um einen Hochpunkt handelt.

c) Die Steigung ist kleiner als Null für x-Werte, die etwas kleiner sind als x_0 («links» von x_0) und größer als Null für x-Werte, die größer sind als x_0 («rechts» von x_0). Der nächstfolgende Extremwert (falls existent) einer ganzrationalen Funktion muss ein Maximum sein.

d) Das Schaubild der Stammfunktion von f hat an der Stelle x_0 einen Extrempunkt oder einen Sattelpunkt. (Ausnahme: $f : x \mapsto y = 0$. Eine mögliche Stammfunktion wäre $F(x) = 3$. Es ist $f(2) = 0$, $(2 \mid 3)$ ist aber kein Extrempunkt und kein Sattelpunkt.)

e) Da die Funktion f mit $f(x) = \frac{1}{x^2} + 3$ nur gerade Exponenten enthält, erfüllt sie das Kriterium für y-Achsensymmetrie: $f(-x) = \frac{1}{(-x)^2} + 3 = \frac{1}{x^2} + 3 = f(x)$.

f) Da die Funktion f mit $f(x) = 3x^5 - 7{,}2x^3 + x$ nur ungerade Exponenten enthält, erfüllt sie das Kriterium für Punktsymmetrie zum Ursprung: $f(-x) = 3 \cdot (-x)^5 - 7{,}2 \cdot (-x)^3 + (-x)$ $= -3x^5 + 7{,}2x^3 - x = -\left(3x^5 - 7{,}2x^3 + x\right) = -f(x)$.

g) $f(x) = 3x^3 + 4$, Ableiten ergibt $f'(x) = 9x^2$, $f''(x) = 18x$, $f'''(x) = 18$. Einsetzen von $x = 0$: $f'(0) = 0$. Außerdem hat $f'(x)$ bei $x = 0$ keinen Vorzeichenwechsel $\Rightarrow$ das Schaubild der Funktion besitzt einen Sattelpunkt in $(0 \mid 4)$.

h) $\lim_{x\to\infty}\left(x^2\cdot e^{-x}+1\right)=\lim_{x\to\infty}x^2\cdot e^{-x}+\lim_{x\to\infty}1$.

Es ist: $\lim_{x\to\infty}x^2\cdot e^{-x}=0$ und $\lim_{x\to\infty}1=1$.

Damit ist $y=1$ die Asymptote der Funktion für $x\to\infty$.

i) Es ist: $f(x)=\frac{1}{4}x^4-x^3+4x-2$, $f'(x)=x^3-3x^2+4$, $f''(x)=3x^2-6x$, $f'''(x)=6x-6$

Einsetzen von $x=2$: $f'(2)=0$, $f''(2)=0$, $f'''(2)=6\neq0$. Der Punkt $(2\,|\,2)$ ist daher ein Sattelpunkt und kein Tiefpunkt.

j) Eine Polstelle bei einer gebrochenrationalen Funktion ist eine Nullstelle des Nenners, die (nach Kürzung aller Linearfaktoren) nicht gleichzeitig Nullstelle des Zählers ist. Der Nenner besitzt eine Nullstelle für $x=1$. An dieser Stelle ist der Zähler ungleich Null. Also handelt es sich um eine Polstelle.

k) Es ist $f'(x)=2xe^{-x}+x^2\cdot e^{-x}\cdot(-1)=\left(2x-x^2\right)e^{-x}$.

Bei Punkten mit waagerechter Tangente ist $f'(x)=0$, also $\left(2x-x^2\right)e^{-x}=0\Rightarrow x_1=0$ und $x_2=2$. Um die y-Werte zu erhalten, setzt man die x-Werte in $f(x)$ ein: $y_1=0^2e^{-0}=0$ und $y_2=2^2e^{-2}=4e^{-2}\Rightarrow\mathrm{P}_1(0\,|\,0)$ und $\mathrm{P}_2\left(2\,|\,4e^{-2}\right)$. Die Steigung zwischen den zwei Punkten ist $m=\frac{y_2-y_1}{x_2-x_1}=\frac{4e^{-2}-0}{2-0}=2\cdot e^{-2}$. Eingesetzt in die Punkt-Steigungsform $y-y_1=m\cdot(x-x_1)$ ergibt sich $y-0=2e^{-2}\cdot(x-0)$, also hat die Gerade die Gleichung $y=2e^{-2}\cdot x$.

l) Es ist $f'(x)=1e^{-x}+x\cdot e^{-x}\cdot(-1)=(1-x)e^{-x}$.

$f''(x)=-1e^{-x}+(1-x)e^{-x}\cdot(-1)=(x-2)e^{-x}$.

$f'''(x)=1e^{-x}+(x-2)e^{-x}\cdot(-1)=(3-x)e^{-x}$.

Setzt man $f''(x)=0$, so erhält man $(x-2)e^{-x}=0\Rightarrow x=2$.

Setzt man $x=2$ in $f'''(x)$ ein, so ergibt sich $f'''(2)=(3-2)e^{-2}\neq0$, also existiert genau ein Wendepunkt $\mathrm{W}\left(2\,|\,2e^{-2}\right)$.

m) Es ist $f'(x)=g'(x)e^{-x}+g(x)e^{-x}\cdot(-1)=(g'(x)-g(x))e^{-x}$.

Bei Punkten mit waagerechter Tangente ist $f'(x)=0$, also $(g'(x)-g(x))e^{-x}=0$ bzw. $g'(x)-g(x)=0$. Dies ist eine quadratische Gleichung, da $g'(x)$ 1. Grades und $g(x)$ 2. Grades ist. (Somit ist $g'(x)-g(x)$ 2. Grades.) Eine quadratische Gleichung hat maximal zwei Lösungen, also hat das Schaubild von f maximal zwei Punkte mit waagerechter Tangente.

7.4 Tangenten und Normalen

a) Aus $f(x)=x^2-4x+2$ folgt: $f'(x)=2x-4$. Für die Steigung m_t der Tangente im Punkt x_0 gilt: $m_t=f'(x_0)$. Damit ist die Tangente in $\mathrm{P}(1\,|\,-1)$: $m_t=f'(1)=2\cdot1-4=-2$. Setzt man $\mathrm{P}(1\,|\,-1)$ und $m_t=-2$ in die Punkt-Steigungsform $y-y_1=m\cdot(x-x_1)$ einer Geraden ein, so erhält man $y-(-1)=-2\cdot(x-1)$ und damit die Tangentengleichung $t:\;y=-2x+1$. Für die Normalensteigung m_n gilt: $m_n=-\frac{1}{m_t}=-\frac{1}{-2}=\frac{1}{2}$. Setzt man P und m_n in die Punkt-Steigungsform ein, so erhält man $y-(-1)=\frac{1}{2}\cdot(x-1)$ und damit die Normalengleichung $n:\;y=\frac{1}{2}x-\frac{3}{2}$.

b) Aus $f(x) = x^3 + x + 1$ folgt: $f'(x) = 3x^2 + 1$, $f''(x) = 6x$ und $f'''(x) = 6$. Um den Wendepunkt zu bestimmen, wird die 2. Ableitung gleich Null gesetzt: $f''(x) = 6x = 0 \Rightarrow x_W = 0$. Probe in f''' ergibt $f'''(0) = 6 \neq 0$, es handelt sich also um einen Wendepunkt. Der y-Wert wird bestimmt, indem man $x_W = 0$ in $f(x)$ einsetzt, was zu $W(0 \mid 1)$ führt.

Die Tangentensteigung in W ist $m_t = f'(0) = 1$. Setzt man $W(0 \mid 1)$ und $m_t = 1$ in die Punkt-Steigungsform ein, so erhält man $y - 1 = 1 \cdot (x - 0)$ und damit die Tangentengleichung $t: y = x + 1$. Für die Normalensteigung m_n gilt: $m_n = -\frac{1}{m_t} = -\frac{1}{1} = -1$. Setzt man $W(0 \mid 1)$ und $m_n = -1$ in die Punkt-Steigungsform ein, so erhält man $y - 1 = -1 \cdot (x - 0)$ und damit die Normalengleichung $n: y = -x + 1$.

c) I) Da die Steigung der Tangente schon angegeben ist, muss zuerst der Punkt P bestimmt werden, in dem die Tangente die Kurve berührt: In diesem Punkt soll die Steigung der Kurve gleich -2 sein. Daher setzt man die 1. Ableitung gleich -2. Es ist $f(x) = x^2 + 4x - 3$ und $f'(x) = 2x + 4$. Gleichsetzen der 1. Ableitung: $f'(x) = 2x + 4 = -2 \Rightarrow x_P = -3$. Durch Einsetzen in $f(x)$ wird die y-Koordinate des Punktes bestimmt. Damit ist der gesuchte Punkt $P(-3 \mid -6)$. Setzt man $P(-3 \mid -6)$ und $m_t = -2$ in die Punkt-Steigungsform ein, so erhält man $y - (-6) = -2 \cdot (x - (-3))$ und damit die Tangentengleichung $t: y = -2x - 12$.

II) Da die Tangente orthogonal zu der angegebenen Geraden g ist, gilt für ihre Steigung $m_t = -\frac{1}{m_g}$, die Steigung der Tangente ist damit $m_t = -\frac{1}{-\frac{1}{3}} = 3$. Nun muss der Punkt P bestimmt werden, in dem die Tangente die Kurve berührt: Da in diesem Punkt die Steigung der Kurve gleich 3 sein muss, setzt man die 1. Ableitung gleich 3 und löst nach x auf: $f'(x) = 2x + 4 = 3 \Rightarrow x_P = -\frac{1}{2}$. Durch Einsetzen in $f(x)$ wird die y-Koordinate des Punktes bestimmt. Damit ist der gesuchte Punkt $P\left(-\frac{1}{2} \mid -\frac{19}{4}\right)$. Setzt man $P\left(-\frac{1}{2} \mid -\frac{19}{4}\right)$ und $m_t = 3$ in die Punkt-Steigungsform ein, so erhält man $y - \left(-\frac{19}{4}\right) = 3 \cdot \left(x - \left(-\frac{1}{2}\right)\right)$ und damit die Tangentengleichung $t: y = 3x - \frac{13}{4}$.

III) Da die Tangente parallel zur angegebenen Geraden ist und die Tangentensteigung damit gleich groß ist wie die Geradensteigung, muss zuerst der Punkt P bestimmt werden, in dem die Tangente die Kurve berührt: In diesem Punkt ist die Steigung gleich 4. Daher setzt man die 1. Ableitung gleich 4: $f'(x) = 2x + 4 = 4 \Rightarrow x_P = 0$. Durch Einsetzen in $f(x)$ wird der y-Wert des Punktes bestimmt. Damit ist der gesuchte Punkt $P(0 \mid -3)$. Setzt man $P(0 \mid -3)$ und $m_t = 4$ in die Punkt-Steigungsform ein, so erhält man $y - (-3) = 4 \cdot (x - 0)$ und damit die Tangentengleichung $t: y = 4x - 3$.

d) I) Da die Tangente parallel ist zur angegebenen Gerade, ist die Tangentensteigung m_t gleich groß wie die Geradensteigung, welche man mit Hilfe der Punkte $A(0 \mid 3)$ und $B(-4 \mid 7)$ bestimmt: $m_g = \frac{y_2 - y_1}{x_2 - x_1} = \frac{7 - 3}{-4 - 0} = \frac{4}{-4} = -1$.

Als nächstes muss der Punkt P bestimmt werden, in dem die Tangente die Kurve berührt: In diesem Punkt soll die Steigung der Kurve gleich -1 sein. Daher setzt man die 1. Ableitung gleich -1. Es ist $f(x) = 2x^2 - 5x + 1$ und $f'(x) = 4x - 5$. Gleichsetzen der 1. Ableitung: $f'(x) = 4x - 5 = -1 \Rightarrow x_P = 1$.

Durch Einsetzen in $f(x)$ wird die y-Koordinate des Punktes bestimmt. Damit ist der gesuchte Punkt: $P(1 \mid -2)$. Setzt man $P(1 \mid -2)$ und $m_t = -1$ in die Punkt-Steigungs-form ein, so erhält man $y - (-2) = -1 \cdot (x - 1)$ und damit die Tangentengleichung $t: y = -x - 1$.

II) Da die Normale parallel ist zur angegebenen Geraden, ist die Normalensteigung m_n gleich groß wie die Geradensteigung, also $m_n = -\frac{1}{3}$. Da Tangente und Normale senk-recht aufeinander stehen, gilt: $m_t = -\frac{1}{m_n} = -\frac{1}{-\frac{1}{3}} = 3$.

Als nächstes muss der Punkt P bestimmt werden, in dem die Tangente die Kurve be-rührt: In diesem Punkt soll die Steigung der Kurve gleich 3 sein. Daher setzt man die 1. Ableitung gleich 3. Es ist $f(x) = 2x^2 - 5x + 1$ und $f'(x) = 4x - 5$. Gleichsetzen der 1. Ableitung: $f'(x) = 4x - 5 = 3 \Rightarrow x_P = 2$.

Durch Einsetzen in $f(x)$ wird die y-Koordinate des Punktes bestimmt. Damit ist der gesuchte Punkt: $P(2 \mid -1)$. Setzt man $P(2 \mid -1)$ und $m_n = -\frac{1}{3}$ in die Punkt-Steigungs-form ein, so erhält man $y - (-1) = -\frac{1}{3} \cdot (x - 2)$ und damit die Normalengleichung $n: y = -\frac{1}{3}x - \frac{1}{3}$.

III) Da die Normale orthogonal zur angegebenen Geraden ist und auch zur Tangente t, ist t parallel zur angegebenen Geraden, damit ist die Tangentensteigung m_t gleich groß wie die Geradensteigung $m_g = 7$. Als nächstes muss der Punkt P bestimmt werden, in dem t die die Kurve berührt: In diesem Punkt soll die Steigung der Kurve gleich 7 sein. Daher setzt man die 1. Ableitung gleich 7. Es ist $f(x) = 2x^2 - 5x + 1$ und $f'(x) = 4x - 5$. Gleichsetzen der 1. Ableitung: $f'(x) = 4x - 5 = 7 \Rightarrow x_P = 3$.

Durch Einsetzen in $f(x)$ wird die y-Koordinate des Punktes bestimmt. Damit ist der gesuchte Punkt: $P(3 \mid 4)$. Setzt man $P(3 \mid 4)$ und $m_n = -\frac{1}{7}$ in die Punkt-Steigungsform ein, so erhält man $y - 4 = -\frac{1}{7} \cdot (x - 3)$ und damit die Normalengleichung $n: y = -\frac{1}{7}x + \frac{31}{7}$.

e) I) Die Tangente berührt die Kurve in einem noch unbekannten Punkt $B(u \mid f(u))$ bzw. $B(u \mid u^2 - 2u + 3)$. Die Tangentensteigung in diesem Punkt bestimmt man mit Hilfe der 1. Ableitung und Einsetzen von u: Es ist $f(x) = x^2 - 2x + 3$ und $f'(x) = 2x - 2$. Somit gilt: $m_t = f'(u) = 2u - 2$. Setzt man $B(u \mid f(u))$ und $m_t = f'(u)$ in die Punkt-Steigungsform ein, so erhält man als Tangentengleichung in Abhängigkeit von u: $y - f(u) = f'(u) \cdot (x - u)$ bzw. $t: y - (u^2 - 2u + 3) = (2u - 2) \cdot (x - u)$.

Da $P(0 \mid -6)$ auf der Tangente liegt, kann man diesen in die Tangentengleichung einsetzen: $-6 - (u^2 - 2u + 3) = (2u - 2) \cdot (0 - u)$ bzw. $u^2 = 9 \Rightarrow u_1 = 3 \quad u_2 = -3$. Setzt man u_1 bzw. u_2 in $B(u \mid f(u))$ ein, so erhält man $B_1(3 \mid 6)$ und $B_2(-3 \mid 18)$. Setzt man u_1 bzw. u_2 in die Tangentengleichung ein, so erhält man $y - (3^2 - 2 \cdot 3 + 3)$ $= (2 \cdot 3 - 2) \cdot (x - 3)$ bzw. $y - ((-3)^2 - 2 \cdot (-3) + 3) = (2 \cdot (-3) - 2) \cdot (x - (-3))$ Somit ergeben sich als Tangentengleichungen: $t_1: y = 4x - 6$ und $t_2: y = -8x - 6$.

II) Die Tangente berührt die Kurve in einem noch unbekannten Punkt $B(u \mid f(u))$ bzw. $B(u \mid u^2 - 2u + 3)$. Die Tangentensteigung in diesem Punkt bestimmt man mit Hilfe der 1. Ableitung und Einsetzen von u: Es ist $f(x) = x^2 - 2x + 3$ und $f'(x) = 2x - 2$. Somit gilt: $m_t = f'(u) = 2u - 2$. Setzt man B$(u \mid f(u))$ und $m_t = f'(u)$ in die Punkt-Steigungsform ein, so erhält man als Tangentengleichung in Abhängigkeit von u: $y - f(u) = f'(u) \cdot (x - u)$ bzw. $t: y - (u^2 - 2u + 3) = (2u - 2) \cdot (x - u)$.

Da Q$(1 \mid -7)$ auf der Tangente liegt, kann man diesen in die Tangentengleichung einsetzen: $-7 - (u^2 - 2u + 3) = (2u - 2) \cdot (1 - u)$ und man erhält $u^2 - 2u - 8 = 0$. Diese quadratische Gleichung hat die Lösungen $u_1 = 4$ und $u_2 = -2$.

Setzt man u_1 bzw. u_2 in B$(u \mid f(u))$ ein, so erhält man die Koordinaten der Berührpunkte B$_1(4 \mid 11)$ und B$_2(-2 \mid 11)$.

7.5 Berührpunkte zweier Kurven

Wenn sich zwei Schaubilder K_f und K_g in einem Punkt B$(x_B \mid y_B)$ berühren, gelten folgende zwei Bedingungen:

1. Da B gemeinsamer Punkt ist, gilt: $f(x_B) = g(x_B)$.

2. Da in B eine gemeinsame Tangente vorhanden ist, gilt $f'(x_B) = g'(x_B)$.

a) Es genügt zu zeigen, dass im Punkt B$(0 \mid 3)$ die beiden Bedingungen $f(x) = g(x)$ und $f'(x) = g'(x)$ erfüllt sind:
Es ist: $f(0) = \frac{1}{5} \cdot 0^3 - 2 \cdot 0^2 + 5 \cdot 0 + 3 = 3$ und $g(0) = -0^2 + 5 \cdot 0 + 3 = 3$, also $f(0) = g(0)$, d.h. B$(0 \mid 3)$ ist gemeinsamer Punkt.
Ferner gilt: $f'(x) = \frac{3}{5}x^2 - 4x + 5$ und $g'(x) = -2x + 5$.
Es ist $f'(0) = \frac{3}{5} \cdot 0^2 - 4 \cdot 0 + 5 = 5$ und $g'(0) = -2 \cdot 0 + 5 = 5$,
also $f'(0) = g'(0)$, d.h. in B$(0 \mid 3)$ existiert eine gemeinsame Tangente. Somit berühren sich die beiden Kurven in B$(0 \mid 3)$.

b) Um mögliche Berührpunkte zu berechnen, kann man entweder die Funktionsgleichungen gleichsetzen oder die Tangentensteigungen gleichsetzen. Anschließend muss die jeweils andere Bedingung überprüft werden.
Es ist $f'(x) = x^2 - 4x + 3$ und $g'(x) = -2x + 3$.
Gleichsetzen der Tangentensteigungen führt auf $x^2 - 4x + 3 = -2x + 3$ bzw. $x^2 - 2x = 0$ mit den Lösungen $x_1 = 2$ und $x_2 = 0$.
Setzt man $x_1 = 2$ in $f(x)$ bzw. $g(x)$ ein, so ergibt sich $f(2) = \frac{1}{3} \cdot 2^3 - 2 \cdot 2^2 + 3 \cdot 2 + 4 = 4\frac{2}{3}$ und $g(2) = -2^2 + 3 \cdot 2 + 4 = 6$, d.h. $f(2) \neq g(2)$, also liegt kein gemeinsamer Punkt vor.
Setzt man $x_2 = 0$ in $f(x)$ bzw. $g(x)$ ein, so ergibt sich $f(0) = \frac{1}{3} \cdot 0^3 - 2 \cdot 0^2 + 3 \cdot 0 + 4 = 4$ und $g(0) = -0^2 + 3 \cdot 0 + 4 = 4$, also ist auch $f(0) = g(0)$, d.h. B$(0 \mid 4)$ ist ein Berührpunkt.

c) Es genügt zu zeigen, dass im Punkt B$\left(\frac{1}{2} \mid \frac{3}{4}\right)$ die beiden Bedingungen $f(x) = g(x)$ und $f'(x) = g'(x)$ erfüllt sind:
Es ist: $f\left(\frac{1}{2}\right) = \left(\frac{1}{2}\right)^2 + \frac{1}{2} = \frac{1}{4} + \frac{1}{2} = \frac{3}{4}$ und $g\left(\frac{1}{2}\right) = -4 \cdot \left(\frac{1}{2}\right)^4 + 4 \cdot \left(\frac{1}{2}\right)^3 + \frac{1}{2} = \frac{3}{4}$, also $f\left(\frac{1}{2}\right) = g\left(\frac{1}{2}\right)$, d.h. B$\left(\frac{1}{2} \mid \frac{3}{4}\right)$ ist gemeinsamer Punkt.

Ferner gilt: $f'(x) = 2x$ und $g'(x) = -16x^3 + 12x^2$.

Es ist $f'\left(\frac{1}{2}\right) = 2 \cdot \frac{1}{2} = 1$ und $g'\left(\frac{1}{2}\right) = -16 \cdot \left(\frac{1}{2}\right)^3 + 12 \cdot \left(\frac{1}{2}\right)^2 = -\frac{16}{8} + \frac{12}{4} = 1$,

also $f'\left(\frac{1}{2}\right) = g'\left(\frac{1}{2}\right)$, d.h. in B $\left(\frac{1}{2} \mid \frac{3}{4}\right)$ existiert eine gemeinsame Tangente. Somit berühren sich die beiden Kurven in B $\left(\frac{1}{2} \mid \frac{3}{4}\right)$.

d) Um mögliche Berührpunkte zu berechnen, kann man entweder die Funktionsgleichungen gleichsetzen oder die Tangentensteigungen gleichsetzen. Anschließend muss die jeweils andere Bedingung überprüft werden.

Es ist $f'(x) = 2x$ und $g'(x) = -x^3 + 3x^2$.

Gleichsetzen der Tangentensteigungen führt auf $2x = -x^3 + 3x^2$ bzw. $x^3 - 3x^2 + 2x = 0$ bzw. $x \cdot (x^2 - 3x + 2) = 0$ mit den Lösungen $x_1 = 0$, $x_2 = 1$ und $x_3 = 2$.

Setzt man $x_1 = 0$ in $f(x)$ bzw. $g(x)$ ein, so ergibt sich $f(0) = 0^2 + 1 = 1$ und $g(0) = -\frac{1}{4} \cdot 0^4 + 0^3 + 1 = 1$, also ist $f(0) = g(0)$, und somit B$_1$ $(0 \mid 1)$ ein Berührpunkt.

Setzt man $x_2 = 1$ in $f(x)$ bzw. $g(x)$ ein, so ergibt sich $f(1) = 1^2 + 1 = 2$ und $g(1) = -\frac{1}{4} \cdot 1^4 + 1^3 + 1 = \frac{7}{4}$, also $f(1) \neq g(1) \Rightarrow$ kein Berührpunkt.

Setzt man $x_3 = 2$ in $f(x)$ bzw. $g(x)$ ein, so ergibt sich $f(2) = 2^2 + 1 = 5$ und $g(2) = -\frac{1}{4} \cdot 2^4 + 2^3 + 1 = 5$, also ist $f(2) = g(2)$, und somit B$_2$ $(2 \mid 5)$ ein Berührpunkt.

Ergebnis: B$_1$ $(0 \mid 1)$ und B$_2$ $(2 \mid 5)$ sind Berührpunkte.

7.6 Ortskurven

Um die Gleichung der Ortskurve zu erhalten, wird der x-Wert so umgeformt, dass der Parameter alleine steht. Der Parameter wird dann in den y-Wert eingesetzt und man erhält die Gleichung der Ortskurve durch Ausrechnen.

a) Es ist E $\left(\frac{2}{3}t \mid \frac{2}{9}t^3\right)$, zuerst wird der x-Wert $x = \frac{2}{3}t$ nach t aufgelöst: $t = \frac{3}{2}x$. In den y-Wert $y = \frac{2}{9}t^3$ wird für $t = \frac{3}{2}x$ eingesetzt: $y = \frac{2}{9} \cdot \left(\frac{3}{2}x\right)^3$.

Ausrechnen ergibt $y = \frac{2}{9} \cdot \frac{3^3}{2^3}x^3 = \frac{3}{4}x^3$.

Die Gleichung der Ortskurve lautet $y = \frac{3}{4}x^3$.

b) Es ist H $\left(\frac{2}{3}t \mid \frac{9}{2t}\right)$, zuerst wird der x-Wert $x = \frac{2}{3}t$ nach t aufgelöst: $t = \frac{3}{2}x$.

In den y-Wert $y = \frac{9}{2t}$ wird für $t = \frac{3}{2}x$ eingesetzt: $y = \frac{9}{2 \cdot \left(\frac{3}{2}x\right)}$.

Ausrechnen ergibt $y = \frac{9}{3x} = \frac{3}{x}$.

Die Gleichung der Ortskurve lautet $y = \frac{3}{x}$.

c) Es ist H $\left(\sqrt{\frac{a}{3}} \mid -\frac{2}{3}a\sqrt{\frac{a}{3}}\right)$, zuerst wird der x-Wert $x = \sqrt{\frac{a}{3}}$ nach a durch Quadrieren aufgelöst: $x^2 = \frac{a}{3}$ bzw. $a = 3x^2$.

In den y-Wert $y = -\frac{2}{3}a\sqrt{\frac{a}{3}}$ wird für $a = 3x^2$ eingesetzt: $y = -\frac{2}{3} \cdot 3x^2 \cdot \sqrt{\frac{3x^2}{3}}$.

Ausrechnen ergibt $y = -2x^2\sqrt{x^2} = -2x^3$.

Die Gleichung der Ortskurve lautet $y = -2x^3$.

d) Es ist W $\left(\ln\left(\frac{t}{2}\right) \mid \frac{t^2}{4}\right)$; zuerst wird der x-Wert $x = \ln\left(\frac{t}{2}\right)$ nach t durch beidseitiges Potenzieren («e hoch») aufgelöst: $e^x = e^{\ln\left(\frac{t}{2}\right)}$ bzw. $e^x = \frac{t}{2} \Rightarrow t = 2 \cdot e^x$.

In den y-Wert $y = \frac{t^2}{4}$ wird für $t = 2 \cdot e^x$ eingesetzt: $y = \frac{(2 \cdot e^x)^2}{4}$.

Ausrechnen ergibt $y = \frac{2^2 (e^x)^2}{4} = (e^x)^2 = e^{2x}$.

Die Gleichung der Ortskurve lautet $y = e^{2x}$.

e) Es ist $H\left(\frac{t}{2} \mid \frac{t^3}{4} - t\right)$, zuerst wird der x-Wert $x = \frac{t}{2}$ nach t aufgelöst: $t = 2x$.

In den y-Wert $y = \frac{t^3}{4} - t$ wird für $t = 2x$ eingesetzt: $y = \frac{(2x)^3}{4} - 2x$.

Ausrechnen ergibt $y = \frac{2^3 \cdot x^3}{4} - 2x = 2x^3 - 2x$.

Die Gleichung der Ortskurve lautet $y = 2x^3 - 2x$.

8 Allgemeines Verständnis von Funktionen

8.1 Definitionsbereich

Gebrochenrationale Funktionen

I) Nullstelle des Nenners: $x - 4 = 0 \Rightarrow x = 4$ also $D = \mathbb{R} \setminus \{4\}$

II) Nullstellen des Nenners: $x^2 - 5x + 6 = 0 \Rightarrow x_1 = 2$ und $x_2 = 3$. $D = \mathbb{R} \setminus \{2; 3\}$

III) Nullstelle des Nenners: $x^2 + 1 = 0$ hat keine reelle Lösung, also können für x alle reellen Zahlen eingesetzt werden: $D = \mathbb{R}$

8.2 Stetigkeit

a) Eine stetige Funktion lässt sich «ohne abzusetzen» zeichnen. Sie darf keine Lücken oder Sprünge auf ihrem Definitionsbereich enthalten.

b) Die Funktion in Aufgabe I) ist stetig, da für $x = 3$ gilt: $\frac{1}{3} \cdot 3 = 1$ und $7 - 2 \cdot 3 = 1$. Funktion in Aufgabe II) ist nicht stetig, da für $x = 1$ gilt: $\frac{1}{4} \cdot 1 = \frac{1}{4}$, aber $\frac{1}{4} \cdot 1 + 1 = \frac{5}{4}$. Das Schaubild hat einen Sprung bei $x = 1$.

8.3 Differenzierbarkeit

a) Damit eine Funktion differenzierbar ist, muss sie stetig sein, außerdem darf das Schaubild keinen «Knick» enthalten, denn dort ließe sich keine Steigung finden (bzw. der rechtsseitige und der linksseitige Grenzwert der 1. Ableitung wären unterschiedlich).

b) Nein, jede differenzierbare Funktion ist auch stetig. Man kann sich dies am Gegenteil klarmachen: Ist eine Funktion an einer Stelle nicht stetig (sie macht beispielsweise einen Sprung), dann ist sie an dieser Stelle auch nicht differenzierbar.

c) Nein, wenn die Funktion einen Knick besitzt, kann sie zwar stetig sein (wie die Betragsfunktion), ist aber nicht differenzierbar, da der rechtsseitige und der linksseitige Grenzwert der Steigung, d.h. der 1. Ableitung, bei dem «Knick» verschieden sind.

d) Die Funktion ist unendlich oft differenzierbar. Allerdings sind alle Ableitungen ab der 4. Ableitung konstant gleich 0.

e) Im Punkt mit $x = 2$ müssen sowohl der Funktionswert von $h_1(x)$ und $h_2(x)$, sowie die Ableitungen von h_1 und h_2 übereinstimmen. Um s und t zu bestimmen, werden h_2 und h_2' an der Stelle $x = 2$ ausgerechnet und die Ergebnisse mit h_1 und h_1' gleichgesetzt.

    1. Ableiten der beiden Funktionsterme:
$$h_1(x) = x^2 + s \cdot x + t \qquad \Rightarrow h_1'(x) = 2x + s$$
$$h_2(x) = \tfrac{1}{2}x + 1 \qquad \Rightarrow h_2'(x) = \tfrac{1}{2}$$

2. Für $x = 2$ werden $h_2(x)$ und $h_2{}'(x)$ bestimmt:

$h_2(2) = \frac{1}{2} \cdot 2 + 1 = 2,$ $h_2{}'(2) = \frac{1}{2}$

3. Die Ergebnisse werden mit $h_1(2)$ und $h_1{}'(2)$ gleichgesetzt:

$h_1(2) = 2^2 + s \cdot 2 + t = 2$ $\Rightarrow 2s + t = -2$

$h_1'(2) = 2 \cdot 2 + s = \frac{1}{2}$ $\Rightarrow s = -3{,}5$

4. Zum Schluss wird t ausgerechnet:

$2 \cdot (-3{,}5) + t = -2$ $\Rightarrow t = 5$

f)   1. Ableiten der beiden Funktionsterme:

$h_1(x) = -x^2 + s \cdot x + t$ $\Rightarrow h_1{}'(x) = -2x + s$

$h_2(x) = x^2 + 3$ $\Rightarrow h_2{}'(x) = 2x$

2. Für $x = 3$ werden $h_2(x)$ und $h_2{}'(x)$ bestimmt:

$h_2(3) = 3^2 + 3 = 12,$ $h_2{}'(3) = 2 \cdot 3 = 6$

3. Die Ergebnisse werden mit $h_1(3)$ und $h_1{}'(3)$ gleichgesetzt:

$h_1(3) = -3^2 + s \cdot 3 + t = 12$ $\Rightarrow 3s + t = 21$

$h_1'(3) = -2 \cdot 3 + s = 6$ $\Rightarrow s = 12$

4. Zum Schluss wird t ausgerechnet:

$3 \cdot 12 + t = 21$ $\Rightarrow t = -15$

8.4   Allgemeines zur Ableitung, Näherungsverfahren

a) Die mathematische Definition der Ableitung geschieht über den Grenzwert des Differenzenquotienten:

Der Grenzwert des Differenzenquotienten einer Funktion f an der Stelle x_0 wird als Ableitung bezeichnet:

$$f'(x_0) = \lim_{x \to x_0} \frac{f(x) - f(x_0)}{x - x_0}$$

Voraussetzung ist, dass dieser Grenzwert an der Stelle x_0 auch existiert, die Funktion auf dem in Frage kommenden Intervall I definiert ist und $x_0 \in I$.

Die geometrische Deutung der Ableitung geschieht über die Sekante und die Tangente in einem Punkt des Schaubildes einer Funktion. Es wird eine Sekante durch die Punkte $P(x_0 \mid f(x_0))$ und $Q(x \mid f(x))$ gelegt. Die Steigung dieser Sekante ist zunächst nur die Steigung einer durch zwei Punkte bestimmten Gerade.

Lässt man nun $x \to x_0$ gehen, so wird die Sekante zur Tangente. Ihre Steigung gibt genau die Steigung der Kurve im Punkt $(x_0 \mid f(x_0))$ an.

Die Ableitung lässt sich aber auch anders deuten: Wenn man die Funktion $f(x)$ als Funktion auffasst, die z.B. ein Volumen beschreibt (z.B. $f(x) = x^3$), ist die Ableitung die Änderungs-rate der Funktion. Sie gibt an, um wieviel sich das Volumen ändert, wenn man x um ein infinitesimal (winzig) kleines Stückchen variiert.

b) Es sei I ein Intervall, in dem sich die gesuchte Nullstelle der Funktion befindet. Zuerst wird der Funktionswert für die linke Grenze des Intervalls bestimmt, anschließend für die rechte Grenze. Es sei der Funktionswert für die linke Grenze < 0, der Funktionswert für die rechte Grenze > 0. Anschließend wird der Funktionswert für die Mitte des Intervalls bestimmt. Dieser sei in unserem Beispiel > 0. Daraus schließt man, dass sich die gesuchte Nullstelle in der «linken» Hälfte des Intervalls zwischen der Mitte und der linken Grenze befindet. Nun wird diese Hälfte als neues Intervall bestimmt und der Funktionswert wird wieder für die Mitte des Intervalls bestimmt. Dieses Verfahren kann beliebig lange fortgesetzt werden, es ist aber etwas langwierig.

c) Das Newtonsche Näherungsverfahren ist eine Methode, mit der man numerisch Nullstellen bestimmen kann:
Man startet bei x_0 und legt mit der Hilfe der Steigung $f'(x_0)$ eine Tangente t an die Kurve im Punkt $\mathrm{P}(x_0 \mid f(x_0))$: $t : y - f(x_0) = f'(x_0) \cdot (x - x_0)$. Dann schneidet man diese Tangente mit der x-Achse; diese Schnittstelle ist x_1. Für x_1 legt man wieder eine Tangente an die Kurve in $(x_1 \mid f(x_1))$. Diese Tangente schneidet die x-Achse an der Stelle x_2. Dieses Verfahren setzt man beliebig lange fort und nähert sich so der Nullstelle im Allgemeinen relativ rasch.
Beispiele für die Anwendung des Newtonschen Näherungsverfahrens sind: Nullstellen-bestimmung, Bestimmung von Schnittpunkten von Kurven, Bestimmung von bestimmten Funktionswerten einer Funktion.

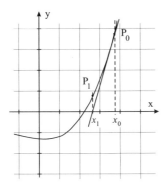

Voraussetzungen und mögliche Fehler

- $f'(x_0)$ muss existieren.

- x_1 kann außerhalb des Definitionsbereichs liegen (z.B. wenn es sich um eine Funktion handelt, die nur für $x > 0$ definiert ist, wie die Wurzelfunktion).

- Die Werte laufen gegen die falsche Nullstelle, weil man die erste Tangente jenseits eines Maximums oder eines Wendepunktes angesetzt hat.

d) Herleitung der Quotientenregel mit Hilfe der Produkt- und der Kettenregel:
Umschreiben des Ausdrucks: $f = \frac{g}{h} = g \cdot \frac{1}{h} = g \cdot h^{-1}$.
Für die Ableitung der beiden Faktoren wird die Produktregel benutzt: $(u \cdot v)' = u' \cdot v + u \cdot v'$
mit:
$u = g \Rightarrow u' = g'$, $\quad v = h^{-1} \Rightarrow v' = h' \cdot (-1) \cdot h^{-2}$ (Anwenden der Kettenregel: innere

Ableitung · äußere Ableitung).

Eingesetzt in die Produktregel ergibt sich damit:

$$f' = \left(g \cdot h^{-1}\right)' = g' \cdot h^{-1} + g \cdot (-1) \cdot h' \cdot h^{-2} = \frac{g'}{h} - \frac{g \cdot h'}{h^2}.$$

Erweitern mit h führt zu:

$$f' = \frac{g' \cdot h}{h^2} - \frac{g \cdot h'}{h^2} = \frac{g'h - gh'}{h^2}.$$

8.5 Verständnis von gebrochenrationalen Funktionen

a) Bei einer gebrochenrationalen Funktion bezeichnet eine Definitionslücke eine Stelle, an der das Nennerpolynom gleich Null ist.

b) Eine Polstelle an der Stelle x_0 einer gebrochenrationalen Funktion liegt vor, wenn (nach Kürzung aller überzähligen Linearfaktoren) für eine Zahl x_0 das Zählerpolynom ungleich Null ist und das Nennerpolynom gleich Null. Dabei werden die Funktionswerte beliebig groß, wenn man sich x_0 nähert.

Es gibt Polstellen mit und ohne Vorzeichenwechsel (VZW).

Bei einer Polstelle mit VZW wechselt das Vorzeichen der Funktionswerte, je nachdem, ob man sich von links oder von rechts der Funktion annähert (der eine Ast des Schaubilds geht «nach oben», der andere «nach unten»).

Bei einer Polstelle ohne VZW streben die Funktionswerte links und rechts der Polstelle beide nach $+\infty$ bzw. $-\infty$.

c) Der Begriff «Definitionslücke» ist der Überbegriff, eine Polstelle ist eine spezielle Definitionslücke.

d) Es kann der Fall auftreten, dass sowohl das Zählerpolynom, als auch das Nennerpolynom bei x_0 eine Nullstelle haben. Das Schaubild zeigt dann kein Verhalten wie an Polstellen, sondern hat ein «Loch» an der Stelle x_0. Man kann durch Kürzen eine neue Funktion definieren, die diese Lücke nicht mehr enthält, sie ist dann «gehoben» worden.

Beispiel: die Funktion $f(x) = \frac{2x(x-3)}{(x-3)}$ besitzt für $x = 3$ eine hebbare Lücke. Diese kann man heben, indem man festlegt: $h(x) = 2x$ mit $x \in \mathbb{R}$.

e) Welche Art einer waagerechten bzw. schrägen Asymptote das Schaubild einer gebrochenrationalen Funktion hat, hängt vom Grad des Zähler- und Nennerpolynoms ab (der Grad ist der höchste Exponent eines Polynoms).

Es sind verschiedene Fälle möglich:

1. Grad des Zählerpolynoms $<$ Grad des Nennerp. $\Rightarrow$ Asymptote: $y = 0$ (x-Achse)

2. Grad des Zählerpolynoms $=$ Grad des Nennerp. $\Rightarrow$ waagerechte Asymptote

3. Grad des Zählerpolynoms $=$ Grad des Nennerp.$+1$ $\Rightarrow$ schräge Asymptote

4. Grad des Zählerpolynoms $>$ Grad des Nennerp.$+1$ $\Rightarrow$ Näherungskurve

Der Grad der Näherungskurve ist die Differenz zwischen dem Grad des Zählerpolynoms und dem Grad des Nennerpolynoms.

Die Position der waagerechten Asymptote wird durch die Koeffizienten im Zähler und Nenner vor den beiden x mit den höchsten Exponenten bestimmt, sofern die Funktion die Gestalt $f(x) = \frac{Z(x)}{N(x)}$ besitzt.

Beispiel:

$$f(x) = \frac{2x^3 + x^2 + 7x}{x^3 - 3}.$$

Für $x \to \infty$ geht $f(x) \to \frac{2x^3}{x^3} = 2$, da alle Terme mit niedrigeren Exponenten vernachlässigt werden können.

Damit eine schräge Asymptote wie $y = 2x - 1$ entsteht, muss die Funktion z.B. folgende Form haben:

$$f(x) = \frac{2x^2 + x + 3}{x + 1}.$$

Polynomdivision des Zählers durch den Nenner:

$(2x^2 + x + 3) : (x + 1) = 2x - 1 + \frac{4}{x+1}$. Für $x \to \infty$ geht der Bruchterm gegen Null, also ist die Gerade $y = 2x - 1$ die schräge Asymptote.

9 Integralrechnung

9.1 Stammfunktionen

a) Umschreiben des Bruchs in einen Ausdruck mit negativem Exponenten ergibt:
$f(x) = 6 - 8 \cdot x^{-3}$. Daraus folgt: $F(x) = 6x - \frac{1}{-2} \cdot 8 \cdot x^{-2} = 6x + \frac{4}{x^2}$.

b) Umschreiben des Bruchs in einen Ausdruck mit negativem Exponenten ergibt:
$f(x) = x + 2 \cdot x^{-2}$. Daraus folgt: $F(x) = \frac{1}{2} \cdot x^2 + \frac{1}{-1} \cdot 2 \cdot x^{-1} = \frac{1}{2}x^2 - \frac{2}{x}$.

c) Umschreiben des Bruchs in einen Ausdruck mit negativem Exponenten ergibt:
$f(x) = 2x - 6 \cdot x^{-3}$. Daraus folgt: $F(x) = \frac{1}{2} \cdot 2 \cdot x^2 - \frac{1}{-2} \cdot 6 \cdot x^{-2} = x^2 + \frac{3}{x^2}$.

d) Aufteilen des Bruchs in zwei Brüche und Umschreiben in einen Ausdruck mit negativem
Exponenten ergibt: $f(x) = \frac{6}{x^3} - \frac{x}{x^3}$ bzw. $f(x) = \frac{6}{x^3} - \frac{1}{x^2}$ und dann $f(x) = 6 \cdot x^{-3} - x^{-2}$.
Daraus folgt: $F(x) = \frac{1}{-2} \cdot 6 \cdot x^{-2} - \frac{1}{-1} \cdot x^{-1} = -\frac{3}{x^2} + \frac{1}{x}$.

Zu den Aufgaben e) - h):

Beim Integrieren von e-Funktionen gilt: Ist die Funktion f gegeben mit $f(x) = e^{ax+b}$, so ist
$F(x) = \frac{1}{a} \cdot e^{ax+b} + c$ eine Stammfunktion.

e) Zuerst wird die Klammer aufgelöst: $f(x) = 2x^2 - 12e^{3x}$, daraus folgt:
$F(x) = 2 \cdot \frac{1}{3} \cdot x^3 - 12 \cdot \frac{1}{3} \cdot e^{3x} = \frac{2}{3}x^3 - 4e^{3x}$.

f) Zuerst wird die Klammer aufgelöst: $f(x) = 4x^3 + 16e^{-2x}$, daraus folgt:
$F(x) = 4 \cdot \frac{1}{4} \cdot x^4 + 16 \cdot \frac{1}{-2} \cdot e^{-2x} = x^4 - 8e^{-2x}$.

g) Zuerst wird die Klammer aufgelöst: $f(x) = x - 4e^{-\frac{1}{2}x}$, daraus folgt:
$F(x) = \frac{1}{2} \cdot x^2 - 4 \cdot \frac{1}{-\frac{1}{2}} \cdot e^{-\frac{1}{2}x} = \frac{1}{2}x^2 + 8e^{-\frac{1}{2}x}$.

h) Zuerst wird die Klammer aufgelöst: $f(x) = ax^2 - 4ae^{4x}$, daraus folgt:
$F(x) = a \cdot \frac{1}{3} \cdot x^3 - 4 \cdot a \cdot \frac{1}{4} \cdot e^{4x} = \frac{a}{3}x^3 - ae^{4x}$.

Zu den Aufgaben i) - l):

Hat die Funktion f die Gestalt: $f(x) = (ax+b)^n$, so gilt für die Stammfunktion:
$F(x) = \frac{1}{a} \cdot \frac{1}{n+1}(ax+b)^{n+1} + c$ (Lineare Substitution).

i) Umschreiben in einen Ausdruck mit negativem Exponenten ergibt: $f(x) = -3 \cdot (3x+4)^{-2}$,
daraus folgt: $F(x) = -3 \cdot \frac{1}{3} \cdot \frac{1}{-1}(3x+4)^{-1} = \frac{1}{(3x+4)}$.

j) Umschreiben in einen Ausdruck mit negativem Exponenten ergibt: $f(x) = -6 \cdot (2x+1)^{-2}$,
daraus folgt: $F(x) = -6 \cdot \frac{1}{2} \cdot \frac{1}{-1} \cdot (2x+1)^{-1} = \frac{3}{(2x+1)}$.

k) Umschreiben in einen Ausdruck mit negativem Exponenten ergibt: $f(x) = 6 \cdot (3x+2)^{-3}$,
daraus folgt: $F(x) = 6 \cdot \frac{1}{3} \cdot \frac{1}{-2} \cdot (3x+2)^{-2} = \frac{-1}{(3x+2)^2}$.

l) Umschreiben in einen Ausdruck mit negativem Exponenten ergibt: $f(x) = -2 \cdot (-x+3)^{-2}$,
daraus folgt: $F(x) = -2 \cdot \frac{1}{-1} \cdot \frac{1}{-1} \cdot (-x+3)^{-1} = \frac{-2}{(-x+3)} = \frac{2}{x-3}$.

9.2 Flächeninhalt zwischen zwei Kurven

a) Bestimmen der Schnittstellen durch Gleichsetzen und Lösen der quadratischen Gleichung:
$x_1 = -2$, $x_2 = 1$. Obere Kurve durch Abschätzen bestimmen (z.B. Einsetzen von $x = 0$):
$f(x)$ ist die obere Kurve. Für den Flächeninhalt ergibt sich damit:
$A = \int_{-2}^{1} \left(-x+2-x^2\right) dx = \int_{-2}^{1} \left(-x^2-x+2\right) dx = \left[-\frac{1}{3}x^3 - \frac{1}{2}x^2 + 2x\right]_{-2}^{1} = 4,5$ FE.

b) Schnittstellen bestimmen durch Gleichsetzen und Ausrechnen: $x_1 = -2$, $x_2 = 2$.
Obere Kurve: $f(x)$ (nach unten geöffnete Parabel)
$A = \int_{-2}^{2} \left(4-x^2 - \left(x^2-4\right)\right) dx = \int_{-2}^{2} \left(-2x^2+8\right) dx = \left[-\frac{2}{3}x^3+8x\right]_{-2}^{2}$
$= -\frac{16}{3}+16 - \left(+\frac{16}{3}-16\right) = 32 - \frac{32}{3} = \frac{64}{3} = 21,33$ FE.

c) Schnittstellen bestimmen durch Gleichsetzen und Ausklammern: $x_1 = 0$, $x_2 = 1$.
Obere Kurve: $g(x)$ (z.B. durch Einsetzen für $x = \frac{1}{2}$).
$A = \int_{0}^{1} \left(x+1 - \left(x^2+1\right)\right) dx = \int_{0}^{1} \left(-x^2+x\right) dx = \left[-\frac{1}{3}x^3 + \frac{1}{2}x^2\right]_{0}^{1} = -\frac{1}{3}+\frac{1}{2} - 0 = \frac{1}{6}$ FE.

d) Überlegung am Anfang: Bei der Integralberechnung entfällt der e^x-Term. Schnittstellen be-
stimmen: $e^x - \frac{1}{2}x^2 = e^x - x \Rightarrow \frac{1}{2}x^2 = x \Rightarrow x^2 - 2x = 0 \Rightarrow x_1 = 0$, $x_2 = 2$.
Obere Kurve: $f(x)$ (z.B. durch Einsetzen für $x = \frac{1}{2}$).
$A = \int_{0}^{2} \left(e^x - \frac{1}{2}x^2 - \left(e^x - x\right)\right) dx = \int_{0}^{2} \left(-\frac{1}{2}x^2 + x\right) dx = \left[-\frac{1}{6}x^3 + \frac{1}{2}x^2\right]_{0}^{2} = -\frac{8}{6}+2-0$
$= \frac{2}{3}$ FE.

9.3 Ins Unendliche reichende Flächen

a) I) Gesucht ist die Fläche zwischen der x-Achse, y-Achse und der Kurve mit der unteren
Grenze $x = 0$. Für $z > 0$ ist:
$A(z) = \int_{0}^{z} e^{-x} dx = \left[-e^{-x}\right]_{0}^{z} = -e^{-z} - (-1) = 1 - e^{-z}$.
Geht nun $z \to \infty$, so geht $A(z) = 1 - e^{-z} \to 1$.
Es ist also $\lim_{z \to \infty} A(z) = 1$, damit ist der Flächeninhalt 1 FE.

II) Gesucht ist die Fläche zwischen der x-Achse, y-Achse und der Kurve mit der unteren
Grenze $x = 0$. Für $z > 0$ ist:
$A(z) = \int_{0}^{z} e^{-3x+1} dx = \left[-\frac{1}{3}e^{-3x+1}\right]_{0}^{z} = -\frac{1}{3}e^{-3z+1} + \frac{1}{3}e$.
Für $z \to \infty$ geht $A(z) = -\frac{1}{3}e^{-3z+1} + \frac{1}{3}e \to \frac{1}{3}e$.
Es ist also $\lim_{z \to \infty} A(z) = \frac{1}{3}e$, damit ist der Flächeninhalt $\frac{1}{3}e$ FE.

III) Gesucht ist die Fläche zwischen der x-Achse, y-Achse und der Kurve mit der unteren
Grenze $x = 0$. Für $z > 0$ ist:

$A(z) = \int_0^z 2e^{-4x-2}dx = \left[-\frac{1}{4} \cdot 2e^{-4x-2}\right]_0^z = -\frac{1}{2}e^{-4z-2} + \frac{1}{2}e^{-2}.$

Für $z \to \infty$ geht $A(z) = -\frac{1}{2}e^{-4z-2} + \frac{1}{2}e^{-2} \to \frac{1}{2}e^{-2}.$

Es ist also $\lim_{z \to \infty} A(z) = \frac{1}{2}e^{-2}$, damit ist der Flächeninhalt $\frac{1}{2}e^{-2}$ FE.

b)   I) Um die obere Grenze zu bestimmen, wird zuerst die Nullstelle der Funktion bestimmt: $e - e^x = 0 \Rightarrow e = e^x \Rightarrow x = 1$. Der Inhalt des gesuchten Flächenstücks wird also durch eine Integration in den Grenzen von 0 bis 1 berechnet: $\int_0^1 (e - e^x)\, dx = [e \cdot x - e^x]_0^1 = e - e - (-1) = 1$ FE.

II) Um die Asymptote zu bestimmen, betrachtet man den Grenzwert für $x \to -\infty$. Es ist $\lim_{x \to -\infty} f(x) = e$, da der zweite Term für kleine Werte von x gegen Null geht. Die Asymptote ist daher die Gerade mit der Gleichung $y = e$.

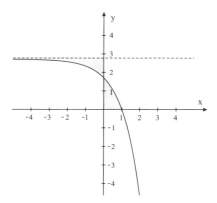

III) Um die ins Unendliche reichende Fläche zwischen der Asymptoten und der Kurve zu berechnen, muss man die Differenz zwischen der Geradengleichung und der Funktion integrieren: $A(z) = \int_z^0 (e - (e - e^x))\, dx = [e^x]_z^0 = 1 - e^z$. Für den Grenzwert gilt: $\lim_{z \to -\infty} A(z) = 1$ FE. Also sind beide Flächenstücke gleich groß.

9.4 Allgemeines Verständnis von Integralen

a) Die Idee der Keplerschen Fassregel ist es, jedes Integral, das sich nicht (oder nur sehr schwer) ausrechnen lässt, näherungsweise zu bestimmen.

1. Historische Idee: Kepler ging ursprünglich von einem Fass aus, bei dem 3 Flächen bekannt sind: Die Fläche am Boden A_B, die Fläche in der Mitte des Fasses A_M, die Deckelfläche A_D und die Höhe h. Mit der Formel

$$V = \frac{1}{6} \cdot h\left(A_B + 4 \cdot A_M + A_D\right)$$

lässt sich das Volumen gut näherungsweise bestimmen. Der Ausdruck in der Klammer $\cdot \frac{1}{6}$ stellt so etwas wie die «gemittelte Fläche» des Fasses dar. Die Fläche in der Mitte ist allerdings durch den Faktor 4 stärker gewichtet als die beiden anderen Flächen. (Bei gleichmäßiger Gewichtung wäre die gemittelte Fläche $A_{gemittelt} = \frac{A_B + A_M + A_D}{3}$.)

2. Die Idee Keplers lässt sich auch auf die Berechnung einer Fläche zwischen einer Kurve und der x-Achse anwenden: In diesem Fall geht es darum, dass man die Kurve durch eine Parabel, von der drei Punkte bekannt sind, annähert und dann integriert. Man erhält die Gleichung der Parabel mit Hilfe der beiden Randpunkte $(a \mid f((a))$ und

$(b \mid f((b)))$, sowie einem Punkt zwischen den beiden Randpunkten, dessen x-Wert der Mittelwert von a und b ist. (Die Parabelgleichung mit dem Ansatz $g(x) = rx^2 + sx + t$ würde man durch Aufstellen von drei Gleichungen mit drei Unbekannten erhalten.) Der Flächeninhalt zwischen Parabel und x-Achse ist dann näherungsweise so groß wie der Flächeninhalt zwischen der ursprünglichen Kurve und der x-Achse. Wenn man die Parabel und die Kurve allgemein betrachtet, erhält man folgende Formel zur Berechnung von Flächen bzw. Integralen:

$$\int_a^b f(x)dx \approx (b-a) \cdot \frac{1}{6} \cdot \left(f(a) + 4f\left(\frac{a+b}{2}\right) + f(b) \right).$$

Die Keplersche Fassregel lässt sich aber nicht nur zur Flächenberechnung, sondern zur Berechnung «beliebiger» Integrale, also auch zur näherungsweisen Berechnung von Rotationskörpervolumina verwenden.

3. Beispiel für die Anwendung der Keplerschen Fassregel: Es sei $f(x) = \frac{4}{1+x^2}$. Gesucht ist ein Näherungswert von $\int_0^2 f(x)\,dx$. Es ist $f(0) = 4$, $f\left(\frac{0+2}{2}\right) = f(1) = 2$ und $f(2) = \frac{4}{5}$. Damit ist:

$$\int_0^2 \frac{4}{1+x^2}\,dx \approx (2-0) \cdot \frac{1}{6} \cdot \left(4 + 4 \cdot 2 + \frac{4}{5} \right) = \frac{1}{3} \cdot \frac{64}{5} = \frac{64}{15}.$$

b) Der entstandene Rotationskörper wird in unendlich viele unendlich kleine Teilzylinder zerlegt. Die Grundfläche eines Teilzylinders ist $G = \pi \cdot r^2$, wobei $r = f(x)$ ist. Die Höhe eines Zylinders ist das Differential $h = dx$ (unendlich kleine Länge). Das Volumen eines Teilzylinders ist $dV = G \cdot h = \pi \cdot r^2 \cdot h = \pi \cdot f(x)^2 \cdot dx$. Das gesamte Volumen des Rotationskörpers erhält man durch Summieren (= Integrieren) aller Teilzylinder:

$$V_{rot} = \int_a^b dV = \int_a^b \pi \cdot \left(f(x)^2 \right) dx = \pi \cdot \int_a^b \left(f(x)^2 \right) dx$$

9.5 Vermischte Aufgaben

a) Ansatz: $F(x) = 4x^2 - 3e^{-x} + c$. Durch Einsetzen des Punktes $P(0 \mid 5)$ erhält man $5 = 4 \cdot 0^2 - 3 \cdot e^{-0} + c \Rightarrow c = 8$. Die gesuchte Stammfunktion ist $F(x) = 4x^2 - 3e^{-x} + 8$.

b) Ansatz: $F(x) = \frac{-1}{(2x-1)^2} + c$. Durch Einsetzen des Punktes $Q(1 \mid 3)$ erhält man $3 = \frac{-1}{(2 \cdot 1 - 1)^2} + c \Rightarrow c = 4$. Die gesuchte Stammfunktion ist $F(x) = \frac{-1}{(2x-1)^2} + 4$.

c) Durch Anwendung des Hauptsatzes der Differential- und Integralrechnung ergibt sich:

$$\int_1^x \left(t^2 - 2t + 3 \right) dt = \left[\tfrac{1}{3}t^3 - t^2 + 3t \right]_1^x = \tfrac{1}{3}x^3 - x^2 + 3x - \left(\tfrac{1}{3}1^3 - 1^2 + 3 \right)$$
$$= \tfrac{1}{3}x^3 - x^2 + 3x - \tfrac{7}{3}.$$

d) Durch Anwendung des Hauptsatzes der Differential- und Integralrechnung ergibt sich:

$$\int_2^x \left(2t + 4e^{-\frac{1}{2}t} \right) dt = \left[t^2 - 8e^{-\frac{1}{2}t} \right]_2^x = x^2 - 8e^{-\frac{1}{2}x} - \left(2^2 - 8e^{-\frac{1}{2} \cdot 2} \right)$$
$$= x^2 - 8e^{-\frac{1}{2}x} - 4 + 8e^{-1}.$$

10 Extremwertaufgaben / Wachstumsprozesse

10.1 Extremwertaufgaben

a) Die gesuchte Größe ist die Fläche eines Rechtecks mit maximalem Flächeninhalt. Die Seiten des Rechtecks seien x und y. Dann gilt für die Fläche: $A = x \cdot y$. Die Nebenbedingung ist die festgelegte Gesamtlänge des Drahtes, diese entspricht dem Umfang des Rechtecks: $U = 2x + 2y = 20$. Auflösen der Nebenbedingung nach y ergibt: $y = 10 - x$. Einsetzen in den Ausdruck für die Fläche ergibt: $A = x \cdot (10 - x)$. Damit ist die Zielfunktion eine Funktion in Abhängigkeit von x: $A(x) = x \cdot (10 - x) = 10x - x^2$ mit $0 \leqslant x \leqslant 10$. Ableiten führt zu $A'(x) = 10 - 2x$, die Ableitung wird nun gleich Null gesetzt, nach x aufgelöst und liefert $x_E = 5$. Überprüfen von A'' ergibt $A''(x) = -2 \Rightarrow A''(5) = -2 < 0$. Da die 2. Ableitung keine Variablen mehr enthält, handelt es sich um ein globales Maximum. Ein Überprüfen der Fläche für die Randstellen des Intervalles ist daher nicht nötig. Zum Schluss wird y mit Hilfe der Nebenbedingung bestimmt: $y = 10 - 5 \Rightarrow y = 5$. Die beiden Rechteckseiten müssen also je 5 cm lang sein: Das Rechteck mit maximalem Flächeninhalt ist also ein Quadrat.

b) Die gesuchten Größen sind die Breite und die Länge des Spielplatzes. Da die Fläche maximal groß sein soll, stellt man für diese die Funktion auf. Die eine Seite des Spielplatzes sei x, die andere y. Für die Fläche gilt $A = x \cdot y$. Die Nebenbedingung ist die festgelegte Gesamtlänge des Zauns, von der 2 m für die Einfahrt abgezogen werden: $2x + 2y - 2 = 40$. Auflösen der Nebenbedingung nach y ergibt: $y = 21 - x$. Einsetzen des Ausdrucks für die Fläche ergibt: $A = x \cdot (21 - x)$. Damit ist die Zielfunktion: $A(x) = x \cdot (21 - x) = 21x - x^2$ mit $0 \leqslant x \leqslant 21$. Ableiten führt zu $A'(x) = 21 - 2x$, die Ableitung wird nun $= 0$ gesetzt, nach x aufgelöst und liefert $x_E = 10{,}5$. Überprüfen in A'' ergibt: $A''(x) = -2 \Rightarrow A''(10{,}5) = -2 < 0$. Da die 2. Ableitung keine Variablen mehr enthält, handelt es sich um ein globales Maximum. Ein Überprüfen der Fläche für die Randstellen des Intervalles ist daher nicht nötig. Zum Schluss wird y mit Hilfe der Nebenbedingung bestimmt: $y = 21 - 10{,}5 \Rightarrow y = 10{,}5$. Die beiden Rechteckseiten müssen also je 10,5 m lang sein, es handelt sich also wie in Aufgabe a) um ein Quadrat. (Dies verwundert vielleicht zunächst, aber ein Quadrat hat bei vorgegebenem Umfang immer die größte Fläche. Wäre das Tor nicht vorhanden, dann wäre die Seitenlänge des Quadrats $\frac{40\,\text{m}}{4} = 10$ m.)

c) Die gesuchte Größe ist die Fläche des Gedenksteins (siehe Zeichnung). Die Nebenbedingung ist der festgelegte Umfang. Die vertikale Seite des Rechtecks sei y, die horizontale Seite wird als $2x$ gewählt (siehe Zeichnung). Der Radius ist damit x. Für die Fläche gilt: $A = 2x \cdot y + \frac{\pi}{2} \cdot x^2$. Die Nebenbedingung ist: $U = 2 \cdot x + 2 \cdot y + \pi \cdot x = 10$. Auflösen der Nebenbedingung nach y ergibt: $y = 5 - x - \frac{\pi}{2} \cdot x$. Dies wird in den Ausdruck für die Fläche eingesetzt. Die Zielfunktion ist damit eine Funktion von x: $A(x) = 10x - 2x^2 - \frac{\pi}{2}x^2$ mit $0 \leqslant x \leqslant \frac{10}{2+\pi}$ (für den Fall $y = 0$ gilt $10 = 2x + \pi \cdot x \Rightarrow \frac{10}{2+\pi} = x$, das Monument hätte dann die Gestalt eines Halbkreises). Die 1. Ableitung ist: $A'(x) = 10 - 4x - \pi x$. Die

1. Ableitung wird gleich Null gesetzt und nach x aufgelöst: $x_E = \frac{10}{4+\pi}$. Einsetzen in die 2. Ableitung $A''(x) = -4 - \pi$ liefert: $A''\left(\frac{10}{4+\pi}\right) = -4 - \pi < 0$. Da die 2. Ableitung keine Variablen mehr enthält, handelt es sich um ein globales Maximum. Ein Überprüfen der Fläche für die Randstellen des Intervalles ist daher nicht nötig. Zum Schluss wird mit Hilfe der Nebenbedingung noch y bestimmt: $y = 5 - \frac{10}{4+\pi} - \frac{\pi}{2} \cdot \frac{10}{4+\pi} \Rightarrow y = 5 - \frac{10+5\pi}{4+\pi}$. Erweitern führt auf $y = \frac{5 \cdot (4+\pi) - 10 - 5\pi}{4+\pi}$ und, nachdem der Zähler ausgerechnet wurde, auf $y = \frac{10}{4+\pi}$. Die Breite des Gedenksteins ist damit $2 \cdot x = \frac{20}{4+\pi}$ m, für die Höhe ergibt sich $h = y + x = \frac{20}{4+\pi}$ m.

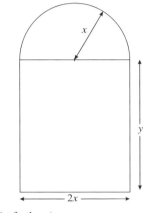

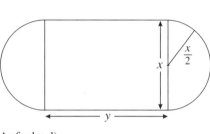

Aufgabe c)   Aufgabe d)

d) Die gesuchten Größen sind die Breite und die Höhe des Sportplatzes. Da die Fläche maximal groß sein soll, stellt man für diese die Funktion auf. Die eine Seite des Sportplatzes sei x, die andere y. Die beiden angesetzten Kreishälften ergeben zusammen einen gesamten Kreis, damit gilt für die Rechtecksfläche $A_\square = x \cdot y$ und für die Kreisfläche $A_O = \pi \cdot \left(\frac{x}{2}\right)^2$. Die Nebenbedingung ist der festgelegte Umfang des Sportplatzes: $U = 2 \cdot y + 2 \cdot \pi \cdot \frac{x}{2} = 2 \cdot y + \pi \cdot x = 400$. Da in dem Ausdruck für die Fläche die Variable y nur einmal vorkommt, ist es geschickt, die Nebenbedingung nach y aufzulösen: $y = 200 - \pi \cdot \frac{x}{2}$. Einsetzen in den Ausdruck für die Fläche ergibt die Zielfunktion:

I) Die Fläche des Rechtecks soll maximal sein: Damit ist $A(x) = x \cdot y = x \cdot \left(200 - \pi \cdot \frac{x}{2}\right)$, bzw. $A(x) = 200x - \pi \cdot \frac{x^2}{2}$ mit $0 \leqslant x \leqslant \frac{400}{\pi}$. Daraus ergibt sich für die 1. Ableitung: $A'(x) = 200 - \pi \cdot x$ und für die Extremstelle: $x_E = \frac{200}{\pi}$. Einsetzen in die 2. Ableitung $A''(x) = -\pi$ liefert: $A''\left(\frac{200}{\pi}\right) = -\pi < 0$ und damit ein globales Maximum. Ein Überprüfen der Fläche für die Randstellen des Intervalles ist daher nicht nötig. Zum Schluss wird mit Hilfe der Nebenbedingung noch y bestimmt: $y = 200 - \pi \cdot \frac{\frac{200}{\pi}}{2} = 200 - \frac{200}{2} = 100$. Die Breite ist also 100 m, die Höhe $\frac{200}{\pi}$ m.

II) Die Gesamtfläche soll maximal sein: Damit ist $A(x) = x \cdot \left(200 - \pi \cdot \frac{x}{2}\right) + \pi \cdot \left(\frac{x}{2}\right)^2$, bzw. $A(x) = 200x - \pi \cdot \frac{x^2}{2} + \pi \cdot \frac{x^2}{4} = 200x - \frac{\pi}{4} \cdot x^2$. Daraus folgt für die 1. Ableitung: $A'(x) = 200 - \frac{\pi}{2} \cdot x$ und für die Extremstelle: $x = \frac{400}{\pi}$. Einsetzen in die 2. Ableitung $A''(x) = -\frac{\pi}{2}$ liefert: $A''\left(\frac{400}{\pi}\right) = -\frac{\pi}{2} < 0$ und damit ein globales Maximum. Ein

Überprüfen der Fläche für die Randstellen des Intervalles ist daher nicht nötig. Zum Schluss wird mit Hilfe der Nebenbedingung noch y bestimmt: $y = 200 - \pi \cdot \frac{\frac{400}{\pi}}{2} = 200 - \frac{400}{2} = 0$. Die *Gesamt*fläche des Sportplatzes wäre also bei kreisförmiger Gestalt am größten.

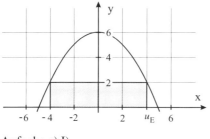

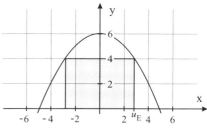

Aufgabe e) I)   Aufgabe e) II)

e)   I) Gesucht ist ein Rechteck mit maximalem Umfang, das der angegebenen Kurve einbeschrieben werden soll. Nebenbedingung: Zwei Eckpunkte des Rechtecks müssen auf der Kurve, die anderen beiden auf der x-Achse liegen. Der Punkt auf der Kurve im 1. Quadranten sei $P(u \mid v)$ mit $v = f(u)$. Damit gilt für die Höhe $h = f(u)$. Für das Rechteck ist die Grundseite $2u$, mit $0 \leqslant u \leqslant 2\sqrt{6}$. ($x = 2\sqrt{6}$ ist die Nullstelle von f.) Durch Einsetzen der Nebenbedingung ergibt sich als Zielfunktion für den Umfang: $U(u) = 4 \cdot u + 2 \cdot f(u) \Rightarrow U(u) = 4u + 2 \cdot \left(6 - \frac{1}{4}u^2\right) \Rightarrow U(u) = 4u + 12 - \frac{1}{2}u^2$. Ableiten führt auf: $U'(u) = 4 - u$. Die Ableitung wird gleich Null gesetzt, um die Extremstelle zu bestimmen: $u_E = 4$. Überprüfen in der 2. Ableitung $U''(u) = -1$ ergibt: $U''(4) = -1 < 0$, daraus folgt, dass es sich um ein globales Maximum handelt. Die Randstellen müssen daher nicht mehr überprüft werden. Eingesetzt in die Zielfunktion ergibt sich für den gesuchten Umfang: $U(4) = 4 \cdot 4 + 2 \cdot f(4) = 16 + 2 \cdot 2 = 20$ LE.

   II) Gesucht ist ein Rechteck mit maximaler Fläche, das der angegebenen Kurve einbeschrieben werden soll. Nebenbedingung: Zwei Eckpunkte des Rechtecks müssen auf der Kurve, die anderen beiden auf der x-Achse liegen. Der Punkt auf der Kurve im 1. Quadranten sei $P(u \mid v)$ mit $v = f(u)$. Damit gilt für die Höhe $h = f(u)$. Für dieses Rechteck ist die Grundseite $2u$, mit $0 \leqslant u \leqslant 2\sqrt{6}$. (Es ist: $2\sqrt{6} = \sqrt{24} = $ Schnittstelle der Kurve mit der x-Achse.) Durch Einsetzen der Nebenbedingung ergibt sich als Zielfunktion für die Fläche: $A(u) = 2 \cdot u \cdot f(u) \Rightarrow A(u) = 2u \cdot \left(6 - \frac{1}{4}u^2\right) \Rightarrow A(u) = 12u - \frac{1}{2}u^3$. Ableiten führt auf: $A'(u) = 12 - \frac{3}{2}u^2$. Die Ableitung wird gleich Null gesetzt, um die Extremstelle zu bestimmen: $\frac{3}{2}u^2 = 12 \Rightarrow u_{1,2} = \pm\sqrt{8}$. Der Wert $-\sqrt{8}$ scheidet aus, da es sich bei u um eine Länge handelt, die nicht < 0 sein kann. Also ist $u_E = \sqrt{8}$. Überprüfen in der 2. Ableitung $A''(u) = -3u$: $A''(\sqrt{8}) = -3\sqrt{8} < 0$ ergibt, dass es sich um ein lokales Maximum handelt. Daher muss überprüft werden, ob die Randstellen eventuell größere Funktionswerte liefern. Es ist $A(0) = 0$ und $A(2\sqrt{6}) = 0$, damit existieren keine Randextremwerte. Eingesetzt in die Zielfunktion ergibt sich für die gesuchte Fläche: $2 \cdot \sqrt{8} \cdot f\left(\sqrt{8}\right) = 2 \cdot \sqrt{8} \cdot 4 = 8 \cdot \sqrt{8}$ FE.

f) Gesucht ist ein maximal großes Rechteck, das in einen Halbkreis mit Radius 1 einbe-schrieben werden soll. Die Fläche ist die Größe, die maximiert werden soll. Für diese gilt: $A = 2x \cdot h$ mit $0 \leqslant x \leqslant 1$. Nebenbedingung: Zwei Eckpunkte des Rechtecks müssen im-mer auf dem Kreis, die anderen beiden auf der x-Achse liegen. Es ergibt sich durch den Satz des Pythagoras: $x^2 + h^2 = 1$. Man stellt nach h um und setzt ein: $h = \sqrt{1-x^2}$, al-so $A(x) = 2x \cdot \sqrt{1-x^2}$. Um diese Funktion ableiten und maximieren zu können, behilft man sich mit einem «Trick»: Man quadriert die Funktion, um die Wurzel zu beseitigen, und definiert eine neue Funktion $f(x) = (A(x))^2$. Dies ändert am Maximum nichts, denn A^2 besitzt das Maximum an der gleichen Stelle wie A. Nun ist $f(x) = 4x^2 \cdot (1-x^2) = 4x^2 - 4x^4$. Ableiten führt zu $f'(x) = 8x - 16x^3$. Zur Bestimmung des Extremwertes wird die Ableitung gleich Null gesetzt: $8x - 16x^3 = 0$. Ausklammern von x führt zu: $x_1 = 0$ und $8 - 16x^2 = 0$ (an der Zeichnung kann man sich klarmachen, dass die Lösung $x_1 = 0$ zu einer minimalen Fläche führt). Aus $8 - 16x^2 = 0$ folgt: $x^2 = \frac{1}{2}$ und $x_{2,3} = \pm\frac{1}{\sqrt{2}}$. Die ne-gative Lösung $x_3 = -\frac{1}{\sqrt{2}}$ scheidet aus, da es sich um Längen handelt. Damit ergibt sich die gesuchte Länge als $x_2 = \frac{1}{\sqrt{2}}$. Einsetzen in die 2. Ableitung $f''(x) = 8 - 48x^2$ ergibt: $f''\left(\frac{1}{\sqrt{2}}\right) = 8 - 48 \cdot \left(\frac{1}{\sqrt{2}}\right)^2 = 8 - 48 \cdot \frac{1}{2} = -16 < 0$. Es handelt sich um ein lokales Maxi-mum, daher muss noch ein Vergleich mit den Randstellen gemacht werden: Es ist $A(0) = 0$ und $A(1) = 0$, $x = \frac{1}{\sqrt{2}}$ liefert also die größte Fläche. Die Breite des Rechtecks ist $2 \cdot \frac{1}{\sqrt{2}} = \sqrt{2}$ LE. Für h ergibt sich: $h = \sqrt{1 - \left(\frac{1}{\sqrt{2}}\right)^2} = \frac{1}{\sqrt{2}}$. Damit ist $A = 2 \cdot x \cdot h = 2 \cdot \frac{1}{\sqrt{2}} \cdot \frac{1}{\sqrt{2}} = 1$ FE.

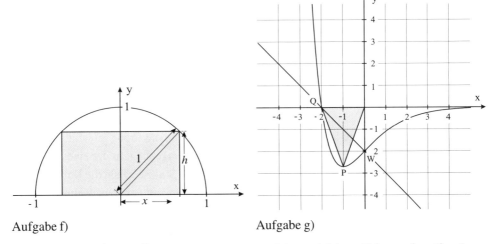

Aufgabe f)   Aufgabe g)

g) Zuerst werden f' und f'' bestimmt: Mit der Produktregel folgt: $f(x) = -(x+2)e^{-x} \Rightarrow$ $f'(x) = e^{-x}(x+1)$ und $f''(x) = -x \cdot e^{-x}$
Gesucht ist die Normale in $W(0 \mid -2)$. $m_n = -\frac{1}{f'(0)} = -\frac{1}{1} = -1$. Damit folgt für die Nor-male: $y = -x - 2$. Bestimmung des Schnittpunktes Q der Normalen mit der Kurve K: $-(x+2)e^{-x} = -x - 2 \Rightarrow (x+2) - (x+2)e^{-x} = 0$. Ausklammern von $(x+2)$ führt nun

zu: $(x+2)(1 - e^{-x}) = 0$. Damit ergibt sich $x_1 = -2$ und aus dem zweiten Faktor $x_2 = 0$. Die Lösung $x = -2$ führt zum gesuchten Schnittpunkt Q$(-2 \,|\, 0)$. Für den Punkt P gilt: P$(u \,|\, -(u+2) \cdot e^{-u})$ mit $0 < u < 2$. Damit ergibt sich für den Inhalt des Dreiecks OPQ:

$A(u) = \frac{1}{2} \cdot (0 - (-2)) \cdot (-f(u)) = \frac{1}{2} \cdot 2 \cdot (u+2) \cdot e^{-u} = (u+2) \cdot e^{-u}$

$A'(u) = 1 \cdot e^{-u} + (u+2) \cdot (-e^{-u}) = e^{-u}(1 - u - 2) = e^{-u} \cdot (-u-1)$

$A''(u) = -e^{-u} \cdot (-u-1) + e^{-u} \cdot (-1) = e^{-u}(u+1-1) = e^{-u} \cdot u$

Für die Extremstelle ergibt sich damit $e^{-u} \cdot (-u-1) = 0 \Rightarrow -u - 1 = 0 \Rightarrow u_1 = -1$.

Einsetzen in $A''(u)$: $A''(-1) < 0 \Rightarrow$ es liegt ein relatives Maximum vor. Um zu prüfen, ob ein absolutes Maximum vorliegt, wird $A(-1) = (-1+2) \cdot e^1 = e$ mit den Randwerten verglichen: $A(-2) = 0$ und $A(0) = 2$. Da $A(-1) = e > 2$ ist, nimmt der Flächeninhalt für $u = -1$ ein absolutes Maximum an.

10.2 Wachstumsprozesse

a)   I) Das Zerfallsgesetz ist $B(t) = B_0 \cdot e^{k \cdot t}$, $t = 0$ wird auf den Zeitpunkt vor 2 Jahren gesetzt. Daraus ergibt sich: $B(0) = 90000 \cdot e^{k \cdot 0} \Rightarrow B_0 = 90000$. Nun ist noch k zu bestimmen: Aus $B(2) = 30000$ folgt $B(2) = 90000 \cdot e^{k \cdot 2} = 30000 \Rightarrow e^{k \cdot 2} = \frac{30000}{90000} = \frac{1}{3}$ $\Rightarrow k \cdot 2 = \ln\left(\frac{1}{3}\right)$, dies lässt sich unter Verwendung der Logarithmusgesetze umschreiben zu $k \cdot 2 = \ln 1 - \ln 3$, da $\ln 1 = 0$ ist, folgt: $k = \frac{-\ln 3}{2}$. Das Zerfallsgesetz ist damit: $B(t) = 90000 \cdot e^{\frac{-\ln 3}{2} \cdot t}$

   II) Gesucht ist der Zeitpunkt t_E, an dem vom Anfangsbestand nur noch 10% übrig sind. Die Population enthält dann noch $\frac{1}{10} \cdot B_0$ Individuen. Eingesetzt in die Funktion ergibt sich: $\frac{1}{10} \cdot B_0 = B_0 \cdot e^{k \cdot t_E}$. Teilen durch B_0 führt auf: $\frac{1}{10} = e^{k \cdot t_E}$, anwenden von ln führt zu: $\ln\left(\frac{1}{10}\right) = k \cdot t_E \Rightarrow \ln 1 - \ln 10 = k \cdot t_E$ bzw. $\frac{-\ln 10}{k} = t_E$.

Wenn man noch k aus dem Aufgabenteil I) einsetzt, ergibt sich: $t_E = 2 \cdot \frac{\ln 10}{\ln 3}$.

b)   I) Die Temperatur der Probe wird durch folgende Gleichung bestimmt: $T(t) = 80 - 60e^{-0,1 \cdot t}$. Um die Asymptote zu bestimmen, betrachtet man den Grenzwert für $t \to \infty$. Es ist $\lim_{t \to \infty} T(t) = 80$, da der hintere Term für größer werdende Werte von t immer kleiner wird. Die Asymptote ist also die Gerade mit der Gleichung $T = 80$.

Die Asymptote kennzeichnet die Temperatur, die die Probe erreicht, wenn sie lange erwärmt wurde. Dies ist die Temperatur der Umgebung, in der sich die Probe beim Erwärmen befindet. (Im streng mathematischen Sinne erreicht die Kurve nie den Wert der Asymptote, physikalisch wird sie diese Temperatur aber nach einer gewissen Zeit erreicht haben.)

   II) Die Geschwindigkeit, mit der sich die Probe erwärmt, ist am größten, wenn die Temperaturänderung am größten ist. Diese Temperaturänderung wird durch die 1. Ableitung der Temperaturfunktion $T(t)$ beschrieben. Es ist $T'(t) = 6 \cdot e^{-0,1t}$. Diese Funktion ist streng monoton fallend, da für ihre Ableitung $(T')' = -0,6 \cdot e^{-0,1t}$ gilt: $(T')' < 0$. Die größte Temperaturänderung findet also für $t = 0$, d.h. am Anfang der Erwärmung statt.

III) Die Durchschnittstemperatur wird berechnet, indem man die Funktion in den Grenzen von 0 bis 10 integriert und den erhaltenen Wert durch 10 teilt:

$$\int_0^{10} \left(80 - 60e^{-0,1 \cdot t}\right) dt = \left[80t - 60 \cdot \frac{1}{-0,1} \cdot e^{-0,1 \cdot t}\right]_0^{10}$$

$$= \left[80t + 600 \cdot e^{-0,1 \cdot t}\right]_0^{10} = 800 + 600 \cdot e^{-1} - \left(600 \cdot e^0\right)$$

Als Näherung wird $e = 3$ gesetzt, damit ergibt sich für das Integral

$800 + 600 \cdot e^{-1} - 600 \approx 800 + \frac{600}{3} - 600 = 400.$

Die durchschnittliche Temperatur beträgt also 40 °C.

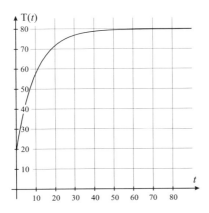

Aufgabe 10.2 b)

11 Transferaufgaben Analysis

11.1 Ganzrationale Funktion – Swimmingpool

Es ist $f(t) = t^3 - 13t^2 + 40t$; $0 \leqslant t \leqslant 9$.

Wenn Wasser weder zu- noch abläuft, ist die Zulaufrate $f(t) = 0$:

$t^3 - 13t^2 + 40t = 0$ führt zu $t \cdot (t^2 - 13t + 40) = 0$, Lösungen: $t_1 = 0$, $t_2 = 5$ und $t_3 = 8$. Zu Beginn, nach 5 und nach 8 Stunden läuft das Wasser weder zu noch ab.

Die Zeitpunkte maximalen Zu- bzw. Abflusses können am Intervallrand oder bei den relativen Extrema von f liegen.

Die relativen Extrema erhält man mit Hilfe der 1. und 2. Ableitung:

$f'(t) = 3t^2 - 26t + 40$ und $f''(t) = 6t - 26$.

Setzt man die erste Ableitung $f'(t) = 0$, führt dies zu $3t^2 - 26t + 40 = 0$ mit den Lösungen $t_1 = 2$ und $t_2 = \frac{20}{3} = 6\frac{2}{3}$.

Setzt man t_1 bzw. t_2 in $f(t)$ ein, so ergibt sich $f(2) = 2^3 - 13 \cdot 2^2 + 40 \cdot 2 = 36$ bzw. $f\left(\frac{20}{3}\right) = \left(\frac{20}{3}\right)^3 - 13 \cdot \left(\frac{20}{3}\right)^2 + 40 \cdot \left(\frac{20}{3}\right) = -\frac{400}{27}$.

Setzt man t_1 bzw. t_2 in $f''(t)$ ein, so ergibt sich:

$f''(2) = 6 \cdot 2 - 26 = -14 < 0$, also liegt ein relatives Maximum vor.

$f''\left(\frac{20}{3}\right) = 6 \cdot \frac{20}{3} - 26 = 14 > 0$, also liegt ein relatives Minimum vor.

Die Intervallränder sind $t_3 = 0$ und $t_4 = 9$. Diese werden in $f(t)$ eingesetzt. Es gilt: $f(0) = 0$ und $f(9) = 9^3 - 13 \cdot 9^2 + 40 \cdot 9 = 36 = f(2)$.

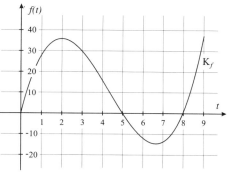

Somit hat der Zufluss nach 2 Stunden ein relatives Maximum, nach $6\frac{2}{3}$ Stunden hat der Zufluss ein relatives Minimum, welches negativ ist, d.h. der Abfluss ist maximal, und nach 9 Stunden hat der Zufluss ein Maximum, welches gleich groß ist wie nach 2 Stunden, aber am Rand liegt.

Um die Wassermenge nach 3 Stunden zu berechnen, benötigt man zuerst die Wassermenge zu Beginn: $V = G \cdot h = 8 \cdot 5 \cdot 0,1 = 4$. Somit sind zu Beginn 4 m³ Wasser im Pool.

Nun stellt man eine Funktion $w(t)$ auf, die den Wasserstand im Pool zum Zeitpunkt t angibt.

Hierzu bestimmt man eine allgemeine Stammfunktion von f und berücksichtigt die Anfangsbedingung:

$w(t) = \frac{1}{4}t^4 - \frac{13}{3}t^3 + 20t^2 + c$.

Mit $w(0) = 4$ ergibt sich $c = 4 \Rightarrow w(t) = \frac{1}{4}t^4 - \frac{13}{3}t^3 + 20t^2 + 4$.

Damit ist die Wassermenge nach 3 Stunden: $w(3) = \frac{1}{4} \cdot 3^4 - \frac{13}{3} \cdot 3^3 + 20 \cdot 3^2 + 4 = 87,25 \, \text{m}^3$.

Alternativ kann man den Zufluss z in den ersten 3 Stunden mit Hilfe des Integrals berechnen:

$$z = \int_0^3 f(t)\,dt = \int_0^3 \left(t^3 - 13t^2 + 40t\right)dt = \left[\frac{1}{4}t^4 - \frac{13}{3}t^3 + 20t^2\right]_0^3$$

$$= \frac{1}{4} \cdot 3^4 - \frac{13}{3} \cdot 3^3 + 20 \cdot 3^2 = 83,25.$$

Somit befinden sich nach 3 Stunden $4 + 83,25 = 87,25\,\mathrm{m}^3$ Wasser im Pool.

Am Ende des gesamten Einfüllvorgangs $(t = 9)$ beträgt die gesamte Wassermenge im Pool $w(9) = \frac{1}{4} \cdot 9^4 - \frac{13}{3} \cdot 9^3 + 20 \cdot 9^2 + 4 = 105,25$. Also sind $105,25\,\mathrm{m}^3$ Wasser im Pool, folglich ist die Höhe h des Wasserstands:
$h = \frac{105,25}{8 \cdot 5} = 2,63\,\mathrm{m}$.

Die maximale Wassermenge kann nur am Ende eines Zulaufs erreicht sein, also bei $t = 5$ oder $t = 9$. Die Wassermenge wird mit Hilfe von $w(t)$ berechnet:
Es ist: $w(5) = \frac{1}{4} \cdot 5^4 - \frac{13}{3} \cdot 5^3 + 20 \cdot 5^2 + 4 = 118,6$ und $w(9) = 105,25$.
Somit beträgt nach 5 Stunden die maximale Wassermenge im Pool $118,6\,\mathrm{m}^3$, also etwas weniger als das maximale Fassungsvermögen des Pools ($120\,\mathrm{m}^3$).

Für $t > 9$ würde der Zulauf sehr stark ansteigen, so dass die Wassermenge im Pool sehr bald das Fassungsvermögen des Pools überschreiten würde. Also ist die Definitionsmenge der Funktion f, die den Zulauf modellhaft beschreibt, beschränkt.
Das Modell hat hier seine Grenze.

11.2   Ganzrationale Funktion – Mountainbike

a) Das Schaubild der Funktion g hat bei $x = 1$ einen Hochpunkt, da $g'(1) = 0$ gilt (notwendige Bedingung) und g' bei $x = 1$ das Vorzeichen von $+$ nach $-$ wechselt (hinreichende Bedingung).
Das Schaubild von g hat bei $x = 3$ einen Tiefpunkt, da $g'(3) = 0$ gilt (notwendige Bedingung) und g' bei $x = 3$ das Vorzeichen von $-$ nach $+$ wechselt (hinreichende Bedingung).
Das Schaubild der Funktion g hat bei $x = 2$ einen Wendepunkt, da das Schaubild von g' bei $x = 2$ einen Extrempunkt hat.
Die Steigung im Wendepunkt ist $g'(2) = -1 < 0$, also negativ.

b)   I) Da die variablen Kosten V durch eine ganzrationale Funktion 2. Grades beschrieben werden sollen, gilt für V der Ansatz: $V(x) = ax^2 + bx + c$.
Aus den gegebenen Daten erhält man folgende Gleichungen:

$$
\begin{array}{rcl}
\text{I} \quad V(0) &=& 0 \\
\text{II} \quad V(2) &=& 306 \\
\text{III} \quad V(6) &=& 954
\end{array}
$$

bzw.

$$
\begin{array}{rcccccl}
\text{I} & a \cdot 0^2 &+& b \cdot 0 &+& c &=& 0 \\
\text{II} & a \cdot 2^2 &+& b \cdot 2 &+& c &=& 306 \\
\text{III} & a \cdot 6^2 &+& b \cdot 6 &+& c &=& 954
\end{array}
$$

Dies führt zu:

$$
\begin{array}{rrcrcl}
\text{I} & & & c & = & 0 \\
\text{II} & 4a & + & 2b & = & 306 \\
\text{III} & 36a & + & 6b & = & 954
\end{array}
$$

Multipliziert man Gleichung II mit 3 und subtrahiert davon Gleichung III, so ergibt sich: $-24a = -36 \Rightarrow a = 1,5$. Setzt man $a = 1,5$ in Gleichung II ein, so erhält man: $4 \cdot 1,5 + 2b = 306 \Rightarrow b = 150$. Außerdem ist auch $V(10) = 100a + 10b = 1650$ erfüllt.

Somit werden die variablen Kosten V beschrieben durch:

$V(x) = 1,5x^2 + 150x$.

Die monatlichen Herstellungskosten H setzen sich aus den Fixkosten und den variablen Kosten V zusammen:

$H(x) = 5000 + V(x)$
$\quad\quad = 1,5x^2 + 150x + 5000$.

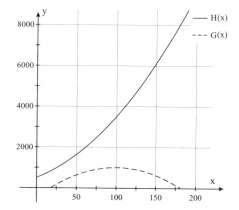

Wenn die variablen Kosten $V(x)$ fünfmal so hoch wie die Fixkosten (5000 €) sein sollen, muss gelten:
$V(x) = 25000$ bzw. $1,5x^2 + 150x = 25000 \Rightarrow x_1 = 88,44$ und $x_2 = -188,44$.
Bei einer Produktion von 88 Mountainbikes sind die variablen Kosten fünfmal so hoch wie die Fixkosten.

II) Den monatlichen Gewinn G erhält man, indem man die Herstellungskosten H vom Erlös E subtrahiert. Da ein Mountainbike für 450 € an den Händler verkauft wird, gilt für den Erlös E bei x produzierten Mountainbikes:
$E(x) = 450 \cdot x$
$G(x) = E(x) - H(x) = 450x - (1,5x^2 + 150x + 5000) = -1,5x^2 + 300x - 5000$.

Die Firma macht Gewinn, wenn $G(x)$ positiv ist, d.h. die Produktionszahlen zwischen den beiden Nullstellen von G liegen, da das Schaubild von G eine nach unten geöffnete Parabel ist.
$G(x) = 0$ führt zu $-1,5x^2 + 300x - 5000 = 0 \Rightarrow x_1 = 18,4$ und $x_2 = 181,6$.
Die Firma macht Gewinn, wenn mehr als 18 und weniger als 182 Mountainbikes hergestellt werden.

Den maximalen Gewinn erhält man durch Berechnung des Maximums von G durch Nullsetzen der 1. Ableitung:
$G'(x) = -3x + 300 = 0 \Rightarrow x = 100$.
Da G' bei $x = 100$ das Vorzeichen von $+$ nach $-$ wechselt, handelt es sich um ein Maximum. Setzt man $x = 100$ in $G(x)$ ein, so erhält man:

$G(100) = -1,5 \cdot 100^2 + 300 \cdot 100 - 5000 = 10000.$

Bei einer Produktion von 100 Mountainbikes pro Monat beträgt der maximale Gewinn $10\,000$ €.

III) Wenn pro Monat 90 Mountainbikes produziert werden, betragen die Herstellungskosten $H(90) = 1,5 \cdot 90^2 + 150 \cdot 90 + 5000 = 30\,650$.

Ist p der Preis für ein Mountainbike, so beträgt der Erlös $E = 90 \cdot p$.

Da der Gewinn mindestens 2000 € betragen soll, muss gelten:

$90p - 30\,650 \geqslant 2000 \;\Rightarrow\; p \geqslant 362,78.$

Der Preis für ein Mountainbike kann also höchstens um $450 - 362,78 = 87,22$ € gesenkt werden.

Da $\frac{87,22}{450} = 0,194 = 19,4\,\%$, also kann der ursprünglich erzielte Preis um höchstens 19,4 % gesenkt werden.

11.3   Gebrochenrationale Funktion – Laptop

Es ist: $H(x) = \frac{1200x + 45\,000}{2x + 3}; \;\; x > 0$

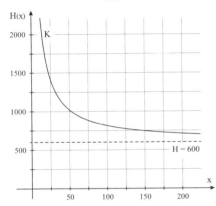

Diese Lösung verwendet den Ansatz eines kontinuierlichen Modells. Um zu zeigen, dass die Herstellungskosten fortwährend sinken, bestimmt man $H'(x)$ mit der Quotientenregel:

$$H(x) = \frac{1200x + 45\,000}{2x + 3}$$

$$H'(x) = \frac{1200 \cdot (2x+3) - (1200x + 45\,000) \cdot 2}{(2x+3)^2}$$

$$= \frac{-86\,400}{(2x+3)^2} < 0.$$

Da $H'(x) < 0$, ist H streng monoton fallend, also sinken die Herstellungskosten fortwährend.

Die langfristigen Herstellungskosten erhält man, wenn $x \to \infty$ geht:

$\lim_{x \to \infty} H(x) = \lim_{x \to \infty} \frac{1200x + 45\,000}{2x+3} = \frac{1200}{2} = 600.$

Die Herstellungskosten betragen langfristig 600 €.

Die durchschnittlichen Herstellungskosten $\overline{H}$ eines Laptops erhält man durch folgende Integrale:

$$\overline{H}_1 = \frac{1}{1000} \int_0^{1000} H(x)\,dx = \frac{1}{1000} \int_0^{1000} \frac{1200x + 45\,000}{2x+3}\,dx = 740,48$$

$$\overline{H}_2 = \frac{1}{10\,000} \int_0^{10\,000} H(x)\,dx = \frac{1}{10\,000} \int_0^{10\,000} \frac{1200x + 45\,000}{2x+3}\,dx = 619,02.$$

Die durchschnittlichen Herstellungskosten eines Laptops betragen bei 1000 Stück 740 €, bei 10 000 Stück 619 €.

Man erhält die Gleichheit von Herstellungskosten und Verkaufspreis, wenn man das Schaubild von H mit der Geraden $y = 629$ schneidet. Mit dem GTR erhält man $x = 743,33$, also liegen die Herstellungskosten ab einer Stückzahl von 744 erstmals unter dem Verkaufspreis.

Den Gewinn G erhält man, indem man vom Verkaufserlös die Herstellungskosten abzieht: Der Verkaufserlös ergibt sich aus 98 % von 20 000 Laptops à 629 €, also $0,98 \cdot 20\,000 \cdot 629 = 12\,328\,400$.

Die Herstellungskosten erhält man durch Integration der Herstellungskostenfunktion:

$$\int_0^{20\,000} \frac{1200x + 45\,000}{2x + 3}\, dx = 12\,205\,159 \text{ (GTR)}.$$

Damit beträgt der Gewinn G $= €\, 12\,328\,400 - €\, 12\,205\,159 = €\, 123\,241$.

Damit kein Verlust entsteht, muss der Verkaufspreis bei einer Verkaufsrate p gleich groß wie die Herstellungskosten sein, also $p \cdot 20\,000 \cdot 629 = 12\,205\,159 \Rightarrow p = 0,97$. Die Verkaufsrate muss also mindestens 97 % betragen.

11.4   Exponentialfunktion – Bakterien

a) Es ist $f(x) = (2x + 3) \cdot e^{-x}$.

Die Ableitungen erhält man mit Hilfe der Produkt- und Kettenregel:

$f'(x) = 2 \cdot e^{-x} + (2x + 3) \cdot e^{-x} \cdot (-1) = (-2x - 1) \cdot e^{-x}$

$f''(x) = -2 \cdot e^{-x} + (-2x - 1) \cdot e^{-x} \cdot (-1) = (2x - 1) \cdot e^{-x}$

$f'''(x) = 2 \cdot e^{-x} + (2x - 1) \cdot e^{-x} \cdot (-1) = (-2x + 3) \cdot e^{-x}$.

Den Schnittpunkt S mit der y-Achse erhält man durch Einsetzen von $x = 0$ in $f(x)$:

$f(0) = (2 \cdot 0 + 3) \cdot e^{-0} = 3 \Rightarrow S(0 \mid 3)$.

Den Schnittpunkt N mit der x-Achse erhält man durch $f(x) = 0$:

$(2x + 3) \cdot e^{-x} = 0$ führt zu $2x + 3 = 0$ mit $x = -\frac{3}{2} \Rightarrow N\left(-\frac{3}{2} \mid 0\right)$.

Den Extrempunkt erhält man durch $f'(x) = 0$:

$(-2x - 1)e^{-x} = 0$ führt zu $-2x - 1 = 0$ mit $x = -\frac{1}{2}$. Setzt man $x = -\frac{1}{2}$ in $f(x)$ ein, so erhält man den y-Wert $f(-\frac{1}{2}) = 2e^{\frac{1}{2}}$. Zur Überprüfung der Art des Extrempunkts setzt man $x = -\frac{1}{2}$ in $f''(x)$ ein: $f''\left(-\frac{1}{2}\right) = -2e^{\frac{1}{2}} < 0 \Rightarrow H\left(-\frac{1}{2} \mid 2e^{\frac{1}{2}}\right)$.

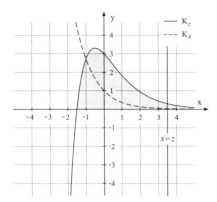

Den Wendepunkt erhält man durch $f''(x) = 0$:

$(2x-1) \cdot e^{-x} = 0$ führt zu $2x-1 = 0$ mit $x = \frac{1}{2}$.

Setzt man $x = \frac{1}{2}$ in $f(x)$ ein, so erhält man den

y-Wert $f\left(\frac{1}{2}\right) = 4e^{-\frac{1}{2}}$. Setzt man $x = \frac{1}{2}$ in $f'''(x)$

ein, so erhält man:

$f'''\left(\frac{1}{2}\right) = 2e^{-\frac{1}{2}} \neq 0 \Rightarrow W\left(\frac{1}{2} \mid 4e^{-\frac{1}{2}}\right)$.

Für $x \to \infty$ geht $f(x) \to 0$, also ist $y = 0$ eine

waagrechte Asymptote.

b) Um zu zeigen, dass die Funktion F mit $F(x) = -(2x+5)e^{-x}$ eine Stammfunktion von f

mit $f(x) = (2x+3) \cdot e^{-x}$ ist, leitet man F mit Hilfe der Produkt- und Kettenregel einmal ab:

$F'(x) = -2e^{-x} + \left(-(2x+5)e^{-x} \cdot (-1)\right) = (-2+2x+5) \cdot e^{-x} = (2x+3)e^{-x} = f(x)$.

Die ins Unendliche reichende Fläche wird zunächst begrenzt durch $x = -\frac{3}{2}$ und $x = z$;

die Fläche wird in Abhängigkeit von z mit Hilfe des Integrals und der gegebenen Stamm-

funktion berechnet:

$A(z) = \int_{-\frac{3}{2}}^{z} (f(x) - 0)\,dx = \int_{-\frac{3}{2}}^{z} (2x+3) \cdot e^{-x}dx = \left[-(2x+5)e^{-x}\right]_{-\frac{3}{2}}^{z}$

$= -(2z+5) \cdot e^{-z} - \left(-\left(2 \cdot (-\frac{3}{2})+5\right) \cdot e^{-(-\frac{3}{2})}\right) = -(2z+5)e^{-z} + 2e^{\frac{3}{2}}$.

Für $z \to \infty$ geht $A(z) \to 2e^{\frac{3}{2}}$.

Der Flächeninhalt der ins Unendliche reichenden Fläche beträgt somit $A = 2e^{\frac{3}{2}}$ FE.

Die Teilfläche im 2. Quadranten, die von K_f der x-Achse und der y-Achse begrenzt wird,

berechnet man ebenfalls mit Hilfe der gegebenen Stammfunktion:

$A_1 = \int_{-\frac{3}{2}}^{0} (f(x) - 0)dx = \int_{-\frac{3}{2}}^{0} (2x+3)e^{-x}dx = \left[-(2x+5)e^{-x}\right]_{-\frac{3}{2}}^{0}$

$= -(2 \cdot 0 + 5) \cdot e^{-0} - \left(-\left(2 \cdot (-\frac{3}{2})+5\right) \cdot e^{-(-\frac{3}{2})}\right) = -5 + 2 \cdot e^{\frac{3}{2}}$.

Somit ist $\frac{A}{2} = \frac{2e^{\frac{3}{2}}}{2} = e^{\frac{3}{2}} \neq -5 + 2e^{\frac{3}{2}} = A_1$

Also halbiert die y-Achse die Fläche A nicht.

c) Um P und Q zu erhalten, setzt man u in $f(x)$ und $g(x)$ ein und erhält:

$P(u \mid f(u))$ bzw. $P(u \mid (2u+3)e^{-u})$ und $Q(u \mid g(u))$ bzw. $Q(u \mid e^{-u})$.

Die Länge der Strecke PQ ist der Abstand d der beiden Punkte:

$d(u) = f(u) - g(u) = (2u+3)e^{-u} - e^{-u} = (2u+2)e^{-u}$.

Um das Maximum zu erhalten, leitet man $d(u)$ zwei Mal mit Hilfe von Produkt- und Ket-

tenregel ab:

$d'(u) = 2e^{-u} + (2u+2)e^{-u} \cdot (-1) = -2ue^{-u}$

$d''(u) = -2e^{-u} + \left(-2ue^{-u} \cdot (-1)\right) = (2u-2)e^{-u}$.

Setzt man nun $d'(u) = 0$, so erhält man $-2ue^{-u} = 0$, was zu $u = 0$ führt.

Setzt man $u = 0$ in $d''(u)$ ein, so erhält man $d''(0) = (2 \cdot 0 - 2)e^{-0} = -2 < 0$, also erhält man ein Maximum für $u = 0$.

Die maximale Länge erhält man durch Einsetzen von $u = 0$ in $d(u)$:

$d(0) = (2 \cdot 0 + 2)e^{-0} = 2$. Somit beträgt die maximale Länge der Strecke PQ 2 LE.

d) Für das Wachstumsgesetz wählt man den Ansatz $B(t) = a \cdot e^{kt}$, da es sich um natürliches exponentielles Wachstum handelt.

Da $B(0) = 500$ und nach einer Stunde $B(1) = 500 + \frac{30}{100} \cdot 500 = 650$, gelten folgende Gleichungen:

$$
\begin{array}{rll}
\text{I} & a \cdot e^{k \cdot 0} & = \quad 500 \\
\text{II} & a \cdot e^{k \cdot 1} & = \quad 650
\end{array}
$$

Gleichung I führt zu $a = 500$; setzt man dies in Gleichung II ein, so ergibt sich $500 \cdot e^k = 650$ bzw. $k = \ln\left(\frac{650}{500}\right) = 0,2624$.

Somit lautet das Wachstumsgesetz: $B(t) = 500 \cdot e^{0,2624 \cdot t}$.

Für $t = 6$ gilt: $B(6) = 500 \cdot e^{0,2624 \cdot 6} = 2414$.

Nach 6 Stunden sind 2414 Bakterien vorhanden.

Die Zeit, nach der sich die Anzahl der Bakterien verdreifacht (Anzahl = 1500) hat, erhält man durch die Gleichung:

$1500 = B(t)$ bzw. $1500 = 500 \cdot e^{0,2624 \cdot t}$ mit $t = \frac{\ln 3}{0,2624} = 4,2$.

Nach 4,2 Stunden hat sich die Anzahl der Bakterien verdreifacht.

Zum Zeitpunkt, zu dem erstmals die Bakterienanzahl weniger als die Anzahl zu Beginn der Beobachtung (500) betragen soll, muss gelten:

$500 = 2414 \cdot e^{-0,8755 \cdot (t-6)}$

$\ln\left(\frac{500}{2414}\right) = -0,8755 \cdot (t-6)$

$t = 6 + \frac{\ln\left(\frac{500}{2414}\right)}{-0,8755} = 7,8$

Nach 7,8 Stunden gibt es weniger als 500 Bakterien.

11.5 Exponentialfunktion – Sonnenblume

a) Es ist $f_t(x) = (t - x) \cdot e^x$.

Die Ableitungen erhält man mit Hilfe der Produktregel:

$f_t'(x) = -1e^x + (t - x)e^x = (-1 + t - x) \cdot e^x$

$f_t''(x) = -1e^x + (-1 + t - x)e^x = (-2 + t - x) \cdot e^x$

$f_t'''(x) = -1e^x + (-2 + t - x)e^x = (-3 + t - x) \cdot e^x$.

Den Schnittpunkt S_t mit der y-Achse erhält man durch Einsetzen von $x = 0$ in $f_t(x)$:

$f_t(0) = (t - 0)e^0 = t \Rightarrow S_t(0 \,|\, t)$.

Den Schnittpunkt N_t mit der x-Achse erhält man durch $f_t(x) = 0$:

$(t - x)e^x = 0$ führt wegen $e^x \neq 0$ zu $t - x = 0$ mit $x = t \Rightarrow N_t(t \,|\, 0)$.

Den Extrempunkt erhält man durch $f_t'(x) = 0$:

$(-1+t-x)e^x = 0$ führt zu $-1+t-x = 0$ mit $x = t-1$. Setzt man $x = t-1$ in $f_t(x)$ ein, so erhält man den y-Wert $f_t(t-1) = (t-(t-1))e^{t-1} = e^{t-1}$. Zur Überprüfung der Art des Extrempunkts setzt man $x = t-1$ in $f_t{''}(x)$ ein: $f_t{''}(t-1) = -e^{t-1} < 0 \Rightarrow \mathrm{H}_t\left(t-1 \mid e^{t-1}\right)$. Den Wendepunkt W_t erhält man durch $f_t{''}(x) = 0$:

$(-2+t-x)e^x = 0$ führt zu $-2+t-x = 0$ mit $x = t-2$. Setzt man $x = t-2$ in $f_t(x)$ ein, so erhält man den y-Wert $f_t(t-2) = 2e^{t-2}$. Setzt man $x = t-2$ in $f_t{'''}(x)$ ein, so erhält man $f_t{'''}(t-2) = -e^{t-2} \neq 0 \Rightarrow \mathrm{W}_t\left(t-2 \mid 2e^{t-2}\right)$.

Für $x \to -\infty$ geht $f_t(x) \to 0$, also ist die x-Achse ($y = 0$) eine waagrechte Asymptote.

b) Um die Gleichung der Ortskurve aller Hochpunkte $\mathrm{H}_t\left(t-1 \mid e^{t-1}\right)$ zu erhalten, löst man den x-Wert von H_t nach t auf und setzt dies in den y-Wert von H_t ein:

$x = t-1 \Rightarrow t = x+1$.

Damit ergibt sich:

$y = e^{t-1} = e^{(x+1)-1} = e^x$.

Also liegen alle Hochpunkte auf der Kurve mit der Gleichung $y = e^x$.

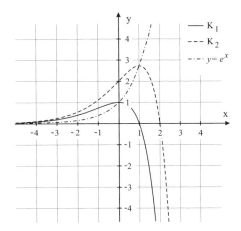

Für die Wendetangente benötigt man den Wendepunkt $\mathrm{W}_t\left(t-2 \mid 2e^{t-2}\right)$ und die Steigung m im Wendepunkt, welche mit Hilfe von $f_t{'}(x)$ berechnet wird:

$m = f_t{'}(t-2) = (-1+t-(t-2))e^{t-2} = e^{t-2}$.

Setzt man W_t und m in die Punkt-Steigungs-Form $y - y_1 = m \cdot (x - x_1)$ ein, so erhält man die Gleichung der Wendetangente:

$y - 2e^{t-2} = e^{t-2} \cdot (x - (t-2))$ bzw. $y = e^{t-2} \cdot (x - t + 2) + 2e^{t-2}$.

Schneidet man die Wendetangente mit der x-Achse ($y = 0$), so erhält man:

$0 = e^{t-2} \cdot (x - t + 2) + 2e^{t-2} = e^{t-2}\left((x-t+2)+2\right)$ bzw. $0 = x - t + 2 + 2 \Rightarrow x = t - 4$.

Somit hat der Schnittpunkt der Wendetangente mit der x-Achse die Koordinaten $\mathrm{A}_t\left(t-4 \mid 0\right)$.

Der Schnittpunkt von K_t mit der x-Achse ist $\mathrm{B}_t\left(t \mid 0\right) = \mathrm{N}_t$.

Die Länge l der Strecke $\mathrm{A}_t\mathrm{B}_t$ ist $l = t - (t-4) = 4$, hat also einen von t unabhängigen Wert.

c) Zu Beginn hat die Sonnenblume die Höhe $h_1(0) = 0,08 \cdot e^{k \cdot 0} = 0,08$.

Nach 5 Wochen ist sie $0,08 \, \mathrm{m} + 0,52 \, \mathrm{m} = 0,6 \, \mathrm{m}$ hoch, also gilt:

$h_1(5) = 0,6$ bzw. $0,08 \cdot e^{k \cdot 5} = 0,6 \Rightarrow k = \dfrac{\ln\left(\frac{0,6}{0,08}\right)}{5} = 0,4030$.

Somit lautet die Funktionsgleichung von h_1:

$h_1(t) = 0,08 \cdot e^{0,4030 \cdot t}$.

Nach 8 Wochen ist $h_1(8) = 0,08 \cdot e^{0,4030 \cdot 8} = 2,01$.

Die Sonnenblume müsste nach dem Modell 2,01 m hoch sein.

Nach 5 Wochen ist die Sonnenblume 0,60 m, nach 8 Wochen 1,20 m hoch, somit gelten folgende zwei Gleichungen:

$$\text{I} \quad h_2(5) \quad = \quad 0,60 \quad \Rightarrow \quad a - b \cdot e^{-0,5 \cdot 5} \quad = \quad 0,60$$
$$\text{II} \quad h_2(8) \quad = \quad 1,20 \quad \Rightarrow \quad a - b \cdot e^{-0,5 \cdot 8} \quad = \quad 1,20$$

Subtrahiert man Gleichung II von Gleichung I, so ergibt sich:

$$-b \cdot e^{-0,5 \cdot 5} + b \cdot e^{-0,5 \cdot 8} = -0,6 \text{ bzw. } b \cdot \left(-e^{-0,5 \cdot 5} + e^{-0,5 \cdot 8}\right) = -0,6$$

$$\Rightarrow b = \frac{-0,6}{-e^{-0,5 \cdot 5} + e^{-0,5 \cdot 8}} = 9,41.$$

Setzt man $b = 9,41$ in Gleichung I ein, so ergibt sich:

$a - 9,41 \cdot e^{-0,5 \cdot 5} = 0,6$ bzw. $a = 0,6 + 9,41 e^{-0,5 \cdot 5} = 1,37.$

Somit lautet die Funktionsgleichung von h_2:

$$h_2(t) = 1,37 - 9,41 \cdot e^{-0,5 \cdot t}; \, t \geqslant 5.$$

Es ergibt sich für den Grenzwert $\lim_{t \to \infty} h_2(t) = \lim_{t \to \infty} \left(1,37 - 9,41 \cdot e^{-0,5 \cdot t}\right) = 1,37.$
Die Sonnenblume kann langfristig nach Modell h_2 die Höhe von 1,37 m nicht überschreiten.

Da h_1 ein natürliches exponentielles Wachstum beschreibt, hat Modell h_1 gegenüber h_2 den Nachteil, dass es bei h_1 keine Grenze des Wachstums gibt, was bei Pflanzen aber genetisch anders vorgegeben ist. Daher gibt Modell h_2, welches ein beschränktes Wachstum beschreibt, ab einer gewissen Zeit den Verlauf der Höhe der Sonnenblume besser wieder.

11.6 Exponentialfunktion – Schimmelpilz

a) Es ist $f_t(x) = tx \cdot e^{-\frac{1}{t}x}$. Aus den Schaubildern kann man folgende gemeinsame Eigenschaften der Kurven der Schar bestimmen:

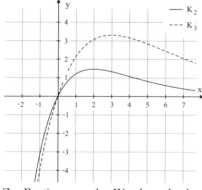

- Sie gehen durch den Ursprung.

- Sie haben genau einen Hochpunkt.

- Sie haben genau einen Wendepunkt.

- Für $x \to \infty$ ist die x-Achse waagerechte Asymptote.

- Für $x > 0$ verlaufen sie oberhalb der x-Achse, für $x < 0$ verlaufen sie unterhalb der x-Achse

Zur Bestimmung des Wendepunkts bestimmt man mit Hilfe von Produkt- und Kettenregel die 2. Ableitung von f_t:

$$f_t(x) = tx \cdot e^{-\frac{1}{t}x}$$
$$f_t'(x) = t \cdot e^{-\frac{1}{t}x} + tx \cdot e^{-\frac{1}{t}x} \cdot \left(-\frac{1}{t}\right) = (t - x) \cdot e^{-\frac{1}{t}x}$$

$$f_t{}''(x) = -1 \cdot e^{-\frac{1}{t}x} + (t-x) \cdot e^{-\frac{1}{t}x} \cdot \left(-\frac{1}{t}\right) = \left(\frac{1}{t}x - 2\right) \cdot e^{-\frac{1}{t}x}$$

$f_t{}''(x) = 0$ führt zu $\left(\frac{1}{t}x - 2\right) \cdot e^{-\frac{1}{t}x} = 0$ bzw. $\frac{1}{t}x - 2 = 0$, also $x = 2t$.

Da $f_k{}''(x)$ an der Stelle $x = 2t$ einen Vorzeichenwechsel hat, liegt ein Wendepunkt vor.

Der y-Wert ist: $f_t(2t) = t \cdot 2t \cdot e^{-\frac{1}{t} \cdot 2t} = 2t^2 e^{-2} = \frac{2t^2}{e^2}$, also $W\left(2t \mid \frac{2t^2}{e^2}\right)$.

Um die Ortskurve aller Wendepunkte zu erhalten, löst man den x-Wert von W nach t auf und setzt diesen in den y-Wert von W ein: Mit $x = 2t$ erhält man $t = \frac{x}{2} \Rightarrow y = \frac{2 \cdot \left(\frac{x}{2}\right)^2}{e^2} = \frac{x^2}{2e^2}$. Die Wendepunkte aller Kurven der Schar liegen damit auf der Kurve mit der Gleichung $y = \frac{x^2}{2e^2}$.

Liegt ein Punkt auf der 1. Winkelhalbierenden, so gilt für seine Koordinaten: $y = x$.

Setzt man den x-Wert von W mit dem y-Wert von W gleich, so erhält man:

$2t = \frac{2t^2}{e^2} \Rightarrow t = e^2$.

Für $t = e^2$ liegt der Wendepunkt auf der 1. Winkelhalbierenden.

b) Es ist $f(t) = \frac{60e^{t-3}}{(e^{t-3}+3)^2}$

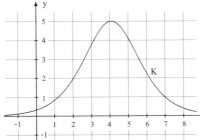

Da der Zähler und der Nenner von $f(t)$ stets größer als Null sind, ist $f(t) > 0$, also ist die Wachstumsgeschwindigkeit stets positiv; somit wächst die Schimmelpilzkultur immer weiter.

Mit Hilfe des GTR bestimmt man das Maximum von f. Man erhält $t = 4,1$.

Die Kultur wächst nach 4 Tagen am schnellsten.

Wenn man K mit der Geraden $y = 3,75$ schneidet, so erhält man $t_1 = 3$ und $t_2 = 5,2$ (GTR). Nach 3 und nach etwa 5 Tagen wächst die Kultur um $3,75\ cm^2$ pro Tag.

Der Flächenzuwachs Z ist die Summe aller Zuwächse, wird also mit Hilfe des Integrals berechnet:

$$Z = \int_0^4 f(t)dt = \int_0^4 \frac{60e^{t-3}}{(e^{t-3}+3)^2}dt = 9,2 \text{ (GTR)}$$

Da zu Beginn der Beobachtung 10 cm² bedeckt waren, wird nach 4 Tagen eine Fläche von $10 + 9,2 = 19,2$ cm² bedeckt.

Langfristig wird eine bedeckte Fläche von 30 cm² nicht überschritten, da

$$10 + \int_0^{100} f(t)dt < 30 \text{ (GTR)}$$

Man kann eine lineare Funktion g mit $g(t) = at + b$ bestimmen, indem man zwei Punkte von K auswählt:

Mit $f(0) = 0,32 = g(0)$ und $f(3) = 3,75 = g(3)$ erhält man:

$a \cdot 0 + b = 0,3 \Rightarrow b = 0,32$

$a \cdot 3 + b = 3,75 \Rightarrow a = 1,14$

Also hat g die Gleichung: $g(t) = 1,14 \cdot t + 0,32$.

Bei der Funktion g wird der Flächenzuwachs Z_g ebenfalls mit Hilfe des Integrals berechnet:

$$Z_g = \int_0^4 g(t)dt = \int_0^4 (1,14t + 0,32)dt = \left[\frac{1,14}{2}t^2 + 0,32t\right]_0^4 = \frac{1,14}{2}4^2 + 0,32 \cdot 4 = 10,4.$$

Bei diesem Modell beträgt die bedeckte Fläche nach 4 Tagen $10 + 10,4 = 20,4\,\text{cm}^2$.

Während man mit Modell g einfacher rechnen kann, dafür aber der Zuwachs und damit die bedeckte Fläche unendlich gross werden würden, beschreibt Modell f den Prozess des Wachstums mit begrenztem Ende, also realitätsnaher, dafür ist der Rechenaufwand größer.

11.7 Exponentialfunktion – Tannensetzling

a) Es ist $f_t(x) = 1,5 \cdot e^{-0,005(x-t)^2}$. Anhand der Schaubilder erkennt man folgende gemeinsame Eigenschaften:

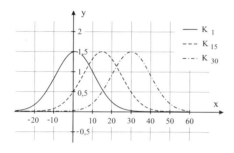

- Sie verlaufen oberhalb der x-Achse, da $f_t(x) > 0$.

- Sie haben die x-Achse als waagerechte Asymptote für $x \to \pm\infty$.

- Sie haben genau einen Hochpunkt $H(t \mid 1,5)$.

- Sie haben genau zwei Wendepunkte.

- Sie sind achsensymmetrisch zu $x = t$.

Nachweis der Achsensymmetrie zu $x = t$: Es ist zu zeigen, dass $f_t(t+h) = f_t(t-h)$:

Es ist $f_t(t+h) = 1,5 \cdot e^{-0,005(t+h-t)^2} = 1,5e^{-0,005h^2}$ und

$f_t(t-h) = 1,5 \cdot e^{-0,005(t-h-t)^2} = 1,5 \cdot e^{-0,005(-h)^2} = 1,5e^{-0,005h^2} = f_t(t+h)$.

Also ist K_t achsensymmetrisch zur Geraden $x = t$.

b) Das Maximum von f wird mit dem GTR bestimmt: $t = 25$.

Im 25. Jahr ist das Längenwachstum maximal.

Das durchschnittliche Wachstum in den ersten 30 Jahren erhält man durch Integration:

$$\frac{1}{30}\int_0^{30} f(t)dt = \frac{1}{30}\int_0^{30} 1,5 \cdot e^{-0,005(t-25)^2}dt = \frac{1}{30} \cdot 25,77 = 0,86 \text{ (GTR)}.$$

Die Tanne wächst in den ersten 30 Jahren durchschnittlich 0,86 m pro Jahr.

Die Höhe h der Tanne ist $h = 0,3 + \int_0^{30} f(t)dt = 26,07$.

Alternativ: $h = 0,3 + 30 \cdot 0,86 = 26,1$.

Die Tanne ist nach 30 Jahren 26,1 m hoch.

Um den Zeitpunkt T für die Höhe von 13 m zu bestimmen, muss gelten:

$$13 = 0,3 + \int_0^T f(t)\,dt \text{ bzw.}$$

$$12,7 = \int_0^T f(t)\,dt.$$

Durch Ausprobieren bzw. Lösen der Integralgleichung mit dem GTR erhält man T = 21. Nach 21 Jahren ist die Tanne 13 m hoch.

Um den Zeitpunkt des «Ausgewachsenseins» zu bestimmen, schneidet man das Schaubild von f mit der Geraden $y = 0,2$. Mit dem GTR erhält man $t = 45$.

Die Höhe einer 45-jährigen Tanne beträgt $h_1 = 0,3 + \int_0^{45} f(t)\,dt = 36,8$ (GTR).

Die Höhe einer 60-jährigen Tanne beträgt $h_2 = 0,3 + \int_0^{60} f(t)\,dt = 37,7$ (GTR).

Die Differenz beträgt $0,9$.

Alternativ hätte man die Differenz auch durch folgendes Integral berechnen können:

$$\int_{45}^{60} f(t)\,dt = 0,85.$$

Also ist eine 60-jährige Tanne 0,9 m bzw. 0,85 m höher als eine «ausgewachsene» Tanne.

Geometrie

12   Rechnen mit Vektoren

12.1   Addition und Subtraktion von Vektoren

Gegeben sind die Vektoren $\vec{a} = \begin{pmatrix} -1 \\ 2 \\ 4 \end{pmatrix}$ und $\vec{b} = \begin{pmatrix} 3 \\ 1 \\ 2 \end{pmatrix}$.

a) $\vec{a} + \vec{b} = \begin{pmatrix} 2 \\ 3 \\ 6 \end{pmatrix}$ b) $\vec{a} - \vec{b} = \begin{pmatrix} -4 \\ 1 \\ 2 \end{pmatrix}$ c) $2 \cdot \vec{a} = \begin{pmatrix} -2 \\ 4 \\ 8 \end{pmatrix}$

d) $-\vec{a} = \begin{pmatrix} 1 \\ -2 \\ -4 \end{pmatrix}$ e) $2\vec{a} + 3\vec{b} = \begin{pmatrix} 7 \\ 7 \\ 14 \end{pmatrix}$

f) $\vec{a} \cdot \vec{b} = (-1) \cdot 3 + 2 \cdot 1 + 4 \cdot 2 = 7$

g) $|\vec{a}| = \sqrt{(-1)^2 + 2^2 + 4^2} = \sqrt{1 + 4 + 16} = \sqrt{21}$

h) $|\vec{b}| = \sqrt{3^2 + 1^2 + 2^2} = \sqrt{14}$

i) $|\vec{a} + \vec{b}| = \left| \begin{pmatrix} 2 \\ 3 \\ 6 \end{pmatrix} \right| = \sqrt{2^2 + 3^2 + 6^2} = \sqrt{49} = 7$

12.2   Orthogonalität von Vektoren

a) $\vec{a} \cdot \vec{b} = \begin{pmatrix} -1 \\ 0 \\ 1 \end{pmatrix} \cdot \begin{pmatrix} 2 \\ 2 \\ 0 \end{pmatrix} = (-1) \cdot 2 + 0 \cdot 2 + 1 \cdot 0 = -2 \Rightarrow \vec{a}$ steht nicht orthogonal auf $\vec{b}$.

b) $\vec{r} \cdot \vec{n} = \begin{pmatrix} 5 \\ -1 \\ 3 \end{pmatrix} \cdot \begin{pmatrix} 2 \\ 1 \\ -3 \end{pmatrix} = 5 \cdot 2 + (-1) \cdot 1 + 3 \cdot (-3) = 0 \Rightarrow \vec{r}$ steht orthogonal auf $\vec{n}$.

c) $\vec{z} \cdot \vec{w} = \begin{pmatrix} 2 \\ -2 \\ 4 \end{pmatrix} \cdot \begin{pmatrix} 1 \\ 3 \\ 1 \end{pmatrix} = 2 \cdot 1 + (-2) \cdot 3 + 4 \cdot 1 = 0 \Rightarrow \vec{z}$ steht orthogonal auf $\vec{w}$.

12.3 Auffinden von orthogonalen Vektoren

Es sind Vektoren zu bestimmen, deren Skalarprodukt mit $\vec{n}$ Null ergibt. Dazu kann man zwei Komponenten des Vektors frei wählen, die dritte ergibt sich dann, z.B.:

$$\vec{a} = \begin{pmatrix} 4 \\ -2 \\ 0 \end{pmatrix}, \text{ denn } \vec{a} \cdot \vec{n} = \begin{pmatrix} 4 \\ -2 \\ 0 \end{pmatrix} \cdot \begin{pmatrix} 1 \\ 2 \\ -3 \end{pmatrix} = 4 \cdot 1 + (-2) \cdot 2 + 0 \cdot (-3) = 4 - 4 = 0$$

$$\vec{b} = \begin{pmatrix} 0 \\ 3 \\ 2 \end{pmatrix}, \text{ denn } \vec{b} \cdot \vec{n} = \begin{pmatrix} 0 \\ 3 \\ 2 \end{pmatrix} \cdot \begin{pmatrix} 1 \\ 2 \\ -3 \end{pmatrix} = 0 \cdot 1 + 3 \cdot 2 + 2 \cdot (-3) = 6 - 6 = 0$$

$$\vec{c} = \begin{pmatrix} 5 \\ -1 \\ 1 \end{pmatrix}, \text{ denn } \vec{c} \cdot \vec{n} = \begin{pmatrix} 5 \\ -1 \\ 1 \end{pmatrix} \cdot \begin{pmatrix} 1 \\ 2 \\ -3 \end{pmatrix} = 5 \cdot 1 + (-1) \cdot 2 + 1 \cdot (-3) = 5 - 2 - 3 = 0$$

12.4 Orts- und Verbindungsvektoren

Gegeben sind die Punkte A(2 | 3 | 2), B(7 | 4 | 3) und C(1 | 5 | −2).

a) $\vec{a} = \begin{pmatrix} 2 \\ 3 \\ 2 \end{pmatrix}$, $\vec{b} = \begin{pmatrix} 7 \\ 4 \\ 3 \end{pmatrix}$, $\vec{c} = \begin{pmatrix} 1 \\ 5 \\ -2 \end{pmatrix}$

b) $\overrightarrow{AB} = \vec{b} - \vec{a} = \begin{pmatrix} 7 \\ 4 \\ 3 \end{pmatrix} - \begin{pmatrix} 2 \\ 3 \\ 2 \end{pmatrix} = \begin{pmatrix} 5 \\ 1 \\ 1 \end{pmatrix}$

$\overrightarrow{AC} = \vec{c} - \vec{a} = \begin{pmatrix} 1 \\ 5 \\ -2 \end{pmatrix} - \begin{pmatrix} 2 \\ 3 \\ 2 \end{pmatrix} = \begin{pmatrix} -1 \\ 2 \\ -4 \end{pmatrix}$

$\overrightarrow{BC} = \vec{c} - \vec{b} = \begin{pmatrix} 1 \\ 5 \\ -2 \end{pmatrix} - \begin{pmatrix} 7 \\ 4 \\ 3 \end{pmatrix} = \begin{pmatrix} -6 \\ 1 \\ -5 \end{pmatrix}$

c) Nein, ein Verbindungsvektor verbindet zwei beliebige Punkte. Ein Ortsvektor geht immer vom Ursprung zu einem Punkt.

12.5 Verschiedene Aufgaben

a) I) $\overrightarrow{AB} = \begin{pmatrix} -4 \\ -2 \\ -1 \end{pmatrix}$, $\overrightarrow{AC} = \begin{pmatrix} -1 \\ -4 \\ -2 \end{pmatrix}$, $\overrightarrow{BC} = \begin{pmatrix} 3 \\ -2 \\ -1 \end{pmatrix}$, es ist $\overline{AB} = \overline{AC} = \sqrt{21}$, damit ist

das Dreieck gleichschenklig.

II) $\overrightarrow{AB} = \begin{pmatrix} 5 \\ 3 \\ -2 \end{pmatrix}$, $\overrightarrow{AC} = \begin{pmatrix} 4 \\ 4 \\ -2 \end{pmatrix}$, $\overrightarrow{BC} = \begin{pmatrix} -1 \\ 1 \\ 0 \end{pmatrix}$, es ist $\overline{AB} = \sqrt{38}$, $\overline{AC} = 6$ und

$\overline{BC} = \sqrt{2}$, damit ist das Dreieck nicht gleichschenklig.

b) $\overrightarrow{AB} = \begin{pmatrix} -4 \\ 4 \\ 2 \end{pmatrix}$, $\overrightarrow{AC} = \begin{pmatrix} -6 \\ 0 \\ 6 \end{pmatrix}$, $\overrightarrow{BC} = \begin{pmatrix} -2 \\ -4 \\ 4 \end{pmatrix}$

$\overrightarrow{AB} \cdot \overrightarrow{AC} = \begin{pmatrix} -4 \\ 4 \\ 2 \end{pmatrix} \cdot \begin{pmatrix} -6 \\ 0 \\ 6 \end{pmatrix} = 24 + 0 + 12 = 36$

$\overrightarrow{AB} \cdot \overrightarrow{BC} = \begin{pmatrix} -4 \\ 4 \\ 2 \end{pmatrix} \cdot \begin{pmatrix} -2 \\ -4 \\ 4 \end{pmatrix} = 8 - 16 + 8 = 0$

$\overrightarrow{AC} \cdot \overrightarrow{BC} = \begin{pmatrix} -6 \\ 0 \\ 6 \end{pmatrix} \cdot \begin{pmatrix} -2 \\ -4 \\ 4 \end{pmatrix} = 12 + 0 + 24 = 36$

Da das Skalarprodukt von $\overrightarrow{AB}$ und $\overrightarrow{BC}$ gleich Null ist, stehen diese beiden Vektoren senkrecht aufeinander, d.h. das Dreieck ABC hat bei B einen rechten Winkel.

c) I)

$\overrightarrow{OM} = \overrightarrow{OA} + \frac{1}{2}\overrightarrow{AB} = \begin{pmatrix} 4 \\ 1 \\ 3 \end{pmatrix} + \frac{1}{2} \cdot \begin{pmatrix} -6 \\ 4 \\ -8 \end{pmatrix} = \begin{pmatrix} 1 \\ 3 \\ -1 \end{pmatrix}$

$\Rightarrow M(1 \mid 3 \mid -1)$

II)

$\overrightarrow{OP} = \overrightarrow{OA} + 2 \cdot \overrightarrow{AB} = \begin{pmatrix} 3 \\ -1 \\ -4 \end{pmatrix} + 2 \cdot \begin{pmatrix} 1 \\ 3 \\ 9 \end{pmatrix} = \begin{pmatrix} 5 \\ 5 \\ 14 \end{pmatrix}$

$\Rightarrow P(5 \mid 5 \mid 14)$

d) I) Den Schwerpunkt S des Dreiecks ABC mit A(4 | 1 | 2), B(5 | 3 | 0) und C(0 | 2 | 1)
    erhalten Sie mit der Formel:

$$\vec{s} = \tfrac{1}{3} \cdot \left(\vec{a} + \vec{b} + \vec{c}\right) = \tfrac{1}{3} \cdot \left(\begin{pmatrix} 4 \\ 1 \\ 2 \end{pmatrix} + \begin{pmatrix} 5 \\ 3 \\ 0 \end{pmatrix} + \begin{pmatrix} 0 \\ 2 \\ 1 \end{pmatrix} \right) = \tfrac{1}{3} \cdot \begin{pmatrix} 9 \\ 6 \\ 3 \end{pmatrix} = \begin{pmatrix} 3 \\ 2 \\ 1 \end{pmatrix}$$

$\Rightarrow$ S(3 | 2 | 1).

II) Den Schwerpunkt S des Dreiecks PQR mit P(−3 | 2 | 4), Q(5 | 1 | 2) und R(−5 | 3 | 6)
    erhalten Sie mit der Formel:

$$\vec{s} = \tfrac{1}{3} \cdot \left(\vec{p} + \vec{q} + \vec{r}\right) = \tfrac{1}{3} \cdot \left(\begin{pmatrix} -3 \\ 2 \\ 4 \end{pmatrix} + \begin{pmatrix} 5 \\ 1 \\ 2 \end{pmatrix} + \begin{pmatrix} -5 \\ 3 \\ 6 \end{pmatrix} \right) = \tfrac{1}{3} \cdot \begin{pmatrix} -3 \\ 6 \\ 12 \end{pmatrix} = \begin{pmatrix} -1 \\ 2 \\ 4 \end{pmatrix}$$

$\Rightarrow$ S(−1 | 2 | 4).

e) I)

$$\overrightarrow{OD} = \overrightarrow{OA} + \overrightarrow{BC} = \begin{pmatrix} 4 \\ 2 \\ 3 \end{pmatrix} + \begin{pmatrix} -3 \\ -7 \\ -8 \end{pmatrix} = \begin{pmatrix} 1 \\ -5 \\ -5 \end{pmatrix}$$

$\Rightarrow$ D(1 | −5 | −5)

II)

$$\overrightarrow{OD^*} = \overrightarrow{OB} + \overrightarrow{AC} = \begin{pmatrix} 1 \\ 8 \\ 5 \end{pmatrix} + \begin{pmatrix} -6 \\ -1 \\ -6 \end{pmatrix} = \begin{pmatrix} -5 \\ 7 \\ -1 \end{pmatrix}$$

$\Rightarrow$ D*(−5 | 7 | −1)

III)

$$\overrightarrow{OD'} = \overrightarrow{OA} + \overrightarrow{CB} = \begin{pmatrix} 4 \\ 2 \\ 3 \end{pmatrix} + \begin{pmatrix} 3 \\ 7 \\ 8 \end{pmatrix} = \begin{pmatrix} 7 \\ 9 \\ 11 \end{pmatrix}$$

$\Rightarrow$ D'(7 | 9 | 11)

f) Es ergeben sich folgende mögliche Vektorketten:

$$\overrightarrow{OD} = \overrightarrow{OA} + \overrightarrow{BC} = \begin{pmatrix} 3 \\ 1 \\ 4 \end{pmatrix} + \begin{pmatrix} 7 \\ -3 \\ 6 \end{pmatrix} = \begin{pmatrix} 10 \\ -2 \\ 10 \end{pmatrix} \Rightarrow D(10 | −2 | 10)$$

$$\overrightarrow{OE} = \overrightarrow{OA} + \overrightarrow{BF} = \begin{pmatrix} 3 \\ 1 \\ 4 \end{pmatrix} + \begin{pmatrix} 11 \\ 1 \\ 9 \end{pmatrix} = \begin{pmatrix} 14 \\ 2 \\ 13 \end{pmatrix} \Rightarrow E(14 | 2 | 13)$$

$$\overrightarrow{OG} = \overrightarrow{OC} + \overrightarrow{BF} = \begin{pmatrix} 5 \\ -2 \\ 3 \end{pmatrix} + \begin{pmatrix} 11 \\ 1 \\ 9 \end{pmatrix} = \begin{pmatrix} 16 \\ -1 \\ 12 \end{pmatrix} \Rightarrow G(16 | −1 | 12)$$

$$\overrightarrow{OH} = \overrightarrow{OD} + \overrightarrow{BF} = \begin{pmatrix} 10 \\ -2 \\ 10 \end{pmatrix} + \begin{pmatrix} 11 \\ 1 \\ 9 \end{pmatrix} = \begin{pmatrix} 21 \\ -1 \\ 19 \end{pmatrix} \Rightarrow H(21 \mid -1 \mid 19)$$

Die Länge der Raumdiagonalen AG ist die Länge des Verbindungsvektors $\overrightarrow{AG}$:

$$AG = \left| \overrightarrow{AG} \right| = \left| \begin{pmatrix} 13 \\ -2 \\ 8 \end{pmatrix} \right| = \sqrt{169 + 4 + 64} = \sqrt{237}$$

g) Bei einem schiefen Dreiecksprisma sind folgende 3 Kanten parallel: AD, BE und CF $\Rightarrow$

$$\overrightarrow{AD} = \overrightarrow{BE} = \overrightarrow{CF}. \text{ Daher gilt: } \overrightarrow{OE} = \overrightarrow{OB} + \overrightarrow{AD} = \begin{pmatrix} 5 \\ -2 \\ -1 \end{pmatrix} + \begin{pmatrix} 3 \\ 3 \\ 5 \end{pmatrix} = \begin{pmatrix} 8 \\ 1 \\ 4 \end{pmatrix}$$

$\Rightarrow E(8 \mid 1 \mid 4)$

$$\overrightarrow{OF} = \overrightarrow{OC} + \overrightarrow{AD} = \begin{pmatrix} -1 \\ 3 \\ -2 \end{pmatrix} + \begin{pmatrix} 3 \\ 3 \\ 5 \end{pmatrix} = \begin{pmatrix} 2 \\ 6 \\ 3 \end{pmatrix} \Rightarrow F(2 \mid 6 \mid 3)$$

Die Länge der Kante EF ist $\left| \overrightarrow{EF} \right| = \left| \begin{pmatrix} -6 \\ 5 \\ -1 \end{pmatrix} \right| = \sqrt{36 + 25 + 1} = \sqrt{62}$ LE.

12.6 Lineare Abhängigkeit / Unabhängigkeit

a) I) Der Ansatz $k \cdot \begin{pmatrix} 2 \\ 1 \\ -3 \end{pmatrix} = \begin{pmatrix} -4 \\ -2 \\ 6 \end{pmatrix}$ führt zu $\begin{aligned} 2k &= -4 \\ k &= -2 \\ -3k &= 6 \end{aligned}$ und damit zu $k = -2$,

d.h. $\vec{a}$ und $\vec{b}$ sind linear abhängig.

II) Der Ansatz $k \cdot \begin{pmatrix} 2 \\ 0 \\ 3 \end{pmatrix} = \begin{pmatrix} -2 \\ 1 \\ -3 \end{pmatrix}$ führt zu $\begin{aligned} 2k &= -2 \\ 0 &= 1 \\ 3k &= -3 \end{aligned}$ und damit zu einem

Widerspruch, d.h. $\vec{a}$ und $\vec{b}$ sind linear unabhängig.

III) Der Ansatz $k \cdot \begin{pmatrix} 6 \\ 3 \\ -9 \end{pmatrix} = \begin{pmatrix} 2 \\ 1 \\ -3 \end{pmatrix}$ führt zu $\begin{aligned} 6k &= 2 \\ 3k &= 1 \\ -9k &= -3 \end{aligned}$ und damit zu $k = \frac{1}{3}$,

d.h. $\vec{a}$ und $\vec{b}$ sind linear abhängig.

IV) Der Ansatz $k \cdot \begin{pmatrix} 4 \\ -2 \\ 3 \end{pmatrix} = \begin{pmatrix} 5 \\ 1 \\ 9 \end{pmatrix}$ führt zu $\begin{aligned} 4k &= 5 \\ -2k &= 1 \\ 3k &= 9 \end{aligned}$ und damit zu verschie-

denen Werten für k, also sind $\vec{a}$ und $\vec{b}$ linear unabhängig.

b)   I) Der Ansatz $r \cdot \begin{pmatrix} 2 \\ 1 \\ -3 \end{pmatrix} + s \cdot \begin{pmatrix} 4 \\ -2 \\ 1 \end{pmatrix} + t \cdot \begin{pmatrix} 3 \\ 5 \\ 0 \end{pmatrix} = \begin{pmatrix} 0 \\ 0 \\ 0 \end{pmatrix}$ führt zu

$$\begin{array}{lrrrrrrl}
\text{I} & 2r & + & 4s & + & 3t & = & 0 \\
\text{II} & r & - & 2s & + & 5t & = & 0 \\
\text{III} & -3r & + & s & & & = & 0
\end{array}$$

Löst man das Gleichungssystem entsprechend Kapitel 4, so erhält man $s = 0, r = 0$ und $t = 0$, d.h. $\vec{a}$, $\vec{b}$, und $\vec{c}$ sind linear unabhängig.

II) Der Ansatz $r \cdot \begin{pmatrix} 4 \\ 0 \\ -2 \end{pmatrix} + s \cdot \begin{pmatrix} 1 \\ 3 \\ -1 \end{pmatrix} + t \cdot \begin{pmatrix} 6 \\ 6 \\ -4 \end{pmatrix} = \begin{pmatrix} 0 \\ 0 \\ 0 \end{pmatrix}$ führt zu

$$\begin{array}{lrrrrrrl}
\text{I} & 4r & + & s & + & 6t & = & 0 \\
\text{II} & & & 3s & + & 6t & = & 0 \\
\text{III} & -2r & - & s & - & 4t & = & 0
\end{array}$$

Addiert man Gleichung I zum Zweifachen von Gleichung III, so ergibt sich:

$$\begin{array}{lrrrrrrl}
\text{I} & 4r & + & s & + & 6t & = & 0 \\
\text{II} & & & 3s & + & 6t & = & 0 \\
\text{IIIa} & & & -s & - & 2t & = & 0
\end{array}$$

Nun erkennt man, dass Gleichung II das (-3)-fache von Gleichung IIIa ist, d.h. es gibt unendlich viele Lösungen, z.B. kann man $t = 1$ wählen, so ergibt sich $s = -2$ und $r = -1$. Damit gibt es Lösungen mit $r \neq 0$, $s \neq 0$ und $t \neq 0$, d.h. $\vec{a}$, $\vec{b}$, und $\vec{c}$ sind linear abhängig.

III) Der Ansatz $r \cdot \begin{pmatrix} -1 \\ 3 \\ -2 \end{pmatrix} + s \cdot \begin{pmatrix} 5 \\ 2 \\ 1 \end{pmatrix} + t \cdot \begin{pmatrix} 3 \\ -4 \\ -3 \end{pmatrix} = \begin{pmatrix} 0 \\ 0 \\ 0 \end{pmatrix}$ führt zu

$$\begin{array}{lrrrrrrl}
\text{I} & -r & + & 5s & + & 3t & = & 0 \\
\text{II} & 3r & + & 2s & - & 4t & = & 0 \\
\text{III} & -2r & + & s & - & 3t & = & 0
\end{array}$$

Löst man das Gleichungssystem entsprechend Kapitel 4, so erhält man $r = 0, s = 0$ und $t = 0$, d.h. $\vec{a}$, $\vec{b}$, und $\vec{c}$ sind linear unabhängig.

13 Geraden

13.1 Aufstellen von Geradengleichungen

Der Ortsvektor des einen Punktes wird als Stützvektor für die Gerade benutzt. Einen Richtungsvektor erhält man, indem man einen Verbindungsvektor zwischen den beiden Punkten aufstellt. Da es beliebig ist, welcher Punkt als «Stützpunkt» genommen wird, bzw. in welche Richtung man den Richtungsvektor aufstellt, gibt es mehrere Lösungen. Für Aufgabe a) sind alle vier Lösungen dargestellt, für die Aufgaben b) und c) ist eine mögliche Lösung aufgeführt.

a) I) $g: \vec{x} = \begin{pmatrix} 1 \\ 0 \\ 2 \end{pmatrix} + r \cdot \begin{pmatrix} 2 \\ 1 \\ 1 \end{pmatrix}$ II) $g: \vec{x} = \begin{pmatrix} 3 \\ 1 \\ 3 \end{pmatrix} + r \cdot \begin{pmatrix} 2 \\ 1 \\ 1 \end{pmatrix}$

   III) $g: \vec{x} = \begin{pmatrix} 1 \\ 0 \\ 2 \end{pmatrix} + r \cdot \begin{pmatrix} -2 \\ -1 \\ -1 \end{pmatrix}$ IV) $g: \vec{x} = \begin{pmatrix} 3 \\ 1 \\ 3 \end{pmatrix} + r \cdot \begin{pmatrix} -2 \\ -1 \\ -1 \end{pmatrix}$

b) $g: \vec{x} = \begin{pmatrix} 2 \\ 1 \\ -4 \end{pmatrix} + s \cdot \begin{pmatrix} 2 \\ -1 \\ 5 \end{pmatrix}$ c) $g: \vec{x} = \begin{pmatrix} 1 \\ 1 \\ 0 \end{pmatrix} + t \cdot \begin{pmatrix} 1 \\ 1 \\ -1 \end{pmatrix}$

13.2 Punktprobe

Die Ortsvektoren der Punkte werden in die Geradengleichung eingesetzt. Dann ermittelt man den Parameter mit Hilfe der Gleichungen des dazugehörigen Gleichungssystems. Es muss sich für alle drei Gleichungen der gleiche Parameter ergeben.

a) Einsetzen ergibt:

$$\begin{array}{rrclcl} \text{I} & 2 & = & 1 & + & r \\ \text{II} & 7 & = & 3 & + & 4r \\ \text{III} & 0 & = & -2 & + & 2r \end{array}$$

Lösen von Gleichung I, II und III führt zu $r = 1$. Also liegt der Punkt A auf der Geraden.

b) Einsetzen ergibt:

$$\begin{array}{rrclcl} \text{I} & 3 & = & 1 & + & r \\ \text{II} & 11 & = & 3 & + & 4r \\ \text{III} & 3 & = & -2 & + & 2r \end{array}$$

Lösen von Gleichung I und II führt zu $r = 2$. Lösen von Gleichung III ergibt $r = 2,5$. Dies ist ein Widerspruch. Der Punkt liegt also nicht auf der Geraden.

c) Lösen von Gleichung I, II und III führt zu $r = -3$. Also liegt der Punkt C auf der Geraden.

13.3   Projektion von Geraden

a) Die x-y-Ebene hat die Gleichung $z = 0$, daher müssen die z-Komponenten der Geraden gleich Null gesetzt werden. Damit ist die Projektionsgerade:

$$g^* : \ \vec{x} = \begin{pmatrix} 3 \\ 1 \\ 0 \end{pmatrix} + r \cdot \begin{pmatrix} 4 \\ 6 \\ 0 \end{pmatrix}$$

b) Die y-z-Ebene hat die Gleichung $x = 0$, daher müssen die x-Komponenten der Geraden gleich Null gesetzt werden. Damit ist die Projektionsgerade:

$$h^* : \ \vec{x} = \begin{pmatrix} 0 \\ 3 \\ 4 \end{pmatrix} + t \cdot \begin{pmatrix} 0 \\ 4 \\ -1 \end{pmatrix}$$

13.4   Parallele Geraden

Wenn die Geraden parallel sind, müssen die Richtungsvektoren linear abhängig sein. Außerdem darf kein «Stützpunkt» einer Geraden in einer anderen enthalten sein.

Da $r \cdot \begin{pmatrix} 2 \\ -1 \\ -3 \end{pmatrix} = \begin{pmatrix} 4 \\ -2 \\ -6 \end{pmatrix}$ für $r = 2$ und $r \cdot \begin{pmatrix} 2 \\ -1 \\ -3 \end{pmatrix} = \begin{pmatrix} -6 \\ 3 \\ 9 \end{pmatrix}$ für $r = -3$ gilt, sind die

Richtungsvektoren linear abhängig. Punktproben der Stützvektoren in den jeweils anderen Geraden ergeben, dass die Geraden nicht identisch sind. Also sind alle Geraden echt parallel zueinander.

13.5   Gegenseitige Lage von Geraden

Für einige Aufgaben ist die Lösung ausführlich dargestellt, ansonsten sind Zwischenergebnisse und das Endergebnis angegeben.

a) Die Richtungsvektoren der Geraden sind kein Vielfaches voneinander, da es kein k gibt, so

dass gilt: $k \cdot \begin{pmatrix} 1 \\ 1 \\ 2 \end{pmatrix} = \begin{pmatrix} 2 \\ 0 \\ 1 \end{pmatrix}$, also können sich die Geraden schneiden oder windschief

sein.

Gleichsetzen der Geraden führt zu:

$$
\begin{array}{rlcrcl}
\text{I} & & 4 & + & t & = & 2r \\
\text{II} & & 2 & + & t & = & 0 \\
\text{III} & & 5 & + & 2t & = & r
\end{array}
$$

Gleichung II ergibt: $t = -2$. Eingesetzt in I ergibt sich $r = 1$. t und r müssen noch in Gl. III überprüft werden: $5 + 2 \cdot (-2) = 1$. Nun setzt man r in die Gleichung von g_2 ein, es ergibt sich der Schnittpunkt S mit $S(2 \mid 0 \mid 1)$.

b) Die Richtungsvektoren der Geraden sind kein Vielfaches voneinander, da es kein k gibt, so

dass gilt: $k \cdot \begin{pmatrix} 1 \\ 1 \\ 1 \end{pmatrix} = \begin{pmatrix} 3 \\ 4 \\ 5 \end{pmatrix}$, also können sich die Geraden schneiden oder windschief

sein.

Gleichsetzen der Geraden führt zu:

$$
\begin{array}{rrcrcr}
\text{I} & 2 + r &=& 3 &+& 3t \\
\text{II} & r &=& 2 &+& 4t \\
\text{III} & r &=& 3 &+& 5t
\end{array}
$$

Gleichung I − Gl. II ergibt: $t = -1$. Eingesetzt in Gl. II ergibt sich $r = -2$. t und r müssen noch in III überprüft werden: $-2 = 3 + 5 \cdot (-1)$. Einsetzen von r in g_1 ergibt den Schnittpunkt S mit S$(0 \mid -2 \mid -2)$.

c) Die Richtungsvektoren der Geraden sind kein Vielfaches voneinander, da es kein k gibt, so

dass gilt: $k \cdot \begin{pmatrix} 2 \\ 1 \\ -3 \end{pmatrix} = \begin{pmatrix} 4 \\ -5 \\ -1 \end{pmatrix}$.

Gleichsetzen der Geraden führt zu:

$$
\begin{array}{rrcrcr}
\text{I} & 1 + 2s &=& 5 &+& 4t \\
\text{II} & -3 + s &=& 1 &-& 5t \\
\text{III} & 5 - 3s &=& -3 &-& t
\end{array}
$$

Gleichung I − 2· Gl. II ergibt: $t = \frac{2}{7}$. Eingesetzt in II ergibt sich $s = \frac{18}{7}$. Es müssen s und t noch in Gl. III überprüft werden, es ergibt sich: $\frac{4}{7} = 0$. Dies ist ein Widerspruch, also sind die Geraden windschief.

d) Die Richtungsvektoren der Geraden sind kein Vielfaches voneinander, da es kein k gibt,

so dass gilt: $k \cdot \begin{pmatrix} 2 \\ 0 \\ 1 \end{pmatrix} = \begin{pmatrix} 0 \\ 1 \\ -1 \end{pmatrix}$. Gleichsetzen der Geradengleichungen und Berechnen

von t und r mit Gleichung I und II ergibt: $t = \frac{1}{2}$ und $r = -1$. Prüfen in Gleichung III führt auf einen Widerspruch, also sind die Geraden windschief.

e) Prüfung der Richtungsvektoren:

$k \cdot \begin{pmatrix} 2 \\ -1 \\ 3 \end{pmatrix} = \begin{pmatrix} -2 \\ 1 \\ -3 \end{pmatrix} \Rightarrow k = -1$, d.h. die Richtungsvektoren sind ein Vielfaches von-

einander (linear abhängig), also können die Geraden parallel oder identisch sein.

Man prüft nun, ob $P(4\mid 0\mid 1)$ der Geraden g auch auf der Geraden h liegt:

$$\begin{pmatrix} 4 \\ 0 \\ 1 \end{pmatrix} = \begin{pmatrix} 6 \\ -1 \\ 4 \end{pmatrix} + t \cdot \begin{pmatrix} -2 \\ 1 \\ -3 \end{pmatrix}$$

$4 = 6 - 2t \Rightarrow t = 1$

$0 = -1 + t \Rightarrow t = 1$

$1 = 4 - 3t \Rightarrow t = 1$, positive Punktprobe, also sind die Geraden identisch.

f) Prüfung der Richtungsvektoren:

$$k \cdot \begin{pmatrix} 1 \\ -1 \\ 2 \end{pmatrix} = \begin{pmatrix} -3 \\ 3 \\ -6 \end{pmatrix} \Rightarrow k = -3,\ \text{d.h. die Richtungsvektoren sind ein Vielfaches von-}$$

einander (linear abhängig), also können die Geraden parallel oder identisch sein.

Man prüft nun, ob $P(1\mid 2\mid 3)$ der Geraden g auch auf der Geraden h liegt:

$$\begin{pmatrix} 1 \\ 2 \\ 3 \end{pmatrix} = \begin{pmatrix} -1 \\ 4 \\ -1 \end{pmatrix} + s \cdot \begin{pmatrix} -3 \\ 3 \\ -6 \end{pmatrix}$$

$1 = -1 - 3s \Rightarrow s = -\frac{2}{3}$

$2 = 4 + 3s \Rightarrow s = -\frac{2}{3}$

$3 = -1 - 6s \Rightarrow s = -\frac{2}{3}$, positive Punktprobe, also sind die Geraden identisch.

g) Prüfung der Richtungsvektoren:

$$k \cdot \begin{pmatrix} -2 \\ -1 \\ 3 \end{pmatrix} = \begin{pmatrix} 4 \\ 2 \\ -6 \end{pmatrix} \Rightarrow k = -2,\ \text{d.h. die Richtungsvektoren sind ein Vielfaches von-}$$

einander (linear abhängig), also können die Geraden parallel oder identisch sein.

Man prüft nun, ob $P(1\mid 4\mid -2)$ der Geraden g auch auf der Geraden h liegt:

$$\begin{pmatrix} 1 \\ 4 \\ -2 \end{pmatrix} = \begin{pmatrix} -1 \\ 3 \\ -1 \end{pmatrix} + r \cdot \begin{pmatrix} 4 \\ 2 \\ -6 \end{pmatrix}$$

$1 = -1 + 4r \Rightarrow r = \frac{1}{2}$

$4 = 3 + 2r \Rightarrow r = \frac{1}{2}$

$-2 = -1 - 6r \Rightarrow r = \frac{1}{6}$, dies ist ein Widerspruch, d.h. negative Punktprobe, also sind die Geraden parallel.

h) Prüfung der Richtungsvektoren:

$$k \cdot \begin{pmatrix} 4 \\ 6 \\ -8 \end{pmatrix} = \begin{pmatrix} 2 \\ 3 \\ -4 \end{pmatrix} \Rightarrow k = \frac{1}{2},\ \text{d.h. die Richtungsvektoren sind ein Vielfaches von-}$$

einander (linear abhängig), also können die Geraden parallel oder identisch sein.

Man prüft nun, ob $P(0 \mid 1 \mid 4)$ der Geraden g auch auf der Geraden h liegt:

$$\begin{pmatrix} 0 \\ 1 \\ 4 \end{pmatrix} = \begin{pmatrix} 4 \\ 8 \\ -4 \end{pmatrix} + t \cdot \begin{pmatrix} 2 \\ 3 \\ -4 \end{pmatrix}$$

$0 = 4 + 2t \Rightarrow t = -2$

$1 = 8 + 3t \Rightarrow t = -\frac{7}{3}$

$4 = -4 - 4t \Rightarrow t = -2$, Widerspruch, d.h. negative Punktprobe, also sind die Geraden parallel.

13.6 Parallele Geraden mit Parameter

Wenn die beiden Geraden parallel sein sollen, müssen die beiden Richtungsvektoren linear abhängig sein. Dazu bestimmt man t so, dass der eine Vektor ein Vielfaches des anderen ist.

a) Gesucht ist t, so dass gilt: $\begin{pmatrix} 0 \\ 2 \\ 2t \end{pmatrix} = r \cdot \begin{pmatrix} 0 \\ 4 \\ 4 \end{pmatrix}$. Es ergibt sich:

$$\begin{aligned} 0 &= 0 \\ 2 &= 4r \\ 2t &= 4r \end{aligned}$$

Lösen führt zu $r = \frac{1}{2}$ und $t = 1$. Es muss noch sichergestellt sein, dass die Geraden nicht identisch sind, also macht man die Punktprobe:

$$\begin{aligned} \text{I} \quad 1 &= 4 \\ \text{II} \quad 1 &= 1 + 4r \\ \text{III} \quad 1 &= 7 + 4r \end{aligned}$$

Für I ergibt sich unmittelbar ein Widerspruch, also sind die Geraden echt parallel (da sie keinen Schnittpunkt besitzen).

b) Gesucht ist t, so dass gilt: $\begin{pmatrix} 0,5t \\ t \\ 4 \end{pmatrix} = r \cdot \begin{pmatrix} 1 \\ 2 \\ -2 \end{pmatrix}$. Es ergibt sich:

$$\begin{aligned} \text{I} \quad 0,5t &= r \\ \text{II} \quad t &= 2r \\ \text{III} \quad 4 &= -2r \end{aligned}$$

Aus III ergibt sich $r = -2$. Einsetzen in II führt zu $t = -4$. Überprüfen in I ergibt eine wahre Aussage. Es muss noch sichergestellt sein, dass die Geraden nicht identisch sind, also macht man die Punktprobe. Dies führt zu einen Widerspruch, also sind die Geraden echt parallel.

c) Gesucht ist t, so dass gilt: $\begin{pmatrix} t \\ 2t \\ -3 \end{pmatrix} = s \cdot \begin{pmatrix} 3 \\ 6 \\ -t \end{pmatrix}$. Es ergibt sich:

$$
\begin{array}{rrcl}
\text{I} & t & = & 3s \\
\text{II} & 2t & = & 6s \\
\text{III} & -3 & = & -t \cdot s
\end{array}
$$

I und II sind ein Vielfaches voneinander, daher benutzt man die Gleichungen I und III. Einsetzen von I in III führt zu $s = \pm 1$. Lösen führt auf $t_1 = 3$ und $t_2 = -3$. Es gibt also zwei Werte von t, für die die Geraden parallel sind. Macht man jeweils die Punktprobe, führt dies auf einen Widerspruch, damit sind die Geraden echt parallel.

13.7 Allgemeines Verständnis von Geraden

a) I) Die Richtungsvektoren $\vec{r}$ und $\vec{v}$ müssen linear abhängig (ein Vielfaches voneinander) sein. Für die Stützvektoren muss gelten: $\vec{a} \neq \vec{b}$. Außerdem darf der zu $\vec{b}$ gehörende Punkt B nicht auf g liegen, das heißt: $\vec{b} \neq \vec{a} + s \cdot \vec{r}$. (Bzw. der zu $\vec{a}$ gehörende Punkt A darf nicht auf h liegen.)

II) Die Stützvektoren müssen nicht unbedingt gleich sein, aber jeder «Stützpunkt» muss ein Punkt der anderen Gerade sein (Nachweis durch Punktprobe). Die Richtungsvektoren $\vec{r}$ und $\vec{v}$ müssen linear abhängig sein.

III) Die Stützvektoren müssen nicht unbedingt gleich sein, aber die Geraden müssen sich schneiden. Die Richtungsvektoren müssen orthogonal sein: $\vec{r} \cdot \vec{v} = 0$.

b) Für die Winkelbestimmung braucht man die beiden Richtungsvektoren $\vec{r}$ und $\vec{v}$.
Für den spitzen Winkel δ gilt dann:

$$
\cos \delta = \frac{|\vec{r} \cdot \vec{v}|}{|\vec{r}| \cdot |\vec{v}|}
$$

c) Zur Bestimmung der gegenseitigen Lage prüft man zuerst die Richtungsvektoren auf lineare Abhängigkeit bzw. Unabhängigkeit:

1. Sind die Richtungsvektoren ein Vielfaches voneinander (linear abhängig), können die Geraden parallel oder identisch sein.
Sie sind identisch, wenn ein Punkt der einen Geraden auf der anderen Geraden liegt (positive Punktprobe), sonst sind sie parallel (negative Punktprobe).

2. Sind die Richtungsvektoren kein Vielfaches voneinander (linear unabhängig), können die Geraden sich schneiden oder windschief sein.
Durch Gleichsetzen erhält man den Schnittpunkt oder einen Widerspruch, welcher angibt, dass die Geraden windschief sind.

14 Ebenen

Es gibt verschiedene Wege, die Koordinatenform der Ebenengleichung zu bestimmen. In der Lösung ist der Weg über die Punkt-Normalenform gewählt, weil er der anschaulichste ist. Es ist aber z.B. auch möglich, die Koordinatenform zu bestimmen, indem man ein Gleichungssystem bildet und dieses ausrechnet.

14.1 Koordinatengleichung einer Ebene

a) Lösungsweg: Zuerst ist zu prüfen, ob die drei Punkte nicht auf einer Geraden liegen. Dann legt man fest, welcher Ortsvektor als Stützvektor benutzt wird, dann bildet man zwei Spannvektoren und errechnet mit diesen den Normalenvektor $\vec{n}$. Dieser wird in die Punkt-Normalenform eingesetzt und ausgerechnet:

Als Stützvektor wird $\vec{a}$ gewählt, damit ergibt sich für die Spannvektoren $\overrightarrow{AB} = \begin{pmatrix} 2 \\ -1 \\ 1 \end{pmatrix}$

und $\overrightarrow{AC} = \begin{pmatrix} 6 \\ 2 \\ 3 \end{pmatrix}$. Das Kreuzprodukt der Spannvektoren ergibt $\begin{pmatrix} -5 \\ 0 \\ 10 \end{pmatrix}$. Ausklammern

von 5 führt zu $\vec{n} = \begin{pmatrix} -1 \\ 0 \\ 2 \end{pmatrix}$. Einsetzen in die Punkt-Normalenform und Ausrechnen ergibt

$\begin{pmatrix} -1 \\ 0 \\ 2 \end{pmatrix} \cdot \left(\begin{pmatrix} x \\ y \\ z \end{pmatrix} - \begin{pmatrix} 2 \\ 2 \\ 2 \end{pmatrix} \right) = 0 \Rightarrow -x + 2 + 2z - 4 = 0$. Ordnen der Gleichung

führt auf: $x - 2z = -2$.

b) Stützvektor $= \vec{p}$, Spannvektoren $\overrightarrow{PQ} = \begin{pmatrix} 1 \\ 4 \\ -2 \end{pmatrix}$ und $\overrightarrow{PR} = \begin{pmatrix} 4 \\ -2 \\ -2 \end{pmatrix}$. Das Kreuzprodukt

der Spannvektoren ergibt $\begin{pmatrix} -12 \\ -6 \\ -18 \end{pmatrix}$. Ausklammern von (-6) führt zu $\vec{n} = \begin{pmatrix} 2 \\ 1 \\ 3 \end{pmatrix}$. Ein-

setzen von $\vec{p}$ und $\vec{n}$ in die Punkt-Normalenform und Ausrechnen führt zu $2x + y + 3z = 20$.

c) Lösungsweg: Der Stützvektor der Geraden wird als Punkt der Ebene in der Punkt-Normalenform benutzt. Der erste Spannvektor ist der Richtungsvektor der Geraden, der zweite Spannvektor ergibt sich als Verbindungsvektor des «Stützpunktes» der Geraden zu dem gegebenen Punkt. Mit den beiden Spannvektoren wird $\vec{n}$ berechnet und über die Punkt-Normalenform die Koordinatengleichung ausgerechnet.

Stützvektor $= \vec{s} = \begin{pmatrix} 3 \\ 5 \\ 7 \end{pmatrix}$, Spannvektoren $\begin{pmatrix} 1 \\ 1 \\ 1 \end{pmatrix}$ und $\begin{pmatrix} 1 \\ -4 \\ -5 \end{pmatrix}$. Das Kreuzprodukt der

Spannvektoren und Ausklammern von (-1) führt zu $\vec{n} = \begin{pmatrix} 1 \\ -6 \\ 5 \end{pmatrix}$. Einsetzen von $\vec{s}$ und $\vec{n}$

in die Punkt-Normalenform und Ausrechnen führt zu $x - 6y + 5z = 8$.

d) Stützvektor $= \vec{s} = \begin{pmatrix} 7 \\ 2 \\ 3 \end{pmatrix}$, Spannvektoren $\begin{pmatrix} 1 \\ -3 \\ -3 \end{pmatrix}$ und $\begin{pmatrix} -3 \\ 1 \\ 1 \end{pmatrix}$. Das Kreuzprodukt

der Spannvektoren und Ausklammern von 8 führt zu $\vec{n} = \begin{pmatrix} 0 \\ 1 \\ -1 \end{pmatrix}$. Einsetzen von $\vec{s}$ und $\vec{n}$

in die Punkt-Normalenform und Ausrechnen führt zu $y - z = -1$.

e) Lösungsweg: Zuerst wird der Schnittpunkt der Geraden ermittelt. Bevor man die Gleichungen gleichsetzt, überprüft man, ob sie den gleichen Stützvektor besitzen. Der eine Richtungsvektor bildet einen Spannvektor, der andere Richtungsvektor den anderen. Mit den beiden Spannvektoren wird $\vec{n}$ berechnet und über die Punkt-Normalenform die Koordinatengleichung ausgerechnet.

Beide Geraden besitzen den gleichen Stützvektor $\vec{s} = \begin{pmatrix} 1 \\ 2 \\ 3 \end{pmatrix}$, die Spannvektoren sind

$\begin{pmatrix} 1 \\ 3 \\ 4 \end{pmatrix}$ und $\begin{pmatrix} 2 \\ -1 \\ 3 \end{pmatrix}$. Damit ist $\vec{n} = \begin{pmatrix} 13 \\ 5 \\ -7 \end{pmatrix}$. Einsetzen von $\vec{s}$ und $\vec{n}$ in die Punkt-

Normalenform und Ausrechnen führt zu $13x + 5y - 7z = 2$.

f) Beide Geraden besitzen den gleichen Stützvektor $\vec{s} = \begin{pmatrix} 4 \\ 4 \\ 4 \end{pmatrix}$, die Spannvektoren sind

$\begin{pmatrix} 2 \\ 3 \\ 3 \end{pmatrix}$ und $\begin{pmatrix} 0 \\ 2 \\ 1 \end{pmatrix}$. Das Kreuzprodukt der Spannvektoren und Ausklammern von (-1)

führt zu $\vec{n} = \begin{pmatrix} 3 \\ 2 \\ -4 \end{pmatrix}$. Einsetzen von $\vec{s}$ und $\vec{n}$ in die Punkt-Normalenform und Ausrechnen

führt zu $3x + 2y - 4z = 4$.

g) Die Geraden besitzen nicht den gleichen Stützvektor, daher wird zuerst der Schnittpunkt der Geraden durch Gleichsetzen der dazugehörigen Gleichungen bestimmt:

$$
\begin{array}{rrrrrr}
\text{I} & 1 + & s & = & 3 + & 2t \\
\text{II} & 2 + & 3s & = & 3 + & t \\
\text{III} & 4 + & 2s & = & 7 + & 3t
\end{array}
$$

Die Gleichung II wird mit -2 multipliziert und zu I addiert. Auflösen nach s ergibt: $s = 0$. Einsetzen in I führt auf $t = -1$. Beide Variablen müssen noch in III überprüft werden. Um den Schnittpunkt zu bestimmen, setzt man s oder t in eine der beiden Geradengleichungen ein. Der Schnittpunkt S ist damit $S(1 \mid 2 \mid 4)$. Nun wählt man wieder die beiden Richtungsvektoren als Spannvektoren und bestimmt $\vec{n}$: Damit ist $\vec{n} = \begin{pmatrix} 7 \\ 1 \\ -5 \end{pmatrix}$. Einsetzen von $\vec{s}$ und $\vec{n}$ in die Punkt-Normalenform und Ausrechnen führt zu $7x + y - 5z = -11$.

h) Zuerst wird der Schnittpunkt durch Gleichsetzen der Gleichungen bestimmt: $s = -1$ und $t = 2$. Der Schnittpunkt S ist damit $S(1 \mid 0 \mid 2)$. Nun wählt man wieder die beiden Richtungsvektoren als Spannvektoren und bestimmt $\vec{n}$: $\vec{n} = \begin{pmatrix} -17 \\ 6 \\ 7 \end{pmatrix}$. Einsetzen von $\vec{s}$ und $\vec{n}$ in die Punkt-Normalenform und Ausrechnen führt zu $-17x + 6y + 7z = -3$.

i) Zuerst wird der Schnittpunkt durch Gleichsetzen der dazugehörigen Gleichungen bestimmt:

$$
\begin{array}{rrrrrr}
\text{I} & 1 + & 3s & = & 4 + & 6s \\
\text{II} & & s & = & 1 + & 2t \\
\text{III} & 2 + & 2s & = & 1 + & 4t
\end{array}
$$

Die Gleichung II wird mit -2 multipliziert zu III addiert. Es ergibt sich der Ausdruck $3 = 0$. Dies ist ein Widerspruch. Die Gleichung hat damit keine Lösung, d.h. die Geraden schneiden sich nicht. Da die Richtungsvektoren linear abhängig sind, sind die Geraden parallel. Der «Stützpunkt» der einen Geraden wird als Punkt in der Punkt-Normalenform benutzt. Der erste Spannvektor der Ebene ist der Richtungsvektor der Geraden, der zweite Spannvektor ergibt sich aus dem Verbindungsvektor zwischen dem «Stützpunkt» der ersten Geraden und dem des «Stützpunktes» der zweiten Geraden. Mit den beiden Spannvektoren wird $\vec{n}$ berechnet und über die Punkt-Normalenform die Koordinatengleichung ausgerechnet. Stützvektor: $\vec{s} = \begin{pmatrix} 1 \\ 0 \\ 2 \end{pmatrix}$, die Spannvektoren sind $\begin{pmatrix} 3 \\ 1 \\ 2 \end{pmatrix}$ und $\begin{pmatrix} 3 \\ 1 \\ -1 \end{pmatrix}$. Das Kreuzprodukt der Spannvektoren und Ausklammern von (-3) führt zu $\vec{n} = \begin{pmatrix} 1 \\ -3 \\ 0 \end{pmatrix}$. Einsetzen von $\vec{s}$ und $\vec{n}$ in die Punkt-Normalenform und Ausrechnen führt zu $x - 3y = 1$.

j) Zuerst wird der Schnittpunkt durch Gleichsetzen bestimmt. Das Lösen des Gleichungssystems führt zu einem Widerspruch, daher schneiden sich die Geraden nicht. Die Richtungsvektoren sind linear abhängig $\Rightarrow$ die Geraden sind parallel. Die Ebene wird wie in der vorangehenden Aufgabe aufgestellt, die Spannvektoren sind $\begin{pmatrix} 2 \\ 1 \\ 2 \end{pmatrix}$ und $\begin{pmatrix} 2 \\ -1 \\ 2 \end{pmatrix}$.

Das Kreuzprodukt der Spannvektoren und Ausklammern von 4 führt zu $\vec{n} = \begin{pmatrix} 1 \\ 0 \\ -1 \end{pmatrix}$.

Einsetzen in die Punkt-Normalenform und Ausrechnen führt zu $x - z = 0$.

k) Zuerst wird der Schnittpunkt durch Gleichsetzen bestimmt. Das Lösen des Gleichungssystems führt zu einem Widerspruch, daher schneiden sich die Geraden nicht. Die Richtungsvektoren sind nicht linear abhängig, also sind die Geraden windschief, es ist nicht möglich, eine Ebene aufzustellen.

l) Zuerst wird der Schnittpunkt durch Gleichsetzen bestimmt. Das Lösen des Gleichungssystems führt zu einem Widerspruch, daher schneiden sich die Geraden nicht. Die Richtungsvektoren sind darüber hinaus nicht linear abhängig, also sind die Geraden windschief, es ist nicht möglich, eine Ebene aufzustellen.

m) Der Verbindungsvektor $\overrightarrow{AA^*}$ ist orthogonal zur Spiegelebene. Damit kann man ihn als Normalenvektor der Ebene benutzen. Dann wird der Punkt P in der Mitte der beiden Punkte ausgerechnet.

Es ist $\overrightarrow{AA^*} = \begin{pmatrix} 2 \\ -2 \\ -4 \end{pmatrix}$. Ausklammern von 2 ergibt $\vec{n} = \begin{pmatrix} 1 \\ -1 \\ -2 \end{pmatrix}$. Für $\vec{p}$ ergibt sich

$\vec{p} = \overrightarrow{OA} + \frac{1}{2} \cdot \overrightarrow{AA^*} = \begin{pmatrix} 2 \\ 3 \\ 5 \end{pmatrix}$. Einsetzen in die Punkt-Normalenform ergibt die Koordinatengleichung $x - y - 2z = -11$.

n) Da E die Gerade g enthalten soll, muss der Normalenvektor $\vec{n}$ senkrecht auf dem Richtungsvektor der Geraden stehen: $\begin{pmatrix} n_x \\ n_y \\ n_z \end{pmatrix} \cdot \begin{pmatrix} 2 \\ 0 \\ -1 \end{pmatrix} = 0$. Außerdem soll die Ebene auch auf der angegebenen Ebene F mit $\vec{n}_F = \begin{pmatrix} -1 \\ 1 \\ 2 \end{pmatrix}$ senkrecht stehen. Damit gilt

$\begin{pmatrix} n_x \\ n_y \\ n_z \end{pmatrix} \cdot \begin{pmatrix} -1 \\ 1 \\ 2 \end{pmatrix} = 0$. Die beiden Skalarprodukte werden ausgerechnet, es ergibt sich das folgende Gleichungssystem:

$$
\begin{array}{rrrrrl}
\text{I} & 2n_x & & - & n_z & = & 0 \\
\text{II} & -n_x & + \; n_y & + & 2n_z & = & 0
\end{array}
$$

Aus I ergibt sich $n_z = 2n_x$. Da es sich um zwei Gleichungen mit drei Unbekannten handelt, wählt man eine Unbekannte und setzt ein: $n_x = 1$, damit ist $n_z = 2$ und $n_y = -3$. Der so bestimmte Normalenvektor und der Stützvektor von g werden in die Punkt-Normalenform eingesetzt und diese ausgerechnet. Damit ist die Koordinatenform $x - 3y + 2z = 4$.

o) Lösungsweg: Mit drei Punkten wird eine Ebene aufgestellt. Anschließend prüft man, ob der 4. Punkt in der Ebene liegt. Da eine Punktprobe in der Parameterform relativ aufwändig ist, lohnt es sich, die Koordinatenform aufzustellen.

Als Stützvektor wird $\vec{a}$ gewählt, damit ergibt sich für die Spannvektoren $\overrightarrow{AB} = \begin{pmatrix} 2 \\ 2 \\ 2 \end{pmatrix}$

und $\overrightarrow{AC} = \begin{pmatrix} 5 \\ 1 \\ 1 \end{pmatrix}$. Das Kreuzprodukt der Spannvektoren und Ausklammern von 8 führt

zu $\vec{n} = \begin{pmatrix} 0 \\ 1 \\ -1 \end{pmatrix}$. Einsetzen in die Punkt-Normalenform und Ausrechnen ergibt $y - z = -1$.

Einsetzen von $D(8 \mid -1 \mid 0)$ ergibt $-1 = -1$, damit liegen alle vier Punkte in einer Ebene.

14.2 Ebenen im Koordinatensystem

Die Spurpunkte einer Ebene liegen auf den Koordinatenachsen. Für den Spurpunkt auf der x-Achse sind die y- und die z-Komponente des Punktes gleich Null. Also setzt man in der Koordinatengleichung für diese 0 ein und stellt nach x um. Die Spurgeraden sind die Verbindungsgeraden der entsprechenden Spurpunkte.

a) Koordinatengleichung von E: $3x + 4y + 3z = 12$. Spurpunkt auf der x-Achse: Für y und z wird 0 eingesetzt, man erhält: $3x = 12 \Rightarrow x = 4 \Rightarrow$ Spurpunkt: $S_x(4 \mid 0 \mid 0)$. Entsprechend verfährt man für die anderen Punkte: $4y = 12 \Rightarrow y = 3 \Rightarrow S_y(0 \mid 3 \mid 0)$ und $3z = 12 \Rightarrow z = 4$ $\Rightarrow S_z(0 \mid 0 \mid 4)$.

b) E : $4x - 8y + 4z = 16$. Spurpunkte: $4x = 16, \Rightarrow S_x(4 \mid 0 \mid 0)$, $-8y = 16 \Rightarrow S_y(0 \mid -2 \mid 0)$ und $4z = 16 \Rightarrow S_z(0 \mid 0 \mid 4)$.

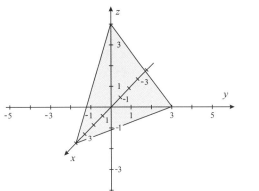 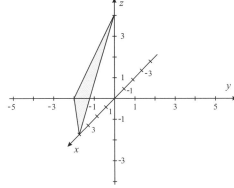

Aufgabe a)   Aufgabe b)

c) $E : 3x - 3y - 3z = 9$. Spurpunkte: $3x = 9 \Rightarrow S_x(3 \mid 0 \mid 0)$, $-3y = 9 \Rightarrow S_y(0 \mid -3 \mid 0)$ und $-3z = 9 \Rightarrow S_z(0 \mid 0 \mid -3)$.

d) $E : 2x + 4y = 8$. Spurpunkte: $2x = 8 \Rightarrow S_x(4 \mid 0 \mid 0)$ und $4y = 8 \Rightarrow S_y(0 \mid 2 \mid 0)$. Da es keinen Spurpunkt auf der z-Achse gibt, bedeutet dies, dass die Ebene parallel zur z-Achse ist.

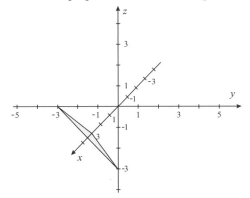 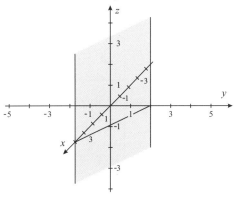

Aufgabe c)   Aufgabe d)

e) $E : x + 2z = 4$. Spurpunkte: $x = 4 \Rightarrow S_x(4 \mid 0 \mid 0)$ und $2z = 4 \Rightarrow S_z(0 \mid 0 \mid 2)$. Da es keinen Spurpunkt auf der y-Achse gibt, bedeutet dies, dass die Ebene parallel zur y-Achse ist.

f) $E : 3y + z = 3$. Spurpunkte: $3y = 3 \Rightarrow S_y(0 \mid 1 \mid 0)$ und $z = 3 \Rightarrow S_z(0 \mid 0 \mid 3)$. Da es keinen Spurpunkt auf der x-Achse gibt, bedeutet dies, dass die Ebene parallel zur x-Achse ist.

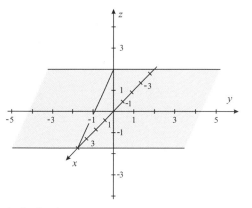

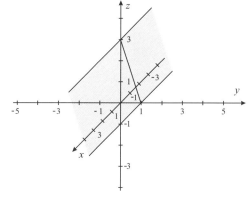

Aufgabe e)   Aufgabe f)

g) E : $y = 3$. Spurpunkt: $y = 3 \Rightarrow S_y (0 \mid 3 \mid 0)$. Da es keinen Spurpunkt auf der x- und der z-Achse gibt, bedeutet dies, dass die Ebene parallel zur x-z-Ebene ist.

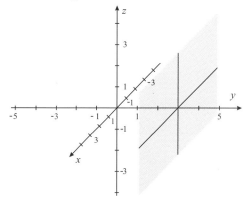

Aufgabe g)

14.3   Bestimmen von Geraden und Ebenen in einem Quader

a) $\overrightarrow{OB} = \overrightarrow{OA} + \overrightarrow{OC} \Rightarrow \overrightarrow{OB} = \begin{pmatrix} 4 \\ 6 \\ 0 \end{pmatrix} \Rightarrow B(4 \mid 6 \mid 0)$

$\overrightarrow{OD} = \overrightarrow{OA} + \overrightarrow{OG} \Rightarrow D(4 \mid 0 \mid 5)$ $\qquad$ $\overrightarrow{OE} = \overrightarrow{OB} + \overrightarrow{OG} \Rightarrow E(4 \mid 6 \mid 5)$

$\overrightarrow{OF} = \overrightarrow{OC} + \overrightarrow{OG} \Rightarrow F(0 \mid 6 \mid 5)$ $\qquad$ $\overrightarrow{OM} = \overrightarrow{OB} + \frac{1}{2} \cdot \overrightarrow{OG} \Rightarrow M(4 \mid 6 \mid 2,5)$

$\overrightarrow{ON} = \overrightarrow{OC} + \frac{1}{2} \cdot \overrightarrow{OG} \Rightarrow N(0 \mid 6 \mid 2,5)$

b) Wenn man ein kartesisches Koordinatensystem zugrundelegt, ergibt sich aus der Zeichnung für den Normalenvektor $\vec{n} = \begin{pmatrix} 0 \\ 1 \\ 0 \end{pmatrix}$. Einsetzen von $\vec{b}$ in die Punkt-Normalenform ergibt für die Koordinatengleichung $y = 6$.

c) Der Ortsvektor von A wird als Stützvektor genommen, der Verbindungsvektor von A zu N

ist der Richtungsvektor. Die Gerade ist damit: $g : \vec{x} = \begin{pmatrix} 4 \\ 0 \\ 0 \end{pmatrix} + r \cdot \begin{pmatrix} -4 \\ 6 \\ 2{,}5 \end{pmatrix}$.

Für die zweite Gerade verfährt man analog: $h : \vec{x} = \begin{pmatrix} 0 \\ 0 \\ 5 \end{pmatrix} + r \cdot \begin{pmatrix} 4 \\ 6 \\ -2{,}5 \end{pmatrix}$.

d) Da die Ebene durch den Nullpunkt geht, muss man nur den Normalenvektor bestimmen: $\overrightarrow{OE}$ und $\overrightarrow{OF}$ dienen als Spannvektoren. Damit ergibt sich für die Ebene: $-5y + 6z = 0$. Zum Schluss wird noch eine Punktprobe mit A gemacht.

14.4 Bestimmen von Geraden und Ebenen in einer Pyramide

a) Da der Mittelpunkt der Pyramide der Koordinatenursprung ist, lassen sich die Punkte durch Symmetriebetrachtungen bestimmen: $Q(2 \mid 2 \mid 0)$, $R(-2 \mid 2 \mid 0)$, $S(-2 \mid -2 \mid 0)$.

b) Der Ortsvektor von P wird als Stützvektor der Geraden genommen, der Verbindungsvektor von P nach T als Richtungsvektor: Die Gerade ist damit:

$$g : \vec{x} = \begin{pmatrix} 2 \\ -2 \\ 0 \end{pmatrix} + r \cdot \begin{pmatrix} -2 \\ 2 \\ 6 \end{pmatrix}.$$

c) Der Ortsvektor von T dient als Stützvektor der Ebene, die Vektoren $\overrightarrow{TQ}$ und $\overrightarrow{TR}$ sind die Spannvektoren. Bestimmen des Normalenvektors und Einsetzen in die Punkt-Normalenform führt zu: $3y + z = 6$.

15 Gegenseitige Lage von Geraden und Ebenen

15.1 Gegenseitige Lage

a) Für die Gerade gilt:

$$
\begin{aligned}
x &= 4 + t \\
y &= 6 + 2t \\
z &= 2 + 3t
\end{aligned}
$$

Die Werte für x, y und z setzt man in die Ebenengleichung ein und löst nach t auf (die Gerade wird als «allgemeiner Punkt» $P_t\,(4+t \mid 6+2t \mid 2+3t)$ in die Ebenengleichung eingesetzt):

$2 \cdot (4+t) + 4 \cdot (6+2t) + 6 \cdot (2+3t) + 12 = 0$. Auflösen der Klammern führt zu: $28t + 56 = 0$ bzw. zu $t = -2$. Dies wird in die Geradengleichung eingesetzt, damit ist der Schnittpunkt $S\,(2 \mid 2 \mid -4)$.

b) Die Gerade wird als «allgemeiner Punkt» geschrieben und in die Ebenengleichung eingesetzt: $2 \cdot (3+2s) + 1 \cdot (2+5s) - 3 \cdot (2+7s) = 4$. Auflösen der Klammern führt zu: $s = -\frac{1}{6}$. In die Geradengleichung eingesetzt ergibt sich der Schnittpunkt $S\left(\frac{8}{3} \mid \frac{7}{6} \mid \frac{5}{6}\right)$.

c) Die Gerade wird als «allgemeiner Punkt» geschrieben und in die Ebenengleichung eingesetzt: $1 \cdot (4+2t) - 3 \cdot (1-t) - 5 \cdot (3+t) - 17 = 0$. Auflösen der Klammern führt zu: $-31 = 0$. Dies ist ein Widerspruch, die Gleichung hat keine Lösung, also ist die Gerade parallel zur Ebene.

d) Die Gerade wird als «allgemeiner Punkt» geschrieben und in die Ebenengleichung eingesetzt: $1 \cdot (1+2s) - 1 \cdot (3+2s) = 0$. Auflösen der Klammern führt zu: $-2 = 0$. Dies ist ein Widerspruch, die Gleichung hat keine Lösung, also ist die Gerade parallel zur Ebene.

e) Die Gerade wird als «allgemeiner Punkt» geschrieben und in die Ebenengleichung eingesetzt: $1 \cdot (3+s) - 6 \cdot (5+s) + 5 \cdot (7+s) = 8$. Auflösen der Klammern führt zu: $8 = 8$. Die Gleichung hat damit unendlich viele Lösungen, also liegt die Gerade in der Ebene.

f) Die Gerade wird als «allgemeiner Punkt» geschrieben und in die Ebenengleichung eingesetzt: $13 \cdot (1+t) + 5 \cdot (2+3t) - 7 \cdot (3+4t) - 2 = 0$. Auflösen der Klammern führt zu: $0 = 0$. Die Gleichung hat unendlich viele Lösungen, also liegt die Gerade in der Ebene.

15.2 Gerade und Ebene parallel

a) Damit die Gerade g_t und die Ebene E parallel sind, muss der Normalenvektor $\vec{n}$ von E orthogonal zum Richtungsvektor $\vec{r}$ der Geraden sein: $\vec{n} \cdot \vec{r} = 0$. Ausrechnen des Skalarproduktes ergibt:

$$
\begin{pmatrix} 2 \\ 1 \\ t \end{pmatrix} \cdot \begin{pmatrix} 1 \\ 2 \\ 4 \end{pmatrix} = 2 \cdot 1 + 1 \cdot 2 + t \cdot 4 = 0 \quad \Rightarrow \quad t = -1.
$$

Für $t = -1$ ist g_t parallel zu E. Zum Nachweis, das die Gerade echt parallel ist, setzt man noch den «Stützpunkt» der Gerade in die Ebenengleichung ein (Punktprobe). Dies führt auf einen Widerspruch, also ist die Gerade echt parallel.

b) Damit die Gerade g_t und die Ebene E_t parallel sind, muss der Normalenvektor $\vec{n}$ der Ebene orthogonal zum Richtungsvektor $\vec{r}$ der Geraden sein: $\vec{n} \cdot \vec{r} = 0$. Ausrechnen des Skalarproduktes ergibt: $1 \cdot t + t \cdot 2 + 2 \cdot (-1) = 0 \Rightarrow t = \frac{2}{3}$. Für $t = \frac{2}{3}$ ist g_t parallel zu E_t. Zum Schluss wird eine Punktprobe mit dem «Stützpunkt» der Geraden gemacht, welche die echte Parallelität zeigt.

c) Damit die Gerade g_t und die Ebene E_t parallel sind, muss der Normalenvektor $\vec{n}$ der Ebene orthogonal zum Richtungsvektor $\vec{r}$ der Geraden sein: $\vec{n} \cdot \vec{r} = 0$. Ausrechnen des Skalarproduktes ergibt: $1 \cdot 2t + t \cdot t + 2 \cdot (-1{,}5) = 0 \Rightarrow t^2 + 2t - 3 = 0$. Lösen mit der pq- oder abc-Formel ergibt $t_1 = 1$ und $t_2 = -3$. Die Gerade und die Ebene sind für $t = 1$ und $t = -3$ parallel zueinander. Zum Schluss wird eine Punktprobe mit dem «Stützpunkt» der Geraden gemacht, welche die echte Parallelität zeigt.

15.3   Allgemeines Verständnis von Geraden und Ebenen

a)   1) $\vec{a}$ ist der Stützvektor der Geraden, der Punkt A ist der «Stützpunkt» der Geraden, an dem der Richtungsvektor $\vec{r}$ ansetzen kann. Dieser gibt die Richtung der Geraden an. $\vec{b}$ ist der Ortsvektor zum «Stützpunkt» der Ebene. $\vec{n}$ ist der Normalenvektor der Ebene, der senkrecht auf dieser steht. $\left(\vec{x} - \vec{b}\right)$ ist ein Verbindungsvektor zwischen einem beliebigen Punkt X der Ebene und dem «Stützpunkt» B. Er liegt genau dann in der Ebene, wenn die Gleichung $\left(\vec{x} - \vec{b}\right) \cdot \vec{n} = 0$ erfüllt ist und ist damit orthogonal zu $\vec{n}$.

2)   I) Damit die Gerade parallel zur Ebene liegt, muss der Richtungsvektor $\vec{r}$ der Geraden orthogonal zum Normalenvektor $\vec{n}$ der Ebene stehen. Das Skalarprodukt der beiden muss Null ergeben: $\vec{r} \cdot \vec{n} = 0$. Außerdem muss eine Punktprobe des «Stützpunktes» der Geraden in der Ebenengleichung einen Widerspruch ergeben, damit Gerade und Ebene echt parallel liegen.

II) Damit die Gerade senkrecht auf der Ebene steht, müssen der Richtungsvektor $\vec{r}$ der Geraden und der Normalenvektor $\vec{n}$ der Ebene linear abhängig sein. Also muss gelten: $\vec{n} = t \cdot \vec{r}$ mit $t \in \mathbb{R}$.

III) Damit die Gerade in der Ebene liegt, muss der «Stützpunkt» A der Geraden in der Ebene liegen und der Richtungsvektor $\vec{r}$ der Geraden orthogonal zum Normalenvektor $\vec{n}$ der Ebene stehen: $\vec{r} \cdot \vec{n} = 0$.

b) Man weist nach, dass eine Gerade in einer Ebene enthalten ist, indem man die Gerade als «allgemeinen Punkt» umschreibt und in die Koordinatengleichung einsetzt. Falls die Gleichung unendlich viele Lösungen besitzt, liegt die Gerade in der Ebene.

15.4   Vermischte Aufgaben

a) Als Stützvektor der Geraden wählt man $\vec{p} = \begin{pmatrix} 4 \\ 9 \\ 7 \end{pmatrix}$, der Normalenvektor der Ebene ist

$\vec{n} = \begin{pmatrix} 2 \\ 1 \\ -2 \end{pmatrix}$. Nun ist ein Richtungsvektor $\vec{r_g}$ so zu wählen, dass $\vec{r_g} \cdot \vec{n} = 0$. Beispiel:

$\vec{r_g} = \begin{pmatrix} 1 \\ -2 \\ 0 \end{pmatrix}$ oder $\vec{r_g} = \begin{pmatrix} 1 \\ 0 \\ 1 \end{pmatrix}$.

Eine mögliche Geradengleichung ist $g : \vec{x} = \begin{pmatrix} 4 \\ 9 \\ 7 \end{pmatrix} + t \cdot \begin{pmatrix} 1 \\ -2 \\ 0 \end{pmatrix} ; t \in \mathbb{R}$.

b) Als Stützvektor der Geraden wählt man $\vec{q} = \begin{pmatrix} 4 \\ -1 \\ 3 \end{pmatrix}$, der Normalenvektor der Ebene ist

$\vec{n} = \begin{pmatrix} 4 \\ -3 \\ 5 \end{pmatrix}$. Da $g \perp E$ ist, kann man $\vec{r_g} = 1 \cdot \vec{n}$ wählen (oder ein anderes Vielfaches).

Eine mögliche Geradengleichung ist $g : \vec{x} = \begin{pmatrix} 4 \\ -1 \\ 3 \end{pmatrix} + t \cdot \begin{pmatrix} 4 \\ -3 \\ 5 \end{pmatrix} ; t \in \mathbb{R}$.

c) Der Spurpunkt S $(0 \mid 10 \mid 0)$ ist ein Punkt der Ebene, der Normalenvektor ist $\vec{n} = \begin{pmatrix} -2 \\ 1 \\ 2 \end{pmatrix}$.

Den Normaleneinheitsvektor $\vec{n_0}$ mit Länge 1 LE erhält man durch $\vec{n_0} = \frac{1}{|\vec{n}|} \cdot \vec{n} = \frac{1}{3} \cdot \begin{pmatrix} -2 \\ 1 \\ 2 \end{pmatrix}$.

Den Ortsvektor eines Punktes außerhalb der Ebene mit Abstand 3 LE erhält man durch

$\overrightarrow{OP} = \overrightarrow{OS} + 3 \cdot \vec{n_0} = \begin{pmatrix} 0 \\ 10 \\ 0 \end{pmatrix} + 3 \cdot \frac{1}{3} \cdot \begin{pmatrix} -2 \\ 1 \\ 2 \end{pmatrix} = \begin{pmatrix} -2 \\ 11 \\ 2 \end{pmatrix}$, dies ist der Stützvektor der

Geraden. Der Richtungsvektor $\vec{r_g}$ der Geraden ist so zu wählen, dass gilt $\vec{r_g} \cdot \vec{n} = 0$ (weil g

parallel zu E), z.B. $\vec{r_g} = \begin{pmatrix} 1 \\ 0 \\ 1 \end{pmatrix}$ oder $\vec{r_g} = \begin{pmatrix} 1 \\ 2 \\ 0 \end{pmatrix}$.

Eine mögliche Geradengleichung ist $g: \vec{x} = \begin{pmatrix} -2 \\ 11 \\ 2 \end{pmatrix} + t \cdot \begin{pmatrix} 1 \\ 0 \\ 1 \end{pmatrix}$; $t \in \mathbb{R}$.

Eine weitere Geradengleichung ergibt sich mit Hilfe von $\overrightarrow{OP} = \overrightarrow{OS} - 3 \cdot \vec{n_0}$.

d) Ein Punkt der Geraden ist A (2 | 1 | −3). Ein zum Richtungsvektor $\vec{r_g} = \begin{pmatrix} 3 \\ 0 \\ 4 \end{pmatrix}$ orthogo-

naler Vektor ist beispielsweise $\vec{n} = \begin{pmatrix} -4 \\ 0 \\ 3 \end{pmatrix}$. Damit ist der Normaleneinheitsvektor

$\vec{n_0} = \frac{1}{|\vec{n}|} \cdot \vec{n} = \frac{1}{5} \cdot \begin{pmatrix} -4 \\ 0 \\ 3 \end{pmatrix}$. Den Ortsvektor eines Punktes außerhalb der Geraden mit Ab-

stand 5 LE erhält man durch $\vec{p} = \overrightarrow{OP} = \overrightarrow{OA} + 5 \cdot \vec{n_0} = \begin{pmatrix} 2 \\ 1 \\ -3 \end{pmatrix} + 5 \cdot \frac{1}{5} \cdot \begin{pmatrix} -4 \\ 0 \\ 3 \end{pmatrix} = \begin{pmatrix} -2 \\ 1 \\ 0 \end{pmatrix}$.

Setzt man $\vec{p}$ und $\vec{n}$ in die Normalenform einer Ebene ein, so ergibt sich $E: (\vec{x} - \vec{p}) \cdot \vec{n} = 0$

bzw. $\left(\vec{x} - \begin{pmatrix} -2 \\ 1 \\ 0 \end{pmatrix} \right) \cdot \begin{pmatrix} -4 \\ 0 \\ 3 \end{pmatrix} = 0$.

Als mögliche Koordinatengleichung erhält man $E: -4x + 3z - 8 = 0$.
Eine weitere Ebenengleichung erhält man mit Hilfe von $\vec{p} = \overrightarrow{OP} = \overrightarrow{OA} - 5 \cdot \vec{n_0}$.

16 Gegenseitige Lage zweier Ebenen

16.1 Schnitt von zwei Ebenen

a) Die beiden Gleichungen werden addiert, es ergibt sich $7x + z = 0 \Rightarrow 7x = -z$. Nun wird x als t festgelegt und eingesetzt: $7 \cdot t = -z \Rightarrow z = -7t$. Einsetzen in die Gleichung von E_1 ergibt $t - y + 2 \cdot (-7t) = 7 \Rightarrow -y - 13t = 7$ bzw. $y = -7 - 13t$. Nun hat man je eine Gleichung für x, y und z:

$$
\begin{aligned}
x &= && t \\
y &= -7 &-& 13t \\
z &= &-& 7t
\end{aligned}
$$

Daraus ergibt sich als Geradengleichung $g : \vec{x} = \begin{pmatrix} 0 \\ -7 \\ 0 \end{pmatrix} + t \cdot \begin{pmatrix} 1 \\ -13 \\ -7 \end{pmatrix}$.

b) Gleichung II wird von Gleichung I abgezogen, es ergibt sich $-y + 4z = 7$. Es wird z als t festgelegt und eingesetzt: $-y + 4 \cdot t = 7 \Rightarrow y = 4t - 7$. Einsetzen in I ergibt $x + 5 \cdot t = 8 \Rightarrow x = 8 - 5t$. Umschreiben zu einer Geradengleichung wie in Aufgabe a) ergibt:

$g : \vec{x} = \begin{pmatrix} 8 \\ -7 \\ 0 \end{pmatrix} + t \cdot \begin{pmatrix} -5 \\ 4 \\ 1 \end{pmatrix}$.

c) Aus Gleichung I ergibt sich direkt: $4y = 5 \Rightarrow y = \frac{5}{4}$. In Gleichung II setzt man $x = t$, damit ist $6 \cdot t = -5z \Rightarrow z = -\frac{6}{5}t$. Umschreiben zu einer Geradengleichung ergibt

$g : \vec{x} = \begin{pmatrix} 0 \\ \frac{5}{4} \\ 0 \end{pmatrix} + t \cdot \begin{pmatrix} 1 \\ 0 \\ -\frac{6}{5} \end{pmatrix}$ bzw. $g : \vec{x} = \begin{pmatrix} 0 \\ 1,25 \\ 0 \end{pmatrix} + t \cdot \begin{pmatrix} 5 \\ 0 \\ -6 \end{pmatrix}$.

16.2 Parallele Ebenen

a) Die beiden Ebenengleichungen werden so addiert, dass x wegfällt: $-2 \cdot \text{I} + \text{II}$: Es ergibt sich $15 = 14$, dies ist ein Widerspruch; es gibt keine Lösung für das Gleichungssystem, die Ebenen sind parallel. Alternativ könnte man auch die Normalenvektoren vergleichen, müsste dann aber noch eine Punktprobe machen, um die Identität auszuschließen.

b) Die beiden Gleichungen werden addiert: $2 \cdot \text{I} + \text{II}$: Es ergibt sich $5 = 0$, dies ist ein Widerspruch; die Ebenen sind parallel.

c) Die beiden Gleichungen werden addiert: $\text{I} + 3 \cdot \text{II}$: Es ergibt sich $11 = 0$, dies ist ein Widerspruch; die Ebenen sind parallel.

d) Damit die beiden Ebenen parallel sind, müssen die Normalenvektoren von E_t und F linear abhängig sein. Es muss also gelten: $\vec{n}_E = r \cdot \vec{n}_F$ mit $r \in \mathbb{R}$. Gesucht ist ein r, so dass gilt:

$$\begin{pmatrix} t \\ -2t \\ -4 \end{pmatrix} = r \cdot \begin{pmatrix} -2 \\ 4 \\ -4 \end{pmatrix}$$

Dies führt zu folgendem Gleichungssystem:

$$\begin{array}{rrcr} \text{I} & t & = & -2r \\ \text{II} & -2t & = & 4r \\ \text{III} & -4 & = & -4r \end{array}$$

Die Gleichung III führt auf $r = 1$. Einsetzen in Gl. I führt zu: $t = -2$. Prüfen in II bestätigt diese Lösung. Zur Kontrolle, ob die Ebenen echt parallel sind, subtrahiert man noch die Gleichungen der Ebenen, es ergibt sich $0 = -1$, dies ist ein Widerspruch, die Ebenen sind also echt parallel.

e) Man geht vor wie in der vorangegangenen Aufgabe, es ergibt sich das Gleichungssystem

$$\begin{array}{rrcr} \text{I} & 2t & = & 8r \\ \text{II} & 1 & = & -2r \\ \text{III} & 3 & = & -6r \end{array}$$

Die Gleichungen II und III führen auf $r = -\frac{1}{2}$. Eingesetzt in I ergibt sich $t = -2$. Zur Kontrolle, ob die Ebenen echt parallel sind, addiert man noch die Gleichungen der Ebenen: $2 \cdot \text{I} + \text{II}$, es ergibt sich $0 = 23$. Dies ist ein Widerspruch; die Ebenen sind also echt parallel.

16.3 Verschiedene Aufgaben zur Lage zweier Ebenen

a) Wenn man die Gleichung von E mit $-1,5$ multipliziert, so ergibt sich die Gleichung von F, also sind die Ebenen identisch.

b) Damit die Ebenen identisch sind, muss sich bei der Addition der Ebenengleichungen $0 = 0$ ergeben. Aus den Faktoren vor x, y und z liest man ab, dass man Gleichung I mit 2 multiplizieren muss. Es wird also $2 \cdot \text{I}$ zu II addiert, damit ergibt sich $0 = 2d + 9$ $\Rightarrow d = -4,5$.

c) Wenn die Ebenen orthogonal zueinander sind, muss das Skalarprodukt der beiden Normalenvektoren gleich Null sein. Es ist:

$$\begin{pmatrix} 3 \\ 4 \\ -2 \end{pmatrix} \cdot \begin{pmatrix} 2 \\ 1 \\ 5 \end{pmatrix} = 6 + 4 - 10 = 0.$$

Also sind die beiden Ebenen orthogonal.

d) Damit die Ebenen orthogonal zueinander sind, muss das Skalarprodukt der beiden Normalenvektoren gleich Null sein:

$$\begin{pmatrix} 2 \\ -1 \\ 3 \end{pmatrix} \cdot \begin{pmatrix} t \\ -2t \\ -4 \end{pmatrix} = 2t + 2t - 12 = 0.$$

Daraus ergibt sich $4t = 12 \Rightarrow t = 3$. Für $t = 3$ sind die Ebenen orthogonal zueinander.

e) I) Zwei parallel liegende Ebenen unterscheiden sich nur durch ihre Konstante b. Damit die zweite Ebenengleichung nicht nur ein Vielfaches der ersten Ebenengleichung ist, muss gelten: $a = r \cdot e$, $b = r \cdot f$, $c = r \cdot g$ und $d \neq r \cdot h$ mit $r \in \mathbb{R}$. Wäre auch $d = r \cdot h$, wären die Ebenen identisch.

II) Damit die beiden Ebenen senkrecht aufeinander stehen, müssen die beiden Normalenvektoren senkrecht aufeinander stehen. Ihr Skalarprodukt ist damit: $\vec{n}_E \cdot \vec{n}_F = 0$. Anders ausgedrückt: $a \cdot e + b \cdot f + c \cdot g = 0$

III) Damit die beiden Ebenen identisch sind, müssen für a, b und c die gleichen Bedingungen wie für parallele Ebenen gelten (siehe I), allerdings muss für d in diesem Fall gelten: $d = r \cdot h$.

17   Abstandsberechnungen

17.1   Abstand zwischen Punkt und Ebene

a) Die Koordinaten des Punktes werden in die HNF eingesetzt:

$$d = \frac{|2 \cdot 2 - 1 \cdot 4 + 2 \cdot (-1) - 1|}{\sqrt{2^2 + (-1)^2 + 2^2}} = \frac{|-3|}{\sqrt{9}} = 1\,\text{LE}.$$

b) Die Koordinaten des Punktes werden in die HNF eingesetzt:

$$d = \frac{|1 \cdot 9 + 2 \cdot 4 + 2 \cdot (-3) + 3|}{\sqrt{1^2 + 2^2 + 2^2}} = \frac{|14|}{\sqrt{9}} = \frac{14}{3}\,\text{LE}.$$

c) Die Koordinaten des Punktes werden in die HNF eingesetzt:

$$d = \frac{|1 \cdot 8 - 4 \cdot 1 - 4 \cdot 1|}{\sqrt{1^2 + (-4)^2 + (-4)^2}} = \frac{|0|}{\sqrt{33}} = 0\,\text{LE} \Rightarrow \text{Q} \in \text{E}.$$

d) Die Ebene wird zuerst in die Koordinatenform umgerechnet, anschließend wird wie in den vorangegangenen Aufgaben eingesetzt: $\text{E}: \ 2x + 2y + z = 26$, Einsetzen und Ausrechnen ergibt für den Abstand $\frac{8}{3}$ LE.

17.2   Abstand Punkt - Gerade

a) Einsetzen des Richtungsvektors von g und des Punktes T in die Punkt-Normalenform liefert die Hilfsebene $\text{E}_\text{H}: \ -2x + y + z = -9$. Schneiden mit g ergibt den Schnittpunkt $\text{L}(8 \mid 3 \mid 4)$. Der Verbindungsvektor ist: $\overrightarrow{\text{LT}} = \begin{pmatrix} -2 \\ -9 \\ 5 \end{pmatrix}$. Für den Betrag des Verbindungsvektors ergibt sich: $\left|\overrightarrow{\text{LT}}\right| = \sqrt{(-2)^2 + (-9)^2 + 5^2} = \sqrt{110}$. Also ist der Punkt T $\sqrt{110}$ LE von der Geraden entfernt.

b) Einsetzen des Richtungsvektors von g und des Punktes P in die Punkt-Normalenform liefert die Hilfsebene $\text{E}_\text{H}: \ 3x - 2z = 3$. Schneiden mit g ergibt den Schnittpunkt $\text{L}(1 \mid -4 \mid 0)$. Betrag des Verbindungsvektors: $\left|\overrightarrow{\text{LP}}\right| = 7$. Der Punkt P ist 7 LE von der Geraden entfernt.

17.3   Abstand paralleler Geraden

Die Fragestellung lässt sich auf den Abstand eines Punktes zu einer Geraden zurückführen: Wenn bewiesen ist, dass die Geraden parallel sind, berechnet man den Abstand des «Stützpunktes» der einen Geraden zur anderen Geraden.

a) Wenn die Geraden parallel oder identisch sind, müssen die Richtungsvektoren linear abhängig sein. Dies lässt sich unmittelbar an den beiden Vektoren ablesen: $\begin{pmatrix} 3 \\ 0 \\ 3 \end{pmatrix} = 3 \cdot \begin{pmatrix} 1 \\ 0 \\ 1 \end{pmatrix}$.

Nun wird der Abstand des «Stützpunkts» S(2 | 3 | 4) der Geraden h zu g berechnet: Einsetzen des Richtungsvektors von g und des Punktes S in die Punkt-Normalenform liefert die Hilfsebene E_H : $x + z = 6$. Schneiden mit g ergibt den Schnittpunkt L(3 | 1 | 3). Für die Länge bzw. den Betrag des Verbindungsvektors ergibt sich: $\left| \overrightarrow{LS} \right| = \sqrt{6}$, damit sind die beiden Geraden $\sqrt{6}$ LE voneinander entfernt.

b) Die Richtungsvektoren sind linear abhängig, daher sind die Geraden parallel oder identisch. Nun wird der Abstand des «Stützpunkts» S der Geraden h zu g berechnet: Einsetzen des Richtungsvektors von g und des Punktes S in die Punkt-Normalenform liefert die Hilfsebene E_H : $x + 3y + 4z = 14$. Schneiden mit g ergibt $t = 0$ und damit den Schnittpunkt L(5 | −1 | 3). Für die Länge bzw. den Betrag des Verbindungsvektors ergibt sich: $\left| \overrightarrow{LS} \right| = \sqrt{56}$, damit sind die beiden Geraden $\sqrt{56}$ LE voneinander entfernt.

17.4 Abstand windschiefer Geraden

Um den Abstand von zwei windschiefen Geraden $g : \vec{x} = \vec{a} + s \cdot \vec{r}$ und $h : \vec{x} = \vec{b} + t \cdot \vec{v}$ zu berechnen, benötigt man einen Vektor $\vec{n}$, der auf den beiden Richtungsvektoren senkrecht steht. Für den Abstand d gilt dann:

$$d(g;h) = \frac{\left| \left(\vec{a} - \vec{b} \right) \cdot \vec{n} \right|}{|\vec{n}|}$$

Den Vektor $\vec{n}$ bestimmt man mit Hilfe des Kreuzproduktes: $\vec{n} = \vec{r} \times \vec{v}$

a) $\vec{n} = \begin{pmatrix} 4 \\ 1 \\ -1 \end{pmatrix} \times \begin{pmatrix} 2 \\ 0 \\ -1 \end{pmatrix} = \begin{pmatrix} -1 \\ 2 \\ -2 \end{pmatrix}$. Der Vektor $\vec{a} - \vec{b}$ ist: $\begin{pmatrix} -1 \\ 1 \\ -3 \end{pmatrix}$.

In die Gleichung eingesetzt ergibt sich:

$$d(g;h) = \frac{\left| \begin{pmatrix} -1 \\ 1 \\ -3 \end{pmatrix} \cdot \begin{pmatrix} -1 \\ 2 \\ -2 \end{pmatrix} \right|}{\sqrt{1+4+4}} = \frac{|1+2+6|}{3} = \frac{|9|}{3} = 3 \text{ LE.}$$

Der Abstand der beiden Geraden ist 3 LE.

b) $\vec{n} = \begin{pmatrix} 2 \\ 1 \\ -2 \end{pmatrix} \times \begin{pmatrix} 0 \\ 1 \\ 2 \end{pmatrix} = \begin{pmatrix} 4 \\ -4 \\ 2 \end{pmatrix}$. Der Vektor $\vec{a} - \vec{b}$ ist $\begin{pmatrix} 2 \\ -4 \\ 6 \end{pmatrix}$.

In die Gleichung eingesetzt ergibt sich:

$$d(g;h) = \frac{\left| \begin{pmatrix} 2 \\ -4 \\ 6 \end{pmatrix} \cdot \begin{pmatrix} 4 \\ -4 \\ 2 \end{pmatrix} \right|}{\sqrt{16+16+4}} = \frac{|8+16+12|}{6} = \frac{36}{6} = 6 \text{ LE.}$$

Der Abstand der beiden Geraden ist 6 LE.

c) Man schreibt die Geraden g bzw. h als «parameterisierte Punkte» G bzw. H mit jeweils

einem Parameter $t \in \mathbb{R}$ (z.B. g: $\vec{x} = \begin{pmatrix} 2 \\ 1 \\ 3 \end{pmatrix} + t \cdot \begin{pmatrix} 4 \\ 2 \\ 5 \end{pmatrix}$ $\Rightarrow$ G $(2+4t \mid 1+2t \mid 3+5t)$.

1. Der Verbindungsvektor $\overrightarrow{GH}$ wird ermittelt. (Er hat *zwei* Parameter).

2. Der Vektor $\overrightarrow{GH}$ steht senkrecht auf g bzw. h, also ist jeweils das Skalarprodukt mit den Richtungsvektoren $\vec{r_g}$ bzw. $\vec{r_h}$ Null. Damit ergeben sich folgende zwei Gleichungen:
   I $\overrightarrow{GH} \cdot \vec{r_g} = 0$,   II $\overrightarrow{GH} \cdot \vec{r_h} = 0$

3. Man löst das Gleichungssystem bestehend aus den Gleichungen I und II und ermittelt die Punkte G und H durch Einsetzen der Parameter.

4. Der Abstand der windschiefen Geraden ist dann $\left| \overrightarrow{GH} \right|$.

17.5 Verschiedene Aufgaben

a) Da der gesuchte Punkt A auf der Geraden von P und Q gleich weit entfernt ist, gilt:
$\left| \overrightarrow{PA} \right| = \left| \overrightarrow{QA} \right|$. Die Gerade wird als «allgemeiner Punkt» geschrieben: A $(2+2t \mid 1+t \mid 3+2t)$.

Eingesetzt ergibt sich: $\left| \overrightarrow{PA} \right| = |\vec{a} - \vec{p}| = \left| \begin{pmatrix} -3+2t \\ t \\ 3+2t \end{pmatrix} \right| = \sqrt{(-3+2t)^2 + t^2 + (3+2t)^2}$.

Für $\left| \overrightarrow{QA} \right|$ ergibt sich entsprechend: $\left| \overrightarrow{QA} \right| = \sqrt{(-4+2t)^2 + (-2+t)^2 + (-4+2t)^2}$.
Die beiden Wurzeln werden gleichgesetzt:

$$\sqrt{(2t-3)^2 + t^2 + (2t+3)^2} = \sqrt{(2t-4)^2 + (t-2)^2 + (2t-4)^2}$$

Als Nächstes wird die Gleichung quadriert, um die Wurzel zu beseitigen, und die Klammern werden aufgelöst. Nachdem zusammengefasst wurde, ergibt sich:

$$18 = 36t$$

Dies führt zu $t = \frac{1}{2}$. Damit ist der gesuchte Punkt A$(3 \mid 1,5 \mid 4)$.

b) Da der gesuchte Punkt M auf der Geraden von A und C gleich weit entfernt ist, gilt: $\left|\overrightarrow{AM}\right| = \left|\overrightarrow{CM}\right|$. Die Gerade wird als «allgemeiner Punkt» geschrieben und eingesetzt: Für den «allgemeinen Punkt» gilt: $M(-1 + 2t \mid 4 - 2t \mid 1 + t)$.

Eingesetzt ergibt sich: $\left|\overrightarrow{AM}\right| = |\vec{m} - \vec{a}| = \left| \begin{pmatrix} 2t - 3 \\ -2t + 6 \\ t \end{pmatrix} \right| = \sqrt{(2t-3)^2 + (-2t+6)^2 + t^2}$.

Für $\left|\overrightarrow{CM}\right|$ ergibt sich entsprechend: $\left|\overrightarrow{CM}\right| = \sqrt{(2t)^2 + (-2t)^2 + (2+t)^2}$.
Die beiden Wurzeln werden gleichgesetzt:

$$\sqrt{(2t-3)^2 + (6-2t)^2 + t^2} = \sqrt{(2t)^2 + (-2t)^2 + (2+t)^2}$$

Als Nächstes wird die Gleichung quadriert, um die Wurzel zu beseitigen, und die Klammern werden aufgelöst. Nachdem zusammengefasst wurde, ergibt sich:

$$9t^2 - 36t + 45 = 9t^2 + 4t + 4$$

Dies führt zu $t = \frac{41}{40}$. Damit ist der gesuchte Punkt $M\left(\frac{21}{20} \mid \frac{39}{20} \mid \frac{81}{40}\right)$.

c) Da die beiden gesuchten Punkte P_1 und P_2 auf g die Entfernung 3 vom Punkt A haben, gilt: $\left|\overrightarrow{AP}\right| = 3$. Die Gerade wird als «allgemeiner Punkt» umgeschrieben und eingesetzt:

$P(1 + 2t \mid t \mid 2 + 2t)$. Damit ist $\left|\overrightarrow{AP}\right| = |\vec{p} - \vec{a}| = \sqrt{(2t-2)^2 + (t-1)^2 + (2t-2)^2}$
$= 3$. Die Gleichung wird zuerst quadriert, dann werden die Klammern aufgelöst. Es ergibt sich: $9t^2 - 18t = 0$. Ausklammern von t oder Auflösen mit Hilfe der pq- oder abc-Formel führt zu $t_1 = 2$ und $t_2 = 0$. Damit sind die gesuchten Punkte: $P_1 (5 \mid 2 \mid 6)$ und $P_2 (1 \mid 0 \mid 2)$.

d) Zuerst stellt man eine Ebenengleichung der drei Punkte auf. Die Höhe der Pyramide ist der Abstand des Punktes S von der Ebene. Die Ebene wird aufgestellt, ihre Koordinatengleichung ist: $E : x - y + z = 1$. Eingesetzt in die Abstandsformel ergibt sich für den Abstand $d = \frac{15}{\sqrt{3}}$ LE. Die Wurzel im Nenner lässt sich noch durch ein Erweitern mit $\sqrt{3}$ beseitigen: $\frac{15}{\sqrt{3}} \cdot \frac{\sqrt{3}}{\sqrt{3}} = \frac{15 \cdot \sqrt{3}}{3} = 5\sqrt{3}$ LE.

e) Gesucht ist der Wert b aus der Koordinatengleichung. Die Ebene, der Punkt und der Abstand werden in die Abstandsformel eingesetzt und anschließend nach b aufgelöst:

$$d(P;E) = \frac{|2 \cdot (-1) + 1 \cdot 2 - 2 \cdot (-3) - b|}{\sqrt{2^2 + 1^2 + 2^2}} = 2 \Rightarrow \frac{|6 - b|}{3} = 2 \Rightarrow |6 - b| = 6.$$

Nun muss eine Fallunterscheidung gemacht werden, um den Betrag aufzulösen:
1. Fall: $(6 - b) = 6 \Rightarrow b_1 = 0$.
2. Fall: $(6 - b) = -6 \Rightarrow b_2 = 12$.
Damit sind die gesuchten Ebenen: $E_1 : 2x + y - 2z = 0$ und $E_2 : 2x + y - 2z = 12$.

f) Gesucht sind die Punkte auf der Geraden, die den Abstand 13 LE von der angegebenen Ebene haben. Die Gerade wird hierzu als «allgemeiner Punkt» geschrieben und dieser und die Ebene werden in die Abstandsformel eingesetzt. Anschließend löst man nach dem Parameter s auf und setzt ihn in die Geradengleichung ein, um die Punkte zu bestimmen: «Allgemeiner Punkt» $P(1+2s \mid -3+s \mid 5-3s)$

$$d\,(P;E) = \frac{|1 \cdot (1+2s) - 4 \cdot (-3+s) + 8 \cdot (5-3s) - 1|}{\sqrt{81}} = 13$$

$$\Rightarrow \frac{|-26s+52|}{9} = 13.$$

Fallunterscheidung:

1. Fall: $(2-s) = 4,5 \Rightarrow s_1 = -2,5.$
2. Fall: $(2-s) = -4,5 \Rightarrow s_2 = 6,5.$

Einsetzen in die Geradengleichung führt zu $P_1(-4 \mid -5,5 \mid 12,5)$ und $P_2(14 \mid 3,5 \mid -14,5)$.

g) Einsetzen des «allgemeinen Punktes» $P(2+2t \mid -5+4t \mid -3+5t)$ in die Abstandsformel:

$$d\,(P;E) = \frac{|2 \cdot (2+2t) + 1 \cdot (-5+4t) + 2 \cdot (-3+5t) - 11|}{\sqrt{9}} = \frac{|18t - 18|}{3} = 3.$$

Fallunterscheidung:

1. Fall: $(18t - 18) = 9 \Rightarrow t_1 = 1,5.$
2. Fall: $(18t - 18) = -9 \Rightarrow t_2 = 0,5.$

Einsetzen in die Geradengleichung führt zu $P_1(5 \mid 1 \mid 4,5)$ und $P_2(3 \mid -3 \mid -0,5)$.

h) Einsetzen des «allgemeinen Punktes» $P(2t \mid 4+2t \mid -2+t)$ in die Abstandsformel:

$$d\,(P;E) = \frac{|8t - 8|}{3} = 8.$$

Fallunterscheidung:

1. Fall: $(8t - 8) = 24 \Rightarrow t_1 = 4.$
2. Fall: $(8t - 8) = -24 \Rightarrow t_2 = -2.$

Einsetzen in die Geradengleichung führt zu $P_1(8 \mid 12 \mid 2)$ und $P_2(-4 \mid 0 \mid -4)$.

i) Wenn g parallel zu E ist, müssen der Richtungsvektor der Geraden $\vec{r}$ und der Normalenvektor $\vec{n}$ der Ebene senkrecht aufeinander stehen:

$$\vec{r} \cdot \vec{n} = 0: \quad \begin{pmatrix} 2 \\ -1 \\ 3 \end{pmatrix} \cdot \begin{pmatrix} 4 \\ -1 \\ -3 \end{pmatrix} = 8 + 1 - 9 = 0 \Rightarrow \quad g \text{ ist parallel zu E bzw. könnte in}$$

E liegen. Zur Abstandsberechnung wird der Abstand des «Stützpunktes» der Geraden zur Ebene E ausgerechnet: $d\,((1 \mid 2 \mid 3);E) = \frac{|-26|}{\sqrt{26}} = \frac{26}{\sqrt{26}} = \sqrt{26}$ LE.

j) Wenn die Ebenen parallel zueinander liegen, müssen die beiden Normalenvektoren linear abhängig sein. Es ist $\vec{n}_1 = (-1) \cdot \vec{n}_2$, damit ist bewiesen, dass die Ebenen parallel liegen (bzw. identisch sein können). Abstand der Ebenen: Man bestimmt einen Punkt $P(p_x \mid p_y \mid p_z)$ in E_2 und berechnet den Abstand des Punktes zu E_1. Es werden p_x und p_y Null gesetzt und

p_z bestimmt:

$-2 \cdot 0 + 3 \cdot 0 - 1 \cdot p_z = -7 \Rightarrow p_z = 7$. Damit ist P(0 | 0 | 7), für den Abstand folgt:

$d\left((0 \mid 0 \mid 7) ; E_1\right) = \frac{3}{\sqrt{14}}$ LE.

18   Winkelberechnungen

18.1   Winkel zwischen Vektoren und Geraden

Zuerst stellt man die Verbindungsvektoren auf. Anschließend setzt man in die Formel für den Winkel ein. Dabei lässt sich ohne Taschenrechner teilweise nur der Kosinuswert des Winkels bestimmen.

a)

$$\cos\beta = \frac{\left|\begin{pmatrix}2\\-4\\4\end{pmatrix}\cdot\begin{pmatrix}-4\\2\\4\end{pmatrix}\right|}{\sqrt{2^2+(-4)^2+4^2}\cdot\sqrt{(-4)^2+2^2+4^2}} = 0 \Rightarrow \beta = 90°$$

$$\cos\gamma = \frac{\left|\begin{pmatrix}4\\-2\\-4\end{pmatrix}\cdot\begin{pmatrix}6\\-6\\0\end{pmatrix}\right|}{6\cdot\sqrt{72}} = \frac{36}{6\cdot\sqrt{72}} = \frac{6}{\sqrt{72}} = \frac{6}{\sqrt{36}\cdot\sqrt{2}} = \frac{6}{6\cdot\sqrt{2}} = \frac{1}{\sqrt{2}}$$

$$\cos\alpha = \frac{\left|\begin{pmatrix}-2\\4\\-4\end{pmatrix}\cdot\begin{pmatrix}-6\\6\\0\end{pmatrix}\right|}{6\cdot\sqrt{72}} = \frac{36}{6\cdot\sqrt{72}} = \frac{6}{\sqrt{72}} = \frac{1}{\sqrt{2}}$$

Da $\cos\alpha = \cos\gamma$ ist, bedeutet dies im Dreieck, dass auch die Winkel gleich sein müssen. Da $\beta = 90°$ ist, sind $\alpha = 45°$ und $\gamma = 45°$.

b)   I)   Durch die Aufgabenstellung ist vorausgesetzt, dass sich die beiden Geraden tatsächlich schneiden, dies hätte sonst geprüft werden müssen. Der Winkel zwischen den beiden Geraden wird berechnet, indem man den Winkel zwischen den Richtungsvektoren berechnet:

$$\cos\alpha = \frac{\left|\begin{pmatrix}-1\\3\\5\end{pmatrix}\cdot\begin{pmatrix}7\\-1\\2\end{pmatrix}\right|}{\sqrt{35}\cdot\sqrt{54}} = \frac{|-7-3+10|}{\sqrt{35}\cdot\sqrt{54}} = \frac{|0|}{\sqrt{35}\cdot\sqrt{54}} = 0 \Rightarrow \alpha = 90°$$

II)   Auch hier wird der Winkel α zwischen den Richtungsvektoren bestimmt:

$$\cos\alpha = \frac{\left|\begin{pmatrix}2\\-6\\10\end{pmatrix}\cdot\begin{pmatrix}2\\3\\5\end{pmatrix}\right|}{\sqrt{140}\cdot\sqrt{38}} = \frac{|4-18+50|}{\sqrt{140}\cdot\sqrt{38}} = \frac{36}{\sqrt{140}\cdot\sqrt{38}}$$

$\Rightarrow \alpha = 60{,}42°$

18.2 Winkel zwischen Ebenen

a) Der Winkel zwischen zwei Ebenen wird berechnet, indem man den Winkel zwischen den Normalenvektoren berechnet:

$$\cos\alpha = \frac{\left|\begin{pmatrix} 1 \\ -1 \\ 2 \end{pmatrix} \cdot \begin{pmatrix} 6 \\ 1 \\ -1 \end{pmatrix}\right|}{\sqrt{1^2+(-1)^2+2^2}\cdot\sqrt{6^2+1^2+(-1)^2}} = \frac{|6-1-2|}{\sqrt{6}\cdot\sqrt{38}} = \frac{3}{\sqrt{6}\cdot\sqrt{38}} \Rightarrow \alpha = 78,54°$$

b) Auch hier wird der Winkel zwischen den Normalenvektoren bestimmt:

$$\cos\alpha = \frac{\left|\begin{pmatrix} 0 \\ 4 \\ 0 \end{pmatrix} \cdot \begin{pmatrix} 6 \\ 0 \\ 5 \end{pmatrix}\right|}{4\cdot\sqrt{6^2+5^2}} = \frac{0}{4\cdot\sqrt{61}} = 0 \Rightarrow \alpha = 90°$$

18.3 Winkel zwischen Gerade und Ebene

a) Der Winkel zwischen einer Gerade und einer Ebene wird berechnet, indem man den Winkel zwischen dem Richtungsvektor der Geraden und dem Normalenvektor der Ebene berechnet. Dabei wird im Unterschied zum Winkel zwischen zwei Geraden oder zwischen zwei Ebenen der *Sinus* des Winkels bestimmt:

$$\sin\alpha = \frac{\left|\begin{pmatrix} 1 \\ 2 \\ -1 \end{pmatrix} \cdot \begin{pmatrix} 3 \\ 5 \\ -2 \end{pmatrix}\right|}{\sqrt{6}\cdot\sqrt{38}} = \frac{|3+10+2|}{\sqrt{6}\cdot\sqrt{38}} = \frac{15}{\sqrt{6}\cdot\sqrt{38}} \Rightarrow \alpha = 83,41°$$

b) Es ist:

$$\sin\alpha = \frac{\left|\begin{pmatrix} 0 \\ 1 \\ 0 \end{pmatrix} \cdot \begin{pmatrix} 6 \\ 10 \\ -4 \end{pmatrix}\right|}{\sqrt{1}\cdot\sqrt{152}} = \frac{|0+10+0|}{\sqrt{152}} = \frac{10}{\sqrt{4\cdot38}} = \frac{10}{\sqrt{4}\cdot\sqrt{38}} = \frac{5}{\sqrt{38}} \Rightarrow \alpha = 54,20°$$

c) Es ist:

$$\sin\alpha = \frac{\left|\begin{pmatrix} 1 \\ 2 \\ 3 \end{pmatrix} \cdot \begin{pmatrix} 0 \\ 0 \\ 1 \end{pmatrix}\right|}{\sqrt{14}\cdot1} = \frac{3}{\sqrt{14}} \Rightarrow \alpha = 53,30°$$

19   Spiegelungen

Alle Spiegelpunkte sind im Folgenden mit einem Sternchen * versehen.

19.1   Punkt an Punkt

Um den Punkt P an Q zu spiegeln, wird der Vektor $\overrightarrow{PQ}$ an den Ortsvektor von Q einmal angehängt. (Alternativ kann man auch an den Ortsvektor von P den Vektor $\overrightarrow{PQ}$ zweimal anhängen). Damit ist:

a) $\overrightarrow{OP^*} = \overrightarrow{OQ} + \overrightarrow{PQ} = \begin{pmatrix} 2 \\ 1 \\ 2 \end{pmatrix} + \begin{pmatrix} -1 \\ -3 \\ -3 \end{pmatrix} = \begin{pmatrix} 1 \\ -2 \\ -1 \end{pmatrix}$, also ist P* $(1 \mid -2 \mid -1)$.

b) $\overrightarrow{OP^*} = \overrightarrow{OR} + \overrightarrow{PR} = \begin{pmatrix} 0 \\ 3 \\ -2 \end{pmatrix} + \begin{pmatrix} -3 \\ -1 \\ -7 \end{pmatrix} = \begin{pmatrix} -3 \\ 2 \\ -9 \end{pmatrix}$, also ist P* $(-3 \mid 2 \mid -9)$.

c) $\overrightarrow{OP^*} = \overrightarrow{OS} + \overrightarrow{PS} = \begin{pmatrix} -3 \\ 1 \\ 4 \end{pmatrix} + \begin{pmatrix} -6 \\ -3 \\ -1 \end{pmatrix} = \begin{pmatrix} -9 \\ -2 \\ 3 \end{pmatrix}$, also ist P* $(-9 \mid -2 \mid 3)$.

19.2   Punkt an Ebene

Um einen Punkt P an einer Ebene zu spiegeln, braucht man zuerst den sog. Lotfußpunkt L, das ist der Punkt der Ebene, der den kürzesten Abstand zu P besitzt (es wird «das Lot von P auf die Ebene gefällt»). An diesem Punkt wird P gespiegelt. L bestimmt man, indem man eine Lotgerade durch den Punkt P aufstellt und als Richtungsvektor den Normalenvektor $\vec{n}$ der Ebene benutzt.

a) Lotgerade $g_l : \vec{x} = \begin{pmatrix} 1 \\ 4 \\ 7 \end{pmatrix} + s \cdot \begin{pmatrix} 1 \\ -1 \\ -2 \end{pmatrix}$, diese wird geschnitten mit

E : $x_1 - x_2 - 2x_3 + 11 = 0 \Rightarrow 1 + s - (4 - s) - 2(7 - 2s) + 11 = 0 \Rightarrow 6s = 6 \Rightarrow s = 1$.

Es wird s in g_l eingesetzt, damit ergibt sich für den Lotfußpunkt L$(2 \mid 3 \mid 5)$.

Nun wird A an L gespiegelt: $\overrightarrow{OA^*} = \overrightarrow{OL} + \overrightarrow{AL}$, damit ist A* $(3 \mid 2 \mid 3)$.

b) Lotgerade $g_l : \vec{x} = \begin{pmatrix} -1 \\ -4 \\ -9 \end{pmatrix} + t \cdot \begin{pmatrix} 2 \\ -2 \\ 1 \end{pmatrix}$, Schnitt mit E ergibt $t = 1$, damit ist L$(1 \mid -6 \mid -8)$.

Nun wird S an L gespiegelt, es ist S* $(3 \mid -8 \mid -7)$.

c) Lotgerade g_l : $\vec{x} = \begin{pmatrix} 2 \\ 3 \\ 4 \end{pmatrix} + r \cdot \begin{pmatrix} 4 \\ 1 \\ -1 \end{pmatrix}$, Schnitt mit E ergibt $r = -\frac{2}{9}$, damit ist

$L\left(\frac{10}{9} \mid \frac{25}{9} \mid \frac{38}{9}\right)$. Nun wird P an L gespiegelt, es ist $P^*\left(\frac{2}{9} \mid \frac{23}{9} \mid \frac{40}{9}\right)$.

19.3 Punkt an Gerade

Ein Punkt wird an einer Geraden gespiegelt, indem man eine Hilfsebene durch den Punkt und senkrecht zur Geraden aufstellt (ähnlich wie bei der Abstandsberechnung eines Punktes von einer Geraden wird der Richtungsvektor $\vec{r}$ der Geraden als Normalenvektor $\vec{n}$ benutzt). Anschließend wird die Hilfsebene mit der Geraden geschnitten und der Punkt am Schnittpunkt S von Gerade und Ebene gespiegelt.

a) Einsetzen von P und $\vec{r}$ in die Punkt-Normalenform: $\left(\begin{pmatrix} x_1 \\ x_2 \\ x_3 \end{pmatrix} - \begin{pmatrix} 2 \\ 3 \\ 4 \end{pmatrix} \right) \cdot \begin{pmatrix} 1 \\ 0 \\ 1 \end{pmatrix} = 0$,

damit ist die Hilfsebene E_H : $x_1 + x_3 = 6$. Schneiden mit g führt zu $2 + t + 2 + t = 6$ $\Rightarrow t = 1$. Einsetzen in die Geradengleichung führt auf den Schnittpunkt $S(3 \mid 1 \mid 3)$. Spiegeln von P an S ergibt: $P^*(4 \mid -1 \mid 2)$.

b) Einsetzen von B und $\vec{r}$ in die Punkt-Normalenform ergibt die Hilfsebene E_H : $4x_1 - x_2 - x_3 = 21$. Schneiden mit g führt zu $t = 2$. Einsetzen in die Geradengleichung führt auf den Schnittpunkt $S(7 \mid 4 \mid 3)$. Spiegeln von B an S ergibt $B^*(9 \mid 10 \mid 5)$.

19.4 Allgemeine Spiegelungen

a) Bei der Spiegelung einer Geraden g : $\vec{a} + s \cdot \vec{r}$ an einer Ebene unterscheidet man zwei Fälle:

  I) Die Gerade ist parallel zur Ebene: In diesem Fall spiegelt man den «Stützpunkt» A der Geraden an der Ebene, indem man eine Hilfsgerade senkrecht zu E durch A aufstellt und den Lotfußpunkt ermittelt. Der gespiegelte «Stützpunkt» A^* ist der «Stützpunkt» der neuen Geraden. Der Richtungsvektor $\vec{r}$ wird übernommen.

  II) Die Gerade schneidet die Ebene: Zuerst ermittelt man den Schnittpunkt der Geraden mit der Ebene. Anschließend spiegelt man den «Stützpunkt» A (oder einen beliebigen anderen Punkt außer dem Schnittpunkt) der Geraden an der Ebene. Der Spiegelpunkt ist A^*. Die Spiegelgerade besitzt den «Stützpunkt» A^*, als Richtungsvektor dient der Verbindungsvektor zwischen A^* und dem Schnittpunkt mit der Ebene.

b) Bei der Spiegelung einer Ebene E_1 an einer Ebene E_2 können zwei Fälle auftreten:

  I) Die Ebenen sind parallel: Zuerst bestimmt man einen Punkt auf E_1, dieser Punkt wird an E_2 gespiegelt. Der Normalenvektor wird übernommen, da die Ebenen parallel sind. Der Spiegelpunkt und der Normalenvektor werden in die Punkt-Normalenform eingesetzt und ergeben die Spiegelebene.

II) Die Ebenen schneiden sich: Es wird zuerst eine Schnittgerade ermittelt. Anschließend wird ein Punkt P, der nicht auf der Schnittgeraden liegt, auf der Ebene E_1 bestimmt und an E_2 gespiegelt. Mit der Schnittgeraden und dem Spiegelpunkt P^* wird die Spiegelebene aufgestellt.

20 Transferaufgaben Geometrie

20.1 Turm

a) Für die einzelnen Punkte ergeben sich folgende Koordinaten:

$A(8 \mid 0 \mid 0)$, $B(8 \mid 8 \mid 0)$, $C(0 \mid 8 \mid 0)$, $D(0 \mid 0 \mid 0)$, $E(8 \mid 0 \mid 18)$, $F(8 \mid 8 \mid 18)$, $G(0 \mid 8 \mid 18)$, $H(0 \mid 0 \mid 18)$, $S(4 \mid 4 \mid 24)$, $M(4 \mid 4 \mid 18)$.

Den Neigungswinkel des Daches bestimmt man mit Hilfe der Trigonometrie:

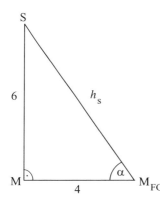

Es ist $\tan \alpha = \frac{6}{4} \Rightarrow \alpha = 56{,}31°$.

Für die Berechnung der Größe der Dachfläche ermittelt man zuerst die Dreiecksfläche einer Seitenfläche der Pyramide: $A_\triangle = \frac{1}{2} \cdot g \cdot h_s$.

Die Grundseite g ist 8 m lang, h_s erhält man mit Hilfe des Satzes des Pythagoras (siehe Skizze)

$h_s^2 = 4^2 + 6^2 \Rightarrow h_s = \sqrt{52} = 2\sqrt{13}$.

Für eine Dreiecksfläche ergibt sich

$A_\triangle = \frac{1}{2} \cdot 8 \cdot 2\sqrt{13} = 8\sqrt{13}$.

Da die gesamte Dachfläche aus 4 kongruenten Dreiecken besteht, erhält man für die Größe der Dachfläche:

$A_{\text{Dach}} = 4 \cdot A_\triangle = 4 \cdot 8 \cdot \sqrt{13} = 32 \cdot \sqrt{13} = 115{,}4$.

Die Größe der Dachfläche beträgt somit $115{,}4 \, \text{m}^2$.

b) Um die Länge des Schattens zu bestimmen, braucht man den Schattenpunkt der Spitze des Fahnenmastes an der Wand und den Schattenpunkt am Übergang zwischen Boden und Wand.

Für die Spitze S' des Fahnenmastes ergibt sich: $S'(18 \mid 4 \mid 8)$.

Den Schattenpunkt Z' der Spitze S' an der Wand erhält man, indem mit S' und der Richtung des Sonnenlichtes eine Gerade g aufgestellt wird, welche mit der Turmebene ABFE mit der Gleichung $x = 8$ geschnitten wird:

$$g : \vec{x} = \begin{pmatrix} 18 \\ 4 \\ 8 \end{pmatrix} + t \cdot \begin{pmatrix} -10 \\ 1 \\ -2 \end{pmatrix}; t \in \mathbb{R} \text{ geschnitten mit } x = 8 \text{ führt zu } 18 - 10t = 8 \Rightarrow t = 1.$$

Setzt man $t = 1$ in g ein, so erhält man Z': $\vec{z'} = \begin{pmatrix} 18 \\ 4 \\ 8 \end{pmatrix} + 1 \cdot \begin{pmatrix} -10 \\ 1 \\ -2 \end{pmatrix} = \begin{pmatrix} 8 \\ 5 \\ 6 \end{pmatrix}$

$\Rightarrow Z'(8 \mid 5 \mid 6)$.

Geht man von Z' aus vertikal bis zum Boden nach unten, so erhält man einen Schattenpunkt Z am Übergang zwischen Boden und Wand: $Z(8 \mid 5 \mid 0)$.

Die Länge des Schattens ergibt sich nun aus zwei Teilstrecken:

$l_1 = \overline{PZ}$ (Schattenlänge am Boden), $l_2 = \overline{ZZ'}$ (Schattenlänge an der Wand):

$$l_1 = \overline{PZ} = \left|\overrightarrow{PZ}\right| = \left|\begin{pmatrix} -10 \\ 1 \\ 0 \end{pmatrix}\right| = \sqrt{(-10)^2 + 1^2 + 0^2} = \sqrt{101},$$

$$l_2 = \overline{ZZ'} = \left|\overrightarrow{ZZ'}\right| = \left|\begin{pmatrix} 0 \\ 0 \\ 6 \end{pmatrix}\right| = \sqrt{0^2 + 0^2 + 6^2} = 6.$$

So ergibt sich für die Gesamtlänge l:

$l = l_1 + l_2 = \sqrt{101} + 6 = 16,05.$

Der Schatten hat eine Gesamtlänge von 16,05 m.

c) Das Auge des Kindes befindet sich in der Ebene E^*: $x = 1$. Es kann die Spitze S erstmals sehen, wenn das Auge sich in der Linie SF befindet, folglich ist die Gerade h durch S und F mit der Ebene E^* zu schneiden, um die Position des Kindes zu erhalten, wenn es die Turmspitze erstmals sehen kann:

$$h: \vec{x} = \begin{pmatrix} 8 \\ 8 \\ 18 \end{pmatrix} + t \cdot \begin{pmatrix} 4 \\ 4 \\ -6 \end{pmatrix}; t \in \mathbb{R} \text{ geschnitten mit } x = 1 \text{ ergibt: } 18 - 6t = 1 \Rightarrow t = \frac{17}{6}.$$

Setzt man $t = \frac{17}{6}$ in h ein, so erhält man die Position des Kindes K:

$$\vec{k} = \begin{pmatrix} 8 \\ 8 \\ 18 \end{pmatrix} + \frac{17}{6} \cdot \begin{pmatrix} 4 \\ 4 \\ -6 \end{pmatrix} = \begin{pmatrix} \frac{58}{3} \\ \frac{58}{3} \\ 1 \end{pmatrix} \Rightarrow K\left(\frac{58}{3} \mid \frac{58}{3} \mid 1\right).$$

Alternativ erhält man den Punkt K, indem man die Gerade h durch S und F mit der Geraden, auf der sich das Kind bewegt, schneidet. Die «Kindgerade» k verläuft durch die Punkte D' $(0 \mid 0 \mid 1)$ und B' $(8 \mid 8 \mid 1)$:

$$h: \vec{x} = \begin{pmatrix} 8 \\ 8 \\ 18 \end{pmatrix} + t \cdot \begin{pmatrix} 4 \\ 4 \\ -6 \end{pmatrix}, \qquad k: \vec{x} = \begin{pmatrix} 0 \\ 0 \\ 1 \end{pmatrix} + s \cdot \begin{pmatrix} 8 \\ 8 \\ 0 \end{pmatrix}; s \in \mathbb{R}.$$

$h \cap k$ ergibt:
$$\begin{array}{rcl} 8 + 4t &=& 8s \\ 8 + 4t &=& 8s \\ 18 - 6t &=& 1 \end{array} \qquad \text{mit den Lösungen } t = \frac{17}{6} \text{ und } s = \frac{29}{12}.$$

Eingesetzt in h bzw. k ergibt sich ebenfalls $K\left(\frac{58}{3} \mid \frac{58}{3} \mid 1\right)$.

Die Entfernung zur Turmkante BF erhält man, indem man zuerst den Punkt B' auf BF in Höhe 1 bestimmt und dann den Abstand zwischen B' und K berechnet: B' $(8 \mid 8 \mid 1)$,

$$d(B'; K) = \left|\overrightarrow{B'K}\right| = \left|\begin{pmatrix} \frac{34}{3} \\ \frac{34}{3} \\ 0 \end{pmatrix}\right| = \sqrt{\left(\frac{34}{3}\right)^2 + \left(\frac{34}{3}\right)^2 + 0^2} = 16,03.$$

Die Entfernung des Kindes zur Turmkante beträgt 16,03 m.

20.2   Geradenschar

a) Um die Gleichung von g zu bestimmen, benötigt man zwei Punkte, z.B. $C_0(0\,|\,0\,|\,4)$ und $C_1(0\,|\,1\,|\,4)$:

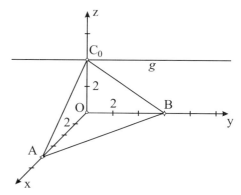

$$g: \vec{x} = \begin{pmatrix} 0 \\ 0 \\ 4 \end{pmatrix} + t \cdot \begin{pmatrix} 0 \\ 1 \\ 0 \end{pmatrix}; \; t \in \mathbb{R}.$$

Diese Gerade ist parallel zur y-Achse.

Fasst man die Punkte $A(8\,|\,0\,|\,0)$, $B(0\,|\,6\,|\,0)$ und $C_0(0\,|\,0\,|\,4)$ als Spurpunkte der Ebene
E: $ax + by + cz - d = 0$ auf, so erhält man durch Einsetzen:

$$\begin{array}{llllllll}
\text{I} & a \cdot 8 & + & b \cdot 0 & + & c \cdot 0 & - & d = 0 \\
\text{II} & a \cdot 0 & + & b \cdot 6 & + & c \cdot 0 & - & d = 0 \quad \Rightarrow 8a = 6b = 4c \\
\text{III} & a \cdot 0 & + & b \cdot 0 & + & c \cdot 4 & - & d = 0
\end{array}$$

Dies wird erfüllt durch z.B. $a = 3 \Rightarrow b = 4 \Rightarrow c = 6 \Rightarrow d = 24$.
Somit erhält man: E: $3x + 4y + 6z - 24 = 0$.

Alternativ berechnet man mit Hilfe des Kreuzprodukts zweier Verbindungsvektoren der
drei Punkte $A(8\,|\,0\,|\,0)$, $B(0\,|\,6\,|\,0)$ und $C_0(0\,|\,0\,|\,4)$ einen Normalenvektor:

$$\overrightarrow{AB} \times \overrightarrow{AC_0} = \begin{pmatrix} -8 \\ 6 \\ 0 \end{pmatrix} \times \begin{pmatrix} -8 \\ 0 \\ 4 \end{pmatrix} = \begin{pmatrix} 24 \\ 32 \\ 48 \end{pmatrix} = 8 \cdot \begin{pmatrix} 3 \\ 4 \\ 6 \end{pmatrix} \Rightarrow \vec{n} = \begin{pmatrix} 3 \\ 4 \\ 6 \end{pmatrix}.$$

Setzt man A und $\vec{n}$ in die Normalenform E: $(\vec{x} - \vec{a}) \cdot \vec{n} = 0$ ein, so ergibt sich für E:

$$\left(\vec{x} - \begin{pmatrix} 8 \\ 0 \\ 0 \end{pmatrix} \right) \cdot \begin{pmatrix} 3 \\ 4 \\ 6 \end{pmatrix} = 0 \Rightarrow \text{E: } 3x + 4y + 6z - 24 = 0.$$

Den Abstand d vom Ursprung O $(0\,|\,0\,|\,0)$ zur Ebene E berechnet man mit Hilfe der Hesseschen Normalenform:

$$d = \frac{|3 \cdot 0 + 4 \cdot 0 + 6 \cdot 0 - 24|}{\left\| \begin{pmatrix} 3 \\ 4 \\ 6 \end{pmatrix} \right\|} = \frac{|-24|}{\sqrt{3^2 + 4^2 + 6^2}} = \frac{24}{\sqrt{61}} = 3,07 \text{ LE}.$$

b) Das Volumen der Pyramide $OABC_0$ berechnet man mit der Formel $V = \frac{1}{3} \cdot G \cdot h$.
Die Grundfläche G ist der Flächeninhalt des rechtwinkligen Dreiecks OAB:
$G = \frac{1}{2} \cdot \overline{OA} \cdot \overline{OB} = \frac{1}{2} \cdot 8 \cdot 6 = 24$.
Die Höhe h ist die Länge der Strecke OC_0: $h = 4$.

Somit gilt: $V = \frac{1}{3} \cdot 24 \cdot 4 = 32$ VE.

Da alle C_t auf der Geraden g liegen, welche parallel zur y-Achse ist, ändert sich die Höhe h der Pyramide nicht, so dass die Pyramide $OABC_t$ für alle t dasselbe Volumen wie die Pyramide $OABC_0$ hat.

Damit das Dreieck ABC_t rechtwinklig ist, muss das Skalarprodukt von je zwei Verbindungsvektoren Null sein:

$$\overrightarrow{AB} \cdot \overrightarrow{AC_t} = 0 \Rightarrow \begin{pmatrix} -8 \\ 6 \\ 0 \end{pmatrix} \cdot \begin{pmatrix} -8 \\ t \\ 4 \end{pmatrix} = 64 + 6t = 0 \Rightarrow t = -\frac{32}{3}.$$

$$\overrightarrow{AB} \cdot \overrightarrow{BC_t} = 0 \Rightarrow \begin{pmatrix} -8 \\ 6 \\ 0 \end{pmatrix} \cdot \begin{pmatrix} 0 \\ t-6 \\ 4 \end{pmatrix} = 6t - 36 = 0 \Rightarrow t = 6.$$

$$\overrightarrow{AC_t} \cdot \overrightarrow{BC_t} = 0 \Rightarrow \begin{pmatrix} -8 \\ t \\ 4 \end{pmatrix} \cdot \begin{pmatrix} 0 \\ t-6 \\ 4 \end{pmatrix} = t^2 - 6t + 16 = 0 \Rightarrow \text{keine reelle Lösung.}$$

Somit ist das Dreieck ABC_t für $t_1 = -\frac{32}{3}$ und $t_2 = 6$ rechtwinklig.

Der Flächeninhalt des Dreiecks ABC_6 lässt sich einfach bestimmen, da für $t = 6$ bei Punkt B ein rechter Winkel ist:

$$A = \frac{1}{2} \cdot \overline{AB} \cdot \overline{BC_6} = \frac{1}{2} \cdot \left| \begin{pmatrix} -8 \\ 6 \\ 0 \end{pmatrix} \right| \cdot \left| \begin{pmatrix} 0 \\ 0 \\ 4 \end{pmatrix} \right| = \frac{1}{2} \cdot 10 \cdot 4 = 20.$$

Das Dreieck ABC_6 hat einen Flächeninhalt von 20 FE.

c) Alle Punkte C_t liegen auf der Geraden g. Der Punkt A ist nicht in g enthalten. Somit liegen alle Geraden der Geradenschar h_t in einer Ebene, die den Punkt A und die Gerade g enthält.

Die Geradenschar h_t hat die Gleichung: $h_t: \vec{x} = \begin{pmatrix} 8 \\ 0 \\ 0 \end{pmatrix} + s \cdot \begin{pmatrix} -8 \\ t \\ 4 \end{pmatrix}$; $s \in \mathbb{R}.$

Die Gerade h_{10} hat demzufolge die Gleichung: $h_{10}: \vec{x} = \begin{pmatrix} 8 \\ 0 \\ 0 \end{pmatrix} + s \cdot \begin{pmatrix} -8 \\ 10 \\ 4 \end{pmatrix}$; $s \in \mathbb{R}.$

Damit eine der Geraden h_t auf der Geraden h_{10} senkrecht steht, muss das Skalarprodukt der beiden Richtungsvektoren Null sein:

$$\begin{pmatrix} -8 \\ 10 \\ 4 \end{pmatrix} \cdot \begin{pmatrix} -8 \\ t \\ 4 \end{pmatrix} = 0 \text{ führt zu } 64 + 10t + 16 = 0 \Rightarrow t = -8.$$

Somit steht die Gerade h_{-8} senkrecht auf h_{10}.

Wenn zwei beliebige Geraden h_{t_1} und h_{t_2} senkrecht aufeinander stehen, muss das Skalarprodukt der Richtungsvektoren ebenfalls Null sein:

$$\begin{pmatrix} -8 \\ t_1 \\ 4 \end{pmatrix} \cdot \begin{pmatrix} -8 \\ t_2 \\ 4 \end{pmatrix} = 0 \text{ führt zu } 64 + t_1 \cdot t_2 + 16 = 0 \;\Rightarrow\; t_1 \cdot t_2 = -80.$$

Somit muss das Produkt der beiden Parameter -80 sein.

20.3 Pyramide

a) Die Verbindungsvektoren sind $\overrightarrow{AB} = \begin{pmatrix} 4 \\ -4 \\ 2 \end{pmatrix}$, $\overrightarrow{AC} = \begin{pmatrix} 6 \\ -3 \\ 0 \end{pmatrix}$ und $\overrightarrow{BC} = \begin{pmatrix} 2 \\ 1 \\ -2 \end{pmatrix}$.

Nimmt man als Spannvektoren $\tfrac{1}{2}\overrightarrow{AB} = \begin{pmatrix} 2 \\ -2 \\ 1 \end{pmatrix}$ und $\tfrac{1}{3}\overrightarrow{AC} = \begin{pmatrix} 2 \\ -1 \\ 0 \end{pmatrix}$, so erhält man als

Normalenvektor:

$$\vec{n} = \begin{pmatrix} 2 \\ -2 \\ 1 \end{pmatrix} \times \begin{pmatrix} 2 \\ -1 \\ 0 \end{pmatrix} = \begin{pmatrix} 1 \\ 2 \\ 2 \end{pmatrix}.$$

Die Normalenform ist damit E: $(\vec{x} - \vec{a}) \cdot \vec{n} = 0$ bzw. E: $\left(\vec{x} - \begin{pmatrix} -3 \\ 1 \\ 2 \end{pmatrix} \right) \cdot \begin{pmatrix} 1 \\ 2 \\ 2 \end{pmatrix} = 0.$

Durch Ausrechnen erhält man als Koordinatengleichung: E: $x + 2y + 2z - 3 = 0$

Da $\overrightarrow{AB} \cdot \overrightarrow{BC} = \begin{pmatrix} 4 \\ -4 \\ 2 \end{pmatrix} \cdot \begin{pmatrix} 2 \\ 1 \\ -2 \end{pmatrix} = 4 \cdot 2 + (-4) \cdot 1 + 2 \cdot (-2) = 8 - 4 - 4 = 0,$

ist das Dreieck ABC rechtwinklig (bei B).

Die Seitenlängen sind:

$\overline{AB} = \sqrt{4^2 + (-4)^2 + 2^2} = 6,$

$\overline{AC} = \sqrt{6^2 + (-3)^2 + 0^2} = \sqrt{45}$

$\overline{BC} = \sqrt{2^2 + 1^2 + (-2)^2} = 3,$ daher ist

das Dreick ABC nicht gleichschenklig.

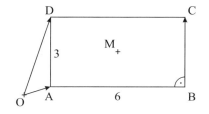

Für den Ortsvektor von D gilt folgende Vektorkette:

$$\overrightarrow{OD} = \overrightarrow{OA} + \overrightarrow{BC} = \begin{pmatrix} -3 \\ 1 \\ 2 \end{pmatrix} + \begin{pmatrix} 2 \\ 1 \\ -2 \end{pmatrix} = \begin{pmatrix} -1 \\ 2 \\ 0 \end{pmatrix} \;\Rightarrow\; D(-1 \mid 2 \mid 0).$$

b) Der Mittelpunkt M von AC hat die Koordinaten M $\left(\frac{-3+3}{2}\mid\frac{1-2}{2}\mid\frac{2+2}{2}\right)$ $\Rightarrow$ M $\left(0\mid-\frac{1}{2}\mid 2\right)$.

Der Richtungsvektor der Geraden g ist der Vektor $\overrightarrow{SM}=\begin{pmatrix} -9 \\ -9,5 \\ 6 \end{pmatrix}$, der Normalenvektor

der Ebene E ist der Vektor $\vec{n}=\begin{pmatrix} 1 \\ 2 \\ 2 \end{pmatrix}$. Somit gilt für den Winkel ε zwischen g und E:

$$\sin\varepsilon=\frac{|\overrightarrow{r_g}\cdot\vec{n}|}{|\overrightarrow{r_g}|\cdot|\vec{n}|}=\frac{\left|\begin{pmatrix} -9 \\ -9,5 \\ 6 \end{pmatrix}\cdot\begin{pmatrix} 1 \\ 2 \\ 2 \end{pmatrix}\right|}{\left|\begin{pmatrix} -9 \\ -9,5 \\ 6 \end{pmatrix}\right|\cdot\left|\begin{pmatrix} 1 \\ 2 \\ 2 \end{pmatrix}\right|}=\frac{|-9-19+12|}{\left|\sqrt{(-9)^2+(-9,5)^2+6^2}\right|\cdot\left|\sqrt{1^2+2^2+2^2}\right|}=\frac{16}{\sqrt{207,25}\cdot 3}$$

$\Rightarrow\varepsilon=21,74°$ (die Pyramide ist sehr schief).

Das Volumen der Pyramide ist $V=\frac{1}{3}\cdot G\cdot h$.

Für die Grundfläche G gilt: $G=\overline{AB}\cdot\overline{BC}=6\cdot 3=18$.

Die Höhe h ist der Abstand von S zu E, der mit Hilfe der Hesseschen Normalenform von E berechnet wird:

$h=\frac{|1\cdot 9+2\cdot 9+2\cdot(-4)-3|}{\left|\begin{pmatrix} 1 \\ 2 \\ 2 \end{pmatrix}\right|}=\frac{16}{3}$.

Somit gilt: $V=\frac{1}{3}\cdot 18\cdot\frac{16}{3}=32$.

Die Pyramide ABCDS hat ein Volumen von $V=32$ VE.

Damit die Höhe der Pyramide gleich bleibt, muss die Ebene F durch den Punkt S verlaufen und parallel zur Ebene E sein, so dass man für F denselben Normalenvektor verwenden kann.

Somit gilt für die Normalenform von F: $(\vec{x}-\vec{s})\cdot\vec{n}=0$ bzw. $\left(\vec{x}-\begin{pmatrix} 9 \\ 9 \\ -4 \end{pmatrix}\right)\cdot\begin{pmatrix} 1 \\ 2 \\ 2 \end{pmatrix}=0$.

Dies führt zur folgender Koordinatengleichung für F: $x+2y+2z-19=0$

c) Der Laserstrahl hat die Gleichung $l:\vec{x}=\begin{pmatrix} 9 \\ 9 \\ -4 \end{pmatrix}+t\cdot\begin{pmatrix} -6 \\ 6 \\ 8 \end{pmatrix}; t\in\mathbb{R}$.

Schneidet man l mit der xy-Ebene $(z=0)$, gilt $-4+8t=0$ bzw. $t=\frac{1}{2}\Rightarrow S_1(6\mid 12\mid 0)$

Schneidet man l mit der yz-Ebene $(x=0)$, gilt $9-6t=0$ bzw. $t=\frac{3}{2}\Rightarrow S_2(0\mid 18\mid 8)$

Schneidet man l mit der xz-Ebene $(y=0)$, gilt $9+6t=0$ bzw. $t=-\frac{3}{2}\Rightarrow S_3(18\mid 0\mid -16)$

Um S an AB zu spiegeln, benötigt
man zuerst eine Hilfsebene E_H, welche
durch S geht und orthogonal zu AB ist,
d.h. der Normalenvektor von E_H ist der
Vektor $\overrightarrow{AB}$; somit hat die Hilfsebene
folgende Gleichung:

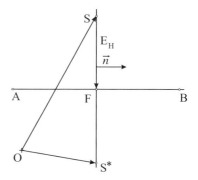

E_H: $(\vec{x} - \vec{s}) \cdot \overrightarrow{AB} = 0$ bzw. $\left(\vec{x} - \begin{pmatrix} 9 \\ 9 \\ -4 \end{pmatrix} \right) \cdot \begin{pmatrix} 4 \\ -4 \\ 2 \end{pmatrix} = 0$: dies führt zur Koordinatenglei-

chung E_H: $2x - 2y + z + 4 = 0$

Schneidet man E_H mit der Geraden AB: $\vec{x} = \begin{pmatrix} -3 \\ 1 \\ 2 \end{pmatrix} + t \cdot \begin{pmatrix} 4 \\ -4 \\ 2 \end{pmatrix}$; $t \in \mathbb{R}$, so erhält man

den Schnittpunkt F:

$2 \cdot (-3 + 4t) - 2 \cdot (1 - 4t) + 2 + 2t + 4 = 0$ führt zu $t = \frac{1}{9}$ $\Rightarrow$ F $\left(-\frac{23}{9} \mid \frac{5}{9} \mid \frac{20}{9} \right)$.

Spiegelt man nun S an F, so gilt folgende Vektorkette:

$$\overrightarrow{OS^*} = \overrightarrow{OS} + 2 \cdot \overrightarrow{SF} = \begin{pmatrix} 9 \\ 9 \\ -4 \end{pmatrix} + 2 \cdot \begin{pmatrix} -\frac{104}{9} \\ -\frac{76}{9} \\ \frac{56}{9} \end{pmatrix} = \begin{pmatrix} -\frac{127}{9} \\ -\frac{71}{9} \\ \frac{76}{9} \end{pmatrix}.$$

Der Spiegelpunkt S^* hat somit die Koordinaten $S^* \left(-\frac{127}{9} \mid -\frac{71}{9} \mid \frac{76}{9} \right)$.

Stochastik

21 Grundlegende Begriffe

21.1 Zufallsexperimente und Ereignisse

a)   I) $\Omega = \{\,\text{www, wwz, wzw, zww, wzz, zwz, zzw, zzz}\,\}$, die Reihenfolge spielt bei einer Mengenaufzählung keine Rolle.

   II) $\Omega = \{\,6, \text{keine } 6\,\}$.

   Die Lösung $\Omega = \{\,1, 2, 3, 4, 5, 6\,\}$ wäre auch möglich, ist aber der Fragestellung weniger angemessen.

   III) $\Omega = \{\,\text{Alter zwischen 14 und 18 Jahren einschließlich, nicht zur Altersgruppe gehörend}\,\}$

   oder: $\Omega = \{\,\text{jünger als 14, zwischen 14 und 18, älter als 18}\,\}$

   Möglich wäre auch die (unnötig große) Menge $\Omega = \{\,0, 1, 2, ..., 100, ...\,\}$.

b) Lösungen:

   $A = \{\,2; 4; 6\,\}$.

   $B = \{\,1; 2\,\}$.

   $C = \{\,2; 3; 5\,\}$; 1 ist keine Primzahl.

   $D = \{\,1; 2; 3; 4; 5; 6\,\}$; dies nennt man das sichere Ereignis, da es auf jeden Fall eintritt.

   $E = \{\}$ oder $E = \emptyset$; E ist hier die leere Menge, da keine der Zahlen von 1 bis 6 durch 7 teilbar ist. Man spricht vom unmöglichen Ereignis.

c)   I) A: Es erscheint 3-mal dieselbe Seite.

   B: Es taucht höchstens einmal «Zahl» auf oder

   B: Es taucht mindestens zweimal «Wappen» auf oder

   B: Es taucht mehr als einmal «Wappen» auf.

   C: Beim ersten Wurf erscheint Zahl.

   II) $\overline{A} = \{\,\text{wwz, wzw, zww, zzw, zwz, wzz}\,\}$.

   $\overline{A}$: Es tauchen sowohl «Wappen» als auch «Zahl» auf oder

   $\overline{A}$: Es erscheint nicht dreimal dieselbe Seite.

   $\overline{B} = \{\,\text{zzz, zzw, zwz, wzz}\,\}$.

   $\overline{B}$: Es taucht mehr als einmal «Zahl» auf.

   $\overline{C} = \{\,\text{www, wwz, wzw, wzz}\,\}$.

   $\overline{C}$: Beim ersten Wurf erscheint «Wappen».

21.2 Absolute und relative Häufigkeit

a) Es sind insgesamt 20 Ziffern. Die Anzahl, mit der eine bestimmte Ziffer auftritt, stellt deren absolute Häufigkeit H dar. Teilt man diese Anzahl durch die Gesamtanzahl an Ziffern, erhält man die relative Häufigkeit h:

Die Ziffer 1 kommt 10-mal, die Ziffer 2 kommt 6-mal und die Ziffer 3 kommt 4-mal vor,

$$
\begin{array}{llll}
& H(1) = 10 & h(1) = \frac{10}{20} = \frac{1}{2} = 0,5 \\
\text{also gilt:} & H(2) = 6 & h(2) = \frac{6}{20} = \frac{3}{10} = 0,3 \\
& H(3) = 4 & h(3) = \frac{4}{20} = \frac{1}{5} = 0,2
\end{array}
$$

b) Es sind insgesamt 30 Schüler. Für die relativen Häufigkeiten gilt dann:

$$
\begin{array}{llll}
h(1) = \frac{3}{30} = \frac{1}{10} & \qquad & h(4) = \frac{8}{30} = \frac{4}{15} \\
h(2) = \frac{5}{30} = \frac{1}{6} & & h(5) = \frac{3}{30} = \frac{1}{10} \\
h(3) = \frac{10}{30} = \frac{1}{3} & & h(6) = \frac{1}{30}
\end{array}
$$

c) Die Werte der relativen Häufigkeit h liegen zwischen Null und Eins (einschließlich):
$0 \leqslant h \leqslant 1$.

Die relative Häufigkeit ist 0, wenn ein Ereignis gar nicht auftritt; sie ist 1, wenn bei der Versuchsreihe immer dasselbe Ereignis auftritt. Addiert man die relativen Häufigkeiten aller möglichen Ereignisse, so erhält man 1.

21.3 Wahrscheinlichkeit bei Laplace-Versuchen

a) Das empirische Gesetz der großen Zahl besagt, dass sich bei sehr langen Versuchsreihen die relative Häufigkeit eines Ergebnisses immer mehr der Wahrscheinlichkeit dieses Ergebnisses annähert.

b) Insgesamt gibt es 20 mögliche Ergebnisse.

Die Zahlen 4, 8, 12, 16 und 20 sind durch 4 teilbar, also gibt es 5 günstige Ergebnisse bei Ereignis A, die Wahrscheinlichkeit P(A) ist also: $P(A) = \frac{5}{20} = \frac{1}{4} = 0,25$.

Die Zahlen 14, 15, 16, 17, 18, 19 und 20 sind größer als 13, also gibt es 7 günstige Ergebnisse bei Ereignis B, die Wahrscheinlichkeit P(B) ist also: $P(B) = \frac{7}{20} = 0,35$.

Die Zahlen 1, 4, 9 und 16 sind Quadratzahlen, also gibt es 4 günstige Ergebnisse bei Ereignis C, die Wahrscheinlichkeit P(C) ist also: $P(C) = \frac{4}{20} = \frac{1}{5} = 0,2$.

c) Es gibt bei zweimaligem Würfeln insgesamt 36 mögliche Ergebnisse (6 Möglichkeiten für den 1. Wurf und 6 Möglichkeiten für den 2. Wurf). Für die Wahrscheinlichkeiten ergibt sich somit:

$P(A) = \frac{1}{36}$, da (6,6) nur einmal vorkommt.

$P(B) = \frac{4}{36}$, da (1,4), (4,1), (2,3) und (3,2) die Augensumme 5 ergeben.

$P(C) = \frac{9}{36}$, da bei (2,2), (2,4), (2,6), (4,2), (4,4), (4,6), (6,2), (6,4) und (6,6) beide Augenzahlen gerade sind.

d) Es gibt für das Tennis-Doppel mit Anke (A), Britta (B), Christine (C) und Doris (D) insgesamt 12 mögliche Ziehungen: AB, AC, AD, BA, BC, BD, CA, CB, CD, DA, DB, DC.

Davon sind AB, BA, CD und DC für das gefragte Ereignis günstig.

Also gilt: P(«Anke und Britta bilden ein Team») $= \frac{4}{12} = \frac{1}{3}$.

Alternativ kann man auch so argumentieren:

Es gibt drei mögliche Paarungen: AB/CD, AC/BD und AD/BC, die alle gleich wahrscheinlich sind, also hat jede die Wahrscheinlichkeit $\frac{1}{3}$.

22 Berechnung von Wahrscheinlichkeiten

22.1 Additionssatz, Vierfeldertafel

a) I)

	A	$\overline{A}$	
B	0,3	0,1	0,4
$\overline{B}$	0,5	0,1	0,6
	0,8	0,2	1

II)

	A	$\overline{A}$	
B	$\frac{1}{8}$	$\frac{1}{2}$	$\frac{5}{8}$
$\overline{B}$	$\frac{1}{4}$	$\frac{1}{8}$	$\frac{3}{8}$
	$\frac{3}{8}$	$\frac{5}{8}$	1

b) I)

	F	$\overline{F}$	
S	0,4	0,2	0,6
$\overline{S}$	0,3	0,1	0,4
	0,7	0,3	1

Es sind:

F: mag Fußball

S: mag Schwimmen

$\overline{F}$: mag Fußball nicht

$\overline{S}$: mag Schwimmen nicht

Gegeben sind $P(F) = 0,7$ und $P(S) = 0,6$ sowie $P(F \cup S) = 0,9$ bzw. $P(\overline{F} \cap \overline{S}) = 0,1$, da sich 10% der Schüler für keine der beiden Sportarten begeistern.

Aus der Vierfeldertafel ergibt sich: $P(F \cap S) = 0,4$.

Somit begeistern sich 40% der Schüler für beide Sportarten.

II) Der Additionssatz besagt in diesem Fall:

$P(F \cup S) = P(F) + P(S) - P(F \cap S)$, also:

$0,9 = 0,7 + 0,6 - 0,4$.

Der Additionssatz gilt somit.

22.2   Baumdiagramme und Pfadregeln

a)   I)

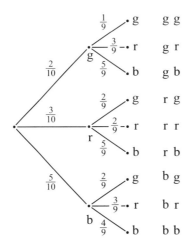

Da insgesamt 10 Kugeln in der Urne sind, betragen die Wahrscheinlichkeiten beim 1. Ziehen für grün, rot bzw. blau: $\frac{2}{10}, \frac{3}{10}$ bzw. $\frac{5}{10}$.

Danach sind nur noch 9 Kugeln in der Urne und die Wahrscheinlichkeiten bzgl. der 2. Ziehung hängen jeweils davon ab, welche Farbe beim 1. Mal gezogen wurde.

II) Die erste Pfadregel (Produktregel) besagt, dass sich die Wahrscheinlichkeit für einen Pfad aus dem Produkt der Wahrscheinlichkeiten längs des Pfades ergibt.

Dem Ereignis A entspricht der Pfad zu gg, dem Ereignis B entsprechend zu rb.

$A = \{gg\}$; $P(A) = \frac{2}{10} \cdot \frac{1}{9} = \frac{1}{45}$.

$B = \{rb\}$; $P(B) = \frac{3}{10} \cdot \frac{5}{9} = \frac{1}{6}$.

Die zweite Pfadregel (Summenregel) besagt, dass sich die Wahrscheinlichkeit eines Ereignisses aus der Summe der Wahrscheinlichkeiten aller Pfade, die zu diesem Ereignis gehören, ergibt.

$C = \{rg, gr\}$; $P(C) = \frac{3}{10} \cdot \frac{2}{9} + \frac{2}{10} \cdot \frac{3}{9} = \frac{2}{15}$.

$D = \{gg, rr, bb\}$; $P(D) = \frac{2}{10} \cdot \frac{1}{9} + \frac{3}{10} \cdot \frac{2}{9} + \frac{5}{10} \cdot \frac{4}{9} = \frac{2+6+20}{90} = \frac{14}{45}$.

$E = \{gg, gr, rg, rr\}$; $P(E) = \frac{2}{10} \cdot \frac{1}{9} + \frac{2}{10} \cdot \frac{3}{9} + \frac{3}{10} \cdot \frac{2}{9} + \frac{3}{10} \cdot \frac{2}{9} = \frac{2+6+6+6}{90} = \frac{2}{9}$.

b)   I)

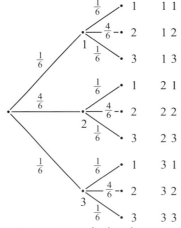

II) $A = \{12\}$; $P(A) = \frac{1}{6} \cdot \frac{4}{6} = \frac{1}{9}$.

$B = \{12, 22, 32\}$; $P(B) = \frac{1}{6} \cdot \frac{4}{6} + \frac{4}{6} \cdot \frac{4}{6} + \frac{1}{6} \cdot \frac{4}{6} = \frac{1}{9} + \frac{4}{9} + \frac{1}{9} = \frac{6}{9} = \frac{2}{3}$.

$C = \{11, 12, 13\}$; $P(C) = \frac{1}{6} \cdot \frac{1}{6} + \frac{1}{6} \cdot \frac{4}{6} + \frac{1}{6} \cdot \frac{1}{6} = \frac{1+4+1}{36} = \frac{6}{36} = \frac{1}{6}$.

$D = \{13, 22, 31\}$; $P(D) = \frac{1}{6} \cdot \frac{1}{6} + \frac{4}{6} \cdot \frac{4}{6} + \frac{1}{6} \cdot \frac{1}{6} = \frac{1+16+1}{36} = \frac{18}{36} = \frac{1}{2}$.

$E = \{11, 13, 23, 31\}$; $P(E) = \frac{1}{6} \cdot \frac{1}{6} + \frac{1}{6} \cdot \frac{1}{6} + \frac{4}{6} \cdot \frac{1}{6} + \frac{1}{6} \cdot \frac{1}{6} = \frac{1+1+4+1}{36} = \frac{7}{36}$.

c) I) e: Fehler erkannt; P(e) = 0,8.

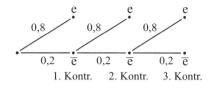

ē: Fehler nicht erkannt; P(ē) = 0,2.
Zweimal den Fehler übersehen und beim dritten Mal erkennen entspricht dem Pfad ēēe.

Es ist P(ēēe) = 0,2 · 0,2 · 0,8 = 0,032 = 3,2 %.

II) Den Fehler spätestens beim 3. Mal erkennen bedeutet {e, ēe, ēēe}.

Es ist: P(e) = 0,8, P(ēe) = 0,2 · 0,8 = 0,16 und P(ēēe) = 0,032.

Nach der 2. Pfadregel gilt:

P(«spätestens beim 3. Mal erkannt») = 0,8 + 0,16 + 0,032 = 0,992 = 99,2 %.

Schneller lässt sich die Wahrscheinlichkeit mit dem Gegenereignis bestimmen. Es heißt hier: «Der Fehler ist auch beim 3. Mal noch nicht erkannt» und bedeutet {ēēē}.

Für die Wahrscheinlichkeit des Gegenereignisses gilt:

P(ēēē) = 0,2 · 0,2 · 0,2 = 0,008 = 0,8 %.

Damit ist 100 % − 0,8 % = 99,2 % die gesuchte Wahrscheinlichkeit.

d)

Die drei Pfade (1,6), (2,6) und (2,$\bar{6}$,6) führen zum Gewinn.

$P(\text{Gewinn}) = \frac{1}{3} \cdot \frac{1}{6} + \frac{1}{3} \cdot \frac{1}{6} + \frac{1}{3} \cdot \frac{5}{6} \cdot \frac{1}{6}$
$= \frac{6+6+5}{108} = \frac{17}{108} \approx 0,16$

Die Gewinnwahrscheinlichkeit beträgt etwa 16 %.

e)

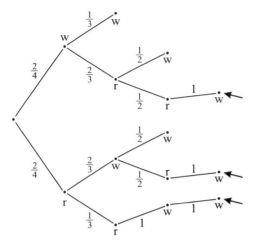

Bei den drei markierten Pfaden mussten alle vier Kugeln herausgenommen werden.

P(«4-mal ziehen»)

$= \frac{2}{4} \cdot \frac{2}{3} \cdot \frac{1}{2} \cdot 1 + \frac{2}{4} \cdot \frac{2}{3} \cdot \frac{1}{2} \cdot 1 + \frac{2}{4} \cdot \frac{1}{3} \cdot 1 \cdot 1$

$= \frac{1}{6} + \frac{1}{6} + \frac{1}{6} = \frac{1}{2}$.

Die gesuchte Wahrscheinlichkeit beträgt $\frac{1}{2}$ oder 50 %.

f)

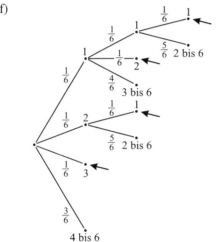

Die markierten Pfade führen zum Gewinn.

$P(\text{Gewinn}) = \frac{1}{6} \cdot \frac{1}{6} \cdot \frac{1}{6} + \frac{1}{6} \cdot \frac{1}{6} + \frac{1}{6} \cdot \frac{1}{6} + \frac{1}{6}$

$= \frac{1+6+6+36}{216} = \frac{49}{216} \approx 0,23$

Die Gewinnwahrscheinlichkeit beträgt $\frac{49}{216}$ oder etwa 23 %.

22.3 Unabhängigkeit von zwei Ereignissen

a) I)

	A	$\overline{\text{A}}$	
B	0,32	0,08	0,4
$\overline{\text{B}}$	0,48	0,12	0,6
	0,8	0,2	1

II)

	A	$\overline{\text{A}}$	
B	$\frac{3}{5}$	$\frac{1}{15}$	$\frac{2}{3}$
$\overline{\text{B}}$	$\frac{3}{10}$	$\frac{1}{30}$	$\frac{1}{3}$
	$\frac{9}{10}$	$\frac{1}{10}$	1

III)

	A	$\overline{\text{A}}$	
B	$\frac{1}{20}$	$\frac{1}{5}$	$\frac{1}{4}$
$\overline{\text{B}}$	$\frac{3}{20}$	$\frac{3}{5}$	$\frac{3}{4}$
	$\frac{1}{5}$	$\frac{4}{5}$	1

b) Es ist: $P(m) = \frac{90}{200} = 0,45$; $P(R) = \frac{80}{200} = 0,4$; $P(m \cap R) = \frac{36}{200} = 0,18$.

Da $0,45 \cdot 0,4 = 0,18$ gilt der spezielle Multiplikationssatz und die Ereignisse sind unabhängig.

Alternativer Lösungsweg:

Man prüft nach, ob der Anteil an Rauchern unter allen Befragten genau so groß ist wie der Anteil an Rauchern unter den Männern.

Anteil der Raucher unter allen Befragten: $\frac{80}{200} = \frac{2}{5} = 0,4$.

Anteil der Raucher unter den Männern: $\frac{36}{90} = \frac{2}{5} = 0,4$.

Die Werte stimmen überein, also sind Geschlecht und Rauchverhalten unabhängig voneinander.

22.4   Bedingte Wahrscheinlichkeit

a) Es ist a: älter als 70 Jahre, j ($= \bar{a}$): höchstens 70 Jahre, m: männlich, w($= \bar{m}$): weiblich.

Gegeben sind $P(a) = 0,3$; $P_a(m) = 0,4$ und $P_j(m) = 0,5$.

Dann gilt: $P(a \cap m) = P(a) \cdot P_a(m) = 0,3 \cdot 0,4 = 0,12$.

$P(j) = 1 - P(a) = 0,7$.

$P(j \cap m) = P(j) \cdot P_j(m) = 0,7 \cdot 0,5 = 0,35$.

P(a), P(j), P(a∩m) und P(j∩m) werden in die Vierfeldertafel eingetragen und diese wird vervollständigt: Gesucht ist $P_m(j)$.

Entsprechend der Formel gilt:

$P_m(j) = \frac{P(m \cap j)}{P(m)} = \frac{0,35}{0,47} \approx 0,74 = 74\,\%$.

Also sind rund 74 % der Männer höchstens 70 Jahre alt.

	a	j	
m	0,12	0,35	0,47
w	0,18	0,35	0,53
	0,3	0,7	1

b) Es ist a: über 40 Jahre, j: bis 40 Jahre und L: Leserin.

Aus den Angaben lassen sich folgende Wahrscheinlichkeiten bestimmen:

$P(a) = \frac{65}{250} = \frac{13}{50} = 0,26$.

$P(L) = \frac{100}{250} = 0,4$.

$P(a \cap L) = \frac{32}{250} = 0,128$.

$P_L(a) = \frac{32}{100} = 0,32$ (für die Vierfeldertafel nicht nötig).

Die ersten drei Wahrscheinlichkeiten werden in eine Vierfeldertafel eingesetzt und diese wird vervollständigt.

Gesucht sind $P_a(L)$ und $P_j(L)$.

Bei bedingten Wahrscheinlichkeiten gilt der spezielle Multiplikationssatz:

$P_a(L) = \frac{P(L \cap a)}{P(a)} = \frac{0,128}{0,26} \approx 0,49 = 49\,\%$ und

$P_j(L) = \frac{P(L \cap j)}{P(j)} = \frac{0,272}{0,74} \approx 0,37 = 37\,\%$.

	L	$\bar{L}$	
a	0,128	0,132	0,26
j	0,272	0,468	0,74
	0,4	0,6	1

Die Zeitschrift spricht also mehr die älteren Frauen an; dies hätte man auch schon daraus ersehen können, dass $P_L(a)$ größer als $P(a)$ ist.

c) Es ist k: krank, g: gesund, «+»: positiv getestet, «−»: negativ getestet.

I) Aus den Angaben lassen sich folgende Wahrscheinlichkeiten bestimmen:

$P(k) = 0{,}2$; $P_k(+) = 0{,}96$; $P_g(-) = 0{,}94$.

Damit ist:

$P(g) = 1 - P(k) = 0{,}8$.

$P(k \cap +) = P(k) \cdot P_k(+) = 0{,}2 \cdot 0{,}96 = 0{,}192$

$P(g \cap -) = P(g) \cdot P_g(-) = 0{,}8 \cdot 0{,}94 = 0{,}752$

Gesucht sind $P_+(k)$ und $P_-(g)$. Daher gilt:

$P_+(k) = \frac{P(k \cap +)}{P(+)} = \frac{0{,}192}{0{,}24} = 0{,}8 = 80\,\%$ und

$P_-(g) = \frac{P(g \cap -)}{P(-)} = \frac{0{,}752}{0{,}76} \approx 0{,}99 = 99\,\%$.

	k	g	
+	0,192	0,048	0,24
−	0,008	0,752	0,76
	0,2	0,8	1

Die Wahrscheinlichkeit, dass man bei einem positiven Testergebnis tatsächlich krank ist, beträgt 80 %.

Die Wahrscheinlichkeit, dass man bei einem negativen Testergebnis tatsächlich gesund ist, beträgt 99 %.

II) Aus den Angaben lassen sich folgende Wahrscheinlichkeiten bestimmen:

$P(k) = 0{,}5$; $P_k(+) = 0{,}96$; $P_g(-) = 0{,}94$.

Die Rechnungen wie bei I) ergeben nebenstehende Vierfeldertafel.

Gesucht sind wieder $P_+(k)$ und $P_-(g)$.

Daher gilt:

$P_+(k) = \frac{0{,}48}{0{,}51} \approx 0{,}94 = 94\,\%$ und

$P_-(g) = \frac{0{,}47}{0{,}49} \approx 0{,}96 = 96\,\%$.

	k	g	
+	0,48	0,03	0,51
−	0,02	0,47	0,49
	0,5	0,5	1

Je größer der Anteil der Kranken an der Bevölkerung wird, desto sicherer deutet ein positives Testergebnis auf eine Erkrankung hin. Dafür kann man sich auf ein negatives Testergebnis weniger verlassen.

23   Kombinatorische Zählprobleme

23.1   Geordnete Stichproben mit Zurücklegen

a) Zuerst bestimmt man die Anzahl aller Möglichkeiten: Für jede der 4 Stellen gibt es 10 mögliche Ziffern, also insgesamt 10^4 Möglichkeiten.

A: Für jede Stelle stehen 5 ungerade Ziffern zur Verfügung, also 5^4 günstige Möglichkeiten.

Somit gilt für die Wahrscheinlichkeit: $P(A) = \frac{5^4}{10^4} = \left(\frac{5}{10}\right)^4 = \left(\frac{1}{2}\right)^4 = \frac{1}{16}$.

B: Für jede Stelle stehen 2 verschiedene Ziffern zur Verfügung, also 2^4 günstige Möglichkeiten. Somit gilt: $P(B) = \frac{2^4}{10^4} = \left(\frac{1}{5}\right)^4 = \frac{1}{625}$.

C: Die erste und die zweite Ziffer können frei gewählt werden, die beiden anderen liegen dann fest: $10 \cdot 10 \cdot 1 \cdot 1 = 100$ günstige Ausfälle, also: $P(C) = \frac{100}{10^4} = \frac{1}{100}$.

b) Für jede Perle stehen drei Farben mit der gleichen Wahrscheinlichkeit zur Verfügung (zufällige Farbwahl).

Anzahl aller möglichen Ausfälle: $3^6 = 729$.

A: Für jede Perle gibt es 2 Möglichkeiten (blau bzw. grün), also 2^6 günstige Ausfälle.

Somit ist $P(A) = \frac{2^6}{3^6} = \frac{64}{729}$.

B: Die drei letzten Perlen können frei gewählt werden, also 3^3 günstige Ausfälle.

Somit ist $P(B) = \frac{3^3}{3^6} = \frac{1}{3^3} = \frac{1}{27}$.

C: Es gibt nur die zwei Möglichkeiten, dass mit rot bzw. mit grün begonnen wird; der Rest ist festgelegt, also 2 günstige Ausfälle. Somit ist $P(C) = \frac{2}{3^6} = \frac{2}{729}$.

c) Für jeden der 8 Mühlesteine stehen 2 Farben zur Verfügung.

Anzahl aller möglichen Ausfälle: $2^8 = 256$.

A: Es gibt nur 2 günstige Ausfälle (alle schwarz oder alle weiß).

Somit ist $P(A) = \frac{2}{2^8} = \frac{1}{2^7} = \frac{1}{128}$.

B: Es gibt 8 günstige Ausfälle, da der weiße Stein an 8 verschiedenen Stellen sein kann.

Somit ist $P(B) = \frac{8}{2^8} = \frac{1}{2^5} = \frac{1}{32}$.

C: Es gibt 2^7 günstige Ausfälle, da die ersten 7 Steine frei gewählt werden können, der letzte aber festgelegt ist. Somit ist $P(C) = \frac{2^7}{2^8} = \frac{1}{2}$.

d) Anzahl aller möglichen Ausfälle: $5^3 = 125$.

A: Es gibt 5^2 günstige Ausfälle, da die beiden ersten Ziffern beliebig sind, die letzte Ziffer aber 5 sein muss. Somit ist $P(A) = \frac{5^2}{5^3} = \frac{1}{5}$.

B: Es gibt 2^3 günstige Ausfälle, da es für jede Ziffer 2 Möglichkeiten gibt.

Somit ist $P(B) = \frac{2^3}{5^3} = \frac{8}{125}$.

C: Es gibt 4^3 günstige Ausfälle, da es für jede Ziffer 4 Möglichkeiten gibt.

Somit ist $P(C) = \frac{4^3}{5^3} = \frac{64}{125}$.

e) Anzahl aller möglichen Ausfälle: $5^4 = 625$.

A: Es gibt einen günstigen Ausfall, da es für jeden Buchstaben des Wortes genau eine

     Möglichkeit gibt. Somit ist $P(A) = \frac{1}{5^4} = \frac{1}{625}$.

B: Es gibt ebenfalls einen günstigen Ausfall, da es für jeden Buchstaben des Wortes genau eine Möglichkeit gibt. Somit ist $P(B) = \frac{1}{5^4} = \frac{1}{625}$.

C: Es gibt 5^3 günstige Ausfälle, da es für die letzten drei Buchstaben des Wortes jeweils 5 Möglichkeiten gibt. Somit ist $P(C) = \frac{5^3}{5^4} = \frac{1}{5} = 0,2$.

D: Es gibt 5^2 günstige Ausfälle, da es für die ersten beiden Buchstaben des Wortes jeweils 5 Möglichkeiten gibt. Somit ist $P(D) = \frac{5^2}{5^4} = \frac{1}{25} = 0,04$.

E: Für den anderen Buchstaben (kein T) gibt es 4 Möglichkeiten; dieser andere Buchstabe kann an jeder der 4 Stellen auftreten, also gibt es $4 \cdot 4 = 16$ günstige Ausfälle. Somit ist $P(E) = \frac{16}{5^4} = \frac{16}{625}$.

F: Da alle Buchstaben die Rolle von T im Ereignis E übernehmen können, gibt es 5-mal so viele günstige Ausfälle wie bei Ereignis E. Somit ist $P(F) = \frac{5 \cdot 16}{5^4} = \frac{16}{5^3} = \frac{16}{125}$.

f) Anzahl aller möglichen Ausfälle: $5^3 = 125$.

Um an eine Stelle N oder A zu ziehen, gibt es jeweils 2 Möglichkeiten, für H dagegen nur eine Möglichkeit. Die Möglichkeiten jeder Stelle werden miteinander multipliziert, um die günstigen Ausfälle zu erhalten.

$$P(A) = \frac{2 \cdot 2 \cdot 1}{5^3} = \frac{4}{125} \qquad\qquad P(B) = \frac{2 \cdot 1 \cdot 2}{5^3} = \frac{4}{125} \qquad\qquad P(C) = \frac{1 \cdot 1 \cdot 1}{5^3} = \frac{1}{125}$$

$$P(D) = \frac{2 \cdot 2 \cdot 2}{5^3} = \frac{8}{125} \qquad\qquad P(E) = \frac{4 \cdot 4 \cdot 4}{5^3} = \frac{64}{125}$$

23.2   Geordnete Stichproben ohne Zurücklegen

Die Möglichkeiten pro Stufe werden jeweils miteinander multipliziert.

a) Anzahl aller möglichen Ausfälle: $10 \cdot 9 \cdot 8 \cdot 7 \cdot 6$, da zu Beginn 10 Kugeln in der Urne sind.
$P(A) = \frac{6 \cdot 5 \cdot 4 \cdot 3 \cdot 2}{10 \cdot 9 \cdot 8 \cdot 7 \cdot 6} = \frac{4 \cdot 3}{9 \cdot 8 \cdot 7} = \frac{1}{3 \cdot 2 \cdot 7} = \frac{1}{42}$.
$P(B) = \frac{4 \cdot 3 \cdot 2 \cdot 1 \cdot 6}{10 \cdot 9 \cdot 8 \cdot 7 \cdot 6} = \frac{1}{10 \cdot 3 \cdot 7} = \frac{1}{210}$.
$P(C) = \frac{4 \cdot 9 \cdot 8 \cdot 7 \cdot 6}{10 \cdot 9 \cdot 8 \cdot 7 \cdot 6} = \frac{4}{10} = \frac{2}{5}$.
$P(D) = P(\text{rwrwr}) + P(\text{wrwrw}) = \frac{6 \cdot 4 \cdot 5 \cdot 3 \cdot 4}{10 \cdot 9 \cdot 8 \cdot 7 \cdot 6} + \frac{4 \cdot 6 \cdot 3 \cdot 5 \cdot 2}{10 \cdot 9 \cdot 8 \cdot 7 \cdot 6} = \frac{3}{9 \cdot 7} + \frac{3}{9 \cdot 2 \cdot 7} = \frac{1}{21} + \frac{1}{42} = \frac{3}{42} = \frac{1}{14}$.

b) Anzahl aller möglichen Ausfälle: $10 \cdot 9 \cdot 8 = 720$.
$P(A) = \frac{1}{10 \cdot 9 \cdot 8} = \frac{1}{720}$.
$P(B) = \frac{3 \cdot 2 \cdot 1}{10 \cdot 9 \cdot 8} = \frac{1}{10 \cdot 3 \cdot 4} = \frac{1}{120}$.
$P(C) = \frac{9 \cdot 8 \cdot 7}{10 \cdot 9 \cdot 8} = \frac{7}{10}$.
$P(D) = \frac{7 \cdot 6 \cdot 5}{10 \cdot 9 \cdot 8} = \frac{7}{3 \cdot 8} = \frac{7}{24}$.

c) Anzahl aller möglichen Ausfälle: $5 \cdot 4 \cdot 3 \cdot 2 \cdot 1$.
$P(A) = \frac{4 \cdot 3 \cdot 1 \cdot 2 \cdot 1}{5 \cdot 4 \cdot 3 \cdot 2 \cdot 1} = \frac{1}{5}$.
$P(B) = 1 - P(\overline{B}) = 1 - \frac{4 \cdot 3 \cdot 2 \cdot 1 \cdot 1}{5 \cdot 4 \cdot 3 \cdot 2 \cdot 1} = 1 - \frac{1}{5} = \frac{4}{5}$.

d) Anzahl aller möglichen Ausfälle: $8 \cdot 7 \cdot 6 \cdot 5 \cdot 4 \cdot 3 \cdot 2 \cdot 1$.
$P(A) = \frac{7 \cdot 6 \cdot 5 \cdot 4 \cdot 3 \cdot 2 \cdot 1 \cdot 1}{8 \cdot 7 \cdot 6 \cdot 5 \cdot 4 \cdot 3 \cdot 2 \cdot 1} = \frac{1}{8}$.
$P(B) = \frac{6 \cdot 5 \cdot 4 \cdot 3 \cdot 2 \cdot 1 \cdot 1 \cdot 1}{8 \cdot 7 \cdot 6 \cdot 5 \cdot 4 \cdot 3} = \frac{2}{8 \cdot 7} = \frac{1}{28}$.

e) Anzahl aller möglichen Ausfälle: $6 \cdot 5 \cdot 4 \cdot 3 \cdot 2 \cdot 1$.

$P(A) = \frac{3 \cdot 2 \cdot 2 \cdot 1 \cdot 1 \cdot 1}{6 \cdot 5 \cdot 4 \cdot 3 \cdot 2 \cdot 1} = \frac{1}{5 \cdot 4 \cdot 3} = \frac{1}{60}$.

$P(B) = \frac{3 \cdot 2 \cdot 1 \cdot 3 \cdot 2 \cdot 1}{6 \cdot 5 \cdot 4 \cdot 3 \cdot 2 \cdot 1} = \frac{1}{5 \cdot 4} = \frac{1}{20}$.

$P(C) = 4 \cdot P(B) = \frac{4}{20} = \frac{1}{5}$, da es für das dreifache A insgesamt 4-mal so viele Möglichkeiten wie bei Ereignis B gibt.

23.3 Ungeordnete Stichproben ohne Zurücklegen

a) Das Pascalsche Dreieck beginnt mit der Zeile »1;1».

Die nächste Zeile erhält man jeweils, indem man zwischen zwei Zahlen deren Summe darunter schreibt und die Zeile rechts und links durch «1» ergänzt:

$$
\begin{array}{ccccccc}
 & & & 1 & & 1 & \\
 & & 1 & & 2 & & 1 \\
 & 1 & & 3 & & 3 & & 1 \\
1 & & 4 & & 6 & & 4 & & 1
\end{array}
$$

Die n-te Zeile besteht aus den Zahlen $\binom{n}{0}, \binom{n}{1}, \binom{n}{2}, \binom{n}{3}, ..., \binom{n}{n}$.

Die Anzahl aller Möglichkeiten bei ungeordneten Stichproben ohne Zurücklegen, wenn von n Elementen k gezogen werden, ist: $\binom{n}{k} = \frac{n!}{k!(n-k)!}$.

b) Die Anzahl aller möglichen Ausfälle, wenn von 25 Kugeln 4 gezogen werden, ist:

$\binom{25}{4} = \frac{25 \cdot 24 \cdot 23 \cdot 22}{4 \cdot 3 \cdot 2 \cdot 1} = 25 \cdot 23 \cdot 22$.

A: 5 Zahlen sind durch 5 teilbar, also gibt es $\binom{5}{4}$ günstige Ausfälle.

Damit ist $P(A) = \frac{\binom{5}{4}}{\binom{25}{4}} = \frac{5}{25 \cdot 23 \cdot 22} = \frac{1}{5 \cdot 23 \cdot 22} = \frac{1}{23 \cdot 110} = \frac{1}{2530}$.

B: 12 Zahlen sind gerade, also gibt es $\binom{12}{4}$ günstige Ausfälle.

Damit ist $P(B) = \frac{\binom{12}{4}}{\binom{25}{4}} = \frac{\frac{12 \cdot 11 \cdot 10 \cdot 9}{4 \cdot 3 \cdot 2 \cdot 1}}{25 \cdot 23 \cdot 22} = \frac{11 \cdot 5 \cdot 9}{25 \cdot 23 \cdot 22} = \frac{9}{230}$.

C: Es gibt nur zwei günstige Ausfälle: $\{(1,2,3,4),(1,2,3,5)\}$.

Damit ist $P(C) = \frac{2}{25 \cdot 23 \cdot 22} = \frac{1}{25 \cdot 23 \cdot 11} = \frac{1}{6325}$.

D: Das Produkt 12 ist nicht möglich, da $1 \cdot 2 \cdot 3 \cdot 4$ schon 24 ergibt. Damit ist $P(D) = 0$.

c) Wenn von 15 Kugeln 3 gezogen werden, ist die Anzahl aller möglichen Ausfälle:

$\binom{15}{3} = \frac{15 \cdot 14 \cdot 13}{3 \cdot 2 \cdot 1} = 5 \cdot 7 \cdot 13$.

A: Von 7 weißen Kugeln 3 ziehen ergibt $\binom{7}{3}$ günstige Ausfälle.

Damit ist $P(A) = \frac{\binom{7}{3}}{\binom{15}{3}} = \frac{\frac{7 \cdot 6 \cdot 5}{3 \cdot 2 \cdot 1}}{5 \cdot 7 \cdot 13} = \frac{7 \cdot 5}{5 \cdot 7 \cdot 13} = \frac{1}{13}$.

B: Von 7 weißen (w) Kugeln 3 ziehen, ergibt $\binom{7}{3}$ günstige Ausfälle, von 5 schwarzen (s) Kugeln 3 ziehen, ergibt $\binom{5}{3}$ günstige Ausfälle, von 3 roten (r) Kugeln 3 ziehen, ergibt $\binom{3}{3}$ günstige Ausfälle.

Damit ist $P(B) = P(www) + P(sss) + P(rrr)$

$= \frac{\binom{7}{3}}{\binom{15}{3}} + \frac{\binom{5}{3}}{\binom{15}{3}} + \frac{\binom{3}{3}}{\binom{15}{3}} = \frac{\frac{7 \cdot 6 \cdot 5}{3 \cdot 2 \cdot 1}}{5 \cdot 7 \cdot 13} + \frac{\frac{5 \cdot 4 \cdot 3}{3 \cdot 2 \cdot 1}}{5 \cdot 7 \cdot 13} + \frac{\frac{3 \cdot 2 \cdot 1}{3 \cdot 2 \cdot 1}}{5 \cdot 7 \cdot 13} = \frac{7 \cdot 5 + 10 + 1}{5 \cdot 7 \cdot 13} = \frac{46}{455}$.

C: Von 7 weißen Kugeln 1 ziehen, ergibt $\binom{7}{1}$ günstige Ausfälle, von 5 schwarzen Kugeln 2 ziehen ergibt $\binom{5}{2}$ günstige Ausfälle, insgesamt $\binom{7}{1} \cdot \binom{5}{2}$ günstige Ausfälle.

Damit ist $P(C) = \frac{\binom{7}{1} \cdot \binom{5}{2}}{\binom{15}{3}} = \frac{7 \cdot 10}{5 \cdot 7 \cdot 13} = \frac{2}{13}$.

D: Es gibt 12 nicht-rote Kugeln, von denen 3 gezogen werden müssen, also gibt es $\binom{12}{3}$ günstige Ausfälle.

Damit ist $P(D) = \frac{\binom{12}{3}}{\binom{15}{3}} = \frac{\frac{12 \cdot 11 \cdot 10}{3 \cdot 2 \cdot 1}}{5 \cdot 7 \cdot 13} = \frac{2 \cdot 11 \cdot 10}{5 \cdot 7 \cdot 13} = \frac{44}{91}$.

E: Entsprechend Ereignis C ergeben sich $\binom{7}{1} \cdot \binom{5}{1} \cdot \binom{3}{1}$ günstige Ausfälle.

Damit ist $P(E) = \frac{\binom{7}{1} \cdot \binom{5}{1} \cdot \binom{3}{1}}{\binom{15}{3}} = \frac{7 \cdot 5 \cdot 3}{5 \cdot 7 \cdot 13} = \frac{3}{13}$.

F: Betrachtet man das Gegenereignis $\overline{F}$: «keine weiße Kugel», so muss man von 8 Kugeln 3 ziehen, d.h. es gibt hierfür $\binom{8}{3}$ günstige Ausfälle.

Damit ist $P(F) = 1 - P(\overline{F}) = 1 - \frac{\binom{8}{3}}{\binom{15}{3}} = 1 - \frac{\frac{8 \cdot 7 \cdot 6}{3 \cdot 2 \cdot 1}}{5 \cdot 7 \cdot 13} = 1 - \frac{8 \cdot 7}{5 \cdot 7 \cdot 13} = 1 - \frac{8}{65} = \frac{57}{65}$.

d) Wenn von 10 Glühbirnen 3 herausgegriffen werden, so ist die Anzahl aller möglichen Ausfälle: $\binom{10}{3} = \frac{10 \cdot 9 \cdot 8}{3 \cdot 2 \cdot 1} = 10 \cdot 3 \cdot 4$.

A: Von 8 nicht-defekten Glühbirnen werden 3 gegriffen, also gibt es $\binom{8}{3}$ günstige Ausfälle.

Damit ist $P(A) = \frac{\binom{8}{3}}{\binom{10}{3}} = \frac{\frac{8 \cdot 7 \cdot 6}{3 \cdot 2 \cdot 1}}{\frac{10 \cdot 9 \cdot 8}{3 \cdot 2 \cdot 1}} = \frac{8 \cdot 7}{10 \cdot 3 \cdot 4} = \frac{7}{15}$.

B: Von 8 nicht-defekten Glühbirnen werden 2 gegriffen und von 2 defekten Glühbirnen wird eine gegriffen, also gibt es $\binom{8}{2} \cdot \binom{2}{1}$ günstige Ausfälle.

Damit ist $P(B) = \frac{\binom{8}{2} \cdot \binom{2}{1}}{\binom{10}{3}} = \frac{\frac{8 \cdot 7}{2 \cdot 1} \cdot 2}{10 \cdot 3 \cdot 4} = \frac{8 \cdot 7}{10 \cdot 3 \cdot 4} = \frac{7}{15}$.

C: Von 8 nicht-defekten Glühbirnen wird eine gegriffen und von 2 defekten Glühbirnen werden 2 gegriffen, also gibt es $\binom{8}{1} \cdot \binom{2}{2}$ günstige Ausfälle.

Damit ist $P(C) = \frac{\binom{8}{1} \cdot \binom{2}{2}}{\binom{10}{3}} = \frac{8 \cdot 1}{10 \cdot 3 \cdot 4} = \frac{1}{15}$.

Probe: $P(A) + P(B) + P(C) = \frac{7}{15} + \frac{7}{15} + \frac{1}{15} = 1$.

e) Anzahl aller möglichen Tipps, wenn von 49 Kugeln 6 gezogen werden: $\binom{49}{6}$.

Um genau 4 Richtige zu haben, müssen 4 der getippten Zahlen zu den 6 gezogenen gehören und 2 zu den nicht-gezogenen, also gibt es $\binom{6}{4} \cdot \binom{43}{2}$ günstige Ausfälle.

Damit ist:

$P(\text{4 Richtige}) = \frac{\binom{6}{4} \cdot \binom{43}{2}}{\binom{49}{6}} = \frac{\frac{6 \cdot 5 \cdot 4 \cdot 3}{4 \cdot 3 \cdot 2 \cdot 1} \cdot \frac{43 \cdot 42}{2 \cdot 1}}{\frac{49 \cdot 48 \cdot 47 \cdot 46 \cdot 45 \cdot 44}{6 \cdot 5 \cdot 4 \cdot 3 \cdot 2 \cdot 1}} = \frac{3 \cdot 5 \cdot 43}{7 \cdot 47 \cdot 46 \cdot 44} = \frac{645}{665896} \approx \frac{1}{1000} = 0,001 = 0,1 \,\%$.

Die Wahrscheinlichkeit beträgt etwa 0,1 %.

f) Die Anzahl aller Möglichkeiten, aus 8 Personen 4 auszulosen, ist:
$\binom{8}{4} = \frac{8 \cdot 7 \cdot 6 \cdot 5}{4 \cdot 3 \cdot 2 \cdot 1} = 7 \cdot 2 \cdot 5 = 70$.

I) Von 4 Frauen können 2 mit dem Auto fahren und von 4 Männern ebenfalls 2, also gibt es $\binom{4}{2} \cdot \binom{4}{2}$ günstige Ausfälle.

Damit ist $P(\text{2 Frauen, 2 Männer}) = \frac{\binom{4}{2} \cdot \binom{4}{2}}{\binom{8}{4}} = \frac{6 \cdot 6}{70} = \frac{18}{35}$.

II) Von 4 Frauen können 4 mit dem Auto fahren, also gibt es nur diese eine Möglichkeit.
Damit ist $P(4\,\text{Frauen}) = \frac{\binom{4}{4}}{\binom{8}{4}} = \frac{1}{70}$.

III) Die 4 Frauen fahren in einem Wagen zusammen, wenn sie entweder alle für den 1. Wagen ausgelost werden oder wenn alle Männer für den 1. Wagen ausgelost werden. Beide Ereignisse haben entsprechend Aufgabe II) die Wahrscheinlichkeit $\frac{1}{70}$. Die Wahrscheinlichkeit, dass die Frauen zusammen fahren, beträgt demnach $2 \cdot \frac{1}{70} = \frac{1}{35}$.

23.4   Vermischte Aufgaben

a) Es gibt insgesamt $4! = 4 \cdot 3 \cdot 2 \cdot 1 = 24$ Möglichkeiten für die Sitzverteilung.

A: Horst muss auf Platz «2» oder «3» sitzen. Die anderen haben jeweils $3! = 6$ Möglichkeiten, sich auf die anderen Sitze zu verteilen, es gibt also 12 günstige Ausfälle.
Damit ist $P(A) = \frac{12}{24} = \frac{1}{2}$.

B: Entweder Horst sitzt auf Platz «1» und Peter auf Platz «4» oder umgekehrt. Die beiden anderen können jeweils noch die Sitze tauschen, also gibt es $2 \cdot 2 = 4$ günstige Ausfälle.
Damit ist $P(B) = \frac{4}{24} = \frac{1}{6}$.

C: Horst und Peter können entweder die Plätze «1» und «2» oder die Plätze «2» und «3» oder die Plätze «3» und «4» einnehmen. Für jeden dieser Fälle gibt es 4 Möglichkeiten (vgl. B), also insgesamt 12 günstige Ausfälle.
Damit ist $P(C) = \frac{12}{24} = \frac{1}{2}$.

b) Für die Auswahl der Prüfungsthemen gibt es insgesamt $\binom{10}{3} = \frac{10 \cdot 9 \cdot 8}{3 \cdot 2 \cdot 1} = 120$ Möglichkeiten. Wenn der Prüfling keines (0) der Prüfungsthemen vorbereitet hat, werden aus den 4 unvorbereiteten 3 gewählt, also gibt es $\binom{4}{3}$ günstige Ausfälle. Damit ist $P(0) = \frac{\binom{4}{3}}{\binom{10}{3}} = \frac{4}{120} = \frac{1}{30}$.
Wenn der Prüfling eines der Prüfungsthemen vorbereitet hat, werden aus den 4 unvorbereiteten 2 gewählt und aus den 6 vorbereiteten wird eines gewählt, also gibt es $\binom{4}{2} \cdot \binom{6}{1}$ günstige Ausfälle. Damit ist $P(1) = \frac{\binom{6}{1} \cdot \binom{4}{2}}{\binom{10}{3}} = \frac{6 \cdot 6}{120} = \frac{3}{10}$.
Wenn der Prüfling zwei der Prüfungsthemen vorbereitet hat, wird aus den 4 unvorbereiteten eines gewählt und aus den 6 vorbereiteten werden 2 gewählt, also gibt es $\binom{4}{1} \cdot \binom{6}{2}$ günstige Ausfälle. Damit ist $P(2) = \frac{\binom{6}{2} \cdot \binom{4}{1}}{\binom{10}{3}} = \frac{15 \cdot 4}{120} = \frac{1}{2}$.
Wenn der Prüfling alle drei Prüfungsthemen vorbereitet hat, werden aus den 6 vorbereiteten 3 gewählt, also gibt es $\binom{6}{3}$ günstige Ausfälle. Damit ist $P(3) = \frac{\binom{6}{3}}{\binom{10}{3}} = \frac{\frac{6 \cdot 5 \cdot 4}{3 \cdot 2 \cdot 1}}{120} = \frac{20}{120} = \frac{1}{6}$.

c) Es handelt sich um eine geordnete Stichprobe mit Zurücklegen (bei jeder Frage gibt es 3 Antworten). Anzahl aller möglichen Ergebnisse: $3^{10} = 59049$.

A: Bei jeder Frage gibt es 2 falsche Antworten, also
$P(A) = \frac{2^{10}}{3^{10}} = \frac{1024}{59049} = 0,0173 = 1,73\,\%$.

B: Für die ersten 5 Fragen gibt es jeweils eine Möglichkeit, für die zweiten 5 Fragen gibt es jeweils 2 Möglichkeiten, also $P(B) = \frac{1^5 \cdot 2^5}{3^{10}} = \frac{32}{59049} = 0,00054 = 0,05\,\%$.

C: Um die 5 richtigen Antworten auf die 10 Fragen zu verteilen, gibt es $\binom{10}{5}$ Möglichkeiten. Jede einzelne hat die Wahrscheinlichkeit von B, also

$$P(C) = \binom{10}{5} \cdot \frac{1^5 \cdot 2^5}{3^{10}} = 252 \cdot \frac{2^5}{3^{10}} = \frac{252 \cdot 32}{59049} = \frac{8064}{59049} \approx 0,137 = 13,7\,\%$$

D: Um die 4 richtigen Antworten zu verteilen gibt es $\binom{10}{4} = 210$ Möglichkeiten, bei jeder der 6 falschen Antworten gibt es jeweils 2 Möglichkeiten, also $\binom{10}{4} \cdot 2^6$ günstige Ausfälle. Damit ist $P(D) = \frac{\binom{10}{4} \cdot 2^6}{3^{10}} = \frac{210 \cdot 64}{59049} = \frac{13440}{59049} \approx 0,228 = 22,8\,\%$.

d)   I)   Es gibt $\binom{6}{2} = \frac{6 \cdot 5}{2 \cdot 1} = 15$ Möglichkeiten, aus den 6 Punkten 2 auszuwählen, und zu jeder solchen Wahl gibt es eine Verbindungsgerade. Sie sind verschieden, da keine 3 Punkte auf derselben Gerade liegen.

     II)   Zu jeder Auswahl von 3 Punkten lässt sich der Umkreis des entsprechenden Dreiecks konstruieren; alle diese Kreise sind nach der Voraussetzung verschieden. Es gibt also $\binom{6}{3} = \frac{6 \cdot 5 \cdot 4}{3 \cdot 2 \cdot 1} = 20$ Kreise.

e) Das Gegenereignis bedeutet, dass alle 8 Personen in verschiedenen Monaten Geburtstag haben. Die Anzahl aller möglichen Verteilungen ist 12^8, da für jede Person 12 Monate zur Verfügung stehen.

Nummeriert man die Personen durch, so ergeben sich $12 \cdot 11 \cdot 10 \cdot 9 \cdot 8 \cdot 7 \cdot 6 \cdot 5$ günstige Ergebnisse (keine Wiederholungen).

Damit ist P(Gegenereignis)$= \frac{12 \cdot 11 \cdot 10 \cdot 9 \cdot 8 \cdot 7 \cdot 6 \cdot 5}{12^8} = \frac{11 \cdot 7 \cdot 5 \cdot 5}{6 \cdot 6 \cdot 2 \cdot 4 \cdot 12 \cdot 12} = \frac{1925}{41472} = 0,046$.

Also gilt: P(mind. 2 Personen in einem Monat) $= 1 - 0,046 = 0,954 = 95,4\,\%$.

Die Wahrscheinlichkeit, dass von 8 Personen mindestens zwei Personen im selben Monat Geburtstag haben, ist 95,4 %.

24   Wahrscheinlichkeitsverteilung von Zufallsgrößen

24.1   Erwartungswert

a)

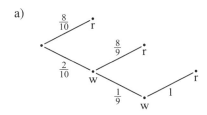

$P(r) = \frac{8}{10}$,

$P(wr) = \frac{2}{10} \cdot \frac{8}{9} = \frac{16}{90}$,

$P(wwr) = \frac{2}{10} \cdot \frac{1}{9} \cdot 1 = \frac{2}{90}$.

Ergebnis	Anzahl der Züge x_i	$P(x_i)$	$x_i \cdot P(x_i)$
r	1	$\frac{8}{10}$	$\frac{8}{10}$
wr	2	$\frac{16}{90}$	$\frac{32}{90}$
wwr	3	$\frac{2}{90}$	$\frac{6}{90}$
			$\frac{110}{90}$

Die Summe der letzten Spalte ergibt den Erwartungswert E(X):

$E(X) = \Sigma x_i \cdot P(x_i) = \frac{8}{10} + \frac{32}{90} + \frac{6}{90} = \frac{72+32+6}{90} = \frac{110}{90} = \frac{11}{9} = 1,\bar{2}$.

Man braucht durchschnittlich etwa 1,2 Züge.

b)

Augensumme	Auszahlung x_i in Euro	$P(x_i)$	$x_i \cdot P(x_i)$
2	4	$\frac{1}{36}$	$\frac{4}{36}$
3	1	$\frac{2}{36}$	$\frac{2}{36}$
4	1	$\frac{3}{36}$	$\frac{3}{36}$
5 bis 12	0	$\frac{30}{36}$	0
			$\frac{9}{36}$

Die Summe der letzten Spalte ergibt den Erwartungswert E(X):

$E(X) = \frac{4+2+3}{36} = \frac{9}{36} = \frac{1}{4} = 0,25$.

Man bekommt im Durchschnitt 25 Cent ausgezahlt.

c) I)

Entnommener Betrag x_i in Euro	$P(x_i)$	$x_i \cdot P(x_i)$
0,50	$\frac{6}{10}$	$\frac{3}{10}$
1	$\frac{3}{10}$	$\frac{3}{10}$
2	$\frac{1}{10}$	$\frac{2}{10}$
		$\frac{8}{10}$

Die Summe der letzten Spalte ergibt den Erwartungswert E(X):
$E(X) = \frac{3+3+2}{10} = \frac{8}{10} = 0,8$.
Man kann durchschnittlich 80 Cent erwarten.

II)

Zusammengefasst:

Entnommener Betrag x_i in Euro	$P(x_i)$	$x_i \cdot P(x_i)$
1	$\frac{30}{90}$	$\frac{30}{90}$
1,5	$\frac{36}{90}$	$\frac{54}{90}$
2	$\frac{6}{90}$	$\frac{12}{90}$
2,5	$\frac{12}{90}$	$\frac{30}{90}$
3	$\frac{6}{90}$	$\frac{18}{90}$
		$\frac{144}{90}$

Die Summe der letzten Spalte ergibt den Erwartungswert E(X):
$E(X) = \frac{30+54+12+30+18}{90} = \frac{144}{90} = \frac{16}{10} = 1,6$.
Man erhält im Durchschnitt 1,60 Euro.

d) Insgesamt gibt es $\binom{10}{3}$ Ausfälle.

Wenn man von 6 schwarzen (s) Kugeln 3 auswählt, gibt es $\binom{6}{3}$ günstige Ausfälle, also ist
$P(sss) = \frac{\binom{6}{3}}{\binom{10}{3}} = \frac{20}{120} = \frac{1}{6}$.

Wenn man von 6 schwarzen Kugeln 2 auswählt und von 4 weißen (w) Kugeln eine, so gibt es $\binom{6}{2} \cdot \binom{4}{1}$ günstige Ausfälle, also ist $P(ssw) = \frac{\binom{6}{2} \cdot \binom{4}{1}}{\binom{10}{3}} = \frac{15 \cdot 4}{120} = \frac{60}{120} = \frac{1}{2}$.

Wenn man von 6 schwarzen Kugeln eine auswählt und von 4 weißen Kugeln 2, so gibt es $\binom{6}{1} \cdot \binom{4}{2}$ günstige Ausfälle, also ist $P(sww) = \frac{\binom{6}{1} \cdot \binom{4}{2}}{\binom{10}{3}} = \frac{6 \cdot 6}{120} = \frac{36}{120} = \frac{3}{10}$.

Wenn man von 4 weißen Kugeln 3 auswählt, so gibt es $\binom{4}{3}$ günstige Ausfälle, also ist $P(www) = \frac{\binom{4}{3}}{\binom{10}{3}} = \frac{4}{120} = \frac{1}{30}$.

Ereignis	Punkte x_i	$P(x_i)$	$x_i \cdot P(x_i)$
(sss)	3	$\frac{1}{6}$	$\frac{1}{2}$
(ssw)	4	$\frac{1}{2}$	2
(sww)	5	$\frac{3}{10}$	$\frac{3}{2}$
(www)	6	$\frac{1}{30}$	$\frac{1}{5}$
			$\frac{21}{5}$

Die Summe der letzten Spalte ergibt den Erwartungswert E(X):

$E(X) = \frac{1}{2} + 2 + \frac{3}{2} + \frac{1}{5} = 4 + \frac{1}{5} = 4,2$.

Man erhält durchschnittlich 4,2 Punkte.

24.2 Varianz und Standardabweichung

a)   I)

Ereignis	Gewinn x_i	$P(x_i)$	$x_i \cdot P(x_i)$	$(x_i - E(X))^2$	$(x_i - E(X))^2 \cdot P(x_i)$
weiß	4	0,1	0,4	$2,8^2 = 7,84$	0,784
rot	8	0,1	0,8	$6,8^2 = 46,24$	4,624
schwarz	0	0,8	0	$(-1,2)^2 = 1,44$	1,152
			$E(X) = 1,2$		$V(X) = 6,56$

Die Varianz V(X) ergibt sich als Summe der letzten Spalte:

$V(X) = \Sigma (x_i - E(X))^2 \cdot P(x_i) = 0,784 + 4,624 + 1,152 = 6,56$.

Die Standardabweichung σ erhält man durch $\sigma(X) = \sqrt{V(X)} = \sqrt{6,56} \approx 2,56$.

Der Erwartungswert für den Gewinn beträgt 1,20 Euro, die Standardabweichung 2,56 Euro.

II)

Ereignis	Gewinn x_i	$P(x_i)$	$x_i \cdot P(x_i)$	$(x_i - E(X))^2$	$(x_i - E(X))^2 \cdot P(x_i)$
weiß	1	0,4	0,4	$(-0,2)^2 = 0,04$	0,016
rot	2	0,4	0,8	$0,8^2 = 0,64$	0,256
schwarz	0	0,2	0	$(-1,2)^2 = 1,44$	0,288
			$E(X) = 1,2$		$V(X) = 0,56$

Die Varianz V(X) ergibt sich als Summe der letzten Spalte:

$V(X) = 0,016 + 0,256 + 0,288 = 0,56$.

Die Standardabweichung σ erhält man durch $\sigma(X) = \sqrt{V(X)} = \sqrt{0,56} \approx 0,75$.

III) In beiden Spielen beträgt der durchschnittliche Gewinn, wenn man oft spielt, 1,20 Euro. Die Standardabweichung V(X) ist bei I) wesentlich größer als bei II); dies liegt daran, dass bei I) die Gewinne bis zu 8 Euro betragen (allerdings mit viel kleinerer Wahrscheinlichkeit), bei II) ist der höchste mögliche Gewinn nur 2 Euro. Wer das Risiko liebt und bei wenigen Spielen auf einen großen Gewinn spekuliert, wird Spiel I) bevorzugen. Wer eher «auf Nummer sicher geht», wird die 80 %ige Gewinnchance bei Spiel II) nutzen, auch wenn die Gewinne geringer sind. Wenn man sehr oft spielt, ist es sowieso egal, welches der beiden Spiele man wählt (wegen des gleichen Erwartungswertes E(X)).

b) Es bietet sich an, die Tabelle mit den absoluten Häufigkeiten $H(x_i)$ aufzustellen:

I)

Note x_i	1	2	3	4	5	6	
$H(x_i)$	3	7	11	6	2	1	
$x_i \cdot H(x_i)$	3	14	33	24	10	6	90*
$(x_i - E(X))^2$	$(-2)^2 = 4$	$(-1)^2 = 1$	0	$1^2 = 1$	$2^2 = 4$	$3^2 = 9$	
$(x_i - E(X))^2 \cdot H(x_i)$	12	7	0	6	8	9	42**

Den Erwartungswert E(X) erhält man, indem man $\Sigma x_i \cdot H(x_i)$ durch die Gesamtzahl der Schüler teilt:
*$E(X) = \frac{90}{30} = 3$.
Die Varianz V(X) erhält man, indem man $\Sigma(x_i - E(X))^2 \cdot H(x_i)$ durch die Gesamtzahl der Schüler teilt:
**$V(X) = \frac{42}{30} = 1,4$.
Die Standardabweichung σ ist $\sigma(X) = \sqrt{V(X)} = \sqrt{1,4} \approx 1,18$.

II)

Note x_i	1	2	3	4	5	6	
$H(x_i)$	5	8	5	8	2	2	
$x_i \cdot H(x_i)$	5	16	15	32	10	12	90*
$(x_i - E(X))^2$	$(-2)^2 = 4$	$(-1)^2 = 1$	0	$1^2 = 1$	$2^2 = 4$	$3^2 = 9$	
$(x_i - E(X))^2 \cdot H(x_i)$	20	8	0	8	8	18	62**

Den Erwartungswert E(X) erhält man, indem man $\Sigma x_i \cdot H(x_i)$ durch die Gesamtzahl der Schüler teilt:
*$E(X) = \frac{90}{30} = 3$.
Die Varianz V(X) erhält man, indem man $\Sigma(x_i - E(X))^2 \cdot H(x_i)$ durch die Gesamtzahl der Schüler teilt:
**$V(X) = \frac{62}{30} = 2,0\overline{6}$.
Die Standardabweichung σ ist $\sigma(X) = \sqrt{V(X)} = \sqrt{2,06} \approx 1,44$.
Der Notendurchschnitt E(X) ist bei beiden Klassenarbeiten derselbe, die Streuung V(X) ist bei der zweiten Klassenarbeit aber größer.

25 Binomialverteilung

25.1 Bernoulliketten

a) Ein Bernoulli-Experiment ist ein Zufallsexperiment, das nur zwei Ausfälle hat, einer davon wird als «Treffer» bezeichnet. Seine Wahrscheinlichkeit nennt man die Trefferwahrscheinlichkeit p. Eine Bernoullikette entsteht, wenn dasselbe Bernoulli-Experiment mehrmals nacheinander ausgeführt wird. Die Länge n der Bernoullikette gibt an, wie oft das einzelne Experiment nacheinander ausgeführt wird.

b)   I) Bernoullikette: Auf jeder Stufe geht es nur um «6» oder «$\overline{6}$» (nicht «Sechs»). Wird der Treffer mit «6» bezeichnet, so ist die Trefferwahrscheinlichkeit $p = \frac{1}{6}$, die Länge der Kette ist $n = 3$.

  II) Keine Bernoullikette: Es kommt auf die Augenzahl (1 bis 6) an, also mehr als 2 Ausfälle auf jeder Stufe.

  III) Keine Bernoullikette: Da die Kugeln nicht zurückgelegt werden, ändert sich die Trefferwahrscheinlichkeit (z.B. für «weiß») auf jeder Stufe.

  IV) Bernoullikette der Länge $n = 4$ mit $p = 0,3$ bei Treffer «weiß» ($p = 0,7$ bei Treffer «rot»).

  V) Keine Bernoullikette, da es auf jeder Stufe 3 relevante Ausfälle gibt.

  VI) Bernoullikette der Länge $n = 8$: Es kommt nur auf «3» oder «$\overline{3}$» an. Bei Treffer «3» ist $p = \frac{1}{4} (= 25\,\%)$.

  VII) Bernoullikette mit nicht festgelegter Länge, aber $n \leqslant 5$ und $p = \frac{1}{4}$ für Treffer «3».

25.2 Binomialverteilung mit Gebrauch der Formel

Bei einem Bernoulli-Experiment wird die Wahrscheinlichkeit P eines Ereignisses bei k Treffern mit der Trefferwahrscheinlichkeit p und der Kettenlänge n (Anzahl der Durchführungen des Experiments) mit folgender Formel berechnet:
$P(X = k) = \binom{n}{k} \cdot p^k \cdot (1 - p)^{n-k}$.

a) Bei Treffer «Zahl» ist $p = \frac{1}{2}$, die Kettenlänge ist $n = 5$.

$P(A) = P(X = 2) = \binom{5}{2} \cdot \left(\frac{1}{2}\right)^2 \cdot \left(\frac{1}{2}\right)^3 = 10 \cdot \left(\frac{1}{2}\right)^5 = \frac{10}{32} = \frac{5}{16} \approx 0,3125.$

$P(B) = P(X = 0) = \binom{5}{0} \cdot \left(\frac{1}{2}\right)^0 \cdot \left(\frac{1}{2}\right)^5 = \frac{1}{32} = 0,03125.$

$P(C) = P(X \leqslant 1) = P(X = 0) + P(X = 1) = \frac{1}{32} + \binom{5}{1} \cdot \left(\frac{1}{2}\right)^1 \cdot \left(\frac{1}{2}\right)^4 = \frac{1}{32} + \frac{5}{32} = \frac{3}{16} = 0,1875.$

$P(D) = P(X \geqslant 1) = 1 - P(X = 0) = 1 - \frac{1}{32} = \frac{31}{32} = 0,96875$ (Rechnen mit dem Gegenereignis).

b) Bei Treffer «Stern» ist $p = \frac{1}{3}$, die Kettenlänge ist $n = 4$.

$P(A) = P(X = 3) = \binom{4}{3} \cdot \left(\frac{1}{3}\right)^3 \cdot \left(\frac{2}{3}\right)^1 = 4 \cdot \frac{2}{81} = \frac{8}{81} \approx 0,099.$

$P(B) = P(X \geqslant 3) = P(X = 3) + P(X = 4) = \frac{8}{81} + \binom{4}{4} \cdot \left(\frac{1}{3}\right)^4 = \frac{8}{81} + \frac{1}{81} = \frac{9}{81} = \frac{1}{9} = 0,\overline{1}.$

$P(C) = P(X \leqslant 1) = P(X = 0) + P(X = 1)$

$= \binom{4}{0} \cdot \left(\frac{1}{3}\right)^0 \cdot \left(\frac{2}{3}\right)^4 + \binom{4}{1} \cdot \left(\frac{1}{3}\right)^1 \cdot \left(\frac{2}{3}\right)^3 = \frac{16}{81} + 4 \cdot \frac{8}{81} = \frac{48}{81} = \frac{16}{27} = 0,593.$

c) Bei Treffer «verdorben» ist $p = \frac{1}{5}$, die Kettenlänge ist n = 5.

$P(A) = P(X = 1) = \binom{5}{1} \cdot \left(\frac{1}{5}\right)^1 \cdot \left(\frac{4}{5}\right)^4 = 5 \cdot \frac{4^4}{5^5} = \left(\frac{4}{5}\right)^4 = \frac{256}{625}.$

$P(B) = P(X = 0) = \binom{5}{0} \cdot \left(\frac{1}{5}\right)^0 \cdot \left(\frac{4}{5}\right)^5 = \left(\frac{4}{5}\right)^5 = \frac{1024}{3125}.$

$P(C) = P(X \geqslant 2) = 1 - P(X \leqslant 1) = 1 - P(X = 1) - P(X = 0)$

$= 1 - \frac{1024}{3125} - \frac{256}{625} = 1 - \frac{1024}{3125} - \frac{1280}{3125} = \frac{821}{3125}.$

d) Bei Treffer «Mädchen» ist $p = 0,49$, die Kettenlänge ist n = 4.

$P(A) = P(X = 2) = \binom{4}{2} \cdot 0,49^2 \cdot 0,51^2 \approx 0,375.$

$P(B) = P(X \leqslant 3) = 1 - P(X = 4) = 1 - \binom{4}{4} \cdot 0,49^4 \cdot 0,51^0 \approx 0,942.$

e) Bei Treffer «Wappen» ist $p = \frac{1}{2}$; gesucht ist die Kettenlänge n.

Bedingung: $P(X \geqslant 1) \geqslant 0,99$, d.h. für das Gegenereignis gilt: $P(X = 0) \leqslant 0,01$.

Da $P(X = 0) = \binom{n}{0} \cdot \left(\frac{1}{2}\right)^0 \cdot \left(\frac{1}{2}\right)^n = \left(\frac{1}{2}\right)^n$ muss also gelten:

$\left(\frac{1}{2}\right)^n \leqslant 0,01 \mid$ Logarithmieren mit lg

$\lg\left(\frac{1}{2}\right)^n \leqslant \lg 0,01 \mid$ Anwenden der Logarithmengesetze

$n \cdot \lg\left(\frac{1}{2}\right) \leqslant -2 \mid : \lg\left(\frac{1}{2}\right)$

$n \geqslant \frac{-2}{\lg\left(\frac{1}{2}\right)}$ (Beim Teilen duch eine negative Zahl dreht sich das «$\leqslant$»-Zeichen um.)

$n \geqslant 6,64.$

Man muss also 7-mal eine Münze werfen, um mit 99 %iger Sicherheit mindestens einmal Wappen zu erhalten.

f) Bei Treffer «Sechs» ist $p = \frac{1}{6}$, gesucht ist die Kettenlänge n.

Bedingung: $P(X \geqslant 1) \geqslant 0,9$, d.h. für das Gegenereignis gilt: $P(X = 0) \leqslant 0,1$.

Da $P(X = 0) = \binom{n}{0} \cdot \left(\frac{1}{6}\right)^0 \cdot \left(\frac{5}{6}\right)^n = \left(\frac{5}{6}\right)^n$, muss also gelten:

$\left(\frac{5}{6}\right)^n \leqslant 0,1 \mid$ lg

$n \cdot \lg\left(\frac{5}{6}\right) \leqslant -1 \mid : \lg\left(\frac{5}{6}\right)$

$n \geqslant 12,63.$

Man muss 13-mal würfeln, um mit 90 %iger Sicherheit mindestens eine «Sechs» zu erhalten.

25.3 Binomialverteilung mit Gebrauch der Tabelle

In der Tabelle «Binomialverteilung (Summenfunktion)» auf Seite 274 kann man die Wahrscheinlichkeit $P(X \leqslant k)$ ablesen.

a) Ablesen aus der Tabelle für n = 20 in der Spalte $p = \frac{1}{3}$ führt zu:

$P(X \leqslant 5) = 0,2972 = 29,72\,\%.$

$P(X < 10) = P(X \leqslant 9) = 0,9081 = 90,81\,\%.$

$P(X > 6) = 1 - P(X \leqslant 6) = 1 - 0,4793 = 0,5207 = 52,07\,\%.$

$P(X \geqslant 3) = 1 - P(X \leqslant 2) = 1 - 0,0176 = 0,9824 = 98,24\,\%.$

$P(4 \leqslant X \leqslant 10) = P(X \leqslant 10) - P(X \leqslant 3) = 0,9624 - 0,0604 = 0,9020 = 90,20\,\%.$

b) Ablesen aus der Tabelle für n = 100 in der Spalte p = 0,4 führt zu:

$P(X \leqslant 40) = 0,5433 = 54,33\,\%$.

$P(X > 45) = 1 - P(X \leqslant 45) = 1 - 0,8689 = 0,1311 = 13,11\,\%$.

$P(X \geqslant 50) = 1 - P(X \leqslant 49) = 1 - 0,9729 = 0,0271 = 2,71\,\%$.

$P(X < 30) = P(X \leqslant 29) = 0,0148 = 1,48\,\%$.

$P(X = 40) = P(X \leqslant 40) - P(X \leqslant 39) = 0,5433 - 0,4621 = 0,0812 = 8,12\,\%$.

$P(35 \leqslant X \leqslant 45) = P(X \leqslant 45) - P(X \leqslant 34) = 0,8689 - 0,1303 = 0,7386 = 73,86\,\%$.

c) Für die Ereignisse A bis E ist n = 50 und $p = \frac{1}{6}$ bei Treffer «Sechs»:

$P(A) = P(X \leqslant 10) = 0,7986 = 79,86\,\%$.

$P(B) = P(X \geqslant 10) = 1 - P(X \leqslant 9) = 1 - 0,6830 = 0,3170 = 31,70\,\%$.

$P(C) = P(X = 10) = P(X \leqslant 10) - P(X \leqslant 9) = 0,7986 - 0,6830 = 0,1156 = 11,56\,\%$.

$P(D) = P(5 \leqslant X \leqslant 11) = P(X \leqslant 11) - P(X \leqslant 4) = 0,8827 - 0,0643 = 0,8184 = 81,84\,\%$.

$P(E) = P(3 < X < 14) = P(X \leqslant 13) - P(X \leqslant 3) = 0,9693 - 0,0238 = 0,9455 = 94,55\,\%$.

Für die Ereignisse F bis H ist n = 50, aber $p = \frac{1}{2}$, falls Treffer «gerade Augenzahl»:

$P(F) = P(X < 20) = P(X \leqslant 19) = 0,0595 = 5,95\,\%$.

$P(G) = P(X > 25) = 1 - P(X \leqslant 25) = 1 - 0,5561 = 0,4439 = 44,39\,\%$.

$P(H) = P(20 < X < 30) = P(X \leqslant 29) - P(X \leqslant 20) = 0,8987 - 0,1013 = 0,7974$
$= 79,74\,\%$.

d) Da p > 0,5 müssen die Werte aus der Tabelle «von unten» abgelesen und noch von 1 subtrahiert werden. Ablesen aus der Tabelle für n = 50 in der Spalte p = 0,7 führt zu:

$P(X \leqslant 40) = 1 - 0,0402 = 0,9598 = 95,98\,\%$.

$P(X < 30) = P(X \leqslant 29) = 1 - 0,9522 = 0,0478 = 4,78\,\%$.

$P(X = 35) = P(X \leqslant 35) - P(X \leqslant 34) = (1 - 0,4468) - (1 - 0,5692) = 0,1224 = 12,24\,\%$.

$P(32 \leqslant X \leqslant 38) = P(X \leqslant 38) - P(X \leqslant 31) = (1 - 0,1390) - (1 - 0,8594) = 0,7204$
$= 72,04\,\%$.

$P(X > 36) = 1 - P(X \leqslant 36) = 1 - (1 - 0,3279) = 0,3279 = 32,79\,\%$.

e) Setzt man als Treffer «keimt nicht», so ist $p = 1 - 0,90 = 0,1$ und n = 20.

A: Mindestens 16 Blumenzwiebeln keimen bedeutet, dass höchstens 4 nicht keimen:

$P(A) = P(X \leqslant 4) = 0,9568 = 95,68\,\%$.

B: Mindestens 18 Blumenzwiebeln keimen bedeutet, dass höchstens 2 nicht keimen:

$P(B) = P(X \leqslant 2) = 0,6769 = 67,69\,\%$.

C: Alle Blumenzwiebeln keimen bedeutet, dass keine nicht keimt:

$P(C) = P(X \leqslant 0) = 0,1216 = 12,16\,\%$.

f) Setzt man als Treffer «die Mannschaft gewinnt», so ist $p = \frac{1}{3}$ (Erfahrung aus der letzten Saison) und n = 20 (Spiele in der kommenden Saison):

$P(A) = P(X = 7) = P(X \leqslant 7) - P(X \leqslant 6) = 0,6615 - 0,4793 = 0,1822 = 18,22\,\%$.

$P(B) = P(X > 7) = 1 - P(X \leqslant 7) = 1 - 0,6615 = 0,3385 = 33,85\,\%$.

$P(C) = P(X > 10) = 1 - P(X \leqslant 10) = 1 - 0,9624 = 0,0376 = 3,76\,\%$.

26 Hypothesentests

26.1 Grundbegriffe, Fehler 1. und 2. Art

a) Die Nullhypothese lautet: H_0: $p = \frac{1}{6}$ bei Treffer «Sechs», $n = 60$.

Der Annahmebereich ist $A = \{8, 9, 10, 11, 12\}$, der Ablehnungsbereich ist
$\overline{A} = \{0, ..., 7\} \cup \{13, ..., 60\}$.

Wenn nur 7-mal «Sechs» fällt, wird die Hypothese abgelehnt. Ist der Würfel trotzdem in Ordnung, begeht man einen Fehler 1. Art.

Die Wahrscheinlichkeit, einen Fehler 1. Art zu begehen, heißt Irrtumswahrscheinlichkeit α. Im vorliegenden Fall ist α die Wahrscheinlichkeit, dass weniger als 8 oder mehr als 12 «Sechsen» fallen, obwohl $p = \frac{1}{6}$ gilt.

b) Die Nullhypothese lautet: H_0: $p \leqslant 0,05$ bei Treffer «Apfel nicht einwandfrei», $n = 50$.

Ein möglicher Annahmebereich ist beispielsweise $A = \{0, .., 4\}$, entsprechend ist dann der Ablehnungsbereich $\overline{A} = \{5, 6, ..., 50\}$.

Es handelt sich um einen rechtsseitigen Test, da $\overline{A}$ die großen Werte enthält. Wird A vergrößert, so wird $\overline{A}$ und damit auch $P(\overline{A})$ unter der Voraussetzung $p \leqslant 0,05$ verkleinert. Dies ist die Wahrscheinlichkeit für einen Fehler 1. Art. Die Wahrscheinlichkeit, dass man dem Händler glaubt, obwohl mehr Äpfel nicht einwandfrei sind (Fehler 2. Art), nimmt dabei zu.

26.2 Einseitiger Test

a) I) Man verwendet die Tabelle für $p = 0,4$ und $n = 100$:

Für $\overline{A} = \{50, ..., 100\}$ ergibt sich:
$$\alpha = P(\overline{A}) = P(X \geqslant 50) = 1 - P(X \leqslant 49) = 1 - 0,9729 = 0,0271 = 2,71\,\%.$$

Für $\overline{A} = \{49, ..., 100\}$ ergibt sich:
$$\alpha = P(\overline{A}) = P(X \geqslant 49) = 1 - P(X \leqslant 48) = 1 - 0,9577 = 0,0423 = 4,23\,\%.$$

II) Man verwendet die Tabelle für $p = 0,8$ und $n = 100$:

Wegen $p > 0,5$ müssen die Werte in der Tabelle «von unten» abgelesen und die Differenz zu 1 gebildet werden.

Für $\overline{A} = \{0, ..., 74\}$ ergibt sich:
$$\alpha = P(\overline{A}) = P(X \leqslant 74) = 1 - 0,9125 = 0,0875 = 8,75\,\%.$$

b) I) Es handelt sich um einen rechtsseitigen Test.

Die Tabelle für $n = 100$ und $p = 0,1$ liefert:

$$P(X \leqslant 14) = 0,9274 \Rightarrow P(X > 14) = 0,0726 = 7,26\,\%.$$
$$P(X \leqslant 15) = 0,9601 \Rightarrow P(X > 15) = 0,0399 = 3,99\,\%.$$
$$P(X \leqslant 16) = 0,9794 \Rightarrow P(X > 16) = 0,0206 = 2,06\,\%.$$
$$P(X \leqslant 17) = 0,9900 \Rightarrow P(X > 17) = 0,0100 = 1,00\,\%.$$

Da $P(\overline{A})$ höchstens den Wert α annehmen darf, ist der Ablehnungsbereich $\overline{A} = \{16, ..., 100\}$ für $\alpha = 5\%$ bzw. $\overline{A} = \{18, ..., 100\}$ für $\alpha = 2\%$ und $\alpha = 1\%$.

II) Es handelt sich um einen linksseitigen Test.

Die Tabelle für n = 50 und p = 0,3 liefert:

$P(X \leqslant 7) = 0,0073 = 0,73 \%$.

$P(X \leqslant 8) = 0,0183 = 1,83 \%$.

$P(X \leqslant 9) = 0,0402 = 4,02 \%$.

$P(X \leqslant 10) = 0,0789 = 7,89 \%$.

Also ist der Ablehnungsbereich $\overline{A} = \{0, ..., 9\}$ für $\alpha = 5 \%$,

$\overline{A} = \{0, ..., 8\}$ für $\alpha = 2\%$ und $\overline{A} = \{0, ..., 7\}$ für $\alpha = 1 \%$.

c) Die Nullhypothese lautet: H_0: $p \leqslant 0,04$ bei Treffer «Chip defekt» und n = 100.

Es handelt sich um einen rechtsseitigen Test mit $\alpha = 5 \%$.

Die Tabelle liefert:

$P(X \leqslant 7) = 0,9525 \Rightarrow P(X > 7) = 1 - P(X \leqslant 7) = 1 - 0,9525 = 0,0475 = 4,75 \%$.

Also ist $A = \{0, ..., 7\}$ und $\overline{A} = \{8, ..., 100\}$.

Da eine 9 im Ablehnungsbereich liegt, kann man bei $\alpha = 5 \%$ auf mehr als 4 % Ausschuss schließen.

d) Die Nullhypothese lautet: H_0: $p \geqslant 0,3$ bei Treffer «die Partei wird gewählt» und n = 100.

Es handelt sich um einen linksseitigen Test mit $\alpha = 5 \%$.

Die Tabelle liefert:

$P(X \leqslant 22) = 0,0479 = 4,79 \%$.

$P(X \leqslant 23) = 0,0755 = 7,55 \%$ (zu groß).

Also ist $\overline{A} = \{0, ..., 22\}$ und $\overline{A} = \{23, ..., 100\}$.

Da 25 nicht im Ablehnungsbereich liegt, kann man bei der vorgegebenen Irrtumswahrscheinlichkeit nicht auf einen gesunkenen Stimmenanteil schließen.

e) Die Nullhypothese lautet: H_0: $p \leqslant 0,04$ bei Treffer «Birne defekt» und n = 50.

Es handelt sich um einen rechtsseitigen Test.

Da $\overline{A} = \{5, ..., 50\}$ und $A = \{0, ..., 4\}$, ist

$P(\overline{A}) = P(X \geqslant 5) = 1 - P(X \leqslant 4) = 1 - 0,9510 = 0,0490 = 4,90 \%$.

Die Irrtumswahrscheinlichkeit beträgt somit 4,9 %.

Um $\alpha = 2 \%$ zu erreichen, muss $\overline{A}$ verkleinert werden. Die Tabelle liefert:

$P(X \leqslant 5) = 0,9856 = 98,56 \% \Rightarrow P(X > 5) = 1,44 \% < 2 \%$.

Also ist der Ablehnungsbereich $\overline{A} = \{6, ..., 50\}$ bei $\alpha = 2 \%$.

26.3 Zweiseitiger Test

a) I) Der Ablehnungsbereich ist $\overline{A} = \{0, ..., 7\} \cup \{13, ..., 20\}$.

Die Tabelle für n = 20 und p = 0,5 liefert:

$P(X \leqslant 7) = 0,1316 = 13,16 \%$ und

$P(X \geqslant 13) = 1 - P(X \leqslant 12) = 1 - 0,8684 = 0,1316 = 13,16 \%$.

Die gesamte Irrtumswahrscheinlichkeit beträgt also 13,16 % + 13,16 % = 26,32 %.

II) Der Ablehnungsbereich ist $\overline{A} = \{0, .., 3\} \cup \{14, ..., 50\}$.

Die Tabelle für n = 50 und p $= \frac{1}{6}$ liefert:

$P(X \leqslant 3) = 0,0238 = 2,38\,\%$ und

$P(X \geqslant 14) = 1 - P(X \leqslant 13) = 1 - 0,9693 = 0,0307 = 3,07\,\%$.

Die gesamte Irrtumswahrscheinlichkeit beträgt also 2,38 % + 3,07% = 5,45 %.

b) Die Tabelle für n = 100 und p $= \frac{1}{3}$ liefert:

$P(X \leqslant 21) = 0,0048 = 0,48\,\% \leqslant 0,5\,\%$.

$P(X \leqslant 22) = 0,0091 = 0,91\,\% \leqslant 1\,\%$.

$P(X \leqslant 23) = 0,0164 = 1,64\,\% \leqslant 2,5\,\%$.

$P(X \leqslant 24) = 0,0281 = 2,81\,\%$ (zu groß).

Ferner gilt:

$P(X \geqslant 43) = 1 - P(X \leqslant 42) = 1 - 0,9724 = 0,0276 = 2,76\,\%$ (zu groß).

$P(X \geqslant 44) = 1 - P(\leqslant 43) = 1 - 0,9831 = 0,0169 = 1,69\,\% \leqslant 2,5\,\%$.

$P(X \geqslant 45) = 1 - P(\leqslant 44) = 1 - 0,9900 = 0,0100 = 1,00\,\% \leqslant 1\,\%$.

$P(X \geqslant 46) = 1 - P(\leqslant 45) = 1 - 0,9943 = 0,0057 = 0,57\,\%$.

$P(X \geqslant 47) = 1 - P(\leqslant 46) = 1 - 0,9969 = 0,0031 = 0,31\,\% \leqslant 0,5\,\%$.

Daraus ergeben sich folgende Ablehnungs- und Annahmebereiche:

$\alpha = 5\%$: $\overline{A} = \{0, ..., 23\} \cup \{44, ..., 100\}$ und $A = \{24, ..., 43\}$.

$\alpha = 2\%$: $\overline{A} = \{0, ..., 22\} \cup \{45, ..., 100\}$ und $A = \{23, ..., 44\}$.

$\alpha = 1\%$: $\overline{A} = \{0, ..., 21\} \cup \{47, ..., 100\}$ und $A = \{22, ..., 46\}$.

c) Die Nullhypothese lautet: H_0: p = 0,5 bei Treffer «Zahl» und n = 50.

Es handelt sich um einen zweiseitigen Test mit $\alpha = 5\,\%$.

Die Tabelle liefert:

$P(X \leqslant 17) = 0,0164 = 1,64\,\% \leqslant 2,5\,\%$.

$P(X \leqslant 18) = 0,0325 = 3,25\,\%$ (zu groß).

$P(X \geqslant 32) = 1 - P(X \leqslant 31) = 1 - 0,9675 = 0,0325 = 3,25\,\%$ (zu groß).

$P(X \geqslant 33) = 1 - P(X \leqslant 32) = 1 - 0,9836 = 0,0164 = 1,64\,\% \leqslant 2,5\,\%$.

Also ist der Ablehnungsbereich $\overline{A} = \{0, ..., 17\} \cup \{33, ..., 50\}$.

Da 30 nicht im Ablehnungsbereich liegt, kann man bei $\alpha = 5\,\%$ nicht schließen, dass die Münze nicht ideal ist.

d) Die Nullhypothese lautet: H_0: p = 0,2 bei Treffer «Gewinn» und n = 100.

Es handelt sich um einen zweiseitigen Test mit $\alpha = 2\,\%$. Die Tabelle liefert:

$P(X \leqslant 10) = 0,0057 = 0,57\,\% \leqslant 1\,\%$.

$P(X \leqslant 11) = 0,0126 = 1,26\,\%$ (zu groß).

$P(X \geqslant 31) = 1 - P(X \leqslant 30) = 1 - 0,9939 = 0,0061 = 0,61\,\% \leqslant 1$.

$P(X \geqslant 30) = 1 - P(X \leqslant 29) = 1 - 0,9888 = 0,0112 = 1,12\,\%$ (zu groß).

Also ist der Ablehnungsbereich $\overline{A} = \{0, ..., 10\} \cup \{31, ..., 100\}$, der Annahmebereich ist $A = \{11, ..., 30\}$.

e) Die Nullhypothese lautet: $H_0 : p = 0,6$ bei Treffer «Gruppe bekannt» und $n = 100$.

Der Annahmebereich ist $A = \{53, ..., 67\}$, der Ablehnungsbereich ist

$\overline{A} = \{0, ..., 52\} \cup \{68, ..., 100\}$.

Da $p > 0,5$ muss die Tabelle «von unten» abgelesen und die Differenz zu 1 gebildet werden.

I) Die Tabelle liefert:

$P(X \leqslant 52) = 1 - 0,9362 = 0,0638 = 6,38\ \%$.

$P(X \geqslant 68) = 1 - P(X \leqslant 67) = 1 - (1 - 0,0615) = 0,0615 = 6,15\ \%$.

Die Irrtumswahrscheinlichkeit beträgt $6,38\ \% + 6,15\ \% = 12,53\ \%$.

II) Die Tabelle liefert:

$P(X \leqslant 49) = 1 - 0,9832 = 0,0168 = 1,68\ \% \leqslant 2,5\ \%$.

$P(X \leqslant 50) = 1 - 0,9729 = 0,0271 = 2,71\ \%$ (zu groß).

$P(X \geqslant 70) = 1 - P(X \leqslant 69) = 1 - (1 - 0,0248) = 0,0248 = 2,48\ \% \leqslant 2,5\ \%$.

$P(X \geqslant 69) = 1 - P(X \leqslant 68) = 1 - (1 - 0,0398) = 0,0398 = 3,98\ \%$ (zu groß).

Also ist der Ablehnungsbereich $\overline{A} = \{0, ..., 49\} \cup \{70, ..., 100\}$.

27 Transferaufgaben Stochastik

27.1 Glücksspiel

a) Um eine Übersicht über alle möglichen Ausgänge des Spiels und deren Wahrscheinlichkeiten zu erhalten, bietet es sich an, ein Baumdiagramm zu zeichnen. Dabei ist darauf zu achten, dass sich bei Ziehung einer roten Kugel die Verhältnisse in der Urne ändern. Es ist b: blau und r: rot.

Damit gilt entsprechend der Pfadregeln (Produkt- und Summenregel) folgendes:

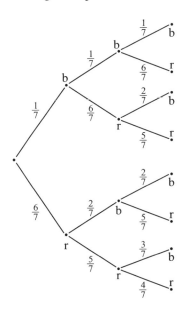

$P(A) = P(\text{nur die zweite Kugel ist rot})$
$= P(\text{brb}) = \frac{1}{7} \cdot \frac{6}{7} \cdot \frac{2}{7} = \frac{12}{343} \approx 3,5\,\%$

$P(B) = P(\text{genau eine blaue Kugel})$
$= P(\text{brr}) + P(\text{rbr}) + P(\text{rrb})$
$= \frac{1}{7} \cdot \frac{6}{7} \cdot \frac{5}{7} + \frac{6}{7} \cdot \frac{2}{7} \cdot \frac{5}{7} + \frac{6}{7} \cdot \frac{5}{7} \cdot \frac{3}{7} = \frac{180}{343} \approx 52,5\,\%$

$P(C) = P(\text{höchstens zwei rote Kugeln})$
$= 1 - P(\text{alle Kugeln rot}) = 1 - P(\text{rrr})$
$= 1 - \frac{6}{7} \cdot \frac{5}{7} \cdot \frac{4}{7} = \frac{223}{343} \approx 65,0\,\%$
(Gegenereignis).

$P(D) = P(\text{zweite Kugel blau}) = P(\text{bb}) + P(\text{rb})$
$= \frac{1}{7} \cdot \frac{1}{7} + \frac{6}{7} \cdot \frac{2}{7} = \frac{13}{49} \approx 26,5\,\%$

$P(E) = P(\text{mindestens eine blaue Kugel})$
$= 1 - P(\text{alle Kugeln rot})$
$= 1 - P(\text{rrr}) = 1 - \frac{6}{7} \cdot \frac{5}{7} \cdot \frac{4}{7} = \frac{223}{343} \approx 65,0\,\%$
(Gegenereignis)

b) Um die Gewinnerwartung des Standbesitzers pro Glücksspiel zu ermitteln, berechnet man für die einzelnen Ereignisse die Wahrscheinlichkeiten (mit Hilfe des Baumdiagramms und der Pfadregeln). Es ist

$P(\text{keine blaue Kugel}) = P(\text{rrr}) = \frac{6}{7} \cdot \frac{5}{7} \cdot \frac{4}{7} = \frac{120}{343}$.

$P(\text{genau eine blaue Kugel}) = P(\text{brr}) + P(\text{rbr}) + P(\text{rrb}) = P(B) = \frac{180}{343}$.

$P(\text{genau zwei blaue Kugeln}) = P(\text{bbr}) + P(\text{brb}) + P(\text{rbb}) = \frac{1}{7} \cdot \frac{1}{7} \cdot \frac{6}{7} + \frac{1}{7} \cdot \frac{6}{7} \cdot \frac{2}{7} + \frac{6}{7} \cdot \frac{2}{7} \cdot \frac{2}{7} = \frac{42}{343}$.

$P(\text{drei blaue Kugeln}) = P(\text{bbb}) = \frac{1}{7} \cdot \frac{1}{7} \cdot \frac{1}{7} = \frac{1}{343}$.

Wird der Einsatz des Spielers mit x Euro angesetzt, erhält man folgende Tabelle:

Anzahl blaue Kugeln	0	1	2	3
Wahrscheinlichkeit	$\frac{120}{343}$	$\frac{180}{343}$	$\frac{42}{343}$	$\frac{1}{343}$
Gewinn des Standbesitzers in Euro	x	$x-2$	$x-10$	$x-50$

Die Gewinnerwartung E des Standbesitzers pro Spiel erhält man, indem man die Wahrscheinlichkeit jedes Ereignisses mit dem entsprechenden Gewinn multipliziert und anschließend aufsummiert:

$E = \frac{120}{343} \cdot x + \frac{180}{343} \cdot (x - 2) + \frac{42}{343} \cdot (x - 10) + \frac{1}{343} \cdot (x - 50) = x - \frac{830}{343}.$

Damit die langfristige Gewinnerwartung des Standbesitzers pro Spiel 0,58 beträgt, muss gelten:

$E = 0,58.$ Diese Gleichung führt zu $x - \frac{830}{343} = 0,58$ bzw. $x = 0,58 + \frac{830}{343} = 3,00.$

Der Spieleinsatz muss also 3,- Euro betragen.

c) Zuerst bestimmt man die Wahrscheinlichkeit für das Ereignis F: mindestens eine Kugel ist rot:

Hierzu verwendet man das Gegenereignis: alle Kugeln sind blau. Dann gilt:

$P(F) = 1 - P(bb) = 1 - \frac{1}{7} \cdot \frac{1}{7} = \frac{48}{49} = 0,98.$

Die Wahrscheinlichkeit, bei zwei Ziehungen mindestens eine rote Kugel zu ziehen, beträgt 98 %, somit hat der Glücksspieler mit seiner Behauptung (99%) nicht recht.

Wenn sich in der Urne statt 6 roter Kugeln nur noch 4 befinden, beträgt die Wahrscheinlichkeit, dass bei einer Ziehung eine blaue Kugel gezogen wird, $\frac{1}{5}$.

Mit der gleichen Argumentation wie oben beträgt bei n Ziehungen die Wahrscheinlichkeit für das Ereignis F*: mindestens eine Kugel ist rot:

$P(F^*) = 1 - \left(\frac{1}{5}\right)^n.$

Da diese mindestens 99 % betragen soll, muss gelten:

$1 - \left(\frac{1}{5}\right)^n = 0,99 \ \Rightarrow \ \left(\frac{1}{5}\right)^n = 0,01 \ \Rightarrow \ \ln\left(\frac{1}{5}\right)^n = \ln(0,01) \ \Rightarrow \ n \cdot \ln\left(\frac{1}{5}\right) = \ln(0,01)$

$\Rightarrow n = \frac{\ln(0,01)}{\ln\left(\frac{1}{5}\right)} = 2,86.$

Auch wenn die Anzahl der roten Kugeln auf 4 reduziert wird, muss man also mindestens dreimal ziehen, um mit einer Wahrscheinlichkeit von mindestens 99 % mindestens eine rote Kugel zu ziehen.

27.2 Handys

a) Da bei den Handys nur die Ausfälle «fehlerhaft» und «fehlerfrei» unterschieden werden, kann die Herstellung eines Handys als Bernoulli-Experiment angesehen werden. Ferner handelt es sich um Massenproduktion, so dass sich die Wahrscheinlichkeit beim Ziehen ohne Zurücklegen nur unwesentlich ändert. Somit kann mit einer binomialverteilten Zufallsgröße der Kettenlänge $n = 100$ mit der Trefferwahrscheinlichkeit $p = 0,1$ für «fehlerhaft» gerechnet werden.

Ist X die Anzahl der fehlerhaften Handys, ergeben sich mit Hilfe einer Tabelle oder des GTR für die gesuchten Ereignisse folgende Wahrscheinlichkeiten:

$P(A) = P(\text{weniger als 5 fehlerhafte Handys}) = P(X \leqslant 4) = 0,0237 = 2,37\,\%.$

$P(B) = P(\text{genau 3 fehlerhafte Handys})$
$\qquad = P(X = 3) = P(X \leqslant 3) - P(X \leqslant 2) = 0,0078 - 0,0019 = 0,0059 = 0,59\,\%.$

$P(C) = P(\text{mindestens 90 Handys funktionieren}) = P(\text{höchstens 10 fehlerhafte Handys})$
$\qquad = P(X \leqslant 10) = 0,5832 = 58,32\,\%$

b) Um das kleinstmögliche Intervall mit Mittelpunkt 10 zu bestimmen, bei dem die Anzahl der fehlerhaften Handys mit einer Wahrscheinlichkeit von mindestens 95 % liegt, berechnet man die Wahrscheinlichkeit für verschiedene Intervalle:

$P(9 \leqslant X \leqslant 11) = P(X \leqslant 11) - P(X \leqslant 8) = 0,7030 - 0,3209 = 0,3821 = 38,21\,\%.$

$P(8 \leqslant X \leqslant 12) = P(X \leqslant 12) - P(X \leqslant 7) = 0,8018 - 0,2061 = 0,5957 = 59,57\,\%.$

$P(7 \leqslant X \leqslant 13) = P(X \leqslant 13) - P(X \leqslant 6) = 0,8761 - 0,1172 = 0,7589 = 75,89\,\%.$

$P(6 \leqslant X \leqslant 14) = P(X \leqslant 14) - P(X \leqslant 5) = 0,9274 - 0,0576 = 0,8698 = 86,98\,\%.$

$P(5 \leqslant X \leqslant 15) = P(X \leqslant 15) - P(X \leqslant 4) = 0,9601 - 0,0237 = 0,9364 = 93,64\,\%.$

$P(4 \leqslant X \leqslant 16) = P(X \leqslant 16) - P(X \leqslant 3) = 0,9794 - 0,0078 = 0,9716 = 97,16\,\%.$

Damit ist $[4;16]$ das kleinstmögliche Intervall mit den geforderten Eigenschaften.

Um die Anzahl der Handys zu bestimmen, die entnommen werden müssen, so dass mit einer Wahrscheinlichkeit von mehr als 99 % wenigstens ein fehlerhaftes dabei ist, rechnet man mit dem Gegenereignis «kein fehlerhaftes», dessen Wahrscheinlichkeit pro Ziehung 0,9 ist. Werden nun n Handys entnommen, so gilt:

P(wenigstens ein fehlerhaftes Handy) = 1 − P(kein fehlerhaftes Handy) = $1 - 0,9^n$.

Damit diese Wahrscheinlichkeit 99 % beträgt, ist folgende Gleichung zu lösen:

$1 - 0,9^n = 0,99 \Rightarrow 0,9^n = 0,01 \Rightarrow n \cdot \ln(0,9) = \ln(0,01) \Rightarrow n = \frac{\ln(0,01)}{\ln(0,9)} = 43,7.$

Es müssen also mindestens 44 Handys entnommen werden.

c) Es sei F: Handy fehlerhaft und A: Handy ausgesondert.

Da die Ereignisse F und A unabhängig voneinander sind, gelten entsprechend der gegebenen Daten folgende Wahrscheinlichkeiten:

$P(F) = 0,1$ und $P(\overline{F} \cap A) = 0,04$ sowie $P(\overline{A}) = 0,93$.

Hieraus folgt: $P(\overline{F}) = 1 - P(F) = 1 - 0,1 = 0,9$ und $P(A) = 1 - P(\overline{A}) = 1 - 0,93 = 0,07$.

Trägt man diese Wahrscheinlichkeiten in eine Vierfeldertafel ein und ergänzt diese, so ergibt sich:

	A	$\overline{A}$	
F	0,03	0,07	0,1
$\overline{F}$	0,04	0,86	0,9
	0,07	0,93	1

Die Wahrscheinlichkeit, dass ein Handy fehlerhaft ist und ausgesondert wird, kann aus der Vierfeldertafel abgelesen werden: $P(F \cap A) = 0,03 = 3\,\%$.

Der Anteil der fehlerhaften und ausgesonderten Handys im Verhältnis zu allen fehlerhaften Handys ist: $\frac{0,03}{0,1} = 30\,\%$.

d) Die Nullhypothese lautet: $H_0: p \leqslant 0,04$ bei Treffer «Handy fehlerhaft» und $n = 100$.

Es handelt sich um einen rechtsseitigen Test mit der Irrtumswahrscheinlichkeit $\alpha = 5\,\%$. Ist X die Anzahl der fehlerhaften Handys, so liefert die Tabelle:

$P(X \leqslant 6) = 0,8936 \Rightarrow P(X > 6) = 1 - P(X \leqslant 6) = 1 - 0,8936 = 0,1064 = 10,64\,\%.$

$P(X \leqslant 7) = 0,9525 \Rightarrow P(X > 7) = 1 - P(X \leqslant 7) = 1 - 0,9525 = 0,0475 = 4,75\,\%.$

Da für die Zahlen des Ablehnungsbereichs $\overline{A^*}$ die Wahrscheinlichkeit höchstens den Wert $\alpha = 5\%$ erreichen darf, ist der Ablehnungsbereich $\overline{A^*} = \{8, ..., 100\}$ und der Annahmebereich ist demzufolge $A^* = \{0, ..., 7\}$.

Da eine 7 nicht im Ablehnungsbereich liegt, kann der Großhändler nicht schließen, dass die Firma Noko eine falsche Angabe gemacht hat.

Binomialverteilung – Summenverteilung $\quad P(X \leqslant k) = \sum_{i=0}^{k} \binom{n}{i} \cdot p^i \cdot (1-p)^{n-i}$

n	k	0,02	0,03	0,04	0,05	0,10	1/6	0,20	0,30	1/3	0,40	0,50		
	0	0,6676	5438	4420	3585	1216	0261	0115	0008	0003	0000	0000	19	
	1	9401	8802	8103	7358	3917	1304	0692	0076	0033	0005	0000	18	
	2	9929	9790	9561	9245	6769	3287	2061	0355	0176	0036	0002	17	
	3	9994	9973	9926	9841	8670	5665	4114	1071	0604	0160	0013	16	
	4		9997	9990	9974	9568	7687	6296	2375	1515	0510	0059	15	
	5			9999	9997	9887	8982	8042	4164	2972	1256	0207	14	
	6					9976	9629	9133	6080	4793	2500	0577	13	
	7					9996	9887	9679	7723	6615	4159	1316	12	
20	8					9999	9972	9900	8867	8095	5956	2517	11	20
	9						9994	9974	9520	9081	7553	4119	10	
	10					9999		9994	9829	9624	8725	5881	9	
	11							9999	9949	9870	9435	7483	8	
	12								9987	9963	9790	8684	7	
	13								9997	9991	9935	9423	6	
	14									9998	9984	9793	5	
	15										9997	9941	4	
	16											9987	3	
	17											9998	2	
	0	0,3642	2181	1299	0769	0052	0001	0000	0000	0000	0000	0000	49	
	1	7358	5553	4005	2794	0338	0012	0002	0000	0000	0000	0000	48	
	2	9216	8108	6767	5405	1117	0066	0013	0000	0000	0000	0000	47	
	3	9822	9372	8609	7604	2503	0238	0057	0000	0000	0000	0000	46	
	4	9968	9832	9510	8964	4312	0643	0185	0002	0000	0000	0000	45	
	5	9995	9963	9856	9622	6161	1388	0480	0007	0001	0000	0000	44	
	6	9999	9993	9964	9882	7702	2506	1034	0025	0005	0000	0000	43	
	7		9999	9992	9968	8779	3911	1904	0073	0017	0000	0000	42	
	8			9999	9992	9421	5421	3073	0183	0050	0002	0000	41	
	9				9998	9755	6830	4437	0402	0127	0008	0000	40	
	10					9906	7986	5836	0789	0284	0022	0000	39	
	11					9968	8827	7107	1390	0570	0057	0000	38	
	12					9990	9373	8139	2229	1035	0133	0002	37	
	13					9997	9693	8894	3279	1715	0280	0005	36	
	14					9999	9862	9393	4468	2612	0540	0013	35	
	15						9943	9692	5692	3690	0955	0033	34	
	16						9978	9856	6839	4868	1561	0077	33	
	17						9992	9937	7822	6046	2369	0164	32	
50	18						9998	9975	8594	7126	3356	0325	31	50
	19						9999	9991	9152	8036	4465	0595	30	
	20							9997	9522	8741	5610	1013	29	
	21							9999	9749	9244	6701	1611	28	
	22								9877	9576	7660	2399	27	
	23								9944	9778	8438	3359	26	
	24								9976	9892	9022	4439	25	
	25								9991	9951	9427	5561	24	
	26								9997	9979	9686	6641	23	
	27								9999	9992	9840	7601	22	
	28									9997	9924	8389	21	
	29									9999	9960	8987	20	
	30										9986	9405	19	
	31	Für p > 0,5 muss von unten abgelesen und die									9995	9675	18	
	32	Differenz zu 1 gebildet werden:									9998	9836	17	
	33										9999	9923	16	
	34											9967	15	
	35	Es ist: P(X ≤ k) = 1- abgelesener Wert.										9987	14	
	36											9995	13	
	37											9998	12	
n		0,98	0,97	0,96	0,95	0,90	5/6	0,80	0,70	2/3	0,60	0,50	k	

n	k	0,02	0,03	0,04	0,05	0,10	1/6	0,20	0,30	1/3	0,40	0,50	
	0	0,1326	0476	0169	0059	0000	0000	0000	0000	0000	0000	0000	99
	1	4033	1946	0872	0371	0003	0000	0000	0000	0000	0000	0000	98
	2	6767	4198	2321	1183	0019	0000	0000	0000	0000	0000	0000	97
	3	8590	6472	4295	2578	0078	0000	0000	0000	0000	0000	0000	96
	4	9492	8179	6289	4360	0237	0001	0000	0000	0000	0000	0000	95
	5	9845	9192	7884	6160	0576	0004	0000	0000	0000	0000	0000	94
	6	9959	9688	8936	7660	1172	0013	0001	0000	0000	0000	0000	93
	7	9991	9894	9525	8720	2061	0038	0003	0000	0000	0000	0000	92
	8	9998	9968	9810	9369	3209	0095	0009	0000	0000	0000	0000	91
	9		9991	9932	9718	4513	0213	0023	0000	0000	0000	0000	90
	10		9998	9978	9885	5832	0427	0057	0000	0000	0000	0000	89
	11			9993	9957	7030	0777	0126	0000	0000	0000	0000	88
	12			9998	9985	8018	1297	0253	0000	0000	0000	0000	87
	13				9995	8761	2000	0469	0001	0000	0000	0000	86
	14				9999	9274	2874	0804	0002	0000	0000	0000	85
	15					9601	3877	1285	0004	0000	0000	0000	84
	16					9794	4942	1923	0010	0001	0000	0000	83
	17					9900	5994	2712	0022	0002	0000	0000	82
	18					9954	6965	3621	0045	0005	0000	0000	81
	19					9980	7803	4602	0089	0011	0000	0000	80
	20					9992	8481	5595	0165	0024	0000	0000	79
	21					9997	8998	6540	0288	0048	0000	0000	78
	22					9999	9370	7389	0479	0091	0001	0000	77
	23						9621	8109	0755	0164	0003	0000	76
	24						9783	8686	1136	0281	0006	0000	75
	25						9881	9125	1631	0458	0012	0000	74
	26						9938	9442	2244	0715	0024	0000	73
	27						9969	9658	2964	1066	0046	0000	72
	28						9985	9800	3768	1524	0084	0000	71
	29						9993	9888	4623	2093	0148	0000	70
	30						9997	9939	5491	2766	0248	0000	69
	31						9999	9969	6331	3525	0398	0001	68
	32							9985	7107	4344	0615	0002	67
	33							9993	7793	5188	0913	0004	66
100	34							9997	8371	6019	1303	0009	65
	35							9999	8839	6803	1795	0018	64
	36							9999	9201	7511	2386	0033	63
	37								9470	8123	3068	0060	62
	38								9660	8630	3822	0105	61
	39								9790	9034	4621	0176	60
	40								9875	9341	5433	0284	59
	41								9928	9566	6225	0443	58
	42								9960	9724	6967	0666	57
	43								9979	9831	7635	0967	56
	44								9989	9900	8211	1356	55
	45								9995	9943	8689	1841	54
	46								9997	9969	9070	2421	53
	47								9999	9983	9362	3087	52
	48								9999	9991	9577	3822	51
	49									9996	9729	4602	50
	50									9998	9832	5398	49
	51									9999	9900	6178	48
	52										9942	6914	47
	53										9968	7579	46
	54										9983	8159	45
	55										9991	8644	44
	56										9996	9033	43
	57										9998	9334	42
	58										9999	9557	41
	59											9716	40
	60											9824	39
	61											9895	38
	62											9940	37
	63											9967	36
	64											9982	35
	65											9991	34
	66											9996	33
	67											9998	32
	68											9999	31
n		0,98	0,97	0,96	0,95	0,90	5/6	0,80	0,70	2/3	0,60	0,50	k

Für p > 0,5 muss von unten abgelesen und die Differenz zu 1 gebildet werden:

Es ist: $P(X \le k) = 1-$ abgelesener Wert.

Stichwortverzeichnis

Änderungsrate, 42

Abstand
    paralleler Geraden, 62
    Punkt - Ebene, 61
    Punkt - Gerade, 61
    windschiefer Geraden, 62
Additionssatz, 71

Baumdiagramm, 71
Berührpunkte zweier Kurven, 34
Bernoulliketten, 81
Binomialverteilung
    mit Gebrauch der Formel, 81
    mit Gebrauch der Tabelle, 82

Definitionsbereich, 35
Definitionslücke, 36
Differenzierbarkeit, 36
Differenzieren, 16
Dreieck
    gleichschenkliges, 68
    rechtwinkliges, 67, 68

e-Funktionen
    Anwendungsaufgaben, 41
    aufstellen mit Randbedingung, 23
    differenzieren, 16
Ebenen
    allgemeines Verständnis, 59
    gegenseitige Lage, 58
    parallel zu Geraden, 58
    parallele, 60
    Schnitt von, 60
Ereignisse
    unabhängige, 72
Ergebnismenge, 69
Erwartungswert, 79

Extremwertaufgaben, 40
Extremwertberechung, 44

Fläche
    ins Unendliche reichende, 39, 44
    zwischen zwei Kurven, 38
Funktionen
    bestimmen aus dem Schaubild, 11
Funktionenscharen
    Exponentialfunktionen, 46, 47
    ganzrationale Funktionen, 31

Ganzrationale Funktionen
    aufstellen mit Randbedingungen, 21
    bestimmen des Funktionsterms, 12
Gebrochenrationale Funktionen
    aufstellen mit Randbedingung, 22
    bestimmen des Funktionsterms, 14
    bestimmen des Schaubildes, 9
    differenzieren, 16
    Verständnisfragen, 36
Gemeinsame Eigenschaften
    von Schaubildern, 46
Geraden
    allgemeines Verständnis, 54, 59
    gegenseitige Lage, 53
    mit Parameter, 54
    parallel zu Ebenen, 58
    parallele, 52
    Projektion auf Koordinatenebenen, 52
Geradenschar, 67
Gleichungen
    Bruchgleichungen, 18
    höherer Ordnung, 18
    lineare Gleichungssysteme, 19
    trigonometrische, 20
Grenzwert
    von Funktionen, 43

Häufigkeit
    absolute, 70
    relative, 70
Hypothesentest
    einseitig, 84
    Fehler 1. u. 2. Art, 84
    zweiseitig, 85

Integration
    allgemeines Verständnis, 39
    bestimmen von Stammfunktionen, 38
    Flächeninhalt zwischen zwei Kurven, 38

Keplersche Fassregel, 39
Kombinationen, 76
Koordinatengleichung der Ebene, 55
Kreuzprodukt, 55
Kurvendiskussion
    verschiedene Aufgaben, 32
    Verständnis von Schaubildern, 28
Kurvenschar, 45

Laplace-Wahrscheinlichkeit, 70
Lineare Abhängigkeit, 51

Mittelwert, 29
    von Integralen, 43, 46, 47
Modellierung, 42
Monotonie
    bei Folgen, 43
    bei Funktionen, 43
Multiplikationssatz, 72

Näherungsverfahren
    Intervallhalbierung, 36
    Newtonsches, 36
Neigungswinkel, 67
Normale, 33

Orthogonalität
    von Ebenen, 60
    von Kurven, 31
    von Vektoren, 49
Ortskurve
    allgemein, 34
    von Extrempunkten, 45
    von Wendepunkten, 46

Parallelität
    zwischen Gerade und Ebene, 58
    zwischen zwei Ebenen, 60
    zwischen zwei Geraden, 52
Parameter
    Funktionen mit Parameter, 31
Pfadregel, 71
Polynomdivision, 20
Projektion von Geraden, 52
Punktprobe
    bei Geraden, 52
Pyramide, 67, 68

Rotationskörper, 39

Schaubild
    graphische Differentiation, 24
    Interpretation von Schaubildern, 29
Skalarprodukt, 48
Spiegelebene, 56
Spiegelung
    Punkt an Gerade, 68
Spiegelungen
    Ebene an Ebene, 66
    Gerade an Ebene, 66
    Punkt an Ebene, 66
    Punkt an Gerade, 66
    Punkt an Punkt, 66
Stammfunktion, 44
Standardabweichung, 79
Stetigkeit, 35
Stichprobe
    geordnete

mit Zurücklegen, 74

ohne Zurücklegen, 75

ungeordnete

ohne Zurücklegen, 76

Symmetrie, 32

von Funktionen, 47

Tangente, 33

Trigonometrische Funktionen

aufstellen mit Randbedingung, 23

bestimmen des Funktionsterms, 11

differenzieren, 17

Varianz, 79

Variationen, 74

Vektoren

Addition und Subtraktion, 48

Verkaufsrate, 43

Vierfeldertafel, 71

Vollständige Induktion

bei Ableitungen, 47

Wachstum

natürliches, 44

Wachstumsprozesse, 41

Wahrscheinlichkeit

bedingte, 73

Wendetangente, 45

Windschiefe Geraden, 53

Winkel

zwischen Ebenen, 64

zwischen Gerade und Ebene, 65

zwischen Gerade und EbeneEbene, 68

zwischen Vektoren und Geraden, 64

Winkelberechnung

zwischen Ebenen, 67

Zahlenfolge

Bestimmen des Grenzwerts, 43

Monotonie, 43

Zielfunktion, 40

Ihr Feedback zu diesem Buch

Für Ihre Anregungen, Hinweise und Bewertungen sind wir dankbar und offen.
Sie helfen damit, dieses Buch noch weiter zu optimieren ... für einen bestmöglichen
Erfolg im Mathe-Abi.

Als einfache und schnelle Verfahren bieten sich folgende Wege für Ihr Feedback an:

* per Post: einfach dieses Blatt im frankierten Umschlag zurücksenden;
* per Fax: an unsere Faxnummer 0761 45699 45;
* per E-mail: an info@freiburger-verlag.de;
* per Internet: unter www.erfolg-im-mathe-abi.de unter „Feedback".

Besten Dank für Ihre Mithilfe! Zudem erhalten Sie für alle Vorschläge, die in Folgeauflagen
eingearbeitet werden, als Dankeschön eine kleine Aufmerksamkeit von uns.

Erfolg im Mathe-Abi 2006

Das Übungsbuch für das Basiswissen in Analysis,
Geometrie und Stochastik mit Tipps und Lösungen

Seite	Anregung

Erfolg im Mathe-Abi 2006

Übungsbuch für die optimale Vorbereitung in Analysis,
Geometrie und Stochastik mit verständlichen Lösungen

Freiburger Verlag GmbH
›Erfolg im Mathe-Abi‹
Hartkirchweg 37

79111 Freiburg

Fax: 0761 45699 45

Absender:

_____
Name / Vorname / Position

_____
Straße / Nr.

_____
PLZ / Ort

_____
Tel. für Rückfragen

_____
email-Adresse

_____
Kundennummer, falls bekannt

_____
Schule

_____
Klasse

_____
Schuladresse

Besten Dank für Ihre Mithilfe!
Ihr Freiburger-Verlags-Team